Michael Quante · Amir Mohseni (Hg.)
Die linken Hegelianer

HegelForum

herausgegeben von

ANNEMARIE GETHMANN-SIEFERT
MICHAEL QUANTE
ELISABETH WEISSER-LOHMANN

Michael Quante · Amir Mohseni (Hg.)

Die linken Hegelianer

Studien zum Verhältnis von Religion und
Politik im Vormärz

Wilhelm Fink

Gedruckt mit freundlicher Unterstützung des Exzellenzclusters
„Religion und Politik in den Kulturen der Vormoderne und der Moderne"
der Westfälischen Wilhelms-Universität Münster

Bibliografische Information der Deutschen Nationalbibliothek

Die Deutsche Nationalbibliothek verzeichnet diese Publikation in der
Deutschen Nationalbibliografie; detaillierte bibliografische Daten sind im Internet über
http://dnb.d-nb.de abrufbar.

Alle Rechte, auch die des auszugsweisen Nachdrucks, der fotomechanischen
Wiedergabe und der Übersetzung, vorbehalten. Dies betrifft auch die Vervielfältigung
und Übertragung einzelner Textabschnitte, Zeichnungen oder Bilder durch alle Verfahren
wie Speicherung und Übertragung auf Papier, Transparente, Filme, Bänder, Platten und
andere Medien, soweit es nicht §§ 53 und 54 UrhG ausdrücklich gestatten.

© 2015 Wilhelm Fink, Paderborn
(Wilhelm Fink GmbH & Co. Verlags-KG, Jühenplatz 1, D-33098 Paderborn)

Internet: www.fink.de

Einbandgestaltung: Evelyn Ziegler, München
Printed in Germany
Herstellung: Ferdinand Schöningh GmbH & Co. KG, Paderborn

ISBN 978-3-7705-5495-9

Inhalt

Vorwort 7

LUDWIG SIEP
Säkularer Staat und religiöses Bewusstsein. Dilemmata in Hegels
politischer Theologie. 9

NORBERT WASZEK
War Eduard Gans (1797-1839) der erste Links- oder Junghegelianer?. 29

AMIR MOHSENI
Gott geizt nicht. Bemerkungen zur Religionsphilosophie von
D. F. Strauß 53

NADINE MOOREN
Mit Hegel gegen Hegel – Feuerbachs Religionsphilosophie in
Das Wesen des Christentums 65

DANIEL BRUDNEY
Preparation for Proper Perception 85

SIMON DERPMANN
Eigentumskritik bei Moses Hess 109

WARREN BRECKMAN
Arnold Ruge and the Machiavellian Moment 127

TIM ROJEK
Zwischen Reform und Revolution. Arnold Ruges
Geschichtsphilosophie. 141

MASSIMILIANO TOMBA
Emancipation as Therapy. Bauer and Marx on the Jewish Question 161

DOUGLAS MOGGACH
Subject or Substance? The Meta-ethics of the Hegelian School 177

DAVID P. SCHWEIKARD
Die Erkennbarkeit der Zukunft. Zu einem grundlegenden Postulat
der Geschichtsphilosophie August von Cieszkowskis. 199

HANS-CHRISTOPH SCHMIDT AM BUSCH
Reform oder Revolution? Fourier, die Saint-Simonisten und
die Radikalisierung der deutschen Philosophie 217

MICHAEL QUANTE
Max Stirners Kreuzzug gegen die Heiligen, oder: Die Selbstaufhebung
des Antiperfektionismus 245

Vorwort

Dieses Buch widmet sich den Protagonisten der Philosophie des Linkshegelianismus. Was zunächst nach Hegels Tod als Konflikt um die adäquate Deutung des Hegelschen Denkens beginnt, entwickelt sich in den Jahren vor der Revolution von 1848 zu einer Debatte um die Bedeutung der Selbstbestimmung des Menschen, die an Radikalität und Progressivität ohne Beispiel und bis heute unüberboten ist. Unbeeindruckt von den rückständigen Verhältnissen, ungebrochen von den Repressionen des Preußischen Staats und ohne Rücksicht auf private Verluste haben die linken Hegelianer ihre fundamentale Kritik am Staat, am Recht und an der Religion offen und tiefgründig zum Ausdruck gebracht. Dass ihre Überzeugungen hier noch einmal zum Gegenstand wissenschaftlicher Auseinandersetzung gemacht werden, geschieht nicht aus einem bloß historischen Interesse; der linkshegelianische Versuch einer Neubestimmung des Verhältnisses von Freiheit und sozialer Gemeinschaft ist auch in systematischer Perspektive keineswegs ‚erledigt'.

Kein einzelnes Buch kann der linkshegelianischen Diskussion ernsthaft umfassend thematisch gerecht werden und deshalb wollen wir diesen Anspruch auch nicht erheben. Stattdessen ist den Grundpositionen der wichtigsten Figuren der Debatte jeweils ein eigener Beitrag gewidmet; auf diese Weise, so hoffen wir, ergibt sich insgesamt ein brauchbarer Überblick über die Streitpunkte und wird ein Einblick in deren systematischen Zusammenhang möglich.

Der hier vorgelegte Band geht auf eine von den Herausgebern im Frühling 2012 an der Universität Münster organisierte Tagung zum Linkshegelianismus zurück. Der Fritz Thyssen Stiftung sind wir für die großzügige finanzielle Unterstützung der Tagung zu Dank verpflichtet. Außerdem bedanken wir uns beim Münsteraner Exzellenzcluster „Religion und Politik" für die Übernahme der Druckkosten.

Köln und Münster, im Herbst 2014   Die Herausgeber

LUDWIG SIEP

Säkularer Staat und religiöses Bewusstsein.
Dilemmata in Hegels politischer Theologie

Claudio Cesa zum Gedächtnis

„Klassische" Philosophen zeichnen sich zumindest durch zwei Eigenschaften ihrer Texte aus: Die eine besteht darin, dass sie für viel spätere und in neuen historischen Kontexten auftretende Probleme zumindest analytisches Potential besitzen. Das gilt bei Hegel sicher für moderne Konstellationen des Verhältnisses von Religion und Politik. Das aktuelle Konfliktpotential dieses Verhältnisses steht ja außer Frage, sei es in den Umwälzungen der arabischen Welt, in US-amerikanischen Wahlkämpfen oder in den biopolitischen Debatten der Europäischen Union. Sicher bietet die Hegelsche Philosophie keine Lösung für diese Probleme. Aber sie enthält die gedanklichen Grundlagen vieler Strömungen, die in der heutigen Debatte aufeinander treffen.

Die zweite Eigenschaft klassischer Texte, die ihrer zeitüberdauernden Wirkung zugrunde liegt, scheint darin zu bestehen, dass sie verschiedene, ja gegensätzliche Interpretationen zulassen. Es bilden sich dann Schulen und Traditionen, die oft über Jahrhunderte Bestand haben. Ein besonders prägnantes Beispiel dafür ist sicher Hegel. Die Spaltung seiner Schule in „Rechts"- und „Linkshegelianer" ist sehr bald nach seinem Tode eingetreten und wirkt bis heute fort. Die aus der politischen Geschichte stammenden Begriffe „rechts" und „links" deuten dabei an, dass zu den Ausgangspunkten der Spaltung politische Überzeugungen gehörten – allerdings nicht nur allgemein- sondern auch religionspolitische. Der Sinn dieser Unterscheidung und seine Bedeutung für die Entwicklung der Hegel-Interpretation oder des „Hegelianismus" – also einer auf Hegels Philosophie aufbauenden philosophischen Überzeugung – soll hier nicht erörtert werden. Es geht mir vielmehr darum, ob einer der Aspekte dieser Unterscheidung, nämlich das Verhältnis von Religion und Staat, auf Gründe in Hegels Denken selber zurückgeführt werden kann oder sich eben politischen und religiösen Interessen in der historischen Situation der „Spaltung" verdanken. Andere Aspekte werden hier ausgeblendet, etwa die Frage, ob der vernünftige Staat des Hegelschen Systems zu seiner Zeit schon zumindest weitgehend erreicht ist, oder eine zu verwirklichende Forderung an die Politik darstellt – vielleicht eine nur revolutionär zu erfüllende. Auch diese Frage war ja Auslöser der Schulspaltung. Hegels Religionsverständnis soll aber im Folgenden zurückverfolgt werden bis zu einem kurzen Blick auf die Kontroverse über die religionsphilosophische „Aufhebung" des Christentums und der Vorstellung eines persönlichen Gottes.

Der Titel dieses Beitrages verwendet mehrere hoch kontroverse Begriffe im Sinne von Abkürzungen. „Säkular" soll hier nur heißen, dass sowohl die philosophische Rechtfertigung eines Staates wie seine Autorität zur Setzung und Durchsetzung von Normen ohne Rückgriff auf Prämissen theologischer Art erfolgen – wobei es offenbleiben kann, ob es sich um offenbarungstheologische Prämissen oder solche einer natürlichen oder philosophischen Theologie handelt.[1] Die Autorität eines solchen Staates kann und muss auch von Atheisten oder Agnostikern anerkannt werden. Unter dem Ausdruck „politische Theologie" fasse ich hier alle systematischen Beziehungen zwischen Hegels Staats- und Religionsphilosophie zusammen. Dazu gehören sowohl die traditionell-theologischen Prädikate, die Hegel auf den Staat anwendet („göttlicher Wille als gegenwärtiger", „unbewegter Selbstzweck" etc.)[2] wie die religionsphilosophischen Aussagen darüber, dass der transzendent vorgestellte göttliche Geist als „verwirklicht" in der weltlichen Sittlichkeit, vor allem der des Staates, begriffen werden muss. Was das genauer bedeutet, wird zu erörtern sein. Dass zwischen Politik, vor allem im Sinne der Theorie des Staates als Nachfolger der Polis, und Theologie als Lehre vom Göttlichen bei Hegel enge Beziehungen bestehen, ist unbestritten. Inwieweit es sich dabei um Übertragungen religiöser Vorstellungen auf ein außerreligiöses Gebilde („Säkularisierung") handelt, kann vorerst offenbleiben.

Schließlich ist auch der Begriff „Dilemma" hier eher als Problemanzeige zu verstehen. Gemeint ist einmal, dass Hegel selber in seiner Philosophie des objektiven und absoluten Geistes schwer zu vereinbarende Thesen behandelt bzw. erst erzeugt. Zum anderen, dass zwischen den Auslegungen seiner Theorien und Texte Unvereinbarkeiten bestehen, die nicht einfach auf Fehler zurückführbar sind, sondern auf durchaus ernstzunehmende alternative Interpretationen. Es ist eine meiner Thesen, dass die seit zweihundert Jahren miteinander streitenden Auslegungen bzw. „Hegelianismen" keine Scheingefechte sind, sondern ein „fundamentum in re", nämlich in Ambivalenzen des Hegelschen Gedankens und seines Ausdrucks selber haben. Hegel behauptet so sonderbare Dinge zugleich wie die Göttlichkeit des Staates *als* säkularen Rechtsstaates *und* die Religion als Grundlage des Staates. Einerseits verwirklichen der moderne Staat und die Philosophie das Christentum in der sozialen Welt und „befreien" damit Gott aus seiner Weltabgeschiedenheit. Andererseits muss das Absolute als Persönlichkeit gedacht werden und seine Begriffe oder Gedanken gelten unabhängig von Raum und Zeit.

Nun ist Hegel der Vater der modernen Dialektik und in der gilt ja angeblich das Widerspruchsprinzip nicht.[3] In der Tat sagt Hegel von bestimmten Urteilen, dass zugleich und in derselben Hinsicht auch ihre Negation wahr sei. Aber das gilt nicht für die Theorie insgesamt und auch nicht für diejenigen Sätze, mit denen er ihre Wahrheiten resümiert. Der Staat ist *nicht* absolut und in der gleichen Hinsicht

---

1 Zu den Begriffen „säkular" und „Säkularisierung" vgl. Hoesch (2014).
2 Vgl. G.W.F. Hegel, Grundlinien der Philosophie des Rechts (GW 14,1, §§ 270, 258; im Folgenden zitiert mit: Rph).
3 Zum Widerspruch bei Hegel vgl. Wolff (1981).

auch nicht, Gott ist *nicht* Persönlichkeit und in der gleichen Hinsicht auch nicht. Gleichwohl müssen solche Sätze über Staat und Gott mit großer Vorsicht vor dem Hintergrund des Gesamtsystems interpretiert werden. Und es scheint mir in der Tat nicht entschieden, ob es dabei nur *eine* richtige Deutung gibt, oder eine beträchtliche Ambiguitätstoleranz.

Mein primäres Ziel ist hier aber nicht, darüber zu befinden, inwieweit sich die hauptsächlichen Interpretationsrichtungen zu Recht auf Hegel berufen, das kann allenfalls ein indirektes Resultat sein. Beide sind ja auch sehr bald über Hegel hinausgegangen, die linke hat ihn sogar vom Kopf auf die Füße gestellt oder vom Staat als Absolutem auf die freie Assoziation der Individuen in einer klassenlosen Gesellschaft. Auf der anderen, rechten Seite wurden dagegen Thron und Altar auf eine Weise versöhnt, die mit Hegel sicher unvereinbar ist.[4]

Bei der Frage nach den Spannungen in Hegels Denken über Religion und Staat beschränke ich mich auf drei Hauptaspekte: Erstens, inwieweit ist Hegels Staat ein säkularer, religions- und kirchenunabhängiger Staat? Zweitens, was kann es heißen, dass trotz einer solchen Unabhängigkeit eine bestimmte Religion, die „Grundlage" des Staates sein soll? Und drittens: Was bedeutet die Verwirklichung des Göttlichen in der Welt für die Religion – oder auch: Was macht Hegel eigentlich mit dem Christentum?

I. Säkularer oder christlicher Staat?

Bei der ersten Frage bediene ich mich, in entfernter Anlehnung an die *scholastische* Form der Dialektik, der „Pro"- und „Sed Contra"-Argumente. Ich unterscheide zunächst die folgenden Teilfragen: *Erstens*, inwieweit ist die Begründung des Staates, seiner Rechts- und Institutionenordnung, von religiösen Argumenten abhängig? *Zweitens*, was bedeutet das Recht auf Religionsfreiheit bei Hegel? *Drittens*, wie weit ist die Politik eines Staates, einschließlich der in der öffentlichen Diskussion geäußerten Argumente, religiös oder säkular?

(a) Das „Pro-Argument" für die Säkularität des Hegelschen Staates kann sich darauf stützen, dass in Hegels Texten zur Rechtsphilosophie oder zur Philosophie des objektiven Geistes nirgendwo Argumente zu finden sind, die auf die Annahme der Existenz Gottes im Sinne der traditionellen Metaphysik oder der gewöhnlichen theistischen Überzeugungen zurückgehen. Ebenso wenig basieren sie auf bestimmten theologischen Gehalten, oder gar auf historisch geoffenbarten Wahrheiten, wie sie in heiligen Texten oder anderen Traditionen festgehalten sind. Die Grundbegriffe des Rechts werden aus der praktischen Vernunft entwickelt, die allerdings, anders als bei Kant, selber von den vernünftigen Gehalten und Formen der Natur und des menschlichen Geistes her verstanden werden muss. Die Deduktion des Rechtsbegriffs, so sagt Hegel in der Einleitung der Rechtsphilosophie, ist ihre Ge-

---

4 Vgl. dazu Jaeschke (1979), 349-374.

nese aus den vorhergehenden Systemteilen.⁵ In Naturphilosophie und Philosophie des subjektiven Geistes kommt aber die Religiosität des Menschen nicht vor. Von ihr ist erst auf den höheren Stufen des Systems die Rede, in der Philosophie des absoluten Geistes. Allerdings benutzt Hegel in der Rechtsphilosophie gelegentlich religiöse Begriffe wie die „Heiligkeit" des Gewissens oder die „Göttlichkeit" der staatlichen Institutionen. Was das bedeutet, werden wir noch erörtern, eine bestimmte Theologie setzt es nicht voraus.

Was den Staat angeht, so ist er für Hegel in mehreren Hinsichten selber „absolut": Zum einen im Sinne einer Souveränität, der weder ein Widerstandsrecht⁶ noch ein bindendes Völkerrecht gegenübersteht. Das Völkerrecht ist ein Vertragsrecht, das Vertragsbrüche zulässt, wenn ein Staat sich in seiner Existenz bedroht fühlt. Objektive Kriterien dafür gibt es nicht.⁷ Die Existenz des Staates ist nicht nur zum Schutz der Rechte seiner Bürger unbedingt notwendig, sondern vor allem, weil diese ihr Wesen und ihre Bestimmung nur im Staat erfüllen können. Nicht nur, wie bei Aristoteles, weil sie erst in einem öffentlichen Leben ihr Spezifikum der praktischen Vernunft verwirklichen können. Sondern auch, weil ihre Identität nicht nur in ihrer personalen Autonomie besteht, sondern darüber hinaus in ihrer Zugehörigkeit zu Vereinigungen, deren Gedeihen und Dauer ihrem Leben Sinn verleiht. Die höchste davon ist die Polis bzw. der Staat: „Die *Vereinigung* als solche ist selbst der wahrhafte Inhalt und Zweck, und die Bestimmung der Individuen ist ein allgemeines Leben zu führen" (§ 258).

Hegel versteht „Vereinigung" in diesem Sinne weder als freie Assoziation zum Wohl ihrer Teilnehmer noch allein als Bedingung der Anerkennung der Individuen untereinander. Vereinigung als Selbstzweck und Überwindung der getrennten Individualität stammt – wie Dieter Henrich früh betont hat – aus der neuplatonischen Tradition.⁸ Wichtig ist für Hegel der institutionelle, die Mitglieder überdauernde Charakter der Vereinigungen. Das gilt bereits für Familie und Berufsstände, vor allem aber für den sie sichernden Staat. In der kompetenten Ausübung institutioneller Pflichten gewinnt der Einzelne erst soziale „Wirklichkeit" und Anerkennung. Der moderne Staat gewinnt umgekehrt seine Kraft, indem er den besonderen Zwecken und Interessen der Individuen Raum gibt.⁹ Daher muss es nicht nur Eigentums- und Vertragsrecht, sondern auch die Freiheit geben, durch Berufs- und Gewerbewahl in einem Marktsystem besondere Lebenspläne zu verwirklichen. Was Hegel von der modernen liberalen Rechtsstaatlichkeit aber trennt, ist der Sinn, den

---

5 Vgl. Rph § 2.
6 Hegels Äußerungen über den „kranken" Staat bzw. über den „schlechten" Staat im Zusatz zu Rph § 258 (vgl. *Philosophie des Rechts* nach der Vorlesungsnachschrift K.G. v. Griesheims 1824/25 in Hegel (1974, 633) und in der *Wissenschaft der Logik* (GW 12, 175f.) sprechen diesem immer noch den Anspruch auf den Gehorsam der Bürger zu. Im Gegensatz zur aristotelischen Tradition der „Pathologie" der Staaten scheint er mir hier in der Tradition von Hobbes und Kant zu stehen, für die es eine Gehorsamspflicht auch gegenüber despotischen Staaten gibt. Insofern überzeugt mich Klaus Viewegs Argumentation für ein Widerstandsrecht bei Hegel nicht. Vgl. ders. (2012, 448-458).
7 Vgl. Rph § 334.
8 Vgl. Henrich (2010).
9 Vgl. Rph §§ 258, 260.

die staatliche Souveränität letztlich hat – nämlich nicht nur den dauerhaften Rechtsschutz, sondern darüber hinaus die Erfüllung der Bestimmung der Menschen. Sie geht so weit, dass der Staat dem vorübergehenden sterblichen Leben der Einzelnen Unsterblichkeit in einer ewigen Institution verschafft, die Hegel sittlich und geistig nennt. Deshalb kann er auch dem Krieg der Staaten eine sittliche Funktion zuschreiben: er nimmt dem Tod der Menschen seine Zufälligkeit und Belanglosigkeit und gibt ihm einen sittlichen Sinn.[10] Das können keine Religionskriege oder reine Eroberungskriege sein, aber durchaus solche zur sozusagen offensiven Verteidigung einer vernünftigen Verfassung, wie sie die Französische Revolution oder Napoleon beanspruchten.[11] Die prinzipielle Bereitschaft dazu lässt jeden Bürger an diesem Sinn teilhaben.

In dieser absoluten Bedeutung des Staates kann man eine Säkularisierung im Sinne der Transformation theologischer Gehalte sehen. Aber dann muss man *vor* die christliche Theologie in die Antike zurückgreifen. Hegel zitiert in der Rechtsphilosophie zum Beginn des Abschnittes über den Staat die antike Vorstellung von Athene als der Stadtgöttin.[12] Und wenn die Unsterblichkeit im Staat die im Jenseits ersetzen soll, dann ist Säkularisierung hier im Sinne Blumenbergs zu verstehen: nämlich als Transformation eines Problems, für das die Theologie keine plausiblen Lösungen mehr bietet.[13] Dass Hegel gerade *hier* an die antike Republik und ihre moderne Wiedergeburt in Frankreich denkt, ist schon in seinen Jugendschriften deutlich.[14] Ebenso, dass ihm das Kantische Unsterblichkeitspostulat nicht mehr ausreicht – wie ja schon Fichte nicht mehr.

So weit ist die Staatsbegründung frei von nachantiker Religion und Theologie. Wo bleibt dann das Sed-Contra Argument?

Es könnte folgendermaßen lauten: Begründung ist bei Hegel immer auch teleologisch gedacht, das heißt vom Resultat und nicht nur von der Genese her. Das letzte Resultat der Entwicklung des Geistes ist aber, was Hegel den „absoluten Geist" nennt, die Arbeit an der absoluten Wahrheit in Kunst, Religion und Philosophie. Hegel bezeichnet in einer frühen Schrift alle drei Formen des absoluten Geistes als „Gottesdienst".[15] Auch der Staat wird auf dieses Ziel hin verstanden, nicht nur in dem Sinne, dass er als Kulturstaat die Formen dieses „Gottesdienstes" zu fördern hat. Er ist vielmehr selber „Dasein" des Absoluten bzw. der „Wahrheit", so wie Religion ihre Vorstellung als „ideale Wesenheit" und Philosophie ihre Erkenntnis sind.[16]

---

10 Rph § 324. In der Vereinigung mit der notwendigen Substanz des Staates realisieren sie ihre Bestimmung der „nicht zufälligen und veränderlichen, sondern *an und für sich seyenden* Individualität".
11 Zu Hegels Verständnis der Geschichte der Kriegsformen vgl. Siep (2010b, 171).
12 Vgl. Rph § 257. Entsprechend stehen die Penaten für die Heiligkeit der Familie (ebd.).
13 Vgl. Blumenberg (1966, 42, 45, 51, 70 f.).
14 Vgl. *Die Positivität der christlichen Religion* (TW 1, 104-229, hier: 205 bzw. GW 1, 359-378, hier: 368).
15 *Differenzschrift* (GW 4, 1-92, hier: 76).
16 Vgl. *Jenaer Systementwürfe III* (GW 8, 284, darin: „die Wirklichkeit des Himmelreichs ist der Staat"); vgl. außerdem Rph § 360, 281 f.

Aber – und damit komme ich zum Pro-Argument für die autonome Begründung des Staates zurück – das Dasein des Absoluten im Staat ist keine *bloß* diesseitige, vorläufige, endliche Form. Es ist vielmehr eine mit der Gottesvorstellung der Religion und der begrifflichen Wahrheit der Philosophie gleichberechtigte Form. Die Wahrheiten der Religion sind keine im rechtsphilosophischen Sinne höheren, sie relativieren das Recht und den Staat nicht. Das Letztere würde nach Hegel zu religiösem Fanatismus oder zu einer Theokratie führen, die dem Recht und der Gewissensfreiheit zuwider ist.[17] Allerdings darf auch der säkulare Staat die religiösen Überzeugungen nicht unterdrücken – er zerstörte damit auch in einem bestimmten Sinne seine subjektive Grundlage in der „Gesinnung" der Menschen. Darauf komme ich im zweiten Teil zurück (II).

In der Frage der theoretischen, wissenschaftlich-vernünftigen Begründung scheint sich also die Waage des Pro- und Contra doch klar zugunsten der Säkularität des Staates zu neigen. Das gilt erst recht, wenn man „Begründung" im heutigen Sinne versteht, in dem teleologische Begründungen durch das zu erreichende Ziel kaum mehr eine Rolle spielen.

(b) Schwieriger wird es bei der zweiten Teilfrage, der nach der Säkularität und der Religionsfreiheit im Hegelschen Staat.

Auch hier sind zunächst die Pro-Argumente leicht erkennbar. Schon der junge Hegel kritisiert die Vermischung staatlicher und kirchlicher Rechte, etwa bezüglich des Personenstandes bei Geburt und Eheschließung.[18] In der Rechtsphilosophie ist der Staat alleiniger Garant der bürgerlichen Rechte. Diese Linie behält Hegel trotz seiner späteren Kritik am Begriff der „Trennung"[19] von Staat und Kirche bei. In § 270 der Rechtsphilosophie bezeichnet er die Konfessionsspaltung als einen Gewinn für die staatliche Entwicklung in Deutschland, weil sie dem Staat seine Unabhängigkeit und rechtliche Überordnung über die Konfessionen und ihre kirchlichen Verfassungen erleichtert hat. Diese Unabhängigkeit geht bis zu einer „oberpolizeylichen Oberaufsicht" des Staates über die Kirchen, nicht nur im Sinne einer Rechtsaufsicht, sondern auch in Bezug auf etwaige den Grundsätzen der Staatsordnung zuwiderlaufende Lehren.[20] Das heißt natürlich auch, dass keine Kirche Zwang gegen ihre Mitglieder ausüben darf, vor allem nicht gegen ihren Kirchenaustritt. Auch die Freiheit der Wissenschaft von kirchlichem Einfluss muss der Staat garantieren.[21]

Das alles ist begründet durch Hegels Begriff der Person und ihrer Rechte. Es ist lange diskutiert worden, wie weit Hegel der liberalen Grundrechtstradition von Locke, den Federalist Papers oder Kants folge. Inzwischen scheint es mir Konsens,

---

17 Vgl. Rph § 270, 215.
18 Vgl. *Studien 1795-1796*. Text 32: *man mag die widersprechendste Betrachtung*. (GW 1, 281-352, hier: 317-319); W. Jaeschke 2003, 72-74.
19 Z.B. *Enzyklopädie der philosophischen Wissenschaften im Grundrisse* (3. Aufl. 1830, GW 20, § 552, S. 532) und *Vorlesungen über die Philosophie der Geschichte* (TW 12, 531).
20 Vgl. Rph § 270, 220 f.
21 Ebd. 221 f.

dass Hegel eine Theorie der Grundrechte besitzt.²² Sie sind zwar nicht im Sinne der Menschenrechtserklärungen der Verfassung vorangestellt, liegen also nicht in diesem Sinne auf einer höheren Ebene als die einfache Gesetzgebung. Aber sie kommen in allen Bereichen des Privat-, Straf- und Verfassungsrechts vor, mit der Maßgabe der gesetzlichen Positivierung. Eine solche Forderung der gesetzlichen Konkretisierung enthält ja auch das gegenwärtige deutsche Grundgesetz.

Zur Freiheit als Prinzip der Rechtsphilosophie gehören verschiedene Formen der Distanz zu privaten Leidenschaften, Interessen und Beschränkungen. Das ist Gegenstand der *Pflichten* gegenüber den Institutionen, von der Familie bis zum Staat. Der Staat hat im Konfliktfalle, dessen äußerster der Krieg ist, das „höhere Recht" gegenüber den Einzelnen – und zwar, wie gesehen, nicht nur aus Gründen des allgemeinen Rechtsschutzes. Was bei Hegel weitgehend fehlt, ist der Gedanke der Grundrechte als Abwehrrechte gegen die staatliche Gewalt.²³ Die Vorstellung einer Art geregelten Konflikts zwischen Bürger und staatlicher Obrigkeit gehört für ihn zu einer individualistischen, mechanistischen Staatsauffassung. Nur an einer Stelle der Rechtsphilosophie ist vom Problem der Behördenwillkür die Rede, gegen die einerseits die jeweils höhere Ebene der Administration und Jurisdiktion Abhilfe bietet, andererseits die selbständigen Korporationen, vor allem Kommunen und staatlich anerkannte Berufsorganisationen. Der uns heute zentral erscheinende Abwehrcharakter der individuellen Grundrechte beginnt erst bei den Begründern der deutschen Rechtsstaatstradition wenige Jahre nach Hegels Rechtsphilosophie, also mit v. Aretin, Mohl und anderen sog. „Frühkonstitutionalisten".²⁴

Mit diesem Defizit mag es zusammenhängen, dass die aktive Religionsfreiheit der Religionsausübung bei Hegel deutlicher gesichert ist als die negative Freiheit *von* der Religion. Das ergibt sich aus einer genauen Lektüre der berühmten Anmerkung zum § 270 der Rechtsphilosophie. Wenn der Staat eine „Pflicht" hat, „der Gemeinde für ihren religiösen Zweck allen Vorschub zu thun und Schutz zu gewähren", steht es offenbar gut um die *aktive* Religionsfreiheit. Aus welchem Grunde diese Pflicht besteht, werden wir noch sehen. Weniger deutlich ist Hegel bei der Freiheit *von* der Religions- bzw. Kirchenzugehörigkeit.

Auf der einen Seite gesteht er die Menschen- und Bürgerrechte zwar ausdrücklich religiösen Außenseitern wie Quäkern und Juden zu – obwohl die ersteren den Wehrdienst verweigern und die letzteren sich nach Hegel, sogar „als einem fremden Volke angehörig ansehen sollten".²⁵ Aber er unterscheidet dabei zwischen den passiven Rechten des bourgeois und den aktiven des citoyens, vielleicht in Anlehnung

---

22 G. Lübbe-Wolff (1986); Siep (1992b) sowie neuerdings Wildenauer (2012).
23 In diesem Sinne ist Georg Lohmann (2002, 141) zuzustimmen, dass Hegel von heute aus gesehen „keine befriedigende Theorie der Menschenrechte und Grundrechte vorgelegt" habe.
24 Vgl. Dreier (2010).
25 Rph § 270, 217. Unklar ist an dieser Stelle das Wort „indem" („indem sie sich nicht bloß als eine besondere Religions-Parthey, sondern als einem fremden Volke angehörig ansehen sollten"). Es scheint mir aber eher eine kausale (weil) als eine konditionale (wenn) Bedeutung zu haben. Hegel stimmt dann mit dem sonst von ihm kritisierten Fries überein, für den die Juden eine eigene Nation darstellten (vgl. GW 14, 3, 1213).

an einen preußischen Erlass von 1812.[26] Beunruhigender in unserem Zusammenhang ist Hegels Bemerkung, der Staat habe die Pflicht, „von allen seinen Angehörigen zu fordern, daß sie sich zu einer Kirchen-Gemeinde halten, – übrigens zu irgend einer, denn auf den Inhalt, insofern er sich auf das Innere der Vorstellung bezieht, kann sich der Staat nicht einlassen."[27] Es ist oft übersehen worden, dass Hegel hier von einer *Pflicht* des Staates spricht, von seinen Bürgern die Zugehörigkeit zu einer Kirche zu fordern. Wenn Hegel den Kirchenbegriff im Sinne der Rechtsordnung seiner Zeit, etwa des Allgemeinen Preußischen Landrechts, verwendet, dann gäbe es eine Pflicht, einer der drei großen christlichen Konfessionen Lutheraner, Reformierte oder Katholiken anzugehören. Allerdings erwähnt Hegel in seiner Anmerkung zu § 270 auch „Kirchen, die nur einen Cultus haben; andere, worin er die Hauptsache und das Lehren und das gebildetere Bewußtseyn nur Nebensache ist" – ob er sich damit auf seine Kritik an der modernen „Gefühlsreligion" ohne Theologie bezieht, die er Schleiermacher oder Fries unterstellt, ist schwer auszumachen.[28]

Die Begründung einer solchen Pflicht des Staates liegt darin, dass „die Religion das ihn für das Tiefste der Gesinnung integrirende Moment ist".[29] Die Religion integriert die Bürger also in ihrer Gesinnung in den Staat. Nach dem späten Hegel kann das nicht einmal jede christliche Konfession, sondern nur die protestantische, die keine Lehrautorität außerhalb des Staates – wie im Katholizismus – und keine Bindung der Gewissen zulässt.[30] In diesem Sinne der Integration nennt Hegel die Religion auch die „Grundlage" des Staates, darauf komme ich im zweiten Teil zurück.

Hegel folgt hier offenbar ebenfalls einer Tradition seit der Antike, dass auf Loyalität zum Staat nur bei religiösen Bürgern Verlass ist. Machiavelli und Hobbes verstärken sie in der frühen Neuzeit und Rousseau baut auf sie in seinem bürgerlichen Glaubensbekenntnis für freie Republikaner. Hegel gibt ihr insoweit eine neue Wendung, als es für ihn *nicht* die Furcht vor göttlichen Strafen ist, die den Gesetzesgehorsam noch bei denen garantiert, die irdischen Strafen zu entgehen hoffen. Das „Tiefste der Gesinnung" ist vielmehr die Überzeugung von einer religiösen Wahrheit, die mit der Treue zum säkularen Staat und seinem absoluten Recht zusammenpassen muss. Nur so ist er vor religiös motivierten Rechtsbrüchen gesichert. Aber wenn ohne Gottesglauben der Staat nicht sicher ist, dann kann Hegel

---

26 Vgl. Hegel (2000, 162). Vgl. dazu die Anm. in GW 14,3 1212 f. In diesem Erlass heißt es in § 8 zwar: „Sie können daher akademische Lehr- und Schul- auch Gemeinde-Aemter, zu welchen sie sich geschickt gemacht haben, verwalten" – aber in § 9: „In wie fern die Juden zu andern öffentlichen Bedienungen und Staats-Aemtern zugelassen werden können, behalten Wir Uns vor, in der Folge der Zeit, gesetzlich zu bestimmen" (ebd. 1212).
27 Rph § 270, 216 – im Gegensatz, wie schon erwähnt, zu den das Recht und den Staat selber betreffenden Lehren einer Kirche.
28 Rph § 270, 220. Klaus Vieweg (2012) vermutet, dass Hegel hier unter „Kirche" jede Art von Religionsgemeinschaft verstehe. Bei der genauen Unterscheidung von Religion und Kirche schon bei Kant und Fichte – die ebenfalls nur christliche „Kirchen" kennen – wäre das aber ein merkwürdiger Gebrauch des Begriffes. Vgl. hierzu auch Siep (2009).
29 Rph § 270, 216.
30 Vgl. *Enzyklopädie der philosophischen Wissenschaften im Grundrisse* (3. Aufl. 1830, GW 20, hier: § 552).

so wenig wie Hobbes, Locke oder Rousseau[31] den Atheisten im Staat zulassen.[32] Wie bei Locke und Kant gibt es allerdings auch bei Hegel in diesem Punkt keinen Konsens der Interpretationen. Zudem ist offen, was Religion und Gott in Hegels spekulativer Bedeutung meinen. Das ist Thema meines dritten Teils (III).

(c) Deutlich säkularer scheint Hegel in Fragen des religiösen Einflusses auf staatliche Gesetzgebung und Politik zu sein. Der Staat handelt aus vernünftigen, philosophisch zu begründenden Prinzipien von Recht und Unrecht, von denen die Rechtswissenschaft und die juristisch geschulten Staatsbeamten ausgehen. Diese Prinzipien sind allerdings keine apriorischen, sondern berücksichtigen die Entwicklung besonderer rechtlicher Traditionen, geprägt durch einen bestimmten Volksgeist. In dieser Entwicklung zeigt sich aber ein Fortschritt der Vernunft im Sinne eines bestimmteren und reicheren Bewusstseins der Völker und Individuen von ihrer Freiheit.

Theokratien verstoßen gegen solche vernünftigen Rechtsordnungen, so wie auch die antike radikale Demokratie oder das Gottesgnadentum. Theologen oder Kirchenvertreter müssen sich im Rahmen dieser Rechtordnung und ihrer juristischen und philosophischen Interpretationen bewegen, auch wenn sie Berater der Regierung oder des Monarchen sein können, etwa als Mitglieder eines auch von Hegel akzeptierten Staatsrates.

Folgt daraus etwas für unsere modernen Diskussionen über den Gebrauch religiöser Argumente in der Öffentlichkeit? Die Frage ist schwer zu beantworten, weil für Hegel Parlamentsdebatten und die gedruckte öffentliche Meinung nicht die zentrale Rolle spielen, die ihnen in parlamentarischen Demokratien zukommt. Ich kann hier nicht die Rolle der beiden Kammern, der ersten Kammer adeliger Grundbesitzer und der zweiten Kammer der Gewerbestände in Hegels Aufbau der konstitutionellen Monarchie erläutern.[33] In der zweiten Kammer sollen vor allem die Fachgesichtspunkte der Berufsstände und Kommunen, auch der „großen Interessen" (§ 311) der Gesellschaft, vertreten sein und die Regierung beraten. Auch der öffentlichen Meinung schreibt er vorwiegend beratende und erzieherische Funktionen zu (§ 315). Es ist nicht ausgeschlossen, aber bei Hegels Auffassung der weltlich-rationalen Staatsführung auch nicht nahe liegend, dass religiöse Argumente in diesen Debatten eine Rolle spielen. Sie könnten es mit der erwähnten staatlichen Förderung der Gemeinden bei ihrem „religiösen Zweck" (§ 270) zu tun

---

31 Vgl. zu Rousseaus politischer Religion jetzt Meier (2013, 149-234).
32 Selbst für Kant können Atheisten nicht die „Gattungspflichten" (vgl. Kant 1914, 97) zur Herbeiführung eines „ethischen gemeinen Wesens" erfüllen: „Zu dem, was jedem Menschen zur Pflicht gemacht werden kann, muß das Minimum der Erkenntniß (es ist möglich, daß ein Gott sei) subjectiv schon hinreichend sein" (ebd., 154). Bürger des „politischen gemeinen Wesens", d.h. der staatlichen Rechtsgemeinschaft, können sie aber sein (vgl. ebd., 96).
33 Hegel hat in seiner Heidelberger Zeit die Aufgabe zumindest der Ständekammer auch darin gesehen, eine Opposition gegen das vom König eingesetzte Ministerium aufzubauen – allerdings eine staatstragende. Vgl. dazu Siep (1992a, 251-256). Diese Bedeutung der Ständeversammlung nimmt er immer mehr zurück, am deutlichsten im § 544 der *Enzyklopädie* von 1830.

haben. Dabei ist der religiöse Zweck aber im engeren Sinne zu verstehen, soziale und Bildungsaufgaben sind primär solche der Berufsstände, der Kommunen und des Staates.

Die wesentlichen Ziele des Staates, der Schutz der Rechte der Bürger, Familien und Korporationen, die Förderung des materiellen und psychischen Wohls, der außenpolitischen Stellung des Staates, auch seiner außenwirtschaftlichen (§ 249) und militärischen Position, lassen nur Argumente säkularer Wissenschaft und Klugheitsüberlegungen zu. Die letzteren spielen bei Hegel eine größere Rolle als bei einem solchen Systematiker zu vermuten wäre. Das gilt etwa für die Vermeidung und Kompensation der unvermeidlichen Krisen einer Marktwirtschaft, die doch für die Freiheit der individuellen Lebenspläne und den Reichtum der Völker notwendig ist (§§ 249, 252). Das Wohl der Bürger gegen solche Krisen zu sichern, in Übereinstimmung mit Recht und Gewissensfreiheit, ist die eigentliche Verwirklichung dessen, was Hegel „Moralität" nennt.[34] Auch diese Verwirklichung muss institutionell stabil und von privaten oder religiösen Motiven oder Mitteln unabhängig sein. Rationale Politik der Korporationen und der staatlichen Verwaltung muss daher die privaten Wohlfahrtseinrichtungen der Kirchen weitgehend ablösen (§§ 245, 249, 253). Religiös motivierte Politik und religiöse Argumente in der Zivilgesellschaft, etwa in den modernen bioethischen Debatten, passen ebenso schwer in den Rahmen der Hegelschen Staatsauffassung wie religiös orientierte politische Parteien. In *dieser* Hinsicht ist Hegels Staat viel *weniger* ein christlicher Staat als etwa die gegenwärtige Bundesrepublik Deutschland. Andere Aspekte der Säkularität, vor allem die negative Religionsfreiheit, sind aber, wie wir gesehen haben, deutlich weniger entwickelt.

II. Religion als Grundlage des Staates

Was bedeutet Hegels Behauptung, die Religion sei die Grundlage des Staates? Müssen von ihr aus vielleicht die erörterten konkreten Bestimmungen neu eingeschätzt werden? Ist etwa die Rationalität des staatlichen Handelns selber von Grund auf religiös? Um eine Antwort zu versuchen, müssen unterschiedliche Bedeutungen der Rede von den „Grundlagen" unterschieden werden.[35]

Man muss unterscheiden zwischen Grundlagen im historischen Sinne (a), Grundlagen im systematischen (b) und Grundlagen im Sinne des Fundamentes in der „Gesinnung" der Menschen, d.h. ihren tiefsten Überzeugungen und Empfindungen (c).

(a) Historisch ist für Hegel unbestreitbar, dass die Religion für die Entwicklung des Staates von grundlegender Bedeutung ist – aber auch das Umgekehrte ist gültig. Die Begriffe „Staat" und „Religion" können einen engeren und weiteren Sinn

---

34 Vgl. dazu Siep (2011).
35 Vgl. zum Folgenden auch Siep (2010a, 98-108).

haben. „Religion", vor allem in den historisch frühen Formen, ist der gesamte theoretische und praktische Bezug eines Volkes auf ein „Absolutes", eine letzte Wahrheit oder Wirklichkeit. Dass dieser Aspekt der Gesamtkultur die übrigen Bereiche beeinflusst, versteht sich von selbst. „Staat" bedeutet bei Hegel nicht nur eine Institution und Personengruppe, die – mit Max Weber gesprochen – das Monopol legitimer physischer Gewalt in einem Gebiet besitzt. Hegel benutzt die Begriffe Staat und Verfassung, fast wie das griechische *politeia*, auch für die öffentlichen Sitten eines Volkes. Und zwar insofern sie in Institutionen, Gesetzen und Ämtern objektiviert, aber auch in den Individuen gelebt werden und bewusst sind. Natürlich wirkt dieser weite Bereich auch auf die Religion im engeren Sinne des Kultes und Wissens des Göttlichen zurück.[36] Die Ausdifferenzierung von Religion, Staat, aber auch Kunst und Wissenschaft beginnt ansatzweise in der griechischen Klassik, setzt sich aber erst seit der frühen Neuzeit durch. Das Resultat dieser Entwicklung zu seiner Zeit formuliert Hegel im Schlussparagraphen der Rechtsphilosophie:

„Die Gegenwart hat ihre Barbarey und unrechtliche Willkühr und die Wahrheit hat ihr Jenseits und ihre zufällige Gewalt abgestreift, so daß die wahrhafte Versöhnung objectiv geworden, welche den *Staat* zum Bilde und zur Wirklichkeit der Vernunft entfaltet, worin das Selbstbewußtseyn die Wirklichkeit seines substantiellen Wissens und Wollens in organischer Entwickelung, wie in der *Religion* das Gefühl und die Vorstellung dieser seiner Wahrheit als idealer Wesenheit…findet."[37]

Grundlage des Staates ist die Religion also im *historischen* Sinne, weil der menschliche Geist in allen seinen kulturellen Äußerungen durch Vorstellungen eines Absoluten, einer letzten Wahrheit und Wirklichkeit geprägt ist – die aber nicht nur in der ausdifferenzierten Religion oder gar Theologie zuhause sind. *Moderner* Staat und *moderne* Religion bedingen sich wechselseitig: Der moderne Staat setzt nach Hegel vor allem den Protestantismus voraus.[38] Er bringt die Überwindung der weltlichen Herrschaft der Kirche, die Freiheit des individuellen Gewissens und die Verwirklichung der religiösen Sittlichkeit im Diesseits mit sich. Aber das Christentum ist ebenso von der Entwicklung des modernen Staates geprägt. Die Entstehung des säkularen Rechtsbewusstseins, die zunehmende Unterscheidung von Kirche und Staat, das Entstehen einer religionsfreien Wissenschaft, führt zu einer Verwandlung der Religion bis zum „Abstreifen" der Jenseitigkeit oder, wie die *Enzyklopädie* formuliert, der Befreiung des Absoluten aus seiner Jenseitigkeit in die Welt.[39] Das Christentum kann dann in den weltlichen Sitten und im säkularen Staat seine eigene Verwirklichung und eine Form des Absoluten sehen.

---

36 Vgl. *Vorlesungen über die Philosophie des Rechts* (wie Anm. 26), 162: „Die Geschichte zeigt, daß alle Verbesserungen der Religion durch den Staat verursacht wurden".
37 Rph § 360, 281f.
38 Vgl. *Vorlesungen über die Philosophie der Geschichte* (TW 12, 508-520).
39 Vgl. *Enzyklopädie* (1830), § 552, 534: „es erwacht die *Weltweisheit* im Geiste der Regierungen und der Völker, d.h. die Weisheit über das, was in der Wirklichkeit an und für sich recht und vernünftig ist. Mit Recht ist … die Philosophie *Weltweisheit* genannt worden, denn das Denken vergegenwärtigt die Wahrheit des Geistes, führt ihn in die Welt ein, und befreit ihn so in seiner Wirklichkeit und an ihm selbst."

(b) Der zweite Sinn von Grundlage, nämlich im Sinne des *wissenschaftlichen Fundamentes*, wurde im ersten Teil schon besprochen. Dieses Fundament legt die philosophische Wissenschaft. Sie zeigt allerdings auch die Entsprechung der begrifflichen Wahrheit und der religiösen Vorstellungen. Das steht auch in dem oben ausgelassenen Satz des Schlussparagraphen der Rechtsphilosophie: Die *Wissenschaft* ist die „freye begriffene Erkenntniß dieser Wahrheit als Einer und derselben in ihren sich ergänzenden Manifestationen, dem *Staate*, der *Natur* und der *ideellen Welt*."[40] Die staatlichen Pflichten sind nach Hegel durch eine Vernunftwissenschaft zu begründen, sie können daher auch mit der höchsten Form der Einsicht, der Philosophie, bestätigt werden. Die religiösen Lehren fallen dagegen in das Feld der Vorstellung und des Gefühls. Das heißt nicht, dass Hegel der Gefühlsreligion der Romantik oder in seinen Augen auch Schleiermachers zustimmt. Im Gegenteil ist für ihn die theologische Dogmatik, das Wissen von Gott, der entscheidende Bestandteil vor allem der „modernen" im Sinne der nachantiken, nämlich der christlichen Religion. Aber es kommen in ihr immer noch Metaphern, Bilder und Erzählungen vor wie „Vater", „Sohn" oder „Schöpfung". Diese können und müssen von der Philosophie in eine reine Begriffssprache übersetzt werden. Insofern die christliche Religion in dieser Deutung aber „absolut wahr" ist, stellt sie auch eine Grundlage des Staates dar.

(c) Die dritte Form der Grundlage ist die für die Stabilität des Staates notwendige Verankerung im religiösen *Gewissen*. Dieser unmittelbare Bezug hat für die „tiefsten" Überzeugungen der Individuen, vor allem der *nicht* wissenschaftlich Gebildeten, die stärkere Bindungs- und Motivationskraft. Sie richtet sich nur dann *nicht gegen* den Staat und relativiert den Staat *nicht*, wenn dieser selber als Manifestation eines „göttlichen" Willens verstanden werden kann, der von allen Meinungen, Interessen und Zufällen unabhängig und zeitlos gültig ist. Die wahre Philosophie zeigt, dass der Staat, die religiöse Gemeinde und Gott (als heiliger Geist in der Gemeinde) dieselbe absolute Vernunft in verschiedener Form bzw. Manifestation bedeuten. Die Gefahr der religiösen Gesinnung besteht darin, Gott als eine unbestimmte Idee des Absoluten aufzufassen bzw. als das „Unbestimmte, das nicht dahin greift, ist das zu bestimmen, was im Staate als entwickelt da ist."[41] Wenn sie von dieser vagen Vorstellung aus Rechte, Gesetze und Institutionen relativiert und zum Mittel der Durchsetzung der Glaubenswahrheiten macht, zerstört sie Staat *und* wahre Religion.

In diesem dritten Sinne ist die Religion also insofern Grundlage, als sie den säkular handelnden und rational begründeten Staat in den tiefsten persönlichen und existentiellen Überzeugungen verankert. Hegel hat in seinen letzten Schriften und

---

40 Rph § 360, GW 14,1 282. Vgl. auch Rph § 256, 199 wo Hegel von der Herleitung des Staates aus Familie und bürgerlicher Gesellschaft sagt: „nur eine solche Entwickelung ist der *wissenschaftliche Beweis* des Begriffs des Staats."

41 Zusatz zu Rph § 270 (TW 7, 431) bzw. *Philosophie des Rechts* nach der Vorlesungsnachschrift K.G.v. Griesheims 1824/25 (wie Anm. 6), 740.

Vorlesungen, gerade im Anblick der Juli-Revolution von 1830, deren Gründe er auch im Katholizismus der romanischen Völker sah, betont, dass ein Widerspruch zwischen religiöser Wahrheit und staatlicher Sittlichkeit den Staat untergrabe.[42] Ein moderner Staat erfordert insofern eine bestimmte, in Hegels Sinne moderne Religion. Er nennt sie „protestantisch", weil sie Gewissensfreiheit und die Zustimmung zum Staat als dem letzten Grund aller erzwingbaren Rechte und Pflichten enthält.[43] Modern ist der Staat aber auch, weil weder er selbst noch seine Repräsentanten Gegenstand eines speziellen Kultes werden dürfen wie etwa die griechische Polis oder das römische Imperium.

Allerdings muss man, wie oben gesehen, die Zugehörigkeit zum Staat als einer ewigen Institution, als einen letzten Sinn des Lebens begreifen. Für Hegel lässt das einen daneben bestehenden letzten religiösen Sinn zu. Wir werden noch sehen, was Hegel damit dem Christentum abverlangt.

Zuvor das Resümee des ersten (I) und zweiten Teiles (II): Offenbar lässt die Rede von der Religion als „Grundlage" die säkulare Begründung der Rechtsordnung intakt. Sie fordert aber eine besondere Nähe des Staates zur Religion, sogar zu einer bestimmten, und das schränkt die Neutralität des Staates gegenüber den Religionen bedenklich ein: bis hin zu der erwähnten Forderung, wenn auch wohl nicht zu einem Rechtszwang, sich einer Kirche anzuschließen.[44] Die Grenze dieser Forderung liegt nicht in dem als Abwehrrecht verstandenen Grundrecht auf Religionsfreiheit, sondern im Gewissen. Der Staat darf die Menschen zwar auch gegen ihr Gewissen zu rechtlichen Handlungen verpflichten und bei Nichtbefolgung bestrafen. Aber er darf sie nicht zu Überzeugungen zwingen, nicht in das innere „Heiligtum" (Rph § 137) des Gewissens eindringen.

Hegel will den säkularen Staat einerseits vor religiöser Instrumentalisierung schützen, indem er ihn zum vernünftig begründeten, sogar für den Lebenssinn der Individuen notwendigen weltlichen Absoluten macht. Als solcher ist er allen anderen Vorstellungen des Göttlichen ebenbürtig. Gleichzeitig will er ihn mit der christlichen Religion versöhnen, weil ohne die Übereinstimmung mit religiösen Überzeugungen der Staat nicht stabil sein kann. Es fragt sich, ob dabei beide Seiten nicht zu viel aufgeben müssen: der säkulare Staat den vollen Schutz der Grundrechte, darunter das auf negative Religionsfreiheit – das Christentum seinen Gottesbegriff und sein Verständnis der Heilsgeschichte. Beide Defizite haben seine Schüler geleugnet oder korrigieren wollen, mit und ohne Hegelsche Mittel.

---

42 Vgl. Enzyklopädie (1830), § 552, Manuskript von 1830/31 (TW 12, 71, 534, 539), Vorlesungen über die Philosophie der Weltgeschichte (1822/23), 520 sowie „Philosophie der Weltgeschichte. Einleitung 1830/31", in GW 18, 138-207, hier: 173.

43 Daher betont Hegel mehrfach, dass der moderne Staat die Reformation voraussetze (vgl. etwa *Enzyklopädie* (1830), § 552, S. 536 f..

44 Vgl. o. S. 8 f. Eine Art moralischer Appell des Staates passt freilich nicht recht zu Hegels Staatsverständnis. Aber ein Rechtszwang würde Hegels Konzeption des „protestantischen" Gewissens selber untergraben, denn bei „Kirchen" geht es nicht um äußeres Verhalten, sondern innere Überzeugungen.

III. Gottesbegriff und Christentum

Damit stehe ich bei der dritten Frage: Was ist das für ein Christentum und was für ein Gottesbegriff, den Hegel für kompatibel mit seiner Version des säkularen Staates hält? Bleibt nur ein verweltlichtes, sozusagen „kulturprotestantisches" Christentum ohne einen von den Menschen oder der Welt unterschiedenen Gott? Oder ist Hegels Religions- und Staatsphilosophie die beste Apologie des Christentums in der Moderne? Das war eines der Hauptthemen, die zur Spaltung der Hegel-Schule geführt haben. Ich kann diese Fragen natürlich nur skizzenhaft beantworten, es ist unendlich viel und kontrovers darüber publiziert worden.

Es legt sich angesichts dieser Kontroversen nahe, auch hier wieder mit Pro und Contra zu argumentieren. *Für* die Vereinbarkeit der Hegelschen Religionsauffassung mit einem transzendenten Gottesbegriff spricht die Tatsache, dass Hegel die wichtigsten traditionellen christlichen Dogmen akzeptiert und philosophisch deutet, von der Trinität über die Schöpfung und die Menschwerdung bis zur Erlösung. Er sieht in ihnen sogar eine Einheit, sozusagen einen Gottesprozess, der sich auch mit rein philosophischen Begriffen als eine systematische und notwendige Entwicklung begreifen lässt. Er hält auch am Begriff der Persönlichkeit des Absoluten fest – gegen Fichtes Kritik und Aufgabe dieses Gedankens.[45] Die philosophische Deutung stimmt mit der religiösen Wahrheit überein und lässt die Religion, als Kult und Lehre, sozusagen neben sich zu.

Gegen die Vereinbarkeit spricht, dass Hegel schon früh eine essentielle Trennung Gottes vom menschlichen Geist als eine Verendlichung Gottes abweist.[46] Ein Gott, der außerhalb seiner selbst etwas von sich Verschiedenes hat, ist nicht im wahren Sinne unendlich. Die Einheit des göttlichen Geistes mit dem menschlichen legt sich auch aus der recht verstandenen Trinitätslehre nahe. Hegel versteht sie, sehr kurz gesagt, als eine Entwicklung vom unbestimmt Göttlichen des Vaters über die Selbstverendlichung und Konkretisierung in Schöpfung *und* Menschwerdung, bis hin zur Reintegration im vollen Bewusstsein der Einheit des menschlichen mit dem göttlichen Geist in der Gemeinde. Dieser Geist ist mitten unter den Menschen, nicht nur in der *religiösen* Gemeinde, sondern zugleich in der *sittlichen* des Staates und in der *wissenschaftlich*-philosophischen Erkenntnis. Die Reformation hat die christliche Idee der Freiheit mit der antiken Idee der Sittlichkeit versöhnt.[47] Gegen die mittelalterliche Orientierung an der jenseitigen Welt hat sie zur Heiligung von Familie, Beruf und rechtlich verfasster staatlicher Herrschaft geführt. Im Prinzip sind die Menschen damit von ihrer Trennung von Gott erlöst, der historische Erlöser geht in seiner Bedeutung für die Entwicklung des religiösen Bewusst-

---

45 Vgl. Wagner (1971).
46 Etwa im Kapitel „Unglückliches Bewußtsein" der *Phänomenologie des Geistes* von 1807.
47 Dass die protestantische Heiligung von Familie, bürgerlicher Rechtlichkeit und Landesherrschaft eine Rehabilitierung antiker Tugenden („quae Graeci et Romani nobis admiranda et imitanda relinquerunt") gegen die Kritik der Kirchenväter und der mittelalterlich-römischen Kirche darstelle, betont Hegel in seiner Rede zum 300. Jahrestag der Confessio Augustana (vgl. *Oratio in sacris saecularibus tertiis traditae confessionis Augustanae* (1830), in: GW 16 313-322, hier: 319).

seins⁴⁸ und die Manifestation eines Momentes des absoluten Geistes⁴⁹ auf. Auch wenn sie weiterhin gegen Gesetz und Recht oder ethische Pflichten verstoßen, kann rechtmäßige Strafe und moralisch-religiöse Versöhnung die Täter wieder in den gemeinsamen Geist integrieren. Ein eschatologischer Zustand des Gerichts und der vollständigen moralischen Perfektion ist kein sinnvolles Konzept. Im Gegenteil: Selbst Kants und Fichtes Idee einer vollständigen Verwirklichung des Rechts und der Moral führen für Hegel zu einer Relativierung der erreichten Vernünftigkeit des Staates, denn von unendlichen Zielen ist jeder Zustand unendlich weit entfernt. So weit das Contra-Argument.

Die Entscheidung zwischen Pro und Contra hängt letztlich davon ab, welche von zwei Interpretationsperspektiven sich angesichts der Hegelschen Texte als fruchtbarer erweist – jedenfalls so lange es um Interpretation, nicht um Aneignung und Weiterentwicklung Hegelscher Konzeptionen geht. Die eine Perspektive nimmt an, dass Hegels „Metaphysik der absoluten Subjektivität ... die äußerste Erfüllung und Vollendung" des neuplatonischen „Ansatzes" sei.⁵⁰ Von den spekulativ-triadischen Grundfiguren eines subjektivitätstheoretisch erneuerten Platonismus her konzipiert Hegel eine Logik, Natur- und Geschichtsphilosophie, die die Erkenntnisse der für seine Zeit modernsten Natur- und Geisteswissenschaften vollständig deuten und systematisieren kann. Für eine mit dem Christentum konforme Deutung greift Hegel aber an zentralen Stellen auf die christlichen Thesen der Persönlichkeit Gottes⁵¹ und der Schöpfung zurück – Schöpfung allerdings verstanden als eine Selbstentäußerung Gottes in die Welt. Deshalb spricht er etwa in der *Wissenschaft der Logik* von der Persönlichkeit der absoluten Idee und ihrem freien Sich-entlassen in die Natur.⁵² Die sozusagen „holistische" Bestätigung der religiösen Wahrheiten in einem umfassenden philosophischen System lässt für diese Deutung die religiöse Vorstellungswelt hinsichtlich Gottes und der Heilsgeschichte völlig intakt. „Aufhebung" der Religion in Philosophie heißt hier nur Bestätigung von einer höheren philosophischen Ebene aus.

Nach der *anderen* Perspektive geht es Hegel vor allem um eine bestimmte logisch-ontologische Grundstruktur, die die Wirklichkeit konstituiert und ein syste-

---

48 Vgl. Siep (2000, 114).
49 Das „Reich des Sohnes" hat die Bedeutung der „Besonderheit", der Selbstverendlichung und Selbstobjektivierung des Absoluten – vgl. *Enzyklopädie* (1830), § 568 und die entsprechenden Ausführungen in den *Vorlesungen über die Philosophie der Religion*.
50 Halfwassen (1999, 469). Zu Hegel und dem christlichen Neuplatonismus auch Beierwaltes (1972).
51 Nach Wagner (1971) verhilft Hegels Trinitätslehre dem „neutestamentlichen Verständnis des Verhältnisses von Vater, Sohn und Geist zu einem angemessenen Ausdruck" (ebd., 252). Diese begriffliche Lehre sei aber auch keine Ableitung aus der Vernunft, sondern „begrifflicher Nachvollzug der göttlichen Trinität" (ebd.).
52 Vgl. dazu auch Büttner (1993, 44-47). Auch in dieser Deutung bleibt aber unklar, inwieweit schöpfungstheologische Begriffe rekonstruiert oder entmythologisiert werden. Neuser (2004, Anm. 11) verweist auf die trinitarische Parallele des Hervorgehens der zweiten Person aus der ersten. Selbst die Auslegung des freien Entschlusses durch Volkmann-Schluck (1964, 41f.) greift auf eine göttliche Freiheit zurück. Das „Modell der Welterschaffung für irrig" hält dagegen H. Braun (1970).

matisches Wissen von ihr möglich macht. Das ist die innere Differenzierung eines Allgemeinen oder Ganzen in besondere Bestimmungen und seine Selbstreflexion *in* diesen Bestimmungen. Von daher kann die gesamte Wirklichkeit der Natur, des menschlichen Geistes und der Geschichte als ein sich selbst bewusst werdender Organismus[53] verstanden werden, mit modernen Ausdrücken: als ein Prozess der Selbstorganisation, Selbstaneignung und Selbsterkenntnis. Mit diesen Strukturen stimmen zwar die religiösen Vorstellungen, vor allem die des christlichen Neuplatonismus, im Allgemeinen zusammen. Hegels Begriffe des Absoluten verlangen aber grundlegende Neuinterpretationen dessen, was unter Gott, Schöpfung, Menschwerdung, Erlösung etc. zu verstehen ist – eine Art Entmythologisierung. So muss man die Persönlichkeit Gottes letztlich als das Zusichkommen der Wirklichkeit im systematisch begreifenden menschlichen Bewusstsein verstehen. Schöpfung als Entäußerung der Idee an die Natur ist derselbe Gedanke in sozusagen umgekehrter Richtung: Vom Ende, dem System der reinen Gedanken ausgehend, muss der Blick auf deren äußerlichste Form in raum-zeitlichen Verhältnissen gerichtet werden. Da diese selber von „logischen" Verhältnissen in Hegels Sinn konstituiert sind, stellen sie nur deren „Entäußerung" dar. Die Natur ist eine Stufung immer komplexerer und reflexiverer Verhältnisse und Organisationen, die sich entwickelt bis zu völliger Durchdringung in einem wissenden menschlichen Subjekt. Von dieser Figur aus kann man die christlichen Dogmen der Schöpfung, Menschwerdung und Erlösung als einen vorläufigen, narrativen Ausdruck der Wahrheit verstehen.

Von beiden Perspektiven aus sind überzeugende Deutungen des Hegelschen Systems entwickelt worden. Das gilt nicht nur für Hegels eigene Zeit. Auch heute, nachdem wir viele tausend Seiten mehr an Manuskripten Hegels, sowie Vorlesungsnachschriften und eine unübersehbare Masse von Interpretationen vorliegen haben, werden beide Perspektiven weiter vertreten. Die Vereinbarkeit der Hegelschen Geistphilosophie mit dem Christentum wird nicht nur in der christlichen Theologie verteidigt, etwa bei Wolfhart Pannenberg,[54] sondern auch in der jüdischen Theologie, wie ein eindrucksvolles Buch von Emil Fackenheim aus dem Jahre 1967 zeigt.[55] Es gibt aber ebenso starke Stimmen für die zweite, säkularere Perspektive. Charles Taylor etwa versteht Hegel als Vorläufer eines „enttheologisierten Christentums".[56] Für Friedrich Fulda können Hegels Argumente zur Persönlichkeit der absoluten Idee „den Anspruch erheben, auch einen Atheisten zu überzeugen."[57] Auch für Walter Jaeschke hat der Begriff der Persönlichkeit nichts mit der Vorstellung eines „fixierten Subjekts" oder gar der kirchlichen Lehre vom persönlichen Gott zu tun.[58]

Ich kann hier nicht weiter ausführen, inwiefern mir diese zweite Perspektive, und damit die „Contra-Argumente" als die mit dem Hegelschen Gesamtsystem

---

53 Vgl. Emundts/Horstmann (2002, 81-83).
54 Pannenberg (1966, z.B. 184).
55 Fackenheim (1967).
56 Vgl. Taylor (1975, 646-651).
57 Fulda (2003, 248).
58 Jaeschke (2003, 183).

insgesamt besser vereinbare Auslegung erscheint. Man muss aber zugestehen, dass viele Hegelsche Texte von der anderen Perspektive aus leichter zu interpretieren sind. Das gilt vor allem für den späten Hegel, dessen Berliner Rektoratsrede zum 350. Jahrestag der Confessio Augustana etwa man andernfalls ein erhebliches Maß an gewollter Ambiguität zuschreiben muss.[59]

Sicher sind die Argumente für beide Perspektiven so stark, dass die Spaltung der Hegel-Schule in diesem Punkt noch heute sehr gut nachvollziehbar ist. Zumal die theologische Ambiguität auch Folgen für die politische Philosophie hatte. Auf die Individualisierung und Naturwerdung des Absoluten greift er ja auch bei der „spekulativsten" Wahrheit der Rechtsphilosophie zurück, nach der sich die souveräne fürstliche Gewalt in einem *natürlichen* Individuum, dem erblichen Monarchen manifestieren muss. Der Grund dafür ist *nicht* nur, dass allein die Erbmonarchie den partikularen Interessen von Wählern und „Königsmachern" entzogen ist, sondern, dass dies die letzte souveräne „Grundlosigkeit" des Staates ausmacht. Von Willkür soll sie dadurch unterschieden sein, dass der Monarch im Geist der Verfassung und auf der Grundlage von Regierungsvorlagen entscheidet.

Insgesamt verbleibt in Hegels politischer Philosophie eine Spannung zwischen den Rechten der Person und ihrem staatlichen Schutz einerseits, und einer gegen jede Relativierung gewappneten staatlichen Souveränität andererseits. Man könnte allerdings im Blick auf seine Schüler behaupten, dass weder die Rechts- noch die Linkshegelianer hier überhaupt das Problem auf dem Hegelschen Niveau behandelt haben. Am Ende der linkshegelianischen Entwicklung, bei Marx und erst recht im orthodoxen Marxismus, geht nicht nur jede positive Bedeutung der Religion verloren, sondern auch das Bewusstsein von Rechtsstaatlichkeit. Einiges davon muss man vermutlich Marx selber zuschreiben, etwa die Reduzierung der Individualrechte auf bürgerliche Ideologie und die pseudo-religiöse Vorstellung einer Assoziation ohne legalen Rechtszwang. Vielleicht steht er dabei unter dem Einfluss religiöser Frühsozialisten wie Fourier.[60] Auf der Seite der Rechtshegelianer sind die Rechte der Individuen zusammen mit der Säkularität des Staates aber überwiegend ebenso verloren gegangen. Vielleicht gibt es noch am ehesten eine Fortsetzung der Hegelschen Synthese bei den frühen Theoretikern des Rechtsstaates mit klarem Sinn für die sozialen Probleme, wie etwa Robert von Mohl. Mehr religiöse Pluralität und Toleranz als bei Hegel gibt es aber auch bei Mohl nicht.

Mein Fazit ist, dass man an der Absolutheit des Staates bei Hegel und seiner Nähe zur christlichen Religion heute zumindest erhebliche Abstriche machen muss. Der säkulare Staat bleibt unhintergehbar als legitimer Urheber der Rechtsgesetze und -verpflichtungen sowie als alleiniger Inhaber legaler Zwangsbefugnis. Seine Souveränität kann aber nicht mehr durch den Selbstzweck ewiger Institutionen begründet werden, sondern durch den von seinen Bürgern ausgehenden Schutz- und Förderungsauftrag. Bei dessen Nicht-Erfüllung muss sie im Extremfall auch begrenzt sein durch ein sowohl innerstaatliches wie überstaatliches Wider-

---

59 Oder etwa der *Goeschel-Rezension* (vgl. Jaeschke ebd. 300-302).
60 So eine Vermutung von H.-Ch. Schmidt am Busch (2012).

standsrecht. In die Richtung des letzteren geht offenbar die Entwicklung der responsibility to protect im modernen Völkerrecht. Zwischen Staat und bestimmten Religionen, oder religiösen Überzeugungen überhaupt, kann es keine „privileged partnership" geben; wohl aber ein Verhältnis von Rechtsaufsicht einerseits und politischer Mitwirkung von Bürgern mit religiösen Überzeugungen andererseits.[61] Das scheint mir immer noch im vernünftigen Sinne „säkular" zu sein – nicht laizistisch, aber auch nicht „post-säkular".

Literatur

Beierwaltes, Werner, „Hegel und Proklos", in: Ders.: *Platonismus und Idealismus*. Frankfurt a.M. 1972, 154-187.
Blumenberg, Hans, *Die Legitimität der Neuzeit*. Frankfurt a. M. 1966.
Braun, Hermann, „Zur Interpretation der Hegelschen Wendung: frei entlassen", in: *Hegel, l'esprit objectif, l'unité de l'histoire*, Lille 1970, 51-64.
Büttner, Stefan, *Natur als sich fremde Vernunft*. Studien zu Hegels Naturphilosophie. Diss. München 1993.
Dreier, Horst, „Rechtsstaat", in: *Enzyklopädie Philosophie*. Hg. v. Hans-Jörg Sandkühler. Hamburg 2010, 2265-2272.
Emundts, D./Horstmann, R.P., *G. W. F. Hegel*. Eine Einführung. Stuttgart 2002.
Fackenheim, Emil, *The Religious Dimension in Hegel's Thought*. Bloomington/London 1967.
Fulda, H.F., *G.W.F. Hegel*. München 2003.
Halfwassen, Jens, *Hegel und der spätantike Neuplatonismus*. Untersuchungen zur Metaphysik des Einen und des Nous in Hegels spekulativer und geschichtlicher Deutung. Bonn 1999.
Hegel, G.W.F., *Gesammelte Werke* (GW) Hg. v. d. Nordrhein-Westfälischen Akademie d. Wissenschaften u. Künste. Hamburg: 1968 ff.
– *Vorlesungen über Rechtsphilosophie 1818-1831*. Edition und Kommentar in sechs Bänden von Karl-Heinz Ilting. Bd. 4. Stuttgart-Bad Cannstatt 1974.
– *Theorie Werkausgabe*. Hg. V. Eva Moldenhauer u. Karl Markus Michel. Frankfurt a. M., 1970 ff. (TW)
– *Vorlesungen über die Philosophie der Weltgeschichte*. Berlin 1822/23. Nachschriften v. K. G. J. v. Griesheim, H. G. Hotho u. F. C. H. V. v. Kehler. Hg. v. K. H. Ilting, K. Brehmer u. H. N. Seelmann, Hamburg 1996.
– *Vorlesungen über die Philosophie des Rechts*. Berlin 1819/20. Nachgeschr. v. Johann R. Ringier. Hg. v. Emil Angehrn, Martin Bondeli u. Hoo Nam Seelmann. Hamburg 2000.
Henrich, Dieter, *Hegel im Kontext*. Mit einem Nachwort zur Neuauflage. Berlin 2010 (zuerst Frankfurt a. M. 1971).
Hoesch, Matthias, *Vernunft und Vorsehung*. Säkularisierte Eschatologie in Kants Religions- und Geschichtsphilosophie. Berlin: De Gryuter, 2014.
Siep, L./Gutmann, T./Jakl, B./Städtler, M. (Hrsg.), *Von der religiösen zur säkularen Begründung staatlicher Normen*. Zum Verhältnis von Religion und Politik in der Philosophie der Neuzeit und in rechtssystematischen Fragen der Gegenwart. Tübingen 2012.

---

61 Vgl. dazu Siep et alii (2012).

Jaeschke, Walter, „Staat aus christlichem Prinzip und christlicher Staat. Zur Ambivalenz der Berufung auf das Christentum in der Rechtsphilosophie Hegels und der Restauration", in: *Der Staat* 18/3, 1979, 349-374.
– *Hegel-Handbuch*. Leben – Werk – Schule. Stuttgart 2003.
Kant, Immanuel, *Kant's gesammelte Schriften* (AA). Bd. 6. Hg. v. d. Königlich Preußischen Akademie der Wissenschaften. Berlin 1914.
Lohmann, Georg: „Hegels Theorie der Menschenrechte?", in: A. Arndt/K. Bal/H. Ottmann u.a. (Hg.), *Hegel Jahrbuch 2002*. Berlin 2002, 137-142.
Lübbe-Wolff, G, „Über das Fehlen von Grundrechten in Hegels Rechtsphilosophie. Zugleich ein Beitrag zum Verständnis der historischen Grundlagen des Hegelschen Staatsbegriffs", in: H.-Chr. Lucas / O. Pöggeler (Hg.): *Hegels Rechtsphilosophie im Zusammenhang der europäischen Verfassungsgeschichte*. Stuttgart-Bad Cannstatt 1986, 421-466.
Meier, Heinrich, *Politische Philosophie und die Herausforderung der Offenbarungsreligion*. München 2013.
Neuser, Wolfgang, „Das Anderssein der Idee, das Außereinandersein der Natur und der Begriff der Natur", in: Ders./ Hösle (Hg.), *Logik, Mathematik und Natur im objektiven Idealismus*. Würzburg 2004, 40-49.
Pannenberg, Wolfhart, *Grundzüge der Christologie*. Gütersloh 1966.
Schmidt am Busch, H.-Ch., „Einleitung", in: Charles Fourier, *Über das weltweite soziale Chaos. Ausgewählte Schriften zur Philosophie und Gesellschaftstheorie*. Herausgegeben und eingeleitet von H.-Ch. Schmidt am Busch. Berlin 2012, 9-35.
Siep, Ludwig, „Hegels Theorie der Gewaltenteilung", in: Ders., *Praktische Philosophie im Deutschen Idealismus*. Frankfurt a.M. 1992a, 240-269.
–, „Verfassung, Grundrechte und soziales Wohl in Hegels Philosophie des Rechts", in: Ders., *Praktische Philosophie im Deutschen Idealismus*. Frankfurt a. M. 1992b, 285-306
–, *Der Weg der Phänomenologie des Geistes*. Frankfurt a.M. 2000.
–, „Staat und Kirche bei Fichte und Hegel". In: W. Beierwaltes / E. Fuchs (Hg.): *Symposion Johann Gottlieb Fichte. Herkunft und Ausstrahlung seines Denkens*. München 2009, 47-63.
–, „Ist Hegels Staat ein christlicher Staat?", in: Ders., *Aktualität und Grenzen der praktischen Philosophie Hegels*. München 2010a, 93-114.
– „Hegel und Europa", in: Ders., *Aktualität und Grenzen der praktischen Philosophie Hegels*. München 2010b, 161-174.
–, „Moralität und Sittlichkeit bei Hegel", in: R. Hiltscher / St. Klingner (Hg.), *Georg Wilhelm Friedrich Hegel*. Reihe Neue Wege der Forschung. Darmstadt 2011, 211-232.
Taylor, Charles, *Hegel*. Frankfurt a. M. 1975.
Vieweg, Klaus, *Das Denken der Freiheit*. Hegels *Grundlinien der Philosophie des Rechts*. München 2012.
Volkmann-Schluck, K.H., „Die Entäußerung der Idee zur Natur", in: H.-G. Gadamer (Hg.), *Heidelberger Hegel-Tage 1962*. Vorträge und Dokumente. Bonn 1964, 37-43.
Wagner, Falk, *Der Gedanke der Persönlichkeit Gottes bei Fichte und Hegel*. Gütersloh 1971.
Wildenauer, Miriam, „Sozio-ökonomische Grundrechte und politische Partizipationsrechte in Hegels Rechtsphilosophie. Ein Beitrag zu Hegels Philosophie der Menschenrechte", in: *Zeitschrift für Menschenrechte* 1/2012, 116-131.
Wolff, Michael, *Der Begriff des Widerspruchs. Eine Studie zur Dialektik Kants und Hegels*. Meisenheim 1981.

NORBERT WASZEK

War Eduard Gans (1797-1839) der erste Links- oder Junghegelianer?

Eduard Gans gehörte zu seiner Lebenszeit zweifellos zu den bedeutendsten und von den Zeitgenossen hinreichend gewürdigten Herausgebern und Interpreten Hegels. Dass Gans für den Philosophen selbst so etwas wie ein ‚Lieblingsschüler' oder zumindest enger Vertrauter war, verdeutlicht ein Brief Hegels an seine damals nicht in Berlin weilende Gattin: „Ich lebe sehr ruhig, sehe fast nur Gans, meinen treuen Freund und Gesellschafter."[1] Auch die Tatsache, dass der dynamische Gans entscheidend dazu beitrug, mit der Gründung und Geschäftsführung der *Jahrbücher für wissenschaftliche Kritik* einen von ihm lange gehegten Wunsch zu erfüllen,[2] musste ihn Hegel besonders schätzenswert machen. In den wenigen Jahren, um welche er den Philosophen überlebte (Hegel starb 1831, Gans schon 1839), gehörte Gans unbestritten zu den Führern der Hegelschen Schule. Dafür spricht bereits, dass es Gans war – obwohl er zu dem Regierungsblatt doch eher in einem ambivalenten, gespannten Verhältnis stand[3] –, der den Nachruf auf Hegel in der *Allgemeinen Preußischen Staatszeitung* schreiben durfte.[4] Dann durfte er im Rahmen der sogenannten ‚Freundesvereinsausgabe'[5], der ersten Werkausgabe, zwei Schlüsseltexte herausgeben, die in politischer Hinsicht entscheidend sind: nämlich die Rechts- und die Geschichtsphilosophie.[6] Die berühmten, erklärenden ‚Zusätze', die er aus den Vorlesungsnachschriften von Hörern zu den Paragraphen von Hegels Rechtsphilosophie redigierte, dürften der am meisten gelesene Text von Gans sein, denn es war in der Regel diese Ausgabe, welche die zahlreichen Leser des 19. und 20. Jahrhunderts benutzten. Für die Geschichtsphilosophie war Gans' Leistung vermutlich noch grösser, denn es gab für diesen Text ja keine von Hegel selbst veröffentlichte Ausgabe und der Herausgeber musste aus den diversen Nach-

---

1 Hoffmeister (1954, 127; datiert auf den 17. August 1826).
2 Vgl. hierzu Waszek (1994, 93-118).
3 In einem Brief an Cousin (vom 7. Dezember 1831) beschwert sich Gans zum Beispiel darüber, wie sehr sein Nachruf „von den Zensoren ... bearbeitet" worden sei. „Ich erkenne ihn [= den Nachruf; N.W.] selbst nicht mehr wieder. [...] So wird man in diesem Lande [= Preußen] gedruckt." Zitiert nach der deutschen Übersetzung des Briefes in Braun (2011, 309).
4 Eduard Gans, „Nekrolog [auf Hegel]", in: *Allgemeine Preußische Staatszeitung*. Nr. 333 (1. Dezember 1831), 1751 f; jetzt leichter zugänglich in: Waszek (1991, 102-106); auch in Nicolin (1970, 490-496).
5 G.W.F. Hegel, *Werke. Vollständige Ausgabe. Durch einen Verein von Freunden des Verewigten* [in alphabetischer Folge: Friedrich Förster, Eduard Gans, Leopold von Henning, Heinrich Gustav Hotho, Philipp Marheineke, Karl Ludwig Michelet und Johannes Schulze]. 18 Bände. Berlin 1832-1845.
6 *Grundlinien der Philosophie des Rechts, oder Naturrecht und Staatswissenschaft im Grundrisse*. Berlin 1833; *Vorlesungen über die Philosophie der Geschichte*. Berlin 1837. Band 8 und 9 der ‚Freundesvereinsausgabe'.

schriften überhaupt erst ein Buch machen. Beiden Ausgaben fügte Gans gewichtige „Vorreden" bei, die Meilensteine in der Hegeledition und -deutung bleiben werden.[7] Auch war eigentlich Gans dazu bestimmt, die sozusagen ‚offizielle' Biographie von Hegel zu verfassen, die als Ergänzungsband zur ‚Freundesvereinsausgabe' konzipiert war, auch wenn er diesen Auftrag wegen seines frühen Todes nicht mehr ausführen konnte und es am Ende Karl Rosenkranz war, der sein berühmtes *G.W.F. Hegels Leben* 1844 vorlegte.[8] Alle diese Tatsachen sprechen übrigens für das gute Verhältnis, das ebenfalls durch zahlreiche, in dem Band *Hegel in Berichten seiner Zeitgenossen* für den Zeitraum nach Hegels Tod abgedruckten Zeugnisse bestätigt wird, welches Gans mit Hegels Familie und dem engeren Kreis seiner Freunde und Vertrauten unterhielt und widerlegen damit das Gerücht, nach welcher Hegel sozusagen am Ärger über einen Streit mit Gans[9] gestorben wäre.[10] Schließlich wird die führende Rolle, die Gans in den 1830er Jahren innerhalb der Hegelschen Schule einnahm, auch durch seine einflussreichen Lehrveranstaltungen dokumentiert. Mit seinen ‚öffentlichen' Vorlesungen[11] (‚Für Hörer aller Fakultäten', wie man heute sagen würde), in welchen er zeitgeschichtliche Themen behandelte und politisch brisante Thesen vortrug, war er bereits eine Art „politischer Professor"[12] und wurde zu einem der erfolgreichsten akademischen Lehrer seiner Zeit. Heine beschrieb mit der ihm eigenen Verve diese wirkungsreiche, weittragende Stimme von Gans in seinem 1836 geschriebenen „Tannhäuser" :

Zu Potsdam vernahm ich ein lautes Geschrei –
Was gibt es? rief ich verwundert.
‚Das ist der Gans in Berlin, der liest
Dort über das letzte Jahrhundert'[13]

---

7 In den in der vorangehenden Anmerkung zitierten Ausgaben : (1833), v-xvii; (1837), v-xxii – beide Texte jetzt in Waszek (1991, 127-133, 133-142).

8 Rosenkranz erinnert in der Vorrede zu seiner Biographie an diese Vorgänge und bedauert in diesem Zusammenhang den „plötzlichen und schweren Verlust für die Wissenschaft wie für das Leben", welchen Gans' früher Tod bedeutet hätte; Karl Rosenkranz (1972, XVI).

9 Dass es, wie in jeder Freundschaft, gelegentlich Meinungsverschiedenheit zwischen Hegel und Gans gegeben hat, und dass eine davon unglücklicherweise kurz vor Hegels Tod stattfand, ist zwar richtig – es ging dabei lediglich, wie Hegel es ausdrückt, um eine „Ungeschicklichkeit" von Gans (Hoffmeister 1954, Bd. III, 355 f), der den Studenten wegen einer zeitlichen Überschneidung ihrer Lehrveranstaltungen durch einen Aushang im Zweifelsfall diejenige von Hegel empfahl –, doch daran eine so gemeine Vermutung zu knüpfen, wird durch keinerlei Zeugnis der Familie oder aus dem engen Freundeskreis von Hegel bestätigt.

10 Es dürfte der seit 1825 in Berlin lehrende und später berühmte Philologe Karl Lachmann (1793-1851) gewesen sei, der diese Behauptung als erster in einem Brief an Jakob Grimm (datiert auf den 27. Dezember 1831; abgedruckt in Nicolin 1970, 506) aufgestellt hat, jedenfalls ist sein Brief die früheste mir bekannte Quelle dafür. Welche Haltung sich dahinter verbarg, offenbart sich bereits dadurch, dass der Brief auch das Klischee des „frechen Juden" (als Beinamen für Gans) enthält, dessen Benutzung dem späteren Lessing-Herausgeber Lachmann kein gutes Zeugnis ausstellt.

11 Johann Braun hat eine sehr nützliche Liste von Gans' Lehrveranstaltungen (1826-1839) mit Angaben über bisher bekannte Vorlesungsnachschriften erstellt; Braun (1997).

12 Zum Typus des politischen Professors, vgl. Real (1974); Vierhaus (1995). Zu Gans als politischer Professor, vgl. Blänkner (2002, 367-408, besonders 390 ff.).

13 Briegleb (1981, 355).

Tatsächlich dürfte Gans mit einigen seiner Vorlesungen um die 1.000 Hörer angelockt haben,[14] doch noch wichtiger als dieser zahlenmäßige Zulauf war die Tatsache, dass in seinem Auditorium so unruhige Geister der nächsten Generation wie David F. Strauß (1808-1874)[15], August von Cieszkowski (1814-1894)[16] und Karl Marx (1818-1883)[17] saßen und seinen Ausführungen aufmerksam folgten. Ludwig Feuerbach (1804-1872) konnte an Gans' Lehrveranstaltungen zwar nicht teilnehmen, denn als er die beiden Studienjahre, die er in Berlin verbringen konnte, im April 1826 unerwartet abbrechen musste, um nach Bayern zurückzukehren, nahm Gans seine Vorlesungen gerade erst auf. Doch belegen zwei Briefe aus den Jahren 1833 und 1834, dass Gans an Feuerbachs Bestrebungen Anteil nahm und ihm seine Hilfe anbot.[18] Für den wahrhaft europäischen Ruhm, den Gans damals ge-

---

14 Heinrich Laube (1806-1884) schildert, dass Gans' Vorlesungen „vor einem unerhört zahlreichen, unerhört gemischten Publikum" stattfanden; H. Laube (1909, 127). Eduard Meyen fügte den „Erinnerungen an Eduard Gans" (von Saint-Marc Girardin), die in der *Zeitung für die elegante Welt* (1840, 55) in deutscher Übersetzung erschienen, die Anmerkung bei, dass Gans seine öffentliche Vorlesung des Wintersemesters 1830/31 teilen musste, weil selbst das größte Berliner Auditorium die „etwa 1.500" Hörwilligen sonst nicht hätte fassen können. Selbst Max Lenz, der Historiker der Berliner Universität, der Gans keineswegs wohlwollend gegenüberstand, musste eingestehen, dass Gans in den Wintersemestern 1831/32 auf 905 und 1832/33 auf 837 eingeschriebene Hörer kam; vgl. Lenz (1910, 496).
15 Gans gehörte zu den Hegelschülern, denen sich Strauß bald nach Hegels plötzlichem Tode zuwandte; vgl. Zeller (1874, 26) – vermutlich hatte er ihn gerade auf Hegels Begräbnis persönlich kennengelernt: „Beim Austritt aus dem Gottesacker sah ich einen jungen Mann weinen und hörte ihn von Hegel sprechen. Ich schloss mich an ihn an; es war ein Jurist, vieljähriger Schüler Hegels." Zeller (1895, 11). Jedenfalls besuchte Strauß noch im Wintersemester 1831/32 Gans' Vorlesung über die „Geschichte der neuesten Zeit vom Jahre 1814 an", denn seine Nachschrift dieser Vorlesung hat sich in seinem Nachlass im Deutschen Literaturarchiv in Marbach erhalten. Auch verteidigte Strauß Gans' *Rückblicke* in seinen *Streitschriften* gegen Wolfgang Menzel; Strauß (1838, 131 f.). Noch fast zwanzig Jahre nach seinem Studienaufenthalt in Berlin ermutigte Strauß seinen Freund Friedrich Theodor Vischer (1807-1887) mit einer Erinnerung an Gans' Vorlesungen zum freieren Vortrag; (Zeller 1895, 264 f): „Erinnere Dich doch, wie hoch uns einst der Vortrag von Gans erfreut und angeregt hat. Und wie improvisiert – mit allen Mängeln des Improvisierten war er doch!"
16 August von Cieszkowski bestätigte nicht nur in seinem Lebenslauf, dass er Gans' Vorlesungen über Rechts- und Geschichtsphilosophie besucht hatte, sondern schrieb in einem seiner vielen Briefe an Karl Ludwig Michelet (1801-1893), dass es Gans' Edition von Hegels Geschichtsphilosophie (s.o. Anm. 6) war, die ihn dazu brachte, seine Schrift *Prolegomena zur Historiosophie*. Berlin 1838 zu verfassen; vgl. die Belege in Kühne (1938, 426) und in André Liebichs Einleitung zu seiner Ausgabe *Selected writings of August Cieszkowski* (1979, 7f.).
17 Obwohl Franz Mehring (1846-1919) bekanntlich ein eher gespanntes Verhältnis zum Judentum hatte (und von manchen Forschern geradezu als linker Antisemit betrachtet wird) schrieb er in seiner einflussreichen Marx-Biographie, dass Gans der einzige unter Marx' „offiziellen Universitätslehrern" gewesen sei, der „einigen Einfluss auf seine geistige Entwicklung" ausgeübt habe; vgl. Mehring (1960, 16). Laut seinem neun Semester umfassenden Abgangszeugnis der Universität Berlin besuchte Marx zwei von Gans' Vorlesungen : „Kriminalrecht" (im Wintersemester 1836/37) und „Preußisches Landrecht" (im Sommersemester 1838), und er wurde von Gans zweimal mit „ausgezeichnet fleißig" benotet; das Zeugnis findet sich in Marx/Engels (1929, 247 f.). Die neue Marx-Biographie von Jonathan Sperber bietet interessante Ausblicke auf das Verhältnis von Marx zu Gans; Sperber (2013, 59 f, 100, 208 f, 259, u. ö.).
18 Schuffenhauer u. Voigt (1984, 172 f und 184 f).

noss, sprechen die zeitgenössischen Übersetzungen seiner Texte und die vielen internationalen Berühmtheiten, mit denen er vertraulich umging, wie es seine *Rückblicke* und sein Briefwechsel hinreichend dokumentieren – nur ein Beleg, der diese Tatsache zu lebendig illustriert, um hier übergangen zu werden, sei gestattet: kein geringerer als Alexis de Tocqueville (1805-1859) schrieb im März 1836 an Gans ohne über dessen genaue Anschrift zu verfügen und entschuldigt sich dafür in einem Postskriptum: „ die Adresse eines Mannes, der in ganz Europa berühmt ist, dürfte in Berlin bekannt sein."[19]

Trotz dieser herausragenden, zeitgenössischen Bedeutung – von der sich noch Spuren bis Ferdinand Lassalle (1825-1864) und Friedrich Albert Lange (1828-1875) finden[20] – geriet Gans danach bald weitgehend in Vergessenheit (abgesehen von einigen Spezialisten der Hegelphilologie und -rezeption und dem vielleicht noch kleineren Kreis von Forschern, die sich den Anfängen der vergleichenden Rechtsgeschichte widmeten). Am Ende einer jahrzehntelangen Vernachlässigung wirkten sich die zwölf Jahre Naziherrschaft auch für Gans noch einmal verheerend aus: nicht nur, dass er, etwa in der 8. Auflage von *Meyer's Lexikon* (1938), für die breite Leserschaft als Repräsentant der „ jüdischen Hehlerrasse „ dargestellt wurde,[21] sondern auch diejenigen Spezialisten, die sich in den 1930er und 40er eifrig darum bemühten, Hegel dem Hitlerregime anzudienen, bzw. den Philosophen für eine faschistische Rechtsphilosophie zu vereinnahmen,[22] hatten für Hegelianer und Hegelforscher wie Eduard Gans und Franz Rosenzweig nur abfällige Äußerungen übrig.[23] Erst in den letzten Jahrzehnten konnte die Erforschung von Eduard Gans' Leben, Lehren und Wirken wieder langsam in Gang kommen.[24] Eine wichtige Rolle spielte dabei zunächst die grundlegende biographische Studie von Hanns G. Reissner, auch wenn sie heute sicher ergänzungs- und in manchen Punkten korrekturbedürftig ist.[25] Gerade angesichts der langjährigen Vergessenheit, in welche

---

19 Für die Übersetzungen von Gans' Texten, siehe Gans (1995, 436); das Personenregister dieser Neuausgabe (1995, 448-460) erschließt die zahlreichen Kontakte. Tocquevilles auf den 6. März 1836 datierter Brief in Braun (2011, 339 f).

20 Vgl. Lassalle (1861; nach meiner Zählung wird Gans in diesem Werk mindestens achtunddreißigmal genannt); Lange (1870, 247).

21 *Meyer's Lexikon*, 8. Auflage, Bd. 4. Leipzig 1938, 937 f – (nicht selbst gesehen) zitiert nach Braun (1997, 74).

22 Vgl. hierzu Rottleuthner (1971, 215-268); Ottmann (1977, 168-182); neuerdings: Hürstel (2010).

23 Es kann hier nicht unsere Aufgabe sein, die einschlägigen Äußerungen dieser Juristengruppe vollständig zu dokumentieren, doch sollen immerhin zwei Beispiele genannt werden: So spricht etwa Karl Larenz (1903-1993), vielleicht „einer der wichtigsten NS-Theoretiker im Zivilrecht" (so Klee [2]2005, 358) und ein nach dem 2. Weltkrieg durch seine Lehrbücher berühmter Jurist, von dem „verhängnisvollen Einfluss, den das Judentum auch auf die Interpretation Hegels auszuüben verstanden hat." Larenz (1940, 65). Walther Schönfeld (1888-1958; auch er durfte nach kurzer Unterbrechung ab 1949 wieder als Professor lehren) schreibt über das „unverschämte Auftreten" von Eduard Gans; Schönfeld (1943, 510; in der Nachkriegsauflage von 1951 ist die Stelle diskret getilgt).

24 In der Bibliographie meiner Neuausgabe von *Gans Rückblicken*, (1995, 440-447), habe ich mich bemüht, die jüngere Sekundärliteratur (bis 1994) möglichst vollständig zu erfassen.

25 Reissner (1965).

Gans gesunken war, besaßen dann die Neueditionen von Gans oft verstreut erschienen und schwer zugänglichen Publikationen sowie seiner unveröffentlichten Vorlesungen dann eine große Bedeutung.[26] Eine erste, speziell Eduard Gans gewidmete Tagung, vereinte im Juni 1995 in Bad Homburg Philosophen und Historiker, Politologen, Juristen und Germanisten, welche sein Werk aus den Blickwinkeln ihrer jeweiligen Fachdisziplinen erhellen konnten.[27] Seither ist das Interesse an Gans nicht mehr abgebrochen und es erscheinen regelmäßig neue Arbeiten, die sein Leben und Werk würdigen und vertiefen[28], wobei die thematischen Kontexte der Hegelforschung[29] und der Heinestudien[30], der Rechtsgeschichte[31] aber auch der Soziabilitätsforschung[32] und der jüdischen Studien[33] die wichtigsten Schwerpunkte bilden.

***

In der älteren Sekundärliteratur, vermutlich unter dem Einfluss einer sonst gediegenen Sammlung, wurde Gans öfters der Hegelschen Rechten zugeordnet.[34] Gans selbst rückte sich bekanntlich gern in die aristotelische oder hegelsche Mitte, wie hier in einer Notiz, die wohl 1835 entstanden, doch erst posthum erschienen ist:

> *Meine politischen Meinungen.* Ich gehöre zu den Leuten, die den Fortschritten in der Zeit zugethan sind, die die repräsentative Monarchie wollen, den mittelaltrigen Rückschritten abgeneigt sind, die aber zugleich eben so wenig anarchischen Zuständen wohlwollen können. Die Mitte, das heißt die wahre Aristotelische, habe ich immer nicht allein geliebt, sondern sie auch für Wahrheit selbst gehalten [...] Meine politischen Meinungen habe ich immer mit der Gemessenheit, die meiner Stellung [als Jura-Professor; N.W.] obliegt, ohne Leidenschaft und ohne Hass vorgetragen.[35]

Dabei dürften allerdings oft taktische Erwägungen eine Rolle gespielt haben. Die eben zitierte Notiz war zum Beispiel auf Wunsch eines Dritten verfasst worden, der

---

26 Schröder (1971); Riedel (1981); Waszek (1991 u. 1993); Gans (1995); Hoffheimer (1995); Braun (2005); Kieselstein(2009); Braun (2011); Bertani (2011).
27 Die Beiträge zu dieser Tagung erschienen in dem Band: *Eduard Gans (1797-1839): Politischer Professor zwischen Restauration und Vormärz*, Blänkner et alli (2002).
28 Die folgende Monographie verdient es besonders hervorgehoben zu werden, weil sie Gans' Leistungen fachübergreifend analysiert: Bertani (2004).
29 Vgl. besonders die Beiträge von H.-C. Lucas und Angelica Nuzzo zu Blänkner et alli (2002); Breckman (2001); Waszek (2011).
30 Vgl. die gegensätzlichen Studien von Pinkard (2007) und Waszek (1998).
31 Vgl. die zahlreichen Aufsätze von J. Braun in Braun (1997); die Beiträge von Alphons Bürge, Heinz Mohnhaupt und Joachim Rückert in Blänker et alli (2002), sowie unter den neueren Arbeiten diejenige von Nielsen (2006).
32 Vgl. z.B. Blänkner (2011).
33 Vgl. Waszek (1999a); Harris (2003, 53-63).
34 Lübbe (1962, 48-51; für einen Auszug aus Gans' Vorlesungen), doch stellte Lübbe selbst in einer späteren Schrift heraus, dass Gans „den politischen Fortschritt" vertrat; Lübbe (^{2}1974, 93; vgl. auch 51-55). Aus Sicht der neueren Forschung: Magdanz (2002).
35 Gedruckt in den *Hallische(n) Jahrbücher für deutsche Wissenschaft und Kunst* [3 (1840), 902 f]; leichter zugänglich in Waszek (1991, 53-55).

einen Lexikonartikel über Gans schreiben wollte.[36] Für Gans handelte es sich hierbei also nicht um eine Selbstverständigung oder ein Stück Autobiographie, sondern eher darum, wie er öffentlich dargestellt werden wollte. Gerade der letzte Satz des Zitats, mit der angeblichen „Gemessenheit" von Gans' politischen Stellungnahmen im Rahmen seiner zeitgeschichtlichen Vorlesungen entsprach kaum den Wahrnehmungen seiner Hörer – von denen hier nur zwei zu Worte kommen sollen,

> Heinrich Laube berichtet, wie Gans „über die Geschichte der französischen Revolution, mit einer Vorliebe für das Thema, mit einem Freimute las, wie er damaliger Zeit bedenklich schien, und wie er nur einem so dialektisch gewandten Redner gelingen konnte. Oft begann ein Satz über das verfänglichste Thema in erschreckend kühner Weise ; lautlos horchte alles, der besorgte Freund, wie der lauernde Feind, erwartete, die Grenze der Konvenienz würde überschritten werden, aber der außerordentliche Fechter in Rede wendete den Ausfall so geschickt, dass alles getan und er am Ende des Satzes nach vor gedeckt war."
>
> Laut Karl C. von Leonhard (1779-1862), der allerdings Gans' Berliner Vorlesungen nicht selber hörte und ihm nur einmal (vermutlich 1833 in Dresden) begegnet ist, hätte er am Ende einer Vorlesung sogar „eine dritte Revolution" (nach denjenigen des Adels und der Bourgeoisie) vorhergesagt, diejenige „der ganzen großen Masse der Nicht-Privilegirten und Besitzlosen": „tritt diese ein, so wird die Welt erzittern."[37]

und stellte wohl eher eine Rechtfertigung seiner wirklichen Vortragspraxis dar. Wenn sich Gans in seiner Notiz mit der Option für eine „repräsentative Monarchie" sozusagen zwischen den Absolutismus und die Anarchie stellt, folgt er auch einer von Hegel oft benutzten Argumentationsstrategie, die darin besteht, sich zwischen zwei Extrempositionen zu positionieren?[38] Vermögen die Versuche, Gans im rechten Flügel oder im Zentrum der Hegelschen Schule zu verorten, also nicht ganz zu überzeugen, spricht letztlich vieles dafür, Gans zum Linkshegelianismus zu rechnen. In der Einleitung zu seiner Edition von Gans' Vorlesung über *Naturrecht und Universalrechtsgeschichte* hat der unvergessene Manfred Riedel (1936-2009) bereits nachdrücklich betont, dass Gans der Hegelschen Rechtsphilosophie tatsächlich eine „vollkommen liberale, ja republikanische Färbung" gegeben habe, wie dies laut Ruge der preußische Kronprinz Hegel selbst zornig und böswillig vorgehalten hätte.[39] Die Charakterisierung von Gans' Position als „Liberalisierung von Hegels Rechts- und Staatsbegriff „wurde dann besonders von dem ebenfalls zu früh verstorbenen Hans-Christian Lucas (1942-1997) aufgegriffen und weiterentwickelt, wobei dieser Interpret auch gerade die progressive „Färbung" von Gans' „Zusätzen" zu Hegels Rechtsphilosophie als Beleg für seine Deutung benutzt, denn

---

36 Vgl. hierzu J. Brauns Erläuterungen in Braun (2011, 451 f).
37 Vgl. Laube (1909, 127); von Leonhard (1856, 214).
38 Am Beispiel seiner Auffassungen über die Liebe und Familie konnte ich diese Strategie Hegels näher beleuchten: Waszek (1999b).
39 Riedel (1981, 22, 26 und 29 f). Ob die sogenannte „Kronprinzengeschichte", die Ruge kolportiert hat, authentisch war – dagegen könnten berechtigte Zweifel eingewandt werden –, ist dafür unerheblich; Ruge (1867, 431-433); Ruges Geschichte wurde auch in Nicolin (1970, 437 f) wieder abgedruckt.

diese ließen bei aller Texttreue Gans' durch die „Auswahl der benutzten Stellen und der Wortwahl" derartige Freiräume.[40] Für Gans' Einordung als Jung- oder Linkshegelianer – und dabei nicht nur als Mitläufer, sondern durchaus als führende Persönlichkeit – sprechen zumindest die folgenden Themenfelder:

(a) im Hinblick auf die *bürgerliche Gesellschaft* bemüht sich Gans als einer der ersten darum, frühsozialistische (er beschäftigt sich ausführlicher mit dem Saint-Simonismus, nennt aber auch Fourier[41]) Theoreme in Hegels Lehre von Polizei und Korporation zu integrieren, geht damit aber über diesen hinaus, wenn er die Erzeugung des Pöbels „aufheben" will, so „dass kein Pöbel [mehr] existiert"[42], wohingegen Hegel diese Erzeugung als perennierend ansieht, gerade „wenn die bürgerliche Gesellschaft sich in ungehinderter Wirksamkeit befindet" (§ 243).[43] Gans' ging mehrfach auf den Saint-Simonismus ein: seine früheste, von ihm selbst auf 1830 datierte Auseinandersetzung mit der französischen Strömung in seinen *Rückblicken* (1836/1995, 91-102) ist materialreicher – und zu seinen Lebzeiten sicher auch wirkungsvoller gewesen[44] –, doch erlauben seine damals nicht gedruckt vorliegenden Vorlesungen es besser, nachzuvollziehen, wie die intendierte Integration saint-simonistischer Elemente in Hegels Lehre von der bürgerlichen Gesellschaft systematisch vollzogen werden sollte.

In seinen *Rückblicken* beginnt Gans seine Darstellung der saint-simonistischen Bewegung mit der für ihn überraschenden äußerlichen Erscheinung, die er recht ungeduldig beiseiteschiebt, ehe er sich ernsthafter mit ihren „gesellschaftlichen und nationalökonomischen Grundsätzen" (95) auseinandersetzt. Die Überraschung bestand für Gans in „dem religiösen Kleide" (94), welches die Bewegung angezogen hatte:

> Als ich im Jahre 1830 nach Frankreich kam, hatte ich kaum etwas von der positiven Existenz dieser Sekte gewusst. […] Aus dem, was ich vernommen hatte, musste ich schließen, dass lediglich neue national-ökonomische Ansichten, oder industrielle Meinungen hier aufgestellt würden, und dass das Ganze sich in dem Kreise bewege, welcher der Wissenschaft von jeher angewiesen ist. Ich fand etwas Anderes: ich fand eine Religion, einen Tempel in der Straße Taitbout, und geistliche Versammlungen in einem Hause der *Passage Choiseul*. (*Gans, Rückblicke,* 91 f)

Ist es auch nicht leicht, die Wende der saint-simonistischen Bewegung zu einer Art Religionsgemeinschaft zeitlich präzise zu verorten,[45] kann nicht daran gezweifelt

---

40 H.-C. Lucas (2002, 124 ff).
41 Gans (1995, 101).
42 Braun (2005, 92).
43 Hegel (2009, §§ 243-244, hier 193).
44 Für den starken Einfluss der einschlägigen Ausführungen in Gans' Rückblicken, sprechen die frühen Reaktionen auf seine Schrift. In seiner Sammlung, *Charaktere und Situationen* (hier Bd. II, 290-322) würdigt z.B. Theodor Mundt (1808-1861) Gans' *Rückblicke* recht ausführlich und zitiert dabei gerade auch aus den Stellen über die Saint-Simonisten (Bd. II, 308-310).
45 Offen zu Tage trat diese Wende, als die Zeitschrift *Le Globe*, die bereits Ende 1830 zu einem Organ der saint-simonistischen Bewegung geworden war, im August 1831 den Untertitel „*Journal de la religion saint-simonienne*" annahm. Inhaltlich vorbereitet war sie allerdings schon länger und sie

werden, dass sie sich ereignete und Gans war darüber offenbar gut informiert. Auch die tatsächlichen Versammlungsorte der neuen ‚Religion' werden von Gans richtig angegeben.[46] Gans stand diesem Versuch, die Lehren Saint-Simons in der Form einer ‚Religion' zu verbreiten, offenbar skeptisch bis ablehnend gegenüber, denn schon am Anfang seiner Darstellung zögert er nicht, die pejorative Bezeichnung „Sekte" (91) zu benutzen, und am Ende seiner einschlägigen Ausführungen schreibt er, dass sich die Saint-Simonisten das religiöse Gewand „überflüssigerweise" (95) angezogen hätten. Gans' Desinteresse an der religiösen Gestalt der saint-simonistischen Lehre gliedert sich harmonisch in seine grundsätzliche Enthaltsamkeit im Hinblick auf theologische Fragen und Kontroversen ein: im Kontrast zu den sonst heftigen Debatten der Hegelschen Schule über die Unsterblichkeit der Seele, die Persönlichkeit Gottes, die Christologie usw.[47] äußerte sich Gans in seinen Publikationen nur ganz selten zu diesem Themenfeld[48] – seine zahlreichen Stellungnahmen zum Judentum bilden hier sozusagen die Ausnahme, welche die Regel bestätigt, doch ging es ihm dabei auch weniger um ‚theologische' Aspekte, als um die rechtliche Lage der Juden, also um einen Aspekt der politischen Debatte um das Verhältnis von Religion und Staat.

Wenn Gans trotz seiner fehlenden Geduld für theologische Fragen in seiner Auseinandersetzung mit dem Saint-Simonismus auch auf das „Hauptdogma dieser neuen Religion" (92) eingeht, so mag darin sein Respekt vor der „ideellen Bedeutung" (91) der Bewegung zum Ausdruck kommen, eine Achtung, die ihn davon abhält, nur einzelne ihrer Ideen wie aus einem Steinbruch aufzugreifen, ohne wenigstens einen Überblick über das ganze Lehrgebäude zu geben. Das „Hauptdogma" erläutert Gans dann mittels der saint-simonistischen Kritik am Christentum, welches

> Gott lediglich als Geist gefasst, somit einen Dualismus zwischen Geist und Materie geschaffen habe, welche letztere dadurch als entgöttert betrachtet werden müsse. Da aber Gott werde allein dem Himmel, noch allein der Erde angehöre, so sey er eben so wohl im Fleische, als außer demselben, und Fleisch und Geist seyen in Liebe verbunden. Die Religion hat sich also um die endlichen Interessen zu bekümmern, sie mit

---

dürfte im Zusammenhang mit dem Schulstreit zwischen Prosper Enfantin (1796-1864) und Saint-Amand Bazard (1791-1832) gestanden haben, der seit Ende 1829 schwelte und im November 1831 öffentlich wurde, als sich Bazard lautstark von der Bewegung distanzierte. War Bazard der politische Kopf gewesen, stilisierte sich Enfantin als „*père suprême*" immer stärker zum Führer einer religiösen Bewegung.

46 Bis dieser Saal im Januar 1832 von der Polizei geschlossen wurde, fanden die öffentlichen Versammlungen der saint-simonistischen Religion jeden Donnerstag auf der Strasse Taitbout Nr. 9 (unweit des Platzes Saint-Georges, heute im 9. Stadtbezirk) statt. Mit dem „Hause der Passage Choiseul" – eine der berühmten und für das damalige Paris typischen überdachten Einkaufspassagen, welche die Straßen Saint-Augustin und Petits-Champs verbindet, heute im 2. Bezirk – dürfte Gans das ehemalige Stadtpalais Gesvres (zwischen der Straße Monsigny und der Passage Choiseul – an deren Nordeingang) gemeint haben, welches die Saint-Simonisten damals als Wohn- und Versammlungsort und als Redaktionslokal ihrer Zeitschriften benutzten; vgl. Fournière (1906, 193).

47 Vgl. Waszek (1986, hier 235-241).
48 So sieht es auch Magdanz (2002, 178).

ähnlicher Fürsorge als die geistigen zu begreifen und zu ordnen. Ueberhaupt fällt nichts außerhalb der Religion: was früher verschieden war, geht zusammen, und die St. Simonistische Offenbarung wäre also die Erhebung des Christentums zu einer Einheit, zu welcher dasselbe nicht gelangen konnte. (*Rückblicke*, 92 f)

Die Angemessenheit von Gans' Zusammenfassung lässt sich leicht belegen, denn in den Schriften der Saint-Simonisten ist oft davon die Rede, dass Fleisch und Materie von der ‚Kirche' (im katholischen Frankreich denken sie vorzugsweise an den römischen Katholizismus) herabgesetzt, ja, verbannt worden wären. Hatte sein Jugendfreund Heinrich Heine – ein erheblicher Unterschied in ihrer Saint-Simon Rezeption – an solche Thesen durchaus angeknüpft, als er sich selbst um die „Rehabilitation der Materie", des Fleisches, ja sogar des „schönen Fleisches" bemühte,[49] kritisiert Gans das „Hauptdogma" der Saint-Simonisten entschieden und er bleibt in seiner Kritik durchaus ein treuer Anhänger Hegels, von dem er auch den hier zentralen Begriff einer „Verweltlichung" des Christentums zu übernehmen scheint:[50]

Wer jene Polemik gegen das Christenthum aus dem richtigen Gesichtspunkte betrachtet, wird auch nicht übersehen können, dass sie durchaus verfehlt ist. Der Geist des Christenthums ist nicht das, was die St. Simonisten reinen Geist, oder wir abstracten Geist nennen möchten. Dieser Geist ist in die Welt gegangen, hat sie durchdrungen, und nach seinem Muster gebildet. Wenn nach achtzehn Jahrhunderten die unfreien Zustände allmählig schwinden, die Emanzipation aller Unterdrückten ausgesprochen werden, und der Mensch sich nur in dem Ausdrucke wahrhafter Innerlichkeit gefällt, so ist dieses eben die Verweltlichung des Christenthums, das freilich vieler Jahrhunderte bedurfte, um das Tägliche zu erschaffen. (*Rückblicke*, 93)

Für Gans – wie für Hegel (statt der vielen Beispiele, mit den der Philosoph diese These in seiner Geschichtsphilosophie, Enzyklopädie und Religionsphilosophie begründet, sei hier nur eine Stelle aus seiner Rechtsphilosophie angeführt[51]) – war diese „Verweltlichung" des Christentums ein Zeichen der Moderne und des Fortschritts – ein Fortschritt, der Gans sogar zur „Emanzipation aller Unterdrückten" führt. Mit der vielzitierten Anekdote aus dem damaligen 3-Sterne-Restaurant *Au Rocher de Cancale* (59-61 rue Montorgueil) wird Gans' Kritik am Saint-Simonismus noch einmal auf humorvolle Weise unterstrichen.[52]

---

49 Vgl. Waszek (2014, 117-120; dort auch Belegstellen für die einschlägigen Äußerungen der Saint-Simonisten); die ältere Studie von Sternberger (1972) bleibt eine hervorragende Einführung in diesen Themenkomplex.
50 Vgl. hierzu Bienenstock (2012, 211-223, besonders 221 f).
51 Hegel (2009, § 62, 68): „Es ist wohl an die anderthalb tausend Jahre, dass die *Freiheit der Person* durch das Christenthum zu erblühen angefangen hat und unter einem übrigens kleinen Theile des Menschengeschlechts allgemeines Princip geworden ist. Die *Freiheit des Eigenthums* aber ist seit gestern, kann man sagen, hier und da als Princip anerkannt worden. – Ein Beyspiel aus der Weltgeschichte über die Länge der Zeit, die der Geist braucht, in seinem Selbstbewusstseyn fortzuschreiten – und gegen die Ungeduld des Meynens."
52 Gans (1995, 94): „Einige Tage vor meiner Abreise aus Paris hatten wir, Lerminier und ich, uns verabredet, noch einmal im *rocher de cancale* zusammen zu essen. *Lerminier*, dessen unbestimmter Feuereifer ihn mit den Jüngern des St. Simonismus in nahe Verbindung gesetzt hatte, lud *Jules Lechevalier*; ich dagegen *Villemain* und *Buchon* ein. Der Gegenstand des Gesprächs betraf lediglich

Mit dieser Kritik wendet sich Gans vom „religiösen Kleide" des Saint-Simonismus ab und konzentriert sich im Folgenden auf dessen „gesellschaftliche und nationalökonomische Grundsätze". Aus der Perspektive Hegels befinden wir uns mit der Nationalökonomie auf der Ebene der ‚bürgerlichen Gesellschaft' und in der „Vorrede" zu seiner Ausgabe von Hegels Rechtsphilosophie hatte gerade Gans hervorgehoben, dass „in dem vorliegenden Buche [...] sogar die Wissenschaft der National-Oekonomie in der bürgerlichen Gesellschaft ihre angemessene Stellung und Abhandlung gefunden hat"[53], ein Zeichen dafür, dass er diese Vorgehensweise als originell und keineswegs geläufig einschätzt. In seinen eigenen Vorlesungen wird Gans diesen Systemteil übrigens um eine dreiteilige Skizze nationalökonomischer Lehrmeinungen ergänzen: (1) Das Merkantilsystem von Colbert; (2) das physiokratische System von Quesnay und (3) das „Industriesystem" von Adam Smith, David Ricardo und Jean-Baptiste Say, zu dem er sich „bekennt".[54] Ehe Gans seine eigentliche Auseinandersetzung mit den nationalökonomischen Grundsätzen der Saint-Simonisten beginnt und seine Kritikpunkte daran näher ausführt, bietet er schon einen Ausblick darauf und eröffnet diesen mit einem Kompliment, als wollte er die Aufmerksamkeit seiner Leser an dieser Stelle wecken:

„Hier finden sich große und in der That einschlagende Gedanken, vermischt mit unpraktischen Vorschlägen, mit einer Sucht nach Einheit, die nicht zu erreichen ist, und mit dem Wunsche, eine Hierarchie zu produciren, die eben im Augenblicke, wo die alte im Abgehen sich befindet, schwerlich zu begründen wäre." (95)

Nach diesem Ausblick setzt Gans in seiner Kritik zuerst an dem geschichtsphilosophischen Gerüst, dem „Grundgedanken", der saint-simonistischen Lehre an, ihrer Einteilung der ganzen Geschichte in „organische" und „kritische Epochen", wie sie besonders in der zweiten und dritten „Sitzung" (*séance*) des Handbuchs, *Doctrine de Saint-Simon. Exposition*[55], entfaltet wurde, welches auch Gans, neben persönlichen Mitteilungen, als gedruckte Hauptquelle gedient zu haben scheint. Für Gans ist diese Einteilung nichts als eine rigide, formelhafte Abstraktion:

---

die großen Hoffnungen, welche die Anhänger der neuen Lehre an die Ausbreitung derselben knüpften. Als Villemain bemerkte, dass ohne Schmerz und Leiden, ohne Opfer und Märtyrerthum keine neue Religion Wurzel schlagen könne, erwiederte Lerminier: ‚*Ces Martyrs ils se trouveront.*' ‚*Mais les Martyrs chrétiens*', entgegnete Villemain, ‚*n'ont pas diné au rocher de Cancale.*' Und in der That kann dieses gute Wort im ernsteren Sinne genommen werden. Es wird unmöglich seyn, dass junge Leute, die den Ueppigkeiten der Welt nicht entsagen, sondern diese selbst zum Gegenstande einer religiösen Behandlung machen, in einer gegen allen religiösen Inhalt gleichgültigen Zeit, eine Erschütterung hervorrufen, wie sie doch zur Begründung einer neuen Gotteslehre nothwendig erscheint."
53 Gans (1833 ; s.o. Anm. 6) – Waszek (1991, 128 f.).
54 Riedel (1981, 83 f.).
55 *Doctrine de Saint-Simon. Exposition. Première année 1829*; an der Ausarbeitung dieser „*œuvre collective*" waren zumindest Bazard, Carnot, Duveyrier, d'Eichthal, Enfantin und Fournel beteiligt. Zitiert wird [Sigle: *DSSE*] nicht nach der schwer zugänglichen Erstausgabe, sondern nach der reich annotierten Ausgabe von Célestin Bouglé und Élie Halévy (1924); Kernzitate zur Unterscheidung von organischen und kritischen Epochen dort, 161 und 194.

Aber wie man einen menschlichen Organismus nicht mit zweien Strichen hinzeichnet, so kann man auch den weltgeschichtlichen nicht mit zwei Abstractionen malen. Dazu gehören ferner Nuancen und Uebergänge, Licht und Schatten. Die kritische Zeit hat auch organische Substanz in sich: der organischen fehlte nie das Negative der Kritik. (95 f)

Positiver beurteilt Gans die politische Haltung der Saint-Simonisten – „der feine praktische Takt [...], mit welchem die St. Simonisten ihre eigene Zeit beurtheilten" (96), insbesondere ihre Kritik an der „productiven Schwäche" des Liberalismus: dieser „konnte wohl mit Recht und mit Beifall Altes niederreißen, und Morsches vernichten, aber Neues hervorzurufen, war ihm nicht gegeben. Darum ist die Opposition der fünfzehn Jahre [d.h. die liberale Opposition während der fünfzehnjährigen Restauration: 1815-1830; N.W.] so ohnmächtig gewesen, als sie endlich [mit der Julirevolution von 1830; N.W.] zur Regierung kam und regieren sollte." (96) Diese kritische Analyse stimmt einerseits mit einem Punkt überein, an dem bereits Hegel eine reservierte Haltung gegenüber den Resultaten der Französischen Revolution eingenommen hatte: ihr Unvermögen, die unmittelbaren Ergebnisse in Institutionen mit Bestand umzusetzen. Andererseits entspricht sie einer gewissen Enttäuschung, die auch Gans selber, etwas später in seinen *Rückblicken*, über die Zeit nach der 1830er Revolution zum Ausdruck bringt. „Wo war der alte *Globe* mit seinem Salon von jungen Männern [den Gans 1825 gerne besuchte; N.W.] hingekommen? Hätte man der damaligen Begeisterung für Romantisches, für Nationalökonomie, für Geschichte, Philosophie und Religionswissenschaft wohl angesehen, dass sich nach fünf Jahren auch nicht mehr eine Spur davon vorfinden würde?" (102 f) Die ehemaligen Gesprächspartner von Gans – wie Cousin, Dubois und viele Andere – standen für philosophische, politische und literarische Diskussionen nicht mehr zur Verfügung, sie hatten vielmehr bereits Staatsämter inne oder suchten noch, solche zu erlangen. Zukunftsperspektiven sieht Gans innerhalb der Julimonarchie mit dem von ihm vorhergesagten Bürgerkönig Louis Philippe[56] eigentlich nur auf einer ganz anderen, praktischen Ebene, derjenigen der Eisenbahnverbindungen, zu welchen die Saint-Simonisten nicht nur Anregungen gegeben, sondern auch zu ihrer Verwirklichung beigetragen hatten (97).

Der sozialen Frage nähert sich Gans dann wieder, wenn er die „unpraktischen Vorschläge" der Saint-Simonisten referiert und kritisiert, welche Privateigentum, Erbrecht und Konkurrenz überwinden sollten. Das Eigentum und dessen Verlängerung in der freien Verfügung über dasselbe in der Form der Erbschaft wurden von den Saint-Simonisten zum Beispiel in den 6.-8. Sitzungen des bereits genannten Lehrbuchs in Frage gestellt (*DSSE*, 243, 253 f, 287...). Ebenso kann das berühmte Schlagwort, das dem saint-simonistischen *Globe* als Motto diente und auf welches Gans anspielen wird, „À chacun selon ses capacités, à chaque capacité selon ses œuvres", als Kritik an bloß geerbtem und nicht durch „Werke" (œuvres) erworbenen Eigentum verstanden werden. Den Zufall des Besitzes und Erbes

---

[56] So berichtet er es zumindest in seinen *Rückblicken* (50 und 63).

durch das Kriterium der „Fähigkeiten" (*capacités*) zu ersetzen, erschien den Saint-Simonisten offenbar plausibel, ohne dabei das Problem zu sehen, auf welches Gans nachdrücklich hinweisen sollte. Auch die Kritik an dem „Prinzip der unbeschränkten Konkurrenz" (z.B. *DSSE*, 267) ist bei den Saint-Simonisten fast allgegenwärtig, da die „Konkurrenz", neben „Kampf" (*lutte*) und „Antagonismus", zu den Gegenbegriffen zu ihrem Grundprinzip der „universellen Vereinigung" (*association universelle*)[57] gehört.

Derartige Thesen hält Gans für völlig „irrig" (98): „Das Eigenthum, welches die Einzelnen nur im Namen des Staates je nach ihrer Fähigkeit genießen sollen, das Erbrecht, welches durch diese Bestimmung wegfällt, wird auch dem Individuum die Basis seiner Individualität und Besonderheit nehmen." (97) Davon abgesehen, dass Gans, dessen Hauptwerk eine monumentale Geschichte dieses Rechtsgebietes ist[58], es nicht gerne sehen konnte, dass das Erbrecht einfach „wegfallen" sollte, hält Gans damit an der für Hegel notwendigen Verknüpfung von Person und Privateigentum[59] fest, wie er es in einer seiner Vorlesungen besonders deutlich ausdrückt: „Jeder Mensch ist doppelt: er hat sich, denkt sich […] und das Eigenthum hat er auch, als nicht etwas Äußerliches, sondern als sein Selbst."[60]

Noch wichtiger als die Bewahrung der spezifisch Hegelschen Begründung des Privateigentums, welche bei Hegel ja noch in den Bereich des „abstrakten Rechts" seiner Rechtsphilosophie gehört, ist dann Gans' Verteidigung der Sphäre der „bürgerlichen Gesellschaft" als notwendiger Teil der „Sittlichkeit". Die von den Saint-Simonisten gewünschte Überwindung der Schattenseiten – etwa des gnadenlosen Konkurrenzkampfes[61] – der „bürgerlichen Gesellschaft", ihre intendierte Umwandlung in „Ordnung und Hierarchie" (98), hieße den grundlegenden Unterschied von „bürgerlichen Gesellschaft" und „Staat" verwischen: „Wie in der Idee die niedrigere Sphäre der Reflexion enthalten ist, so in dem Staate die untergeordnetere Stellung der bürgerlichen Gesellschaft. Aus ihr lässt sich der reflective Charakter nicht scheiden: sie kann nicht selbst zum Staate erhoben werden." (99) Schon für Hegel waren es die negativen Seiten der „bürgerlichen Gesellschaft", etwa das Aufeinanderprallen der Leidenschaften und der Selbstsucht der Individuen, die sozusagen den Motor der Entwicklungsbewegung ausmachen. Mit Hegel gesprochen gehört es zur „Arbeit des Weltgeistes", sich diese Leidenschaften aneinander abarbeiten, damit aber auch für ihn arbeiten zu lassen. Gans erläutert in

---

57 Die „*association universelle*" ist das Zentralthema der 4. Sitzung des Lehrbuchs: *DSSE*, 203-222; zur Verwendung und zur Herkunft dieser Terminologie vgl. die reiche Anmerkung von Bouglé und Halévy: *DSSE*, 203-205.
58 Eduard Gans „Das Erbrecht in weltgeschichtlicher Entwicklung" – 4 Bände sind erschienen: Berlin 1824, 1825 und Stuttgart & Tübingen 1829, 1835; zwei weitere Bände hatte Gans noch geplant, die wegen seines frühen Todes unausgeführt blieben.
59 Zu dieser Verknüpfung bei Hegel selbst kann der folgende Artikel von Joachim Ritter immer noch mit Gewinn gelesen werden: „Person und Eigentum. Zu Hegels ‚Grundlinien der Philosophie des Rechts' §§ 34 bis 81" (1962, 196-218).
60 Braun (2005, 52).
61 Gans konzediert, „dass in diesem Kampfe Manche untergehen, dass das Geschrei *sauve qui peut*, nicht undeutlich zu vernehmen ist"; (1995, 98).

diesem Zusammenhang noch die größere Effizienz der von den Saint-Simonisten geschmähten Konkurrenz und greift gleichzeitig auf die schon angesprochene Illusion der Saint-Simonisten zurück, durch die Kriterien von Fähigkeit und Leistung den zufälligen Besitz ersetzen zu wollen:

> wenn Fähigkeit auch der letzte Träger der Glücksgüter seyn soll, wo ist der Messer dieser Fähigkeit? Würden Gunst und Abneigung, Leidenschaft und menschliche Regungen, die doch nicht verbannt werden können, in der Beurtheilung der Fähigkeit nicht irren? Gibt es einen objectiven Regulator, und ist nicht die Concurrenz selbst das sicherste Mittel, die Fähigkeit herauszustellen? (*Rückblicke*, 97)

Dabei ist es Gans auch nicht entgangen, dass die etatistische Verteilung von Besitz und „Glücksgütern" in der saint-simonistischen Religion vom „Stand der Liebe und des Priesterthums" (98), also von einer Sektenhierarchie durchgeführt werden sollte. Es ist an diesem Punkt, dass Gans mit seinem berühmten Schlagwort von einer „Sklaverey der Aufsicht", mit welchem er sich unmittelbar gegen die Saint-Simonistischen Tendenzen richtet, die bürgerliche Gesellschaft wegen des gnadenlosen Egoismus und der unerbittlichen Konkurrenz, die darin walten, sozusagen aushebeln zu wollen, mit welchem Gans aber gleichzeitig schon Fehlentwicklungen prophezeit und richtet, die sich erst in den ‚kommunistischen' Systemen des 20. Jahrhunderts historisch entfaltet haben, ehe sie zu deren Scheitern führten:

> Wer aber die Concurrenz von ihr [i.e. der bürgerlichen Gesellschaft; N.W.] ausschließen will, der erschafft eine andere Sklaverey der Aufsicht, welche, selbst wenn sie glücklichere Verhältnisse böte, nicht zu ertragen wäre. (*Rückblicke*, 99)

Erst im Anschluss an diese nachdrückliche Kritik an den kollektivistischen Implikationen des Lehrgebäudes der Saint-Simonisten, die auch immer wieder offenbart, wie eng er sich noch an Hegel anlehnt, würdigt Gans diejenigen Aspekte des Saint-Simonismus, die ihm zukunftsträchtig erscheinen und mit denen er bereit ist, über Hegel hinauszugehen. Schon seine von den Saint-Simonisten inspirierte Diagnose (mit Verwendung des Ausdrucks „Proletarier") ist bemerkenswert und stand, so zuletzt Jonathan Sperber,[62] vermutlich Pate, als Marx und Engels zu Beginn ihres *Manifestes der Kommunistischen Partei* die Menschheitsgeschichte als Geschichte von Klassenkämpfen interpretierten[63]:

---

62 Sperber (2013, 208 f). Aus der älteren Marx-Literatur, die den Einfluss von Gans auf Marx betont, verdienen es die Studien von Auguste Cornu (1888-1981) besonders hervorgehoben zu werden (1934, 43-51 und 1955, 85-91).

63 Marx/Engels (1971, 462): „Bourgeois und Proletarier. Die Geschichte aller bisherigen Gesellschaft ist die Geschichte von Klassenkämpfen. Freier und Sklave, Patrizier und Plebejer, Baron und Leibeigener, Zunftbürger und Gesell, kurz, Unterdrücker und Unterdrückte standen in stetem Gegensatz zueinander, führten einen ununterbrochenen, bald versteckten, bald offenen Kampf, einen Kampf, der jedesmal mit einer revolutionären Umgestaltung der ganzen Gesellschaft endete oder mit dem gemeinsamen Untergang der kämpfenden Klassen."

> Doch inmitten dieser Gedankenwirren [so verweist Gans auf seine vorangehende Kritik zurück; N.W.] haben die St. Simonisten wieder etwas Großes gesagt, und auf einen offenen Schaden der Zeit ihren Finger gehalten. Sie haben richtig bemerkt, dass die Sklaverey eigentlich noch nicht vorüber sey, dass die sich zwar formell aufhebe, aber materiell in vollkommenster Gestalt vorhanden wäre. Wie sonst der Herr und der Sklave, später der Patricier und Plebejer, dann der Lehnsherr und Vasall sich gegenübergestanden haben, so jetzt der Müßige und der Arbeiter. [...] Heißt das nicht Sklaverey, wenn man den Menschen wie ein Tier exploitirt, auch selbst, wenn er frei wäre sonst vor Hunger zu sterben? Soll in diese elenden Proletarier kein Funke von Sittlichkeit gebracht werden können? [...] Dieses, [...] dass ein Hauptaugenmerk dahin gestellt werden müsse, jene Kruste der bürgerlichen Gesellschaft dünner zu machen, die man gewöhnlich Pöbel nennt, ist ein tiefer Blick in unsre Zeit, und die folgende Geschichte wird auf ihren Seiten mehr wie einmal von dem Kampfe der Proletarier gegen die mittleren Klassen der Gesellschaft zu sprechen haben. (*Rückblicke*, 99 f)

Von der Diagnose, um bei der medizinischen Metapher zu bleiben, die Gans selbst benutzt (102), zur Therapie übergehend, greift er den schillernden *associations*-Begriff der Saint-Simonisten auf, modifiziert aber dessen Sinn, wie schon durch die Synonyme deutlich wird, die er dafür verwendet, „freie Corporation" und „Vergesellschaftung":

> Das Mittelalter mit seinen Zünften hatte eine organische Einrichtung für die Arbeit. Die Zünfte sind zerstört, und können nie wieder errichtet werden. Aber sollte jetzt die freigelassene Arbeit aus der Corporation in die Despotie, aus der Herrschaft der Meister in die Herrschaft des Fabrikherrn verfallen? Gibt es kein Mittel dagegen? Allerdings. Es ist die freie Corporation, es ist die Vergesellschaftung. (*Rückblicke*, 100 f)

Hegel selbst mag den Unterschied von geschlossenen Zünften des Mittelalters und Korporationen, die mit freier Berufswahl als Teil der subjektiven Freiheit der Moderne vereinbar sind, in seinen Vorlesungen gemacht haben (doch wurden die Nachschriften dieser Vorlesungen bekanntlich erst in den letzten Jahrzehnten des 20. Jahrhunderts veröffentlicht). In seiner Ende 1820 publizierten Rechtsphilosophie (hier §§ 250-256) wird dieser Unterschied jedenfalls nicht klar ausgedrückt, wohingegen Gans in einem seiner 1833 veröffentlichten „Zusätze" (zum § 255) kaum deutlicher sagen konnte: „die Korporation ist keine geschlossene Zunft". Wenn Gans in seinen nur drei Jahre später erschienenen *Rückblicken* den Nachdruck auf „freie Corporation" legt, folgt er natürlich seiner früheren Erklärung aus den „Zusätzen". Gans explizierte jedoch nicht nur den fortschrittlichen Sinn den Hegels Lehre von der Korporation implizit wohl schon enthielt, er verlängert diese Argumentationslinie mit Anregungen aus dem Saint-Simonismus. Propagierten die Saint-Simonisten ihre *association universelle* aber als eine Art Allheilmittel, grenzt Gans deren Bedeutung präzisierend ein. Als Jurist spielt er zunächst auf den rechtlichen Rahmen an: „in Frankreich ist man in der neueren Zeit so grausam gewesen, die Associationen der Handwerker, ihren Fabrikherren gegenüber, für eine unerlaubte Verbindung zu halten" (101) Tatsächlich waren Assoziationen seit dem Gesetz Le Chapelier (wie in Frankreich üblich trägt das Gesetz den Namen des Abgeordneten, Isaac Le Chapelier, 1754-1794, der das Gesetz der Nationalversammlung vorgeschlagen hatte) vom 14. Juni 1791 verboten.[64] Spätere Gesetze – sowohl das Strafgesetzbuch (*code pénal*) Napoleons aus dem Jahre 1810 (Artikel 291-294), als auch ein Gesetz der Julimonarchie vom 10. April 1834 – hielten das Verbot aufrecht, ja verschärften es in mancher Hinsicht noch (überwunden wurde das Assoziationsverbot erst Jahrzehnte später, durch das Gesetz Ollivier, 1864, und das Gesetz Waldeck-Rousseau aus dem Jahre 1884). Schon eine nähere Bestimmung (im Artikel 4) des Gesetzes aus dem Jahre 1791 unterbindet ausdrücklich Lohn- oder Tarifvereinbarungen. Als Jurist, der zudem für die gesellschaftspolitischen Fragen stets ein reges Interesse hatte, war Gans mit diesen Bedingungen sicher vertraut. Wenn er dann die negativen Konsequenzen dieses Verbots betont – „So ist […] den Fabrikherren die Bestimmung des Tarifs der Arbeit in die Hand gegeben, und die Wechselseitigkeit der Betheiligung ist zerstört." (101) –, so können diese Ausführungen leicht in eine Forderung umgewandelt werden, deren weitreichende Bedeutung kaum überschätzt werden kann. Indirekt bestimmt Gans damit nämlich die Rolle, welche die Assoziationen der Zukunft übernehmen soll. Vordergründig sollen die Assoziationen die Organisationsform werden, welche kollektive Tarifverhandlungen ermöglichen. Es handelt sich also um nichts weniger, als eine Antizipation von Gewerkschaften.[65] Die dadurch zu erreichende Verbesserung der materiellen Bedingungen, so wichtig ihm diese auch ist, erschöpft indessen Gans' Intentionen nicht. Als Hegelianer geht es Gans auch darum, dass die Assoziation als freie Korporation dazu beiträgt, einen atomisierten „Pöbel" zu einem organischen Teil der „Sittlichkeit" des Staates zu erheben: konnte schon Hegel die Korporation als „zweite" (neben der Familie) „in der bürgerlichen Gesellschaft gegründete *sittliche* Wurzel des Staats" bezeichnen und von der Bildungsfunktion der Korporationen sprechen,[66] so könnte Gans' Intention, moderner ausgedrückt, als Schaffung der objektiven und subjektiven Bedingungen zur weiterführenden Partizipation („Betheiligung") bestimmt werden.

Im Vergleich zu diesen Ausführungen seiner *Rückblicke*, bringen Gans' Vorlesungen über Saint-Simon und die Saint-Simonisten zwar ein paar zusätzliche Information und Nuancen,[67] doch inhaltlich nicht viel Neues. Allerdings haben Gans' Vorlesungen – diejenige aus dem Wintersemester 1832/33, „Naturrecht und Universalrechtsgeschichte" (1981; s.o. Anm. 26), die u.a. durch eine Nachschrift von Hegels jüngstem Sohn Immanuel (1814-1891) dokumentiert wird, soll hier als Hauptquelle dienen – den Vorteil, dass seine Auseinandersetzung mit dem Saint-Simonismus dort nicht einfach die impressionistische Form persönlicher Erinnerungen aufweist und sich auch nicht nur an die Gestalt des saint-simonisti-

---

64 Aus der reichen französischen Literatur zu diesem Verbot sei nur die einflussreiche Studie von Jean Jaurès angeführt: J. Jaurès, „La Loi Chapelier" (1927); auf Deutsch siehe: Christian Seegert (1989, Bd. 2, 787–809).
65 Eine These, die der Verf. schon vor vielen Jahren aufstellen konnte: Waszek (1988).
66 Hegel (2009, § 255, 199); für die Bildungsfunktion ebenda, z.B. § 252, 197 und § 256, 200.
67 Den Unterschieden zwischen der Behandlung des Saint-Simonismus in den *Rückblicken* und den Vorlesungen ist der Verf. in einem früheren Aufsatz nachgegangen: Waszek (2006, 24-49, besonders 33-41).

schen Lehrgebäudes anlehnt, sondern der systematischen Struktur von Hegels Rechtsphilosophie folgt. Insbesondere der erste, „naturrechtliche" Teil von Gans' Vorlesung übernimmt die bekannte Dreiteilung Hegels von abstraktem Recht, Moralität und Sittlichkeit. Auch der für die vorliegende Untersuchung relevante Teil der „Sittlichkeit" gliedert sich wie bei Hegel in die drei Kapitel Familie, bürgerliche Gesellschaft und Staat. In diesem Rahmen geht Gans auf die „Simonisten" am Ende des Kapitels über die bürgerliche Gesellschaft ein.[68] Bemerkenswert an dieser Behandlung ist ihre eindeutige Zuordnung zu den Systemteilen der „Polizey" und der „Corporation". Die von Gans intendierte „Aufhebung" der Ursachen („Gründe") des „Pöbels", die zweifelsohne ein neues und zukunftsträchtiges Bewusstsein der ‚sozialen Frage' innerhalb der Hegelschen Schule markiert, erfolgt sozusagen auf zwei Ebenen: übernimmt die „Polizey" die negative Seite der „Aufhebung" (im Sinne der negierenden Überwindung):

> Muss der Pöbel bleiben? Ist er eine nothwendige Existenz? Hierin schließe ich mich der Meinung der Simonisten an, welche allein hierin Recht haben. [...] Die Polizey muss daher wirken können, dass kein Pöbel existiert. Er ist ein Faktum, aber kein Recht. Man muss zu den Gründen des Faktums kommen können und sie aufheben.[69]

verbleibt der „Korporation" die Aufgabe, die „Aufhebung" im Sinne des auf die höhere Stufe Hebens durchzuführen. Erst die Korporation leistet die „Vergesellschaftlichung" der Beleidigten und Erniedrigten als Versittlichung:

> Doch die Polizey ist bloß eine äußerliche Vorsorge; aber sie ist nicht versittlichend. Der sittliche Charakter der bürgerlichen Gesellschaft ist die *Corporation*, welche den Uebergang zum Staat [bildet]. Die Corporation ist die Vergesellschaftlichung der zerrissenen Theile der bürgerlichen Gesellschaft [... deren besonders der] Gewerbsstand bedarf [...], weil er unsittlich, zerrissen, egoistisch ist.[70]

(b) auch im Hinblick auf die *Verfassungsfrage*, die als eine der zentralen Debatte im Vormärz von großer politischer Tragweite wurde, ist Gans klar über Hegel hinausgegangen. Vor dem bekannten historischen Hintergrund der von König Friedrich Wilhelm III. mehrfach wiederholten, dann aber nicht eingelösten Verfassungsversprechen, wodurch Preußen den Schritt zu einer konstitutionellen Monarchie hätte vollziehen können,[71] stellt Hegel in seiner Rechtsphilosophie die konstitutionelle Monarchie zwar als vernunftgemäß und auf der Höhe der Zeit stehend dar[72] – was durchaus schon ein wichtiger Beleg gegen die alte Legende von Hegel als preußi-

---

68 *Eduard Gans: Naturrecht und Universalrechtsgeschichte* (1981, s.o. Anm. 26), 92 f.
69 *Eduard Gans: Naturrecht und Universalrechtsgeschichte* (1981, s.o. Anm. 26), 92.
70 Ibid., 93.
71 Für die Verhältnisse jenseits der Grenzen Preußens könnte auch an den Artikel 13 der Bundesakte vom Juni 1815 erinnert werden, der in gewisser Weise ebenfalls Verfassungen versprach : „In allen Bundesstaaten wird eine landständische Verfassung stattfinden.", allerdings ohne einen zeitlichen Rahmen zu fixieren und ohne inhaltliche Bestimmungen darüber, wie solche „Verfassungen" auszusehen hätten.
72 Dazu ausführlicher H.-C. Lucas (1986, 175-220).

schem Staatsphilosoph wäre[73] –, hoffte aber geduldig und zuversichtlich bis an sein Lebensende auf die Erfüllung des Versprechens. Diese Haltung, für welche Hermann Lübbe die treffende Bezeichnung einer „relativen politischen Versöhnung"[74] gefunden hat, wurzelt in Hegels Anerkennung der preußischen Reformbewegung und in seiner Überzeugung von einer Art Kulturmission Preußens, wie er diese zum Beispiel in seiner Berliner Antrittsvorlesung zum Ausdruck bringt.[75]

Demgegenüber gehörte Gans sicher zu den ersten Vertretern der Hegelschule, die auf eine Einforderung des Verfassungsversprechens drängten und in diesem Sinne ‚lauter' wurden. Bezeichnend ist schon, dass er in seiner Vorlesung des Wintersemesters 1832/33 das, was Hegel als „inneres Staatsrecht" (§§ 260 ff) bezeichnet, unter dem Titel „Verfassung" behandelt und analog dazu Hegels „fürstliche Gewalt" in eine „Staatsgewalt" verwandelt, die bei Gans ebenso einen republikanischen wie einen monarchischen Charakter annehmen kann.[76] Wenn Gans diesen Abschnitt über die „Staatsgewalt" mit Ausführungen über die „Gewalt des Oberhaupts eines Staats, das nicht Fürst ist" enden lässt und darin den Präsidenten der Vereinigten Staaten von Amerika erwähnt,[77] so steckt darin nicht weniger als eine in die Zukunft gewandte Öffnung der Frage nach der angemessenen Staatsform.

Diese Historisierung der Verfassungsfrage treibt Gans – wohl wegen der Zensurbedingungen an etwas verstecktem Ort[78] – noch weiter, wenn er den Charakter des zeitgenössischen Preußens näher zu bestimmen sucht: „Welche Gestalt und Form hat dieser Staat [i.e. Preußen; N.W.]? Mit welchem Namen kann er bezeichnet werden? Ist er ein absoluter, ein väterlicher, ein konstitutioneller Staat?" Ohne hier zu lange Zitate aus Gans' Antworten anzuführen – die Lektüre dieses Textes lohnt

---

73 Ein anderer treuer Hegelianer, Karl Rosenkranz (1805-1879), lieferte gegen die Sophismen, die Rudolf Haym (1821-1901) in seiner Studie *Hegel und seine Zeit* (1857) dargeboten hatte, mehrfach ganze Kataloge solcher Belege, von denen nur einer hier zitiert sei: „Umso unbegreiflicher ist es, wie man [...] einen Servilismus Hegels gegen die preußische Regierung hat herauslesen wollen, als ob er in seinen Paragraphen nur den preußischen Staat, wie er empirisch gegeben war, kopirt hätte. [...] Preußen war damals kein konstitutioneller Staat; er besaß keine Pressfreiheit, keine Gleichheit der Bürger vor dem Gesetz, keinen Antheil des Volkes an der Gesetzgebung und Steuerbewilligung – und alles das lehrte Hegel als philosophische Nothwendigkeit." Rosenkranz (1870, 152); vgl. bereits seine frühere Schrift (1858, 32 f).
74 Lübbe ([2]1974, 93).
75 Hegel (GW 18, 11-31, hier z.B. 12 f): „Und überhaupt hat sich die *Macht des Geistes* so weit in der Zeit geltend gemacht, daß es nur die *Ideen* sind, und was *Ideen* gemäß ist, was sich itzt erhalten kann, daß was gelten soll, vor der *Einsicht* und dem *Gedanken* sich *rechtfertigen* muß. Und es ist besonders dieser *Staat* [d.h. Preußen; N.W.], der mich nun in sich aufgenommen hat, welcher durch das *geistige* Übergewicht sich zu seinem *Gewicht* in der *Wirklichkeit und im Politischen* emporgehoben, sich an *Macht* und *Selbständigkeit* solchen *Staaten* gleichgestellt hat, welche ihm an *äussern Mitteln* überlegen gewesen wären. Hier ist die Bildung und die Blüthe der *Wissenschaften* eines der wesentlichsten *Momente*, selbst – im *Staatsleben*; auf hiesiger Universität [also in Berlin; N.W.], der Universität des Mittelpunktes, muß auch der *Mittelpunkt* aller Geistesbildung und aller Wissenschaft und Wahrheit, die *Philosophie*, ihre Stelle und vorzügliche Pflege finden." u. ö.
76 Braun (2005, 97).
77 Ibid., 100.
78 Gans (1832, 450-479; die folgenden Zitate, 468-476 – jetzt leichter zugänglich in Waszek (1991, 147-155).

sich *in extenso*, nicht zuletzt weil die feine Ironie, die Gans darin verwendet, an seine Jugendfreundschaft mit Heine erinnert –, steht der preußische Staat für ihn zwar höher als ein absoluter oder auch paternalistischer Staat, fehlen ihm, um ihn als konstitutionellen Staat ausweisen zu können, doch die beiden entscheidenden Charakteristika, „dass die Regierten die Steuern bewilligen, und die Gesetze mit errichten helfen." Nach der geeigneten „Rubrik" suchend, nach welcher Preußen klassifiziert werden könnte, gelangt Gans am Ende zur „Categorie [...] des *vormundschaftlichen Staates*."[79] Genau diese Bezeichnung, diesmal eine Ironie der Geschichte, wurde übrigens wieder ausgegraben, als am Ende der „DDR" eine Charakterisierung des untergehenden Staates versucht wurde.[80] Gans ließ es nicht einmal bei dieser Bezeichnung bewenden, die im Kontext der zeitgenössischen Politik schon extrem kritisch wahrgenommen werden musste (dass die Zeitschrift, in welcher sein Beitrag erschien, bald darauf ihr Erscheinen einstellen musste, wurde immer wieder damit in Zusammenhang gebracht[81]), sondern wandte unerbittlich die Hegelianische Perspektive eines notwendigen Fortschritts zu größerer Freiheit darauf an:

> Ein vormundschaftlicher Staat kann wie die Vormundschaft selbst nur immer eine Zeitlang dauern. Die Emanzipation zu einer höhern und freiern Stellung liegt in seiner Natur; er kann sie eine Zeitlang verleugnen und aufschieben, er kann sich aber nicht von ihrem endlichen Resultate befreien. Es ist zu vermuten, dass bald die Lehrjahre bei uns vorüber [...][82]

So scheint aus dem Abstand zwischen dem „Bewusstsein" und der „Verwirklichung" der Freiheit eine Kluft zwischen dem Hegelianismus und dem damaligen Preußen geworden zu sein. Gans hielt das von Hegel inspirierte Prinzip aufrecht, dass sich jeder Staat als Schritt in der Entwicklung der Freiheit legitimieren müsse. Durch ihre starrsinnige Verweigerung der Verfassung fiel die preußische Monarchie und ihre Regierung hinter diejenige Stufe der Freiheit zurück, welche der Zeit angemessen war. So sah sich Gans gezwungen, gegen den *status quo* Preußens Stellung zu beziehen – und damit musste er *nolens volens* über Hegel und dessen „relative politische Versöhnung" hinausgehen.

Gans' Insistieren auf die Gewährung einer Verfassung könnte noch ergänzt werden durch seine Vorschläge zur konkreten Ausgestaltung des ihm vorschwebenden Verfassungsstaates, insbesondere seine bemerkenswerten Ausführungen über Opposition, deren reifste Fassung er im November 1837 niederschrieb,[83] und, damit zusammenhängend, über die notwendigen Formen von Öffentlichkeit (Pressefreiheit, Öffentlichkeit von Gerichten und Parlamentsverhandlungen...), sowie um das (oder die – Plural) Wahlverfahren. Da zu diesen Themen aber bereits Untersu-

---

79 Ibid., (1832, 472) – (1991, 150).
80 Henrich (1989).
81 Vgl. z.B. Reissner (1965, 144 f).
82 Gans (1832, 476) – (1991, 154).
83 Vgl. Waszek (1991, 155 f für den Text und 49 zu den Einzelheiten der Entstehung und Publikation dieses denkwürdigen Dokuments).

chungen vorliegen[84] und um Wiederholungen zu vermeiden, soll abschließend zu der eingangs gestellten Frage zurückgekehrt werden, ob Gans der erste Links- oder Junghegelianer sei. Die Antwort, die sich dem Verf. aufdrängt, kann nur nuanciert sein. Gans' eigene Antwort, die er in seiner autobiographischen Notiz (s.o. Anm. 35) gegeben hat und worin er sich zur „aristotelischen" und damit wohl zur hegelianischen Mitte bekennen wollte, kann kaum das letzte Wort sein, da der Kontext dieser Stellungnahme zu stark auf eine Kommunikationsstrategie verweist. Zweifellos dürfte sein, dass Gans mit seinen Thesen zur „Aufhebung des Pöbels", zum zukünftigen „Kampfe der Proletarier", zur „Verfassung", zur „Opposition" usw. Themenbereiche und sogar Begriffe anspricht, die schon bald und ganz besonders im „Vormärz" der 1840er Jahre ihre volle programmatische Kraft entfalten sollten. Durch das aufgezeigte Lehrer-Schüler-Verhältnis, in welchem Gans zu der jüngeren Generation um Strauß (*1808), Cieszkowski (*1814), Marx (*1818) u.a. stand, kann auch sein „persönlicher Anteil", wie Edda Magdanz formuliert (s.o. Anm. 34), „am Konstituierungsprozess der junghegelianischen Bewegung" nicht bestritten werden. Insofern könnte Gans durchaus als Gründervater des Junghegelianismus gelten. Allerdings dürften auch Unterschiede geltend gemacht werden. Äußerlich offenbart sich eine Distanz schon dadurch, dass Gans, im Gegensatz zu den Junghegelianern, die gern leichtere Formen, wie Zeitungsartikel, Thesen, Rezensionen usw. wählten, um ihre Zeitkritik vorzutragen, vorzugsweise bei der wissenschaftlich-systematischen Form blieb, und sich dabei sogar oft ausdrücklich an Hegels Rechts- und Geschichtsphilosophie anlehnte. Dies führt zu dem grundlegenderen Argument, dass Gans, auch wenn er über Hegel hinausgeht, seine eigenen Überzeugungen immer nur als Erklärungen und Interpretationen, nicht jedoch als Kritik am Philosophen darstellt. Ein anonymer Beiträger, kurz nach Gans' Tod und bei aller Hochachtung für den Verstorbenen, bringt diesen Einwand in den *Hallischen Jahrbüchern*, dem damals führenden Organ der Junghegelianer, recht umsichtig zum Ausdruck, wenn er Gans vorwirft, dass er es „zu keiner principiellen Kritik der Hegel'schen Rechtsphilosophie gebracht" habe und statt dessen „die Hegel'sche Philosophie als Besitz voraussetzte und ohne weiteres als Richtmaß anlegte."[85] So wäre Gans doch ein „Althegelianer" geblieben, doch kann sich der Anonymus der *Hallischen Jahrbücher* mit diesem Urteil offenbar auch nicht begnügen, denn er fügt noch hinzu, Gans sei, vielmehr als er sich selbst eingestanden hätte, „von den Elementen der Zukunft inficiert" und so wird er letztlich als „der lebendigste, der liberalste und der dem ganzen und entschiedenen Idealismus der neuesten Zeit am nächsten stehende Althegelianer." Wenn Gans nicht ohne Abstriche als Junghegelianer bezeichnet werden kann, dann war er zumindest der „jüngste" der Althegelianer.

---

84 Vom Verf. und von anderen Autoren, vgl. Braun (1984); Waszek (2011); zur Frage des Wahlverfahrens: Riedel (1981, 24 f).
85 Anon., „Die berliner Juristenfacultät", in: *Hallische Jahrbücher für deutsche Wissenschaft und Kunst*. Nr. 130 (1. Juni 1841), 517 f.

Literatur

Anonymus, „Die berliner Juristenfacultät", in: *Hallische Jahrbücher für deutsche Wissenschaft und Kunst.* Nr. 130 (1. Juni 1841).

C. Bertani, *Eduard Gans (1797-1839) e la cultura del suo tempo: scienza del diritto, storiografia, pensiero politico in un intellettuale hegeliano.* Napoli 2004.

–, (Hrsg.), *Eduard Gans: Storia della rivoluzione francese: il corso di storia contemporanea del semestre estivo 1828, nella trascrizione di Felix Mendelssohn Bartholdy* [Text auf Italienisch und Deutsch]. Soveria Mannelli 2011.

M. Bienenstock, „Du métaphysique au transcendantal – et de retour", in: Jean-François Kervégan & Bernard Mabille (Hrsg.), *Hegel au présent. Une relève de la métaphysique?* Paris 2012, 211-223.

R. Blänkner, „Berlin, Paris: Wissenschaft und intellektuelle Milieus des *l'homme politique* Eduard Gans (1797-1839)", in: R. Blänkner, G. Göhler und N. Waszek (Hrsg.), *Eduard Gans (1797-1839): Politischer Professor zwischen Restauration und Vormärz.* Leipzig 2002, 367-408.

–, „‚Geselligkeit' und ‚Gesellschaft': zur Theorie des Salons bei Eduard Gans", in: Roland Berbig, Iwan D'Aprile u.a. (Hrsg.), *Berlins 19. Jahrhundert: ein Metropolen-Kompendium.* Berlin 2011, 161-178.

Blänkner/Göhler/Waszek (Hrsg.), *Eduard Gans (1797-1839): Politischer Professor zwischen Restauration und Vormärz.* Leipzig 2002.

C. Bouglé/É. Halévy (Hrsg.) *Doctrine de Saint-Simon. Exposition. Première année 1829* [Paris 1830], Paris 1924, [*DSSE*].

J. Braun, „Die Lehre von der Opposition bei Hegel und Gans", in: *Rechtstheorie.* 15 (1984), 343-383.

–, *Judentum, Jurisprudenz und Philosophie: Bilder aus dem Leben des Juristen Eduard Gans (1797-1839).* Baden-Baden 1997, 249-253.

–, (Hrsg.), *Eduard Gans: Naturrecht und Universalrechtsgeschichte. Vorlesungen nach G. W. F. Hegel.* Tübingen 2005.

–, (Hrsg.), *Eduard Gans: Briefe und Dokumente.* Tübingen 2011.

W. Breckman, „Eduard Gans and the Crisis of Hegelianism", in: *Journal of the History of Ideas.* 62:3 (2001), 543-564.

K. Briegleb (Hrsg.), *Heinrich Heine: Sämtliche Schriften in zwölf Bänden.* München 1981, Bd. 7.

A. Cornu, *La jeunesse de Karl Marx (1817-1845).* Paris 1934.

–, *Karl Marx et Friedrich Engels: leur vie et leur œuvre.* Bd. 1: *Les années d'enfance et de jeunesse, la gauche Hégélienne (1818/1820-1844).* Paris 1955.

E. Gans, *Das Erbrecht in weltgeschichtlicher Entwicklung.* 4 Bände, Berlin 1824+1825, Stuttgart & Tübingen 1829+1835.

–, „Über die Untersuchungsmaxime des preußischen Zivilprozesses (Eine Rezension)", in: E. Gans (Hrsg.), *Beiträge zur Revision der Preußischen Gesetzgebung.* Berlin 1832, 450-479.

–, *Rückblicke auf Personen und Zustände* [Berlin, Veit, 1836]. Faksimilenachdruck mit Einleitung, Anmerkungen und Bibliographie von N. Waszek. Stuttgart-Bad Cannstatt 1995.

J.M. Harris, „Fitting in or sticking out – constructs of the relationships of Jewish and Roman law in the nineteenth century", in: H. Lapin and D.B. Martin (Hrsg.), *Jews, Antiquity and the Nineteenth Century Imagination.* Bethesda/Md. 2003, 53-63.

R. Haym, *Hegel und seine Zeit.* Berlin 1857.

G.W.F. Hegel, *Werke. Vollständige Ausgabe. Durch einen Verein von Freunden des Verewigten* [in alphabetischer Folge: Friedrich Förster, Eduard Gans, Leopold von Henning, Heinrich Gustav Hotho, Philipp Marheineke, Karl Ludwig Michelet und Johannes Schulze]. 18 Bände. Berlin 1832-1845.

–, *Gesammelte Werke* [*Hegel: GW*], in Verbindung mit der Deutschen Forschungsgemeinschaft hrsg. von der Nordrhein-Westfälischen Akademie der Wissenschaften und der Künste. Bd. 14.1: *Grundlinien der Philosophie des Rechts*, hrsg. von K. Grotsch und E. Weisser-Lohmann. Hamburg 2009.

R. Henrich, *Der vormundschaftliche Staat : Vom Versagen des real existierenden Sozialismus*. Reinbek bei Hamburg 1989

M. H. Hoffheimer, *Eduard Gans and the Hegelian philosophy of law* [enthält eine englische Übersetzung von Gans' *System des römischen Civilrechts* (Berlin 1827)]. Dordrecht & Boston 1995.

J. Hoffmeister (Hrsg.), *Briefe von und an Hegel*. Bd. III : *1823-1831*. Hamburg 1954.

S. Hürstel, *Au nom de Hegel: les juristes néo-hégéliens et la philosophie du droit de la République de Weimar au Troisième Reich*. Mit einem Vorwort von Olivier Jouanjan. Rennes 2010.

J. Jaurès, „La Loi Chapelier", in derselbe: *Histoire socialiste de la Révolution française*. Bd. 2. Paris 1927, 260-287.

J. Kieselstein, *Eduard Gans und das Völkerrecht: die Vorlesung zum Positiven Völkerrecht*. Frankfurt am Main 2009.

E. Klee, *Das Personenlexikon zum Dritten Reich*. Frankfurt am Main ²2005.

W. Kühne, *Graf August Cieszkowski, ein Schüler Hegels und des deutschen Geistes: ein Beitrag zur Geschichte des deutschen Geisteseinflusses auf die Polen*. Leipzig 1938.

F.A. Lange, *Die Arbeiterfrage: Ihre Bedeutung für Gegenwart und Zukunft* [1865]. 2. Auflage: Winterthur 1870.

K. Larenz, *Hegelianismus und preußische Staatsidee: die Staatsphilosophie Johann Erdmanns und das Hegelbild des 19. Jahrhunderts*. Hamburg 1940.

F. Lassalle, *Das System der erworbenen Rechte: Eine Versöhnung des positiven Rechts und der Rechtsphilosophie*. 2 Bde. Leipzig 1861.

H. Laube, „Gans und Immermann" [1841], in: H.H. Houben (Hrsg.), *Heinrich Laubes gesammelte Werke*. Bd. 50. Leipzig 1909.

M. Lenz, *Geschichte der Königlichen Friedrich-Wilhelms-Universität zu Berlin*. Bd. II.1. Halle 1910.

K. C. von Leonhard, „Dresden. Zusammentreffen mit Eduard Gans", in: *Aus unserer Zeit in meinem Leben*. 2 Bde. Stuttgart 1854-1856, Bd. II (1856).

A. Liebich (Hrsg.), *Selected writings of August Cieszkowski*. Cambridge 1979.

H.-C. Lucas, „,Wer hat die Verfassung zu machen, das Volk oder wer anders?' Zu Hegels Verständnis der konstitutionellen Monarchie zwischen Heidelberg und Berlin", in: H.-C. Lucas und Otto Pöggeler (Hrsg.), *Hegels Rechtsphilosophie im Zusammenhang der europäischen Verfassungsgeschichte*. Stuttgart – Bad Cannstatt 1986, 175-220.

–, „,Dieses Zukünftige wollen wir mit Ehrfurcht begrüßen': Bemerkungen zur Historisierung und Liberalisierung von Hegels Rechts- und Staatsbegriff durch Eduard Gans", in: *Eduard Gans (1797 – 1839): Politischer Professor zwischen Restauration und Vormärz*. Leipzig 2002, 105-136.

E. Fournière, *Le Règne de Louis-Philippe (1830-1848)*. Paris 1906 [Bd. VIII des Sammelwerks: Jean Jaurès (Hrsg.), *Histoire socialiste*, 13 Bde.].

H. Lübbe (Hrsg.), *Die Hegelsche Rechte*. Stuttgart-Bad Cannstatt 1962.

–, *Politische Philosophie in Deutschland. Studien zu ihrer Geschichte* [1963]. München ²1974.

E. Magdanz, „Gans' Stellung im Konstituierungsprozeß der junghegelianischen Bewegung", in: R. Blänkner, G. Göhler und N. Waszek (Hrsg.), *Eduard Gans (1797-1839): Politischer Professor zwischen Restauration und Vormärz*. Leipzig 2002, 177-206.
K. Marx/F. Engels, *Historisch-Kritische Gesamtausgabe* [alte MEGA], erste Abteilung, Bd. I.2, hrsg. von D. Riazanov. Berlin 1929.
–, *Manifest der Kommunistischen Partei* [1848], in: *Marx/Engels Werke* [MEW], Bd. 4. Berlin 1971, 459-493.
F. Mehring, *Karl Marx. Geschichte seines Lebens* [1918]. Berlin 1960 [Gesammelte Schriften, Bd. 3].
T. Mundt, *Charaktere und Situationen*. Wismar & Leipzig 1837.
G. Nicolin (Hrsg.), *Hegel in Berichten seiner Zeitgenossen*. Hamburg 1970, 490-496.
E. Nielsen, *Ehe, väterliche Gewalt und Testierfreiheit in «weltgeschichtlicher Entwicklung»: Dogmatik und Reform des Erb- und Familienrechts bei Eduard Gans*. München 2006.
H. Ottmann, *Hegel im Spiegel der Interpretationen*. Berlin & New York 1977.
T. Pinkard, „Eduard Gans, Heinrich Heine und Hegels Philosophie der Geschichte", in: H.-Ch. Schmidt am Busch, L. Siep, H.U. Thamer, N. Waszek (Hrsg.), *Hegelianismus und Saint-Simonismus*. Paderborn 2007, 131-158.
W. Real, „Geschichtliche Voraussetzungen und erste Phasen des politischen Professorentums", in: P. Wentzcke (Hrsg.), *Darstellungen und Quellen zur Geschichte der deutschen Einheitsbewegung im neunzehnten und zwanzigsten Jahrhundert*. Bd. 9, hrsg. von Christian Probst. Heidelberg 1974, 7-95.
H. G. Reissner, *Eduard Gans: ein Leben im Vormärz*. Tübingen 1965.
M. Riedel (Hrsg.), *Eduard Gans: Naturrecht und Universalrechtsgeschichte*. Stuttgart 1981.
J. Ritter, „Person und Eigentum. Zu Hegels ‚Grundlinien der Philosophie des Rechts' §§ 34 bis 81", in: *Marxismus-Studien*. 4 (1962), 196-218.
K. Rosenkranz, *G.W.F. Hegels Leben*. Berlin 1844 [Nachdruck: Darmstadt 1972].
–, *Apologie Hegels gegen Dr. Haym*. Berlin 1858.
–, *Hegel als Deutscher Nationalphilosoph*. Leipzig 1870.
Hubert R. Rottleuthner, „Die Substantialisierung des Formalrechts", in: Oskar Negt (Hrsg.), *Aktualität und Folgen der Philosophie Hegels*. Frankfurt am Main 1971, 215-268.
Arnold Ruge, *Aus früher Zeit*. Bd. 4. Berlin 1867.
W. Schönfeld, *Die Geschichte der Rechtswissenschaft im Spiegel der Metaphysik* [Bd. II des von Karl Larenz hrsg. Sammelwerks: *Reich und Recht in der deutschen Philosophie*]. Stuttgart 1943, ²1951.
H. Schröder (Hrsg.), *Eduard Gans: Philosophische Schriften*. Berlin & Glashütten 1971.
W. Schuffenhauer und E. Voigt (Hrsg.), *Ludwig Feuerbach : Briefwechsel I (1817-1839)*. Berlin 1984.
C. Seegert, „Das Gesetz Le Chapelier", in: Arno Herzig (Hrsg.), *„Sie, und nicht Wir". Die Französische Revolution und ihre Wirkung auf Norddeutschland und das Reich*. Hamburg 1989, Bd. 2, 787–809.
J. Sperber, *Karl Marx: a nineteenth-century life*. New York 2013.
D. Sternberger, *Die Abschaffung der Sünde*. Hamburg & Düsseldorf 1972.
D.F. Strauß, *Streitschriften zur Vertheidigung meiner Schrift über das Leben Jesu und zur Charakteristik der gegenwärtigen Theologie*. Tübingen 1838.
R. Vierhaus, „Der politische Gelehrte im 19. Jahrhundert", in: Christian Jansen u.a. (Hrsg.), *Von der Aufgabe der Freiheit: politische Verantwortung und bürgerliche Gesellschaft im 19. und 20. Jahrhundert*. Festschrift Hans Mommsen. Berlin 1995, 17-28.
N. Waszek, „Die Hegelsche Schule", in: Iring Fetscher und Herfried Münkler (Hrsg.), *Pipers Handbuch der politischen Ideen*. 5 Bde. München/Zürich 1986, Bd. 4, 232-246 u. 252-254.

–, „Eduard Gans und die Armut: Von Hegel und Saint-Simon zu frühgewerkschaftlichen Forderungen", in: *Hegel-Jahrbuch* (1988), 355-363.

–, (Hrsg.), *Eduard Gans (1797-1839): Hegelianer – Jude – Europäer*. Texte und Dokumente. Frankfurt am Main 1991.

–, *E. Gans: Chroniques françaises – un hégélien juif à Paris: 1825, 1830, 1835* [enthält eine auszugsweise französische Übersetzung von Gans' *Rückblicken*]. Paris 1993.

–, „Eduard Gans, die ‚Jahrbücher für wissenschaftliche Kritik' und die französische Publizistik der Zeit", in: Christoph Jamme (Hrsg.), *Die ‚Jahrbücher für wissenschaftliche Kritik' – Hegels Berliner Gegenakademie*. Stuttgart-Bad Cannstatt 1994, 93-118.

–, „Aufklärung, Hegelianismus und Judentum im Lichte der Freundschaft von Heine und Gans", in: Joseph A. Kruse u.a. (Hrsg.), *Aufklärung und Skepsis. Internationaler Heine-Kongress 1997 zum 200. Geburtstag*. Stuttgart 1998, 226-241.

–, „Hegel, Mendelssohn, Spinoza – Beiträge der Philosophie zur ‚Wissenschaft des Judentums'. Eduard Gans und die philosophischen Optionen des ‚Vereins für Kultur und Wissenschaft der Juden'", in: *Menora. Jahrbuch für deutsch-jüdische Geschichte*. 10 (1999a), 187-215.

–, „Zwischen Vertrag und Leidenschaft. Hegels Lehre von der Ehe und die Gegenspieler: Kant und die Frühromantiker (Schlegel, Schleiermacher)", in: Jean-François Kervégan und Heinz Mohnhaupt (Hrsg.), *Gesellschaftliche Freiheit und vertragliche Bindung in Rechtsgeschichte und Philosophie*. Frankfurt am Main 1999b, 271-299.

–, „Eduard Gans on Poverty and on the Constitutional Debate", in: Douglas Moggach (Hrsg.), *The New Hegelians. Politics and Philosophy in the Hegelian School*. Cambridge 2006, 24-49.

–, „Hegelianism and the Theory of Political Opposition", in: Douglas Moggach (Hrsg.), *Politics, Religion, and Art: Hegelian Debates*. Evanston/IL 2011, 147-163.

–, „Usages du ‚Globe' par Heinrich Heine", in: Marie-Ange Maillet und N. Waszek (Hrsg.), *Heine à Paris: témoin et critique de la vie culturelle française*. Paris 2014, 88-132.

Eduard Zeller, *David Friedrich Strauß in seinem Leben und seinen Schriften*. Bonn 1874.

–, (Hrsg.), *Ausgewählte Briefe von David Friedrich Strauß*. Bonn 1895.

AMIR MOHSENI

Gott geizt nicht.
Bemerkungen zur Religionsphilosophie von D. F. Strauß

Im Herbst 1839 schreibt Engels an seinen Freund Wilhelm Graeber:

> Ja, [...] jacta est alea, ich bin Straußianer, ich, ein armseliger Poete, verkrieche mich unter die Fittiche des genialen David Friedrich Strauß. Hör, einmal, was das für ein Kerl ist! Da liegen die vier Evangelien, kraus und bunt wie das Chaos; die Mystik liegt davor und betet's an – siehe, da tritt David Strauß ein, wie ein junger Gott, trägt das Chaos heraus ans Tageslicht und – Adios Glauben! (Engels 1967, S. 419)

Adios Glauben? Auch für den jungen Marx ist in „Deutschland [...] die *Kritik der Religion* im Wesentlichen beendigt" (Marx 1956, S. 378) – und er bezieht sich dabei mit Sicherheit auch auf Strauß. Strauß selbst ist sich zwar der möglichen Sprengkraft seines *Leben Jesu* (1836) bewusst gewesen. Der Ton aber, den Strauß insbesondere in der bemerkenswerten Schlussabhandlung anschlägt, erweckt keineswegs den Eindruck eines jungen Gottes, der auf gelöste Rätsel blickt. Das Resultat seiner weit über tausendseitigen Zerlegung der Evangelien besteht für Strauß in erster Linie in der Konstatierung eines Problems. Seine allgemeine Formulierung könnte wie folgt lauten: Gesetzt, die Dogmen des Christentums haben sich als aus wissenschaftlicher Perspektive unhaltbar erwiesen. Gesetzt außerdem, dass man ihnen gleichwohl einen wahren Kern abgewinnen kann.[1] Wie verhält sich der Religionsphilosoph nun gegenüber der religiösen Gemeinde, für die die Dogmen in keiner Weise unhaltbar sind?

Für das Verständnis der diesbezüglichen Überlegungen Straußens (2) ist eine kurze Erinnerung an Aspekte der Hegelschen Religionsphilosophie hilfreich (1). Bevor dann abschließend einige Punkte der Straußschen Religionsphilosophie in den Kontext des Linkshegelianischen Denkens gestellt werden (4), widme ich mich in einem Exkurs auch Zügen der politischen Dimension des Straußschen Werks (3).[2]

1.

Für Hegels Auffassung von Religion ist bekanntlich die These zentral, dass Religion und Philosophie zwar ein und denselben Inhalt teilen, diesen aber in unterschied-

---
1 Vgl. in diesem Zusammenhang Habermas (Habermas 2001, S. 20ff.).
2 Ich beziehe mich dabei im Wesentlichen auf das *Leben Jesu* (Strauß 1836).

lichen Formen erkennen. In seiner *Enzyklopädie* formuliert Hegel im Kapitel zum Absoluten Geist:

> Worauf es ganz allein ankommt, ist der Unterschied der Formen des speculativen Denkens von den Formen der Vorstellung und des reflectirenden Verstandes. (…) Nur auf den Grund dieser Erkenntniß der Formen lässt sich die wahrhafte Ueberzeugung um die es sich handelte, gewinnen, dass der Inhalt der Philosophie und der Religion derselbe ist […]. (Hegel 1992, § 573 Anm.)

Dieser Unterschied der Formen bedeutet für die Philosophie in gewisser Hinsicht eine Überlegenheit gegenüber der Religion; und in einer anderen Hinsicht markiert er einen Nachteil. Überlegen ist die Philosophie durch den Umstand, dass sie den Inhalt, den sie mit der Religion teilt, auch in der adäquaten Form sich zum Gegenstand macht – nämlich durch das spekulative Denken. Nachteilhaft ist vielleicht für die Philosophie, dass sie nicht in der Lage ist, diesen Inhalt auch für breite gesellschaftliche Kreise wissenschaftlich zugänglich zu machen. Damit ist die partielle Überlegenheit der Religion schon benannt: Die *Idee*, *Gott* bzw. das *Absolute* lässt sich leichter vermitteln, wenn sein Inhalt nicht durch abstrakte Begriffe – in seiner *Logik* spricht Hegel einmal von der „philosophischen Kunstsprache" (Hegel 1985, S. 95) – sondern durch *Vorstellungen* zum Ausdruck kommt.

Auf die Einzelheiten der Hegelschen These von der Identität des Inhalts bei einem Unterschied der Formen kann hier nicht eingegangen werden. Vor dem Hintergrund der noch zu explizierenden Überlegungen Straußens erscheint es mir aber sinnvoll, sich wenigstens skizzenhaft dem angesprochenen Verhältnis von Philosophie und Religion mit dem Hegelschen Begriff der *Aufhebung* zu nähern. Aufhebung hat bei Hegel bekanntlich meistens einen Bedeutungsumfang, der drei verschiedene, alltagssprachlich durchaus übliche Verwendungsweisen aufgreift (vgl. ebd., S. 94f.). Da gibt es zunächst den *negierenden, vernichtenden* Aspekt von Aufhebung: etwa wenn wir sagen, dass ein Termin aufgehoben ist. Dann gibt es den *konservierenden* Aspekt, etwa wenn ich sage, dass ich mir das Geld für später aufhebe. Drittens kennen wir den buchstäblich emporhebenden Aspekt: Man hebt etwas auf dem Boden Liegendes auf, hebt es in die Höhe. Im übertragenen Sinn kann man hier von *Veredelung* sprechen.

Bei Hegel stehen diese verschiedenen Bedeutungen des Aufhebungsbegriffs meistens nicht einfach zusammenhangslos nebeneinander; prinzipiell kommen alle drei Bedeutungen bei der wissenschaftlichen Darstellung eines und desselben Gegenstandes zur Geltung. In seinen *Grundlinien der Philosophie des Rechts* z.B. ist die Idee des freien Willens der Gegenstand. Die erste soziale Institution, die durch die Explikation dieses Gegenstands freigelegt wird, ist das uneingeschränkte Recht der einzelnen Person auf Eigentum – und Hegel bezeichnet jede Verletzung des Eigentums als Verletzung der Persönlichkeit. Später aber, im Moralitäts- und im Sittlichkeitskapitel, wird die Bedingungslosigkeit des Eigentumsrechts zurückgenommen. Es gibt dann in der sogenannten „Sphäre" der Moralität ein Notrecht auf Leben, auch wenn dabei das Eigentum anderer verletzt wird. Im abschließenden Kapitel zur Sittlichkeit wird wiederum klar, dass der Staat im Grunde jederzeit in das Eigentumsrecht eingreifen kann, wenn er meint, dass er vernünftige Gründe dafür hat. Mit diesen Korrekturen ist das Eigentumsrecht nach Hegel aber nicht völlig beseitigt, sondern aufbewahrt und in den richtigen Kontext gebracht, also auch veredelt.³

Es ist in diesem Zusammenhang unbedingt zu berücksichtigen, dass dieser spezifische Aufhebungsbegriff an eine bestimmte essentialistisch-teleologische Auffassung des Gegenstands gebunden ist, der jeweils verhandelt wird. Spricht man nämlich – wie das die Linkshegelianer häufig getan haben – von der Aufhebung der Religion in der Philosophie,⁴ oder von der Aufhebung der Religion in der Politik bzw. von der Aufhebung der Religion durch die bessere Gesellschaft, dann ist erstens zu prüfen, welche Bedeutungen des Aufhebungsbegriffs jeweils abgerufen werden; und zweitens ist zu prüfen, ob jeweils klar ist, welcher teleologische Prozess hier aktiv ist. Denn Hegel selbst begreift die Entwicklungsgeschichte der Religion als einen Aspekt der Menschheitsgeschichte, die sich bekanntlich auf ein Telos zubewegt und ein *Wesen* hat, das sich zunehmend selbst erkennt usw.

Bei Marx zum Beispiel, der ja in seiner Einleitung zur *Kritik der Hegelschen Rechtsphilosophie* mehrfach von der „Aufhebung der Religion" spricht, ist nicht immer leicht zu entschlüsseln, ob er bloß von einer Beseitigung oder nicht auch von einer – wie auch immer zu fassenden – Konservierung und Veredelung spricht.⁵ Wenn die Religion in der besseren Gesellschaft aufgehoben ist, weil sich niemand mehr am Jenseits orientieren muss, da nämlich kein Mensch mehr unter entfremdeten Zuständen leidet – welche Aspekte der Religion können dann noch als „aufgehoben" im Sinne von Beibehaltung und Veredelung gelten? *Dass* hier im Rahmen des Hegelschen Denkens gearbeitet wird, zeigt sich außerdem auch an dem Umstand, dass die Aufhebung der Religion als geschichtlicher Aufklärungs- und vor allem als *Selbstfindungsprozess* begriffen wird, in dem die Menschheit nach und nach ihr eigenes Wesen realisiert. Das ist just der Kontext, der Straußens religionsphilosophische Überlegungen begleitet; und es wird sich zeigen, dass Strauß sich äußerst reflektiert in ihm bewegt.

---

3 Vgl. hierzu auch Siep (Siep 1992, S. 217-240).
4 Vgl. hierzu den Beitrag von Siep in diesem Band.
5 Siep zum Beispiel (S. 25 in diesem Band) bedauert, dass bei Marx „jede positive Bedeutung der Religion verloren" gehe. Wie eine solche „positive" Aufhebung aussehen könnte, lässt Siep leider unausgeführt. Dass Marx auf die Hegelsche Verwendungsweise des Aufhebungsbegriffs anspielt, zeigt sich jedenfalls an seiner Rede von der *„positiven* Aufhebung der Religion. Die Kritik der Religion endet mit der Lehre, daß der *Mensch das höchste Wesen für den Menschen* sei, also mit dem *kategorischen Imperativ, alle Verhältnisse umzuwerfen*, in denen der Mensch ein erniedrigtes, ein geknechtetes, ein verlassenes, ein verächtliches Wesen ist." (MEW1, S. 385) Der Glaube an ein höchstes Wesen ist dadurch zwar beseitigt; gleichzeitig sind Elemente dieses Glaubens durch die Ersetzung – jetzt ist der Mensch das höchste Wesen – beibehalten und, wenn man so will, verbessert, korrigiert. Zu jener Zeit hat Marx seine diesbezüglichen Überlegungen verstärkt im Rahmen des Emanzipationsbegriffs zu fassen gesucht. Vgl. hierzu die Beiträge von Tomba und Quante in diesem Band.

2.

Was heißt es also, so kann man sich den Gedanken der berühmten Schlussabhandlung des Straußschen Hauptwerks nähern, für den Glauben, für die religiöse Gemeinde, für den vernünftigen Staat, wenn wir sagen, dass die Religion in der Philosophie *aufgehoben* ist? Bevor ich gleich auf Straußens Erwägungen eingehe, vergegenwärtige man sich, was der Autor des *Leben Jesu* auf dem Weg zu dieser Schlussabhandlung getan hat: Strauß hat die einzelnen Evangelien untersucht, die Unterschiede zwischen den synoptischen Varianten geprüft, um am Ende immer wieder darauf hinzuweisen, dass es sich bei der Erzählung der Evangelien um Mythen handeln muss. Besonders originell ist eine solche Bibel-Kritik auch zum damaligen Zeitpunkt schon nicht gewesen.

Was Straußens Arbeit auszeichnet, ist vielmehr der umfassende Zugriff der Kritik und ihre Systematizität. Wenn Strauß von Mythos spricht, dann behauptet er damit im Übrigen nicht, dass man den Bibelgeschichten im Stile der damals auch schon beliebten *natürlichen Erklärung* begegnen muss. Bei letzterer wird angenommen, dass Naturereignisse, beispielsweise eine heftige Überflutung von Lebensräumen, als göttliche Handlungen gedeutet wurden, weil die wissenschaftlichen Mittel zur Erklärung nicht weit genug ausgereift waren, während man aus gegenwärtiger Perspektive dazu in der Lage sei, die Überflutung etwa auf ein Erdbeben zurückzuführen. Der Hegelianer Strauß ist vielmehr der Überzeugung, dass die Geschichten der Bibel zwar einen richtigen Inhalt haben, diesen aber in der falschen Form, in Vorstellungen und Erzählungen zum Ausdruck bringen, die dann zu Mythen werden. Stellt man diese Erzählungen auf den Prüfstein des Denkens, so lässt sich nach Strauß zeigen, dass sie sich gar nicht widerspruchsfrei denken lassen. Dass Gott in einem menschlichen Individuum manifestiert ist, das von einer sterblichen und darum mit allerlei Mängeln behafteten Mutter auf die Welt gebracht wird, und dennoch selbst unfehlbar und vollkommen sein soll – das ist für Strauß begrifflich unmöglich.

Es geht Strauß somit auch nicht ausschließlich um *historische* Kritik, nach der wir etwa auf der Grundlage einander widersprechender Quellen nicht sicher sein können, ob und wie die Geburt Christi tatsächlich vonstattengegangen ist. Obgleich sich eine solche Strategie bei Strauß regelmäßig wiederfindet, geht es ihm prinzipiell vielmehr darum, aufzuzeigen, ob bestimmte Gottesvorstellungen überhaupt widerspruchsfrei *denkbar* sind. Und genau dies bestreitet er durchgängig.

Nichtsdestoweniger gilt es nach Strauß, den wahren Kern der Geschichten um Jesus Christus zu greifen – dies ist freilich *philosophische* Arbeit.[6] Es gibt Gott, es gibt das Absolute, die Idee – allein es ist dieses Absolute nur durch das Hegelsche

---

[6] Strauß spricht stets von der „spekulativen Theologie". Für den Hegelianer Strauß ist damit nichts anderes als *philosophische* Theologie gemeint. In diesem Bild ist daher spekulative Theologie und Religionsphilosophie identisch; vgl. hierzu Sandberger 1972.

System adäquat zu erfassen. Dreh- und Angelpunkt dieses Systems ist sicher der Hegelsche *Begriff* bzw. Subjektivität. Von letzterer spricht Hegel bekanntlich nicht bloß mit Bezug auf menschliche Individuen, sondern im Rahmen der Auseinandersetzung mit den verschiedensten „Denk-, Handlungs-, Gegenstands-, und Gemeinschaftsformen." (Siep 1992, S. 70) Ganz schlagwortartig lässt sich Subjektivität bei Hegel als Selbstvereinzelung und Verwirklichung eines Allgemeinen begreifen. Vereinzelung und Allgemeinheit diskutiert Hegel im Rahmen seiner *Logik* als – wie er sie nennt – Momente des Begriffs. Im Rahmen der Explikation der Begriffsmomente und der daran anknüpfenden Philosophie der Natur und des Geistes glaubt Hegel auch zeigen zu können, dass der Begriff bzw. Subjektivität sich individuiert, sich im einzelnen Selbstbewusstsein manifestiert (Quante 2011, S. 159-176). Dass also in Jesus Christus Gott selbst zum Menschen geworden ist, daran ist für den Hegelianer Strauß jedenfalls so viel richtig, als das Absolute nichts von uns Menschen Getrenntes, kein Extra-Subjekt ist, das jenseits und unabhängig vom Menschen existiert. Gott verwirklicht sich in uns allen auch als einzelnen Wesen.

Das ist nach Strauß der zentrale philosophisch zu rekonstruierende inhaltliche Gehalt der Evangelien. Nachdem er auf etwa 1500 Seiten das philosophische Denken auf die Bibelgeschichten losgelassen hat, steht er vor dem eingangs erwähnten Problem: Was ist das eigentlich für eine Aufhebung von Religion? Was macht der philosophisch arbeitende (Strauß nennt ihn stets „spekulative") Theologe mit den biblischen Vorstellungen, die den Inhalt nur in einer defizitären Form wiedergeben? Strauß diskutiert vier Möglichkeiten:

Erstens: Der spekulative Theologe kann seinen aufklärerischen Impetus ernst nehmen und die Gemeinde wissen lassen, dass die Auferstehung Christi historisch niemals stattgefunden haben kann. Er kann versuchen, den philosophisch zu greifenden Inhalt zu vermitteln, also „die Gemeinde geradezu auf seinen Standpunkt zu erheben, das Geschichtliche auch für sie in Ideen aufzulösen." (Strauß 1836, S. 740) Allerdings ist Strauß davon überzeugt, dass diese Option „notwendig fehlschlagen muss" (ebd.). Er denkt, dass die Masse nicht dazu in der Lage ist, sich selbst in ein philosophisches Verhältnis zum Christentum zu setzen. Darauf komme ich gleich noch zurück.

Zweitens: Der spekulative Theologe könnte – im Gegensatz zur ersten Option – vor der Gemeinde so tun, als glaube auch er an das historische Faktum: Christi sei in der Tat auferstanden und in den Himmel gefahren. Was *er*, der spekulative Denker, dabei im Sinn hat, ist der philosophische Inhalt, die sittliche Loslösung des Menschen und des Geistes von der Naturverhaftetheit. Die Gemeinde aber mag an die buchstäbliche historische Auferstehung und an eine Himmelfahrt glauben. Doch auch diese Option, bei der der spekulative Theologe „für die kirchliche Mittheilung sich aus der Sphäre des Begriffs ganz in die Region der volksthümlichen Vorstellung herabzulassen" (ebd., S. 759) nicht zu schade ist, überzeugt Strauß wenig. Denn das Verhältnis von Prediger und Gemeinde sei sofort zerrüttet, wenn klar wird, dass der spekulative Theologe die Überzeugung von der historischen Wirklichkeit der Auferstehung Christi nicht teilt.

Drittens: Der spekulative Theologe kann den geistlichen Stand verlassen. Er kann sich dazu entschließen, überhaupt nicht mehr zur Gemeinde zu sprechen, sondern nur noch Wissenschaft zu betreiben und Theologie-Studenten auszubilden. Das gesellschaftspolitische Problem bei dieser Option liegt nach Strauß darin, dass die Theologie als Wissenschaftspraxis doch schlecht immer nur Personen ausbilden kann, die – den Inhalt der Religion in der adäquaten Form einmal durchdrungen – dann selbst vor dem Problem stehen, der Gemeinde aus dem Weg gehen zu müssen, wobei sie doch aber ausgebildet werden sollen, um gerade auch vor der gesellschaftlichen Gemeinde zu lehren.

Viertens: Die letzte von Strauß diskutierte Option besteht in dem Versuch einer Vermittlung. Der spekulative Theologe könnte die Gemeinde zunächst – wie man heute gerne zu sagen pflegt – dort ‚abholen', wo sie ist: bei ihrem emotionalen und vorstellenden Zugang zum wahren Inhalt. Er kann also diese Vorstellungen (z.B. von der Auferstehung Christi) *aufheben* im Sinne von konservieren, vorläufig beibehalten. Gleichzeitig könnte er bei jeder Gelegenheit darauf hinweisen, dass das Wichtige an diesen Vorstellungen eigentlich die *Idee* ist, die Loslösung von der Naturverhaftetheit, die Identität von Menschheit und Gott – nicht aber das vermeintliche historische Faktum einer Fahrt zum Himmel.

Für Strauß ist aber bei dieser Lösung klar, dass „bei dem speculativen Prediger der Übergang von der biblischen Geschichte […] zu der Wahrheit, die er daraus ableitet, die *negative Bedeutung einer Aufhebung* von jener hat" (ebd., S. 762). Darum gilt auch hier wieder, dass die Gemeinde schließlich wird wissen wollen, ob der Prediger von den biblischen Geschichten als historischen Fakta überzeugt ist oder nicht. Im Ergebnis müsste er entweder sich selbst oder die Gemeinde belügen.

Bemerkenswerterweise lässt Strauß das Problem insgesamt als Ungelöstes stehen. Er ist davon überzeugt, dass es ohnehin nicht darauf ankommt, wie der einzelne spekulative Theologe sich entscheidet. Das Problem der Aufhebung der vorstellenden Religion in die Philosophie ist für Strauß ein objektives Problem „unserer Zeit" (ebd., S. 763). Nach Strauß geht es gar nicht so sehr um die Frage nach dem Umgang mit den Ergebnissen seiner Schrift. Für ihn sind vielmehr die gesellschaftlichen Verhältnisse objektiv so weit vorangeschritten, dass wir wissenschaftlich auf einem Standpunkt stehen, demgegenüber die biblischen Erzählungen als überholt gelten. Die Entscheidung darüber, wie der wissenschaftliche Geist mit der gläubigen Gemeinde umzugehen hat, wird darum auch auf gesellschaftlicher Ebene zu fällen sein. Sie ist abzuwarten – und damit schließt Strauß seine Untersuchung.

3. Exkurs in die politische Dimension

Die gesellschaftliche Relevanz seiner Fragestellung hat Strauß jedenfalls sofort deutlich zu spüren bekommen. Noch im selben Jahr der Publikation des ersten Bands seines Hauptwerks wird Strauß von seiner Dozenten-Stelle am Tübinger

Stift entfernt.[7] Die orthodoxe Theologie greift Strauß – das hatte er selbst schon in seiner Schlusshabhandlung kommen sehen – auf schmutzige Art und Weise an. Dabei sieht die Orthodoxie nicht bloß in Strauß den Feind, sondern greift selbstverständlich auch die vermeintliche Grundlage der Straußschen Kritik, das Hegelsche System, an (vgl. Leo 1839). Von letzterem sagt die Orthodoxie, dass man es schon immer als der Theologie und der Glaubensgemeinschaft feindlich gegenüberstehend erkannt hatte. Die etablierten Hegelianer haben sich darum sofort von der Straußschen Auslegung distanziert und dabei den Standpunkt vertreten, dass Straußens Überlegungen deutlich gegen die Prinzipien des Hegelschen Systems verstoßen (vgl. Rosenkranz 1836). Dieser Standpunkt aber – darauf werde ich am Schluss dieses Beitrags noch einmal zurückkommen – ist gar nicht einfach zu verteidigen. Strauß ist ein exzellenter Hegel-Kenner.

In jedem Fall wird die damalige Debatte sofort – im schlechten Sinne – politisch. Die vorgetragenen Argumente bewegen sich auf schwachem Niveau, einfach darum, weil es offensichtlich ist, dass ein bestimmtes außerwissenschaftliches Ziel die Auseinandersetzung prägt. Selbst der gut ausgebildete Bruno Bauer zum Beispiel, der wenige Jahre später zu einem der aggressivsten Atheisten überhaupt mutiert, verfasst nach dem Erscheinen des Straußschen Werks eine Rezension, in der er – gegen Strauß – die biblische Version der Geburt Christi mit der philosophischen, Hegelschen Version in völligen Einklang zu bringen sucht. Ich zitiere Bauer:

> Die menschliche Natur [...] konnte zu dieser Schöpfung nicht positiv beitragen, als nur durch ihre Empfänglichkeit. Und da in dem Weibe oder bestimmter in der Jungfrau diese Empfänglichkeit auf unmittelbare Weise vorhanden und da das Thun des Mannes immer eine Thätigkeit ist, die die Beschränktheit des Resultats zur Folge hat, so hat der Mensch, in dem die Einheit der göttlichen und menschlichen Natur erschienen ist, zur Mutter die Jungfrau, zum Vater den Geist, der die absolute Nothwendigkeit von der Einheit der göttlichen und menschlichen Natur ist [...] und alle physiologischen Fragen sind in diesem Zusammentreffen beseitigt. (Bauer 1835, S. 897)

Strauß hat darauf in seinen *Streitschriften zur Verteidigung meiner Schrift über das Leben Jesu* (1837) reagiert. Ich zitiere Strauß:

> Wie? und der Beitrag, welchen das Weib zur Hervorbringung eines neuen Lebendigen gibt, sollte nicht dasselbe zur Folge haben? Wenn der aus dem Samen eines Mannes Gezeugte nur ein beschränkter, unvollkommener sein kann, so sollte der im Leibe eines Weibes Gebildete und Getragene ein Absoluter, Vollkommener sein können? (Strauß 1837/38, S. 110)

Doch war Bauer ohnehin das geringste Problem. Die Brisanz der Straußschen Religionsphilosophie zeigt sich am deutlichsten an den gesellschaftspolitischen Konflikten, an denen Strauß – ob er wollte oder nicht – partizipiert hat. Da wären beispielsweise die Ereignisse im Zürich der 1830er Jahre zu erwähnen. Der Kanton

---

[7] Vgl. hierzu auch Rattner/Danzer (2005, S. 31-53).

Zürich hatte bekanntlich 1831 eine liberale Verfassung in Kraft gesetzt, die Volkssouveränität, Glaubensfreiheit, Pressefreiheit, Handels- und Gewerbefreiheit, Säkularisierung des Bildungswesens und andere liberale Postulate zu verwirklichen suchte. In diesem Zusammenhang sollten auch das Bildungswesen und die Kirche erneuert werden. Darum wurde 1833 die Universität Zürich gegründet. Um nun auch die Kirche zu erneuern, berief man im Februar 1839 David Friedrich Strauß an die theologische Fakultät der Universität, an den Lehrstuhl für Dogmatik und Kirchengeschichte.

Das große Aufsehen aber, für das Strauß mit seinem *Leben Jesu* gesorgt hatte, war natürlich der konservativen Opposition in Zürich nicht unbekannt geblieben. Im ganzen Kanton entwickelte sich sofort derart starker Protest gegen die Berufung Straußens, dass die Regierung sie wieder zurücknimmt. Strauß erhält eine Pension von 1000 Franken und wird sofort in den Ruhestand versetzt. Diese Abwicklung der Berufung geht in die Geschichte Zürichs als sogenannter ‚Straussenhandel‘ ein.

Allein es hatte die Regierung in Zürich mit diesem Handel bereits den nächsten strategischen Fehler begangen, da die Opposition den Rückzug von Strauß als Schwäche deutete – und den Druck darauf hin erst recht erhöhte. Man mobilisierte die sogenannte einfache Bevölkerung und bereitete den Umsturz der Regierung systematisch vor. Noch im September desselben Jahres wird die liberale Regierung in Zürich gestürzt. Den Zusammenhang dieser Ereignisse von 1839 nennen die Schweizer *Züriputsch*. Durch die europaweiten Zeitungsberichte zu diesem Ereignis kommt der Begriff ‚Putsch‘, der bis dato nur in der Schweiz verwendet wurde, jetzt erst in den weiteren deutschen Sprachgebrauch. Seither verwenden auch wir den Ausdruck (Zürich 2000, S. 51-53).

4.

Für die Einordung der Straußschen Religionsphilosophie in den Kontext des Linkshegelianischen Denkens empfiehlt es sich, zunächst sein Verhältnis zum Hegelschen System selbst offenzulegen. In diesem Zusammenhang findet sich häufig der Vorwurf, den man noch in der heutigen Literatur (z.B. Moggach 2003, S. 44) zu Strauß lesen kann, dass der Autor des *Leben Jesu* die Hegelsche Philosophie fälschlicherweise *pantheistisch* lese. Allein es ist bekanntlich schon heftig darüber gestritten worden, ob Hegel selbst – unabhängig von der Straußschen Deutung – Pantheist sei. Streng genommen ist überdies nicht einmal klar, welche Überzeugungen notwendigerweise positiv zum Pantheismus gehören.[8]

Vor diesem schwierigen Hintergrund ist es sinnvoll, sich dem Verhältnis von Strauß und Hegel über die in Hegels Philosophie verhandelte Relation zwischen Gott und den einzelnen Subjekten zu nähern. Strauß und Hegel sind sicherlich beide davon überzeugt, dass Gott kein außerhalb der Welt agierendes Extra-Subjekt ist – unabhängig von den Tätigkeiten der wirklichen menschlichen Individuen

---

8 Vgl. hierzu den Artikel „*pantheism*" in der *Stanford Encyclopedia of Philosophy*.

gibt es keinen Gott. Gleichzeitig ist für Strauß und für Hegel Gott in ontologischer Hinsicht weder mit *jedem* Einzelding noch mit *allen* Einzeldingen identisch. Ferner gilt sowohl für Strauß als auch für Hegel, dass die Natur- und Menschheitsgeschichte keine zufällige Abfolge von Ereignissen darstellt, sondern als die Verwirklichung der Subjektivität Gottes zu begreifen ist.

Insofern nun – wie bereits in der Einleitung angesprochen – Subjektivität als Selbstvereinzelung und Verwirklichung eines Allgemeinen zu verstehen ist, stellt sich für Strauß und für Hegel zunächst die Frage, wie die Individuation Gottes bzw. des Absoluten überhaupt philosophisch aufgezeigt werden kann. Schließlich beobachtet Hegel das Absolute ja nicht empirisch, sondern entwickelt den Begriff dieses Absoluten im Rahmen der Auseinandersetzung mit reinen Gedankenbestimmungen. Wie man von diesen reinen Gedankenbestimmungen allein zu den einzelnen, raum-zeitlichen, selbstbewussten Individuen kommt, ohne letztere bereits vorauszusetzen, ist nach wie vor nicht überzeugend gezeigt.

Ein ungleich schwierigeres Problem – und mit dieser Frage hat sich Strauß explizit auseinandergesetzt – besteht hierin: Kann Hegel mit philosophischen Mitteln die Notwendigkeit der Individuation des Absoluten nicht bloß in menschlichen Subjekten überhaupt, sondern *in diesem einen konkreten Individuum Jesus von Nazareth*, das zu einer bestimmten Zeit an einem bestimmten Ort gelebt hat, aufzeigen? Strauß denkt: Das *kann* Hegel nicht und *will* Hegel auch nicht.[9] In exegetischer Perspektive hat Strauß jedenfalls völlig Recht: Die Notwendigkeit der Manifestation des Absoluten in dem historischen, raum-zeitlichen Individuum Jesus von Nazareth lässt sich nicht aufzeigen. Im Rahmen des Hegelschen Systems ist es nicht der Anspruch, den einzelnen raum-zeitlichen, bestimmten Gegenstand zu deduzieren (Henrich 2010, S. 158-188). Insofern die entsprechende Entität (Jesus von Nazareth) auch in den Bereich des Natürlichen fällt, hat sie – in Hegelscher Terminologie – das *Moment der Zufälligkeit* an sich. Ich zitiere Strauß:

> Es ist der allerschlechteste Begriff oder vielmehr Vorstellung der Nothwendigkeit, welche die Zufälligkeit von ihr ausschließen zu müssen meint, statt sie als Moment in dieselbe aufzunehmen. Alle großen Ereignisse der Weltgeschichte haben diese Seite des Zufälligen an ihnen: dieser Stand der Sonne, Zug des Windes, entscheidet eine Völker-Schlacht; der Flug eines Pfeiles, einer Kugel, Fall eines Steines, endet ein welthistorisches Leben: dennoch geben wir die Annahme einer höheren Nothwendigkeit auch dieser Ereignisse nicht auf. (Strauß 1837/38, S. 106)

An dieser Stelle passt kein Blatt zwischen Strauß und Hegel. Selbst wenn Hegel von der Notwendigkeit überzeugt gewesen ist, *dass* es einmal ein Individuum gibt, das das Absolute auf besondere Art verkörpert, kann er freilich nicht aufzeigen, dass es notwendigerweise *dieses eine* Individuum war. Keineswegs überzeugend ist für Strauß überdies die Annahme, dass Hegel die Verwirklichung des Absoluten *ausschließlich* mit Bezug auf ein einziges besonderes Individuum gedacht habe: „Das

---

[9] Hegel hat sich zu dieser Frage im Rahmen eines Vorlesungsmanuskripts geäußert (vgl. Hegel 1987, S. 282ff.). Den Hinweis auf diese Stelle verdanke ich Nadine Mooren.

ist ja gar nicht die Art, wie die Idee sich realisirt, in *Ein* Exemplar ihre ganze Fülle auszuschütten, und gegen alle andern zu geizen" (ebd., S. 118).

Es gibt allerdings einen anderen Punkt, bei dem Strauß und Hegel etwas deutlicher auseinanderliegen. Strauß hat zum Abschluss seines Werks vier verschiedene, praktische Lösungsmöglichkeiten mit Bezug auf die Differenz zwischen den Vorstellungen der Gemeinde und dem eigentlichen, philosophisch zu rekonstruierenden Inhalt der Sache diskutiert. In dieser expliziten Art und Weise hat das Hegel nie getan. Warum eigentlich nicht, so ließe sich fragen. Die Linkshegelianer, auch Strauß, waren davon überzeugt, dass Hegel aus politischen Gründen die Frage nach der Bewertung der religiösen Vorstellungen der breiten Masse und der kirchlichen Lehre niemals ernsthaft zugespitzt hat. Das mag richtig sein.

Auf der anderen Seite kann man indessen an einem bestimmten Punkt auch sehen, dass Strauß und Hegel einen verschiedenen Zugang zu den Vorstellungen der religiösen Gemeinde haben. *Prima facie* fällt gar keine Differenz auf: Beide, Hegel und Strauß, sind der Überzeugung, dass die Vorstellungen der religiösen Gemeinde nicht einmal eben durch eine voluntaristische Bewegung korrigiert oder beseitigt werden können. Bei beiden findet sich die – im Grunde unverschämte – These, dass die breite Masse notwendigerweise nicht reflektiert genug ist, um den Inhalt der Religion auch in der richtigen Form zu begreifen. Keiner von beiden kommt in diesem Zusammenhang beispielsweise auf die Idee, eine Bildungsreform zu verlangen.

Der Unterschied zwischen Hegel und Strauß besteht nun darin, dass Hegel – wie immer – für den privilegierten philosophischen Zugang zur Religion auch noch eine Begründung hat; und Strauß nicht. Sehe ich recht, dann muss man Hegels diesbezügliche Position nämlich so lesen, dass der wahre Inhalt, den Philosophie und Religion teilen, *sich selbst* die Form des Gefühls, der Vorstellung, des Glaubens gibt. Ich kann das hier leider nicht im Einzelnen nachzeichnen. Mir scheint aber, dass für Hegel der Inhalt nicht von außen *verzerrt* wird dadurch, dass er als Vorstellung gegeben ist. Das Absolute, so muss man Hegel verstehen, gibt sich zunächst selbst die Form der Vorstellung. Es gehört nach dieser Auffassung zur Erkenntnis Gottes notwendigerweise hinzu, dass er, Gott, sich für die breite Bevölkerung in der Gestalt von Emotion, Erzählung und Vorstellung offenbart. Das hat, wie Ludwig Siep in seinem Beitrag diskutiert, unter anderem auch staatserhaltende Funktion. Vor einem solchen Hintergrund gibt es dann auch keinen Grund mehr für eine Bildungsreform oder Ähnliches. Bei Hegel hat daher der wissenschaftlich-philosophische Zugriff auf die Dogmen des Christentums gesellschaftspolitisch nie den Sinn einer negativen Aufhebung, d.i. *Ersetzung* des vorstellenden Zugriffs.

Nun spricht ja auch Strauß mehrfach davon, dass der spekulative Theologe mit seinem aufklärerischen Impetus an der, wenn man so will, Unempfänglichkeit des Volks notwendigerweise scheitern muss. Er führt aber die Begründung für diese Notwendigkeit nicht wirklich aus. Insgesamt sieht es aber danach aus, als hätte Strauß eine andere Notwendigkeit als Hegel im Sinn. Buchstabiert man die Straußsche Position aus, dann verschiebt sich die religionsphilosophische Debatte ein ordentliches Stück in Richtung Gesellschafts- und Staatskritik: Strauß behauptet, dass die Gemeinde nicht in der Lage ist, den Inhalt in der adäquaten Form, also in der wissenschaftlichen, zu verstehen, weil ihr „alle Prämissen fehlen, durch welche in dem Theologen seine speculative Ansicht vermittelt worden ist" (Strauß 1836, S. 759). Was sind das für Prämissen? Strauß hat hier anscheinend die allgemeinen Voraussetzungen des wissenschaftlichen, aufgeklärten Denkens im Sinn. Dazu gehören sicher gut ausgeprägte sprachliche Fertigkeiten, hinreichend große Abstraktionskraft und Auffassungsgabe, ein bestimmtes Maß an Offenheit des Geistes usw. Eine solche Ausbildung des begrifflichen Urteilsvermögens hat aber selbst wieder Voraussetzungen. Nur unter der Bedingung, dass die materiellen Anforderungen der alltäglichen Lebensbewältigung im Griff und hinreichend auf Distanz gehalten werden, kann die geistige Auseinandersetzung mit der Lebenswelt ein Niveau erreichen, das sich wesentlich durch Unabhängigkeit auszeichnet.

Wenn also Strauß mit den fehlenden „Prämissen" jene sozialen Bedingungen meint, die das privilegierte Leben des Wissenschaftlers auszeichnen, dann ist die Frage nach der Aufhebung religiöser Vorstellungen für Strauß eine Frage der Aufhebung bestimmter sozialer Verhältnisse, die die unvollkommene, wissenschaftlich unzulängliche Weltanschauung zur Regel und den adäquaten Zugang aber zur Möglichkeit einiger Weniger machen. Damit gibt Strauß den Staffelstab an die kommenden Linkshegelianer weiter.

Literatur

Bauer, Bruno. „Rezension: Das Leben Jesu." *Jahrbücher für wissenschaftliche Kritik*, Dezember 1835: 889-894 u. 898-912.
Engels, Friedrich. „Schriften und Briefe." In: *Marx Engels Werke*. Berlin: Dietz, 1967.
Habermas, Jürgen. *Glauben und Wissen*. Frankfurt a.M.: Suhkamp, 2001.
Hegel, G.W.F. *Gesammelte Werke – Enzyklopädie der philosophischen Wissenschaften im Grundrisse (1830)*. Bd. 20. Düsseldorf: Felix Meiner, 1992.
–, *Gesammelte Werke – Vorlesungsmanuskipt Religionsphilosophie*. Bd. 17. Düsseldorf: Felix Meiner, 1987.
–, *Gesammelte Werke – Wissenschaft der Logik. Erster Band. (1832)*. Bd. 21. Düsseldorf: Felix Meiner, 1985.
Henrich, Dieter. *Hegel im Kontext*. Frankfurt a.M.: Suhrkamp, 2010.
Leo, Heinrich. *Die Hegelingen. Aktenstücke und Belege zu der s.g. Denunziation der ewigen Wahrheit*. Halle: Saale, 1839.
Marx, Karl. „Schriften bis 1844." In: *Marx Engels Werke*. Berlin: Dietz, 1956.
Moggach, Douglas. *The Philosophy and Politics of Bruno Bauer*. Cambridge: Cambridge University Press, 2003.
Quante, Michael. *Die Wirklichkeit des Geistes*. Frankfurt a.M.: Suhrkamp, 2011.
Ratner, J./Danzer, G. *Die Junghegelianer. Porträt einer progressiven Intelektuellengruppe*. Würzburg: Königshausen & Neumann, 2005.
Rosenkranz, Karl. *Kritik der Schleiermacherschen Glaubenslehre*. Königsberg: Unzer, 1836.
Sandberger, Jörg F. *D.F. Strauß als theologischer Hegelianer*. Göttingen: Vandenhoeck & Ruprecht, 1972.
Siep, Ludwig. *Praktische Philosophie im Deutschen Idealismus*. Frankfurt a.M.: Suhrkamp, 1992.

Strauß, David F. *Das Leben Jesu, kritisch bearbeitet.* Bd. 2. Tübingen: Osiander, 1836.
–, *Streitschriften zur Verteidigung meiner Schrift über das Leben Jesu und zur Charakteristik der gegenwärtigen Theologie.* Drittes Heft. Tübingen: Osiander, 1837/38.
Zürich, Staatsarchiv Kanton (Hrsg.). *Kleine Zürcher Verfassungsgeschichte.* Zürich: Chronos, 2000.

Nadine Mooren

Mit Hegel gegen Hegel – Feuerbachs Religionsphilosophie in *Das Wesen des Christentums*

„Man vergilt einem Lehrer schlecht,
wenn man immer nur der Schüler bleibt."

(F. Nietzsche)

Anfänglich noch Theologiestudent ging Feuerbach 1824 auf Anregung seines Lehrers Carl Daub nach Berlin und hörte dort Hegels Vorlesungen.[1] Als Kritiker der Philosophie der Neuzeit, insbesondere der spekulativen Philosophie Georg Wilhelm Friedrich Hegels und aufgrund der von ihm vollzogenen sensualistisch-materialistischen Wende wurde Feuerbach später einer der einflussreichsten Vertreter des Linkshegelianismus.[2] Sein Hauptwerk, *Das Wesen des Christentums* von 1841, wurde von Arnold Ruge durch die Zensur manövriert und fand eine rasche Verbreitung. Seine Religionskritik stieß vor allem unter Linkshegelianern auf eine anerkennende Rezeption und noch im Jahre 1841 machte man sich an die Vorbereitung einer zweiten Auflage des *Wesens des Christentums*,[3] das in insgesamt drei jeweils erweiterten Auflagen (1841, 1843, 1849) vorliegt.

In diesem Beitrag verfolge ich *zum einen* das Ziel, die Theorie des Linkshegelianers Feuerbach im Hinblick auf ihre Anknüpfung an die Religionsphilosophie Georg Wilhelm Friedrich Hegels zu betrachten. Es soll gezeigt werden, dass Feuerbachs Konzeption trotz der in ihr vorgebrachten Kritik an Hegel Hegelsche Thesen und Theorieelemente zugrunde liegen. *Zum anderen* sollen vor dem Hintergrund der Gemeinsamkeiten in den Konzeptionen von Feuerbach und Hegel die systematischen Differenzen herausgearbeitet werden, die sich aus Feuerbachs Abwendung vom spekulativen Idealismus Hegels ergeben und in seiner Begründung und Hinwendung zu einer sensualistischen Anthropologie als seinem Gegenmodell zum Ausdruck kommen.[4]

---

1 Vgl. Toews, John Edward. *Hegelianism. The path toward dialectical humanism, 1805-1841*. Cambridge 1980. S. 182f.
2 Einschlägig für Feuerbachs Kritik der neuzeitlichen Philosophie sind vor allem seine *Vorläufigen Thesen zur Reformation der Philosophie* (1843) sowie deren Fortsetzung und nähere Explikation durch die *Grundsätze der Philosophie der Zukunft* (1843).
3 Vgl. die „Vorbemerkung" zu *Das Wesen des Christentums* von Werner Schuffenhauer und Wolfgang Harich in der Ausgabe der Gesammelten Werke. Berlin 1984, S. Vff. und Weckwerth, Christine. *Ludwig Feuerbach zur Einführung*. Hamburg 2002. S. 144.
4 Eine kleinere Schrift Feuerbachs enthält eine deutliche Beschreibung seines kritischen Verhältnisses zu Hegel: „Meine Religionsphilosophie ist so wenig eine Explikation der Hegelschen, wie der – übrigens sehr geist- und kraftvolle – Verfasser der „Posaune" will glauben machen, daß sie vielmehr

Wird Ludwig Feuerbach in diesem Beitrag dem Links- bzw. Junghegelianismus zugerechnet, so lassen sich zur Begründung dieser Verbindung vier Aspekte nennen.⁵ Mit den Linkshegelianern verbindet Feuerbach

1. eine Kritik der Religion,

2. die Annahme, dass die Philosophie Georg Wilhelm Friedrich Hegels die letzte Form der Philosophie ist,

3. die Abwendung von einem rein kontemplativen Verständnis von Philosophie und die Forderung des Praktisch-Werdens theoretisch-philosophischer Einsichten, sowie

4. das Bewusstsein, an einem Wendepunkt bzw. am Anfang einer neuen geschichtlichen Phase zu stehen.

Was seine spezifische Art der Religionskritik betrifft, so unterscheidet sich Feuerbach aber auch von anderen Linkshegelianern, wie etwa Bruno Bauer und David Friedrich Strauß. So schreibt beispielsweise Karl Löwith in seinem Nachwort zu einer Ausgabe des *Wesens des Christentums*:

> „Im Unterschied zur Religionskritik von Bruno Bauer und David Friedrich Strauß ist Feuerbachs *Wesen des Christentums* keine kritische Destruktion der christlichen Theologie und des Christentums, sondern ein Versuch, das Wesentliche am Christentum zu erhalten, nämlich in der Form einer religiösen »Anthropologie«."⁶

Ich folge im Wesentlichen der Einschätzung Löwiths, dass Feuerbach die christliche Religion nicht allein negieren, sondern zentrale Gehalte des Christentums bewahren will. Allerdings wäre der Frage nachzugehen, ob Löwith auch darin recht zu geben ist, dass Strauß und Bauer in keinerlei Weise an einer Beibehaltung wesentlicher Elemente des Christentums gelegen ist, wenn auch nicht in Form einer ‚religiösen Anthropologie'.⁷ Im weiteren Verlauf meiner Darstellung möchte ich dafür argumentieren, dass sich Feuerbach in negativ-kritischer Stoßrichtung weniger gegen die christliche Religion (als gelebtes Verhältnis des Menschen zu Gott) als vielmehr gegen die *theologischen* Deutungen des Inhalts des Christentums richtet.

---

nur aus der *Opposition* gegen die Hegelsche entstanden ist, *nur aus dieser Opposition* gefaßt und beurteilt werden kann. Was nämlich bei Hegel die Bedeutung des *Sekundären*, *Subjektiven*, *Formellen* hat, das hat bei mir die Bedeutung des *Primitiven*, des *Objektiven*, *Wesentlichen*." (Feuerbach. Zur Beurteilung der Schrift „Das Wesen des Christentums". S. 229f.; Hervorhebungen im Original).

5 Vgl. hierzu Quante, Michael. „Marx – Philosophische Grundlagen (Zweite Vorlesung)", unveröffentlichtes Manuskript, S. 11.

6 Löwith, Karl. „Nachwort" zu Ludwig Feuerbach. *Das Wesen des Christentums*. Stuttgart 2005. S. 527-534. Hier S. 527.

7 Die Beantwortung dieser Frage liegt außerhalb des Erkenntnisinteresses dieses Beitrags. Zu Straußens Umgang mit den Inhalten des Christentums vgl. den Beitrag von Mohseni in diesem Band.

Ich werde die These vertreten, dass Feuerbachs religionskritischer Ansatz weniger anti-religiös als anti-theologisch ist.

Im Hinblick auf sachliche Differenzen der Ansätze von Strauß und Bauer *auf der einen Seite* und Feuerbach *auf der anderen Seite* ist auch auf Feuerbachs eigene Abgrenzung zu verweisen, wie er sie in der „Vorrede zur zweiten Auflage" zu *Das Wesen des Christentums* vorbringt.[8] Dort schreibt er über sein Verhältnis zu Bauer und Strauß:

> „Was aber mein Verhältnis betrifft zu *Strauß* und *Bruno Bauer*, in Gemeinschaft mit welchen ich stets genannt werde, so mache ich hier nur darauf aufmerksam, daß schon in dem Unterschiede des Gegenstandes, wie ihn auch nur der Titel angibt, der Unterschied unsrer Werke angedeutet ist. B[auer] hat zum Gegenstand seiner Kritik die evangelische Geschichte, d. i. das biblische Christentum oder vielmehr biblische Theologie, Str[auß] die christliche Glaubenslehre und das Leben Jesu, das man aber auch unter den Titel der christlichen Glaubenslehre subsumieren kann, also das dogmatische Christentum oder vielmehr die dogmatische Theologie, ich das Christentum überhaupt, d. h. die christliche Religion und als Konsequenz nur die christliche Philosophie oder Theologie. Daher zitiere ich hauptsächlich auch nur solche Männer, in welchen das Christentum nicht nur ein theoretisches oder dogmatisches Objekt, nicht nur Theologie, sondern Religion war. Mein hauptsächlicher Gegenstand ist das Christentum, ist die Religion, wie sie *unmittelbares Objekt, unmittelbares Wesen des Menschen* ist. Gelehrsamkeit und Philosophie sind mir nur die *Mittel*, den im Menschen verborgnen Schatz zu heben."[9]

Feuerbach macht die spezifische Differenz seiner Theorie hier an der Bedeutung fest, die dem Begriff »Religion« bei ihm zukommt. Anders als Bauer und Strauß gehe es ihm nicht um Religion im Sinne von Theologie, sondern um Religion im Sinne des unmittelbaren Verhältnisses des religiösen Menschen zu Gott.[10] Allerdings handelt es sich bei dieser Selbstcharakterisierung seines Gegenstandsbereiches bei näherem Besehen eher um eine Erweiterung als um eine einfache Entgegensetzung zu dem, was Strauß und Bauer abhandeln, denn Feuerbach beabsichtigt eine Auseinandersetzung, die sich *nicht nur* mit der Theologie, *sondern auch* mit der unmittelbaren Religion befasst. Diese Gegenstandsbestimmung kommt auch in der Gliederung von *Das Wesen des Christentums* zum Ausdruck: Im ersten Hauptteil (Kapitel 3 bis 19) geht es um »Das wahre, d. i. anthropologische Wesen der Religion«, im zweiten Hauptteil (Kapitel 20 bis 28) um »Das unwahre, d. i. theologische Wesen der Religion«. Im ersten Teil will Feuerbach zeigen, dass zwischen den Prädikaten des göttlichen und menschlichen Wesens kein Unterschied

---

8 Feuerbach wendet sich des Weiteren in einer Replik auf Reaktionen zu seinem *Wesen des Christentums* gegen die Ansicht, der Verfasser der *Posaune des jüngsten Gerichts* (also Bruno Bauer) sei derselbe wie der Verfasser des *Wesens des Christentums*. Vgl. Feuerbach, Ludwig. „Zur Beurteilung der Schrift „Das Wesen des Christentums". In: *Kleinere Schriften II (1839-1846)*. Gesammelte Werke Band 9. Berlin 1970. S. 229.
9 Feuerbach, Ludwig. *Das Wesen des Christentums*. Stuttgart 2005. S. 30f.
10 In ähnlicher Weise grenzt er sich an anderer Stelle auch von Hegel ab: „Hegel findet die Quintessenz der Religion nur im *Kompendium* der *Dogmatik*, ich schon im *einfachen Akte* des Gebets;" (Zur Beurteilung der Schrift „Das Wesen des Christentums". In: *Kleinere Schriften II*. S. 231).

besteht; der zweite Teil soll die Widersprüche der theologischen Dogmatik demonstrieren.[11]

Mein Beitrag untergliedert sich inhaltlich in drei Teile: im ersten Teil wird dargestellt, was Feuerbach positiv von Hegel übernommen hat, im zweiten Abschnitt werden die Hegelschen Thesen thematisiert, die er ablehnt und mit dem dritten und vierten Abschnitt soll die Frage beantwortet werden, wodurch sich die neue Konzeption auszeichnet, der er sich zuwendet.

Hegelsche Erbstücke in der Religionsphilosophie Feuerbachs

Um zu zeigen, dass Feuerbach nicht in allen Punkten mit seinem Lehrer Hegel bricht, sondern auch positiv an Thesen der Hegelschen Konzeption anknüpft, möchte ich in einem ersten Schritt auf eine Reihe von Gemeinsamkeiten zwischen Feuerbach und Hegel aufmerksam machen.

Eine *erste* Gemeinsamkeit zwischen Feuerbachs und Hegels Konzeption besteht darin, dass beide die Religion auf die spezifische Differenz zwischen Mensch und Tier zurückführen, resp. in der ihnen gemeinsamen Annahme, dass die Religion auf dem spezifischen Unterschied zwischen Mensch und Tier beruht. Genauer gehen beide Philosophen davon aus, dass diese spezifische Differenz durch das Denken bzw. eine besondere Form des Bewusstseins begründet ist und dass Tiere keine Religion haben, weil ihnen diese Form von Bewusstsein fehlt.

Hegel kommt an verschiedenen Stellen in seinem philosophischen System auf den Unterschied von Tier und Mensch zu sprechen – teils indem er auf diesen Unterschied selbst mit Nachdruck verweist, teils indem er die Bedeutung dieses Unterschieds für das Haben von Religion herausstellt. So etwa im Rahmen der Einleitung in seine *Enzyklopädie der philosophischen Wissenschaften im Grundrisse* (§ 2), innerhalb des Vorbegriffs der *Enzyklopädie* (Anmerkung zum § 50) oder auch in der Vorrede zur zweiten Ausgabe des ersten Teils seiner *Wissenschaft der Logik* der sog. *Lehre vom Sein*. An der zuletzt genannten Stelle hebt Hegel beispielsweise mit Nachdruck Folgendes hervor: „(…) es kann in unseren Tagen nicht oft genug daran erinnert werden, daß das, wodurch sich der Mensch vom Tier unterscheidet, das Denken ist."[12] An den beiden anderen genannten Stellen aus der *Enzyklopädie* setzt Hegel die spezifische Differenz zwischen Mensch und Tier, die er im Denken verortet, in Bezug zur Religion. Im Vorbegriff zur *Enzyklopädie* schreibt er:

„Das *Erheben* des Denkens über das Sinnliche, das *Hinausgehen* desselben über das Endliche zum Unendlichen, der *Sprung*, der mit Abbrechung der Reihen des Sinnlichen ins Übersinnliche gemacht werde, alles dieses ist das Denken selbst, dies Übergehen ist *nur Denken*. Wenn solcher Übergang nicht gemacht werden soll, so heißt dies, es soll nicht gedacht werden. In der Tat machen die Tiere solchen Übergang

---

11 Vgl. *Das Wesen des Christentums*. S. 23f.
12 Vgl. G.W.F. Hegel. *Wissenschaft der Logik. Die Lehre vom Sein (1832)*. Hamburg 2008.

nicht; *sie* bleiben bei der sinnlichen Empfindung und Anschauung stehen; sie haben deswegen keine Religion." (§ 50 A; Hervorhebungen im Original)

Ähnlich äußert Hegel sich auch in § 2 der Einleitung zu seiner *Enzyklopädie*. Im Haupttext dieses Paragraphen bezieht er sich zunächst auf die *differentia specifica* zwischen Mensch und Tier. Dort heißt es:

„Wenn es aber richtig ist (und es wird wohl richtig sein), daß der *Mensch* durchs Denken sich vom *Tiere* unterscheidet, so ist alles Menschliche dadurch und allein dadurch menschlich, daß es durch das Denken bewirkt wird." (§ 2; Hervorhebungen im Original)

In der Anmerkung zum Paragraphen 2 setzt Hegel sich dann mit dem Zusammenhang auseinander, der seines Erachtens zwischen dieser spezifischen Differenz von Mensch und Tier *einerseits* und der Religion *andererseits* besteht. Im ersten Sinnabschnitt der Anmerkung betont Hegel zuerst, dass es eigentlich eine Trivialität sei, dass sich der Mensch vom Tier durch das Denken unterscheide. Vor dem Hintergrund bestimmter philosophischer Auffassungen, die zu seiner Zeit vertreten wurden, müsse an diese Trivialität bzw. – wie Hegel schreibt – an dieses „alte Vorurteil" jedoch wieder erinnert werden. Hegel denkt in diesem Zusammenhang vermutlich insbesondere an Friedrich Schleiermachers Konzeption von Religion und Religiosität und er wendet sich gegen anti-kognitivistische Auffassungen à la Schleiermacher, die die Religion ausschließlich auf dem Gefühl fundiert wissen wollen und im Denken die Quelle der Verunreinigung des religiösen Gefühls sehen (vgl. § 2 A). Hegels Antwort auf solcherlei Trennung von Gefühl bzw. Religion und Denken lautet kurz und pointiert: „Bei solcher Trennung wird vergessen, daß nur der Mensch der Religion fähig ist, das Tier aber keine Religion hat, so wenig als ihm Recht und Moralität zukommt." (§ 2 A)[13]

Schaut man sich den Anfang des ersten Kapitels von *Das Wesen des Christentums* an, dann findet man, dass Feuerbach dort, in deutlicher Ähnlichkeit zu Hegel, die Religion mit der spezifischen Differenz des Menschen zum Tier in ein Verhältnis setzt. Bereits im ersten Satz des ersten Kapitels (in dem Feuerbach sich zusammen mit Kapitel 2 einer Darlegung der systematischen Grundlagen seiner Konzeption widmet[14]) heißt es folgendermaßen:

„Die Religion beruht auf dem *wesentlichen Unterschiede* des Menschen vom Tiere – die Tiere haben *keine* Religion." (*Das Wesen des Christentums*, S. 37)

---

13 Die Gemeinsamkeit von Mensch und Tier liegt nach Hegel in der Empfindung: „In solchen Zeiten, in welchen das Herz und die Empfindung zum Kriterium des Guten, Sittlichen und Religiösen von wissenschaftlicher Theologie und Philosophie gemacht wird, – wird es nötig, an jene triviale Erfahrung zu erinnern, ebensosehr als es auch heutigentags nötig ist, überhaupt daran zu mahnen, daß *das Denken* das *Eigenste* ist, wodurch der Mensch sich vom Vieh unterscheidet, und daß er das Empfinden mit diesem gemein hat." (*Enzyklopädie*, § 400 A).
14 Kapitel 1 von *Das Wesen des Christentums* handelt vom Wesen des Menschen im allgemeinen und Kapitel 2 vom Wesen der Religion im allgemeinen.

Feuerbach wendet sich gegen „[d]ie ältern kritiklosen Zoographen" (ebd. S. 37), die etwa den Elefanten Religiosität zuschrieben, und verweist eine solche „Religion der Elefanten" „in das Reich der Fabeln" (ebd.). Im Anschluss an diese Bemerkungen fragt er nach dem konkreten Inhalt resp. der näheren Bestimmung des wesentlichen Unterschiedes des Menschen vom Tier, auf dem die Religion beruhen soll. Feuerbachs Antwort auf diese Frage erfolgt nach dem Muster der scholastischen Definitionsweise, die genus proximum (die nächsthöhere Gattung) und differentia specifica (die spezifische Differenz) benennt. Gemeinsam ist es Mensch und Tier, dass sie Wesen mit Bewusstsein sind. Im Hinblick auf ein solches Bewusstsein gilt es nach Feuerbach jedoch zwischen einem Bewusstsein im weiten und einem Bewusstsein im strengeren Sinne zu unterscheiden.

> „Bewußtsein im Sinne des Selbstgefühls, der sinnlichen Unterscheidungskraft, der Wahrnehmung und selbst Beurteilung der äußern Dinge nach bestimmten sinnfälligen Merkmalen, solches Bewußtsein kann den Tieren nicht abgesprochen werden." (ebd.)

Etwas anderes als solches Bewusstsein im weiten Sinne aber bedeute es, über ein Bewusstsein im engeren Sinne zu verfügen: Die spezifische Differenz des Menschen vom Tier, seine Fähigkeit, ein Bewusstsein von seinem Gattungswesen ausprägen zu können, ist nach Feuerbach der Grund dafür, warum der Mensch im Gegensatz zum Tier Religion hat.

Eine *zweite* Gemeinsamkeit zwischen Feuerbach und Hegel besteht darin, dass bei beiden das Christentum unter den verschiedenen Religionen die zentrale Stellung einnimmt. Bei Feuerbach ist dies bereits dem Titel seines Werkes *Das Wesen des Christentums* als thematische Ankündigung zu entnehmen. Seine Ausführungen handeln dann zwar teils in einer allgemeineren Redeweise von ‚der Religion', doch geht es Feuerbach überwiegend um eine Analyse christlicher Dogmen, wie etwa der Inkarnation, der Dreieinigkeit oder der christlichen Passionslehre.[15]

Nach Hegelscher Religionsphilosophie stellt das Christentum die letzte und elaborierteste Fassung der Religion dar. Dies lässt sich etwa Hegels Manuskript zur Religionsphilosophie entnehmen; dort heißt es in der Einleitung:

> „Die vollendete Religion ist diese, wo der Begriff der Religion zu sich zurükgekehrt ist, – wo die absolute Idee – Gott als Geist, nach seiner Wahrheit und Offenbarkeit für das Bewußtseyn der Gegenstand ist – Die frühern Religionen in welchen die Bestimmtheit des Begriffs geringer, abstracter, mangelhaft ist – sind bestimmte Religionen, welche die Durchgangs-Stuffen des Begriffs der Religion zu ihrer Vollendung ausmachen – die christliche Religion wird sich uns als die absolute Religion zeigen" (S. 31, Z. 16-22)

---

15 In diesem Sinne schränkt Feuerbach zuweilen seine allgemein begonnenen Ausführungen zur Religion (allem Anschein nach sich auf diese Weise selbstkorrigierend) bezüglich ihrer Geltungsweite auf die christliche Religion ein. Vgl. etwa Kapitel 2, S. 54: „Die Religion, wenigstens die christliche, ist (…)."

Die christliche Religion ist im Rahmen von Hegels Konzeption diejenige Religion, die den Begriff der Religion in einer nicht mehr mangelhaften Weise realisiert. Sie gilt ihm im Rahmen seiner Religionsphilosophie als der normative Maßstab und als *telos*.[16]

Eine *dritte* Gemeinsamkeit im Denken von Feuerbach und Hegel ergibt sich aus der Tatsache, dass Feuerbachs Philosophie, trotz ihrer expliziten Abkehr von bestimmten Ansätzen der idealistischen Philosophie bzw. von dieser philosophischen Denkrichtung als ganzer, dennoch stark von Denkmustern und Terminologien der Philosophie des Deutschen Idealismus durchzogen ist. Exemplarisch möchte ich hierfür auf das Subjekt-Objekt-Modell des Bewusstseins (wie es im Rahmen des Deutschen Idealismus entwickelt wurde) hinweisen, das Feuerbachs Konzeption zugrunde liegt und das sich vermittelt über Feuerbach auch noch in der Philosophie von Karl Marx wiederfinden lässt. Bei Feuerbach kommt dieses Denkmodell etwa bei der Bestimmung des Verhältnisses von religiösem Bewusstsein und menschlichem Selbstbewusstsein zur Anwendung. Bevor der Mensch ein direktes Selbstbewusstsein von sich ausprägt, ist die Religion als das Bewusstsein von einem göttlichen Wesen Feuerbach zufolge „das *erste* und *zwar indirekte Selbstbewußtsein des Menschen*" (*Das Wesen des Christentums*, S. 53). Im Sinne der Feuerbachschen Vorstellung, dass der Mensch sich bzw. sein Wesen nur vermittelt über ein ihm äußeres Objekt selbst erkennt resp. erschließt, heißt es dann im 2. Kapitel: „Der Mensch verlegt sein Wesen zuerst *außer sich*, ehe er es in sich findet. Das eigne Wesen ist ihm zuerst als ein andres Wesen Gegenstand." (ebd.)

Neben diesen drei bisher herausgestellten Gemeinsamkeiten zwischen Feuerbach und Hegel soll in diesem Beitrag thematisiert werden, inwiefern Feuerbachs Religionsphilosophie auch noch die von Hegel in Anspruch genommene These der Inhaltsidentität von (christlicher) Religion und Philosophie zugrunde liegt. Da an Feuerbachs Beanspruchung dieser These aber auch wesentliche Differenzen zu Hegels Konzeption zu Tage treten, ist dieser Aspekt Gegenstand eines späteren Abschnitts. Zuvor soll es im nächsten Abschnitt noch um Feuerbachs Hegel- und Idealismuskritik gehen.

---

16 Insofern das Christentum nach Hegels Religionsteleologie die elaborierteste Religion darstellt, könnte man im Hinblick auf die Religionskritik seines Schülers Feuerbach vermuten, dass dessen Kritik am Christentum möglicherweise auch eine Kritik an den Vorformen inkludieren soll.

Die Hegel- und Idealismuskritik

> „alles Bild, andererseits
> ist das Bild wieder
> Wirklichkeit."
> *(Sören Kierkegaard)*

Feuerbachs Religionskritik und sein Verhältnis zur Religionsphilosophie Hegels lassen sich nur dann angemessen einschätzen, wenn man neben einer Berücksichtigung philosophischer Gemeinsamkeiten auch der von Feuerbach vollzogenen methodischen Abgrenzung von seinem Lehrer Hegel Rechnung trägt.[17]

Einige Hinweise auf Feuerbachs methodisches Selbstverständnis lassen sich seinem „Vorwort zur ersten Auflage" zum *Wesen des Christentums* entnehmen, da er sich dort von zwei alternativen Arten der Religionsphilosophie abgrenzt. Feuerbach bestimmt seinen methodischen Zugang zur Religion dort (hauptsächlich mittels einer Negativcharakteristik) folgendermaßen:

> „Vorliegendes Werk enthält die *Elemente*, wohlgemerkt! nur die und zwar kritischen Elemente zu einer Philosophie der positiven Religion oder Offenbarung, aber natürlich, wie sich im voraus erwarten läßt, einer Religionsphilosophie weder in dem kindisch phantastischen Sinne unserer christlichen Mythologie, die sich jedes Ammenmärchen der Historie als Tatsache aufbinden läßt, noch in dem pedantischen Sinne unserer spekulativen Religionsphilosophie, welche, wie weiland die Scholastik, den Articulus fidei ohne weiteres als eine logisch-metaphysische Wahrheit demonstriert."[18]

Feuerbach hält beide Weisen des Umgangs mit der Religion aus unterschiedlichen Gründen für ungeeignete Methoden:[19] Die christliche Mythologie stellt für Feuerbach vor allem deswegen überhaupt keine philosophische Zugangsweise dar, weil sie alle religiösen Mythen unhinterfragt als historische Tatsachen akzeptiert. Von besonderem Interesse sind im Rahmen dieses Beitrags Feuerbachs Gründe für seine Abgrenzung von der spekulativen Religionsphilosophie, mit der er sich im Wesentlichen gegen die Hegelsche Methode wendet. Hegels Methode ist ihm zufolge zwar als philosophische anzuerkennen, im Hinblick auf den Gegenstand ‚Religion' jedoch ungeeignet. Feuerbach bringt seine Gründe für diese Auffassung durch eine

---

17 Mir geht es im Folgenden nicht um eine Überprüfung der Angemessenheit von Feuerbachs Hegel- und Idealismus-kritischen Thesen und Positionierungen, sondern um eine Darstellung seines Selbstverständnisses. Feuerbachs Religionsphilosophie aus ihrer Anknüpfung resp. Opposition zu Hegel zu verstehen, legen insbesondere Feuerbachs *Grundsätze der Philosophie der Zukunft* von 1843 nahe, in denen unter § 19 der folgende Ansatzpunkt bestimmt wird: „Die Vollendung der neueren Philosophie ist die *Hegel*sche Philosophie. Die *historische Notwendigkeit* und *Rechtfertigung* der neuen Philosophie knüpft sich daher hauptsächlich an die *Kritik Hegels*." In dem kleineren Text »Zur Beurteilung der Schrift „Das Wesen des Christentums"« (1842) listet Feuerbach eine ganze Reihe von Oppositionspunkten zu Hegel auf (ebd., S. 230-232). Zu diesen Oppositionspunkten vgl. auch die Darstellung von Hans-Martin Saß in: *Untersuchungen zur Religionsphilosophie in der Hegelschule*. 1830-1850. Münster 1963. S. 107f.
18 *Das Wesen des Christentums*. S. 5.
19 Für die folgenden Erläuterungen vgl. *Das Wesen des Christentums*. S. 5f.

Reihe vornehmlich metaphorischer Umschreibungen der Methode der spekulativen Philosophie zum Ausdruck:

„Die spekulative Religionsphilosophie opfert die Religion der Philosophie (…) auf; (…) macht die Religion zu einem Spielball der spekulativen Willkür, läßt die Religion nur sagen, was sie selbst gedacht und weit besser sagt, (…) [sie], unfähig, *aus sich* herauszukommen, macht die Bilder der Religion zu ihren eigenen *Gedanken* (…)."[20]

Zusammengenommen kumuliert Feuerbachs Kritik am Umgang der spekulativen Religionsphilosophie Hegels mit der Religion in dem Vorwurf, dass diese den Phänomenen der Religion philosophisch nicht gerecht wird, weil sie nicht den Eigenheiten der Religion Rechnung trägt, sondern bei der spekulativen Behandlung der Religion vielmehr nur darauf aus ist, die Religion den spekulativ-philosophischen Zwecken und Erkenntnissen anzuverwandeln. Feuerbach selbst will diesen Fehler dadurch vermeiden, dass er die für die Religion konstitutive Form des *Bildes* in den Mittelpunkt rückt, die er an einer späteren Stelle seines Vorwortes besonders betont:

„Die wesentliche Differenz der Religion von der Philosophie begründet aber das *Bild*. Die Religion ist wesentlich dramatisch. Gott selbst ist ein dramatisches, d. h. persönliches Wesen. Wer der Religion das Bild nimmt, der nimmt ihr die Sache, hat nur das Caput mortuum in Händen. Das Bild ist *als Bild* Sache."[21]

Diese Stelle bringt zum Ausdruck, dass nur derjenige die Religion angemessen interpretiert, der der Tatsache gerecht wird, dass sie ihre Überzeugungen und Wahrheiten wesentlich in Bildern artikuliert. Entsprechend beschreibt Feuerbach seinen Zugang zur Religion auch folgendermaßen:

„Hier in dieser Schrift nun werden die Bilder der Religion weder zu Gedanken – wenigstens nicht in dem Sinne der spekulativen Religionsphilosophie – noch zu Sachen gemacht, sondern *als Bilder* betrachtet – d. h. die Theologie wird weder als eine mystische *Pragmatologie*, wie von der christlichen Mythologie, noch als *Ontologie*, wie von der spekulativen Religionsphilosophie, sondern als psychische *Pathologie* behandelt."[22]

Die Tatsache, dass Feuerbach die Bilder der Religion in ihrer konstitutiven Bilderform und mit ihrer besonderen, von ihm so genannten ‚Dramatik'[23] betrachten will, heißt aber nicht, dass die religiösen Bilder im *Wesen des Christentums* nicht Gegenstand einer weitergehenden philosophischen Interpretation würden. Methodisch sucht er einen Weg, mit dem er zum einen dem spezifischen (d.h. wesentlichen) Charakter der Religion gerecht werden, zum anderen aber auch das Phänomen der Religion philosophisch erhellen kann[24]:

---

20 *Das Wesen des Christentums*. S. 5f.
21 *Das Wesen des Christentums*. S. 8.
22 *Das Wesen des Christentums*. S. 8.
23 Feuerbach denkt hier wohl an die Handlungen und Erfahrungen religiös-bedeutsamer Personen, etwa den Leidensweg Jesu.
24 Seine eigene Methode charakterisiert Feuerbach auf philosophisch ungewöhnliche Weise nicht nur als „psychische *Pathologie*" (S. 8), sondern auch als „Methode der *analytischen* Chemie" (S. 9) und

„Allerdings ist immer und notwendig das Verhältnis des Denkens zu den Gegenständen der Religion, als ein sie *be-* und *erleuchtendes*, in den Augen der Religion oder wenigstens der Theologie ein sie diluierendes und destruierendes Verhältnis (…) aber es ist zugleich unerläßlich, die wesentliche Differenz der Philosophie und Religion stets festzuhalten, wenn man anders die Religion nicht *sich selbst* expektorieren will."[25]

Neben dieser methodischen Charakterisierung seiner Religionsphilosophie und der damit einhergehenden Kritik der spekulativen Religionsphilosophie findet sich im *Wesen des Christentums* auch eine Kritik an den idealistischen Prämissen der spekulativen bzw. Hegelschen Philosophie. Diese Kritik sowie die materialistischen Thesen, die Feuerbach im Rahmen seiner Idealismuskritik vorbringt, sollen zumindest umrisshaft dargestellt werden.

Feuerbachs Kritik an einem idealistischen Verständnis von Philosophie findet sich besonders deutlich in der „Vorrede zur zweiten Auflage" zu *Das Wesen des Christentums*. Dort schreibt er:

„Ich verwerfe überhaupt unbedingt die *absolute*, die *immaterielle*, die *mit sich selbst zufriedne* Spekulation – *die* Spekulation, die ihren Stoff *aus sich selbst* schöpft. Ich bin himmelweit unterschieden von *den* Philosophen, welche sich die *Augen* aus dem Kopfe reißen, um desto besser denken zu können; ich brauche zum Denken die Sinne, vor allem die Augen, gründe meine Gedanken auf *Materialien*, die wir uns stets nur vermittelst der Sinnentätigkeit aneignen können, erzeuge nicht den Gegenstand aus dem Gedanken, sondern umgekehrt den Gedanken *aus dem Gegenstande*, aber *Gegenstand* ist nur, was *außer dem Kopfe existiert*."[26]

Feuerbach richtet seine Kritik hier im Einzelnen gegen bestimmte Prämissen einer idealistischen Konzeption in der *theoretischen* Philosophie.[27] Ein erster Fehler Hegels sowie der gesamten idealistischen Tradition besteht ihm zufolge darin, dass von der Sinnlichkeit des Denkens abstrahiert wird. Denken und Erkennen sind nicht allein aktive, sondern auch rezeptive und aufnehmende Tätigkeiten und setzen somit die ‚Sinnentätigkeit' des Menschen voraus. Des Weiteren muss nach Feuerbach die Materie darum als konstitutive Voraussetzung für das Denken anerkannt werden.[28] Hegel gehe darüber hinaus darin fehl, dass er glaubt, die Materie aus dem Denken erklären und begründend einholen zu können. Dazu schreibt Feuerbach (dies mit einem alten philosophischen Spruch sinnbildlich veranschaulichend):

---

als Physiologie (S. 11). Vgl. hierzu auch Brudney, Daniel. *Marx's attempt to leave philosophy*. Cambridge, Massachusetts / London, England 1998. S. 54-57.
25 *Das Wesen des Christentums*. S. 8.
26 *Das Wesen des Christentums*, S. 19.
27 In Bezug auf die praktische Philosophie schreibt Feuerbach sich hingegen selbst eine idealistische Konzeption zu: „Ich bin *Idealist* nur auf dem Gebiete der *praktischen* Philosophie, d. h. ich mache hier die Schranken der Gegenwart und Vergangenheit nicht zu Schranken der Menschheit, der Zukunft" (S. 19). Dazu mehr unten im Abschnitt über Feuerbachs »Schlußanwendung«.
28 Vgl. hierzu auch Quante, Michael. *Karl Marx. Ökonomisch-Philosophische Manuskripte. Kommentar*. Frankfurt am Main. 2009. S. 383.

„Den Grundsatz der bisherigen spekulativen Philosophie: alles, was mein ist, führe ich bei mir selbst – das alte Omnia mea mecum porto kann ich daher leider! nicht auf mich applizieren. Ich habe gar viele Dinge *außer mir*, die ich nicht in der Tasche oder im Kopfe mit mir transportieren kann, aber gleichwohl doch zu *mir selbst* rechne, nicht zu mir nur als Menschen, von dem hier keine Rede ist, sondern zu mir als Philosophen."[29]

Feuerbach wendet sich damit nicht nur gegen einen Primat des Geistes bzw. des Denkens, sondern er weist auch den selbstauferlegten Anspruch der spekulativen Philosophie, keine uneinholbaren Voraussetzungen zu machen (resp. machen zu können), zurück. Die vom menschlichen Geist unabhängige Materie ist für Feuerbach vielmehr eine solche unhintergehbare und nicht einzuholende Voraussetzung.[30]

Feuerbachs Kritik und Transformation der christlichen Religion

Feuerbachs Hauptanliegen ist die Rückführung der übernatürlichen Wahrheiten der Religion auf „ganz einfache, natürliche Wahrheiten"[31], welche im Zusammenhang mit dem menschlichen Gattungswesen aufzuschlüsseln sind. Dieses religionskritische Anliegen beruht auf Feuerbachs spezifischem Verständnis von Religion. Eine besonders ausführliche Definition der (christlichen) Religion findet sich in Kapitel 2 vom *Wesen des Christentums*:

„Die Religion, wenigstens die christliche, ist *das Verhalten des Menschen zu sich selbst*, oder richtiger: *zu seinem Wesen*, aber das Verhalten zu seinem Wesen *als zu einem andern Wesen. Das göttliche Wesen ist nichts andres als das* menschliche Wesen oder besser: *das Wesen des Menschen*, abgesondert von den Schranken des individuellen, d. h. wirklichen, leiblichen Menschen, vergegenständlicht, d. h. *angeschaut* und *verehrt als ein andres, von ihm unterschiednes, eignes Wesen* – alle *Bestimmungen* des göttlichen Wesens sind darum Bestimmungen des menschlichen Wesens."[32]

Um seine Absicht umzusetzen, sich zur Religion nicht durchweg verneinend zu verhalten, sondern diese vielmehr nur kritisch zu transformieren, wendet Feuerbach seine Methode der Umkehr von Subjekt und Prädikat an.[33] In *Teil I* seines Werkes werden auf diese Weise nacheinander die übernatürlichen Mysterien konkreter christlicher Dogmen auf ihren anthropologischen Gehalt zurückgeführt. Feuerbach bringt die Grundidee seiner Methode an verstreuten Stellen in seinem Werk zum Ausdruck. Besonders deutlich wird Feuerbachs methodisch durchge-

---

29 *Das Wesen des Christentums*, S. 20.
30 Vgl. Quante. *Ökonomisch-Philosophische Manuskripte*. Kommentar. S. 383.
31 „(...) so ist es auch die Aufgabe dieser Schrift, nachzuweisen, daß den übernatürlichen Mysterien der Religion ganz einfache, natürliche Wahrheiten zugrunde liegen" (*Das Wesen des Christentums*, S. 8).
32 *Das Wesen des Christentums*, S. 54f.
33 Vgl. hierzu auch: Christine Weckwerth. *Ludwig Feuerbach zur Einführung*. Hamburg 2002. S. 79.

führte Verkehrung von Subjekt und Prädikat im Kontext seiner Interpretation der christlichen Passionsgeschichte:

> „Was nämlich in der Religion *Prädikat* ist, das dürfen wir nur immer dem früher schon Entwickelten zufolge zum *Subjekt*, was in ihr Subjekt, zum Prädikat machen, also die Orakelsprüche der Religion *umkehren*, gleichsam als contre-vérités auffassen – so haben wir das Wahre. Gott leidet – Leiden ist Prädikat – aber für die Menschen, für andere, nicht für sich. Was heißt das auf Deutsch? nichts andres als: *Leiden für andere ist göttlich;* wer für andere leidet, seine Seele läßt, handelt göttlich, ist den Menschen Gott."[34]

Durch die methodische Transformation der „religiösen Syntaxe"[35] gewinnt Feuerbach in Auseinandersetzung mit dem Geheimnis der christlichen Leidensgeschichte zwei anthropologisch gehaltvolle Erkenntnisse. Die eine Einsicht lässt sich der eben zitierten Stelle entnehmen: ‚*Leiden für Andere ist göttlich*'. Dies steht Feuerbach zufolge für das moralische *Gesetz* der Sittlichkeit, das im Rahmen der christlichen Religion *exemplarisch* durch das Leiden Jesu, das dieser für Andere auf sich genommen hat, zum Ausdruck gebracht wird.[36] Darüber hinaus repräsentieren die Leiden Christi die Anerkennung, die die christliche Religion (im Gegensatz zu anderen Religionen und Weltanschauungsmodellen) der menschlichen Empfindsamkeit und Leidensfähigkeit gegenüber aufbringt:

> „Das Leiden Christi repräsentiert jedoch nicht nur das sittliche, selbsttätige Leiden, das Leiden der Liebe, der Kraft, sich selbst zum Wohle anderer aufzuopfern; es repräsentiert auch das *Leiden als solches*, das Leiden, inwiefern es ein Ausdruck der Leidensfähigkeit überhaupt ist. Die christliche Religion ist so wenig eine übermenschliche, daß sie selbst die menschliche Schwachheit heiligt. (…) Christus ist in dieser Beziehung das Selbstbekenntnis der menschlichen Empfindlichkeit."[37]

Ausgehend von einer solchen Umdeutung der christlichen Dogmatik, die am Beispiel der christlichen Passionsgeschichte exemplarisch veranschaulicht wurde, soll nun gezeigt werden, dass der Feuerbachschen Religionsphilosophie auch noch die von Hegel in Anspruch genommene These der Inhaltsidentität bei einem Unter-

---

[34] *Das Wesen des Christentums*. S. 116. Eine alternative Fassung der Feuerbachschen Methode findet sich z.B. ebd. S. 48: „Alles daher, was im Sinne der übermenschlichen Spekulation und Religion nur die Bedeutung des *Abgeleiteten*, des *Subjektiven* oder *Menschlichen*, des *Mittels*, des *Organs* hat, das hat im Sinne der Wahrheit die Bedeutung des *Ursprünglichen*, des *Göttlichen*, des *Wesens*, des *Gegenstandes* selbst."

[35] *Das Wesen des Christentums*, S. 360.

[36] „Die Religion spricht durch Exempel. Das Exempel ist das Gesetz der Religion. Was Christus getan, ist Gesetz. Christus hat gelitten für andere, also sollen wir dasselbe tun." (*Das Wesen des Christentums*, S. 116, Fußnote 1). Hieran anschließende Zitate aus der christlichen Theologie dienen Feuerbach als Belegstellen für seine Deutung: »„Nur darum mußte sich der Herr so entleeren, so erniedrigen, so verkleinern, damit ihr es ebenso machtet.« *Bernardus* (in die nat. Domini). »Sollten wir das Exempel Christi fleißig ansehen… Solches würde uns bewegen und treiben, daß wir von Herzen auch würden andern Leuten gern helfen und dienen, ob es auch gleich sauer würde und wir auch drüber leiden müßten.« *Luther* (T. XV, p. 40)" (ebd., S. 116f.).

[37] *Das Wesen des Christentums*, S. 117.

schied der Form von christlicher Religion und Philosophie zugrunde liegt. Darüber hinaus soll dann auch erläutert werden, welche Wendung oder Transformation diese Grundfigur im Rahmen von Feuerbachs Konzeption erfährt; in ihrer grundsätzlichen Struktur aber bleibt diese Grundfigur erhalten.

Hegels für die Religionsphilosophie zentrale These findet sich in der Anmerkung zu § 573 im *Enzyklopädie*-Abschnitt »Der absolute Geist«; dort heißt es:

> „Worauf es ganz allein ankommt, ist der Unterschied der Formen des spekulativen Denkens von den Formen der Vorstellung und des reflektierenden Verstandes. (…) Nur auf den Grund dieser Erkenntnis der Formen lässt sich die wahrhafte Überzeugung um die es sich handelte, gewinnen, dass der Inhalt der Philosophie und der Religion derselbe ist, (…)."

Feuerbach äußert sich im 2. Kapitel von *Das Wesen des Christentums* folgendermaßen zum Inhalt der Religion:

> „Die Religion umfaßt *alle Gegenstände* der Welt; alles, was nur immer ist, war Gegenstand religiöser Verehrung; *im Wesen und Bewußtsein der Religion ist nichts anderes, als was überhaupt im Wesen und im Bewußtsein des Menschen von sich und von der Welt liegt*. Die Religion hat keinen *eignen, besondern Inhalt*."[38]

Feuerbach zeichnet an dieser Stelle die Religion als Wahrheit »von Allem« aus und lässt darin Hegels These des gemeinsamen (Gott, Natur und Geist umfassenden) Gegenstandsbereiches von Religion und Philosophie vom Anfang der *Enzyklopädie* einen Nachhall finden:

> „Sie [die Philosophie] hat (…) ihre Gegenstände zunächst mit der Religion gemeinschaftlich. Beide haben die *Wahrheit* zu ihrem Gegenstande, und zwar im höchsten Sinne, – in dem, daß *Gott* die Wahrheit und er *allein* die Wahrheit ist. Beide handeln dann ferner von dem Gebiete des Endlichen, von der *Natur* und dem *menschlichen Geiste*, deren Beziehung aufeinander und auf Gott, als auf ihre Wahrheit." (Hegel *Enzyklopädie*-Einleitung, § 1)

Darüber hinaus findet man bei Feuerbach auch einige methodische Bemerkungen, die auf seine Differenzierung verschiedener Bewusstseins- bzw. Erkenntnisformen verweisen. So z.B. die folgende Stelle:

> „Ich tue daher der Religion – auch der spekulativen Philosophie oder Theologie – nichts weiter an, als daß ich ihr die *Augen öffne*, oder vielmehr nur ihre *einwärts* gekehrten Augen *auswärts* richte, d. h. ich verwandle nur den Gegenstand in der Vorstellung oder Einbildung in den Gegenstand in der Wirklichkeit."[39]

An einer Aussage wie dieser lässt sich sowohl die Kontinuität zu Hegel, als auch Feuerbachs Abwendung von Hegel bzw. die Weiterentwicklung eines hegelschen Theorieelements aufzeigen. *Einerseits* wird die These der Inhaltsidentität bei unter-

---

38 *Das Wesen des Christentums*, S. 66.
39 *Das Wesen des Christentums*, S. 26.

schiedlichen Formen, die Grundfigur der hegelschen Religionsphilosophie, strukturell nicht verändert: Feuerbach will das, was in der Religion in der Form der *Vorstellung* Gegenstand des Glaubens ist, nicht gänzlich zunichtemachen, sondern er beabsichtigt, die religiösen Vorstellungsgegenstände und -inhalte in die seines Erachtens adäquate Form der *Wirklichkeit* zu transformieren: dieses Theorieziel setzt das Hegelsche Theorem der »Identität des Inhalts bei einem Unterschied der Form« voraus.

Andererseits deutet das obige Zitat aber auch Feuerbachs Umdeutungen und Umarbeiten von Hegels Form-Inhalts-Modell an. Eine erste Änderung betrifft den Gegenstand der Feuerbachschen Transformation. Bei diesem handelt es sich nicht nur um die christliche Religion, sondern transformiert werden sollen auch die spekulative Philosophie und Theologie; auch die letzteren beiden fallen bei Feuerbach unter die *Vorstellung*sform. Hierin ist eine klare Abweichung und Abwendung von Hegel zu sehen, denn während Hegel sich *als* spekulativer Philosoph auf die Vorstellungen der Religion bezieht, wendet Feuerbach im Zuge seiner Kritik an Hegel das Hegelsche Transformationsmodell selbst noch mal auf dessen Philosophie an. Damit kann die Transformation der Formen im Sinne Feuerbachs klarerweise auch nicht mehr durch die spekulative Philosophie bzw. einen spekulativen Philosophen vorgenommen werden. Die von Feuerbach angestrebte Form der Wirklichkeit kann nun nur noch durch eine bzw. die sogenannte »Neue Philosophie«[40] gewonnen werden; eine adäquate Explikation der Religion kann in Feuerbachs Augen nur durch die eigene, neue Philosophie geleistet werden.

Für seine kritische Verwandlung der Religion braucht Feuerbach also die These der Inhaltsidentität wie auch der Formdifferenz, wobei die Positionen des zu transformierenden Gegenstandes sowie der transformierenden und kritisierenden Instanz, wie eben erläutert, inhaltlich anders gefüllt bzw. besetzt werden. Darüber hinaus macht Feuerbach auf eine sich als Konsequenz ergebende Eigenheit eines solchen Form-Inhalts-Modells aufmerksam, wenn er schreibt:

> „Unser Verhältnis zur Religion ist daher kein *nur verneinendes*, sondern ein *kritisches*; wir scheiden nur das *Wahre* vom *Falschen* – obgleich allerdings die von der Falschheit ausgeschiedne Wahrheit immer eine *neue*, von der alten *wesentlich unterschiedne* Wahrheit ist."[41]

Was Feuerbach hier zum Ausdruck bringt, ist der Sachverhalt, dass im Zuge der Kritik bzw. Verwandlung eines Inhalts durch eine neue Form (in dem hiesigen Fall: Feuerbachs »Form der Wirklichkeit«) auch eine neue Wahrheit und damit ein neuer Inhalt hervorgebracht wird. Feuerbachs ‚kritisches Verhältnis' zur Religion

---

40 Für eigene Bemerkungen Feuerbachs zu seiner neuen ‚menschgerechten' Philosophie, vgl. *Das Wesen des Christentums*, S. 20 und 33 sowie: Feuerbach, *Grundsätze der Philosophie der Zukunft*, z.B. §§53, 55, 66f. Zu Feuerbachs Konzeption der »Neuen Philosophie« vgl. auch Teil III in Eugene Kamenkas *The Philosophy of Ludwig Feuerbach*. London 1970 und Jaeschke, Walter. „*Feuerbach redivivus*. Eine Auseinandersetzung mit der gegenwärtigen Forschung im Blick auf Hegel". In: *Hegel-Studien*, Band 13. Bonn 1978. S. 199-237. Hier: S. 217f.

41 *Das Wesen des Christentums*. S. 400f.

– so gilt es das Zitat zu präzisieren – richtet sich vor Allem gegen die *theologischen Deutungen und Interpretationen* des Inhalts des Christentums und weniger gegen die christliche Religion als Verhältnis des Menschen zu einem göttlichen Wesen. Dies geht bereits aus der Überschrift des 2. Hauptteils vom *Wesen des Christentums* hervor, in der von dem »unwahre[n], d. i. theologische[n] Wesen der Religion« die Rede ist. Und auch in einem der Unterkapitel dieses Teils (23. Kapitel: Der Widerspruch in dem Wesen Gottes überhaupt) macht Feuerbach deutlich, dass er nicht in der unmittelbar gelebten Religion, sondern in der Theologie, die den Gegenstand der Religion „zum Objekt der Reflexion macht" (S. 323), das zu kritisierende Übel sieht:

> „Der Charakter der Religion ist die unmittelbare, unwillkürliche, unbewußte Anschauung des menschlichen Wesens als eines andern Wesens. Dieses gegenständlich angeschaute Wesen aber zum Objekt der Reflexion, der *Theologie* gemacht, so wird es zu einer *unerschöpflichen Fundgrube von Lügen, Täuschungen, Blendwerken, Widersprüchen und Sophismen*." (ebd.)

Dieses Zitat verdeutlicht, dass sich Feuerbachs harsche Kritik und Vorwürfe nicht gegen die Religion, sondern gegen die Theologie als reflexive Form der Religion richten. Dies stützt die Annahme, dass Feuerbachs religionskritischer Ansatz weniger anti-religiös als anti-theologisch ist. Im Sinne der so verfassten kritischen Stoßrichtung wird innerhalb des nächsten Abschnitts auch noch kurz darauf einzugehen sein, dass Feuerbach trotz der Religionskritik die Rede vom »Religiösen« bzw. von »religiösen Verhältnissen« für die positive Bestimmung seiner Theorie beibehält.

Die Übersetzung der Religionskritik in die Praxis

Zum Abschluss soll noch auf eine Differenz hingewiesen werden, die Feuerbachs und Hegels jeweiliges Verständnis von der Reichweite und Aufgabe ihrer Religionsphilosophie und Religionskritik betrifft. Diese Differenz besteht im Wesentlichen darin, dass Feuerbach seine Religionskritik im Gegensatz zu Hegel auch praktisch werden lassen will. Wie am Anfang des Beitrags bereits gesagt, verbindet dieser Praxisbezug philosophischer Einsichten Feuerbach mit anderen links- bzw. junghegelianisch ausgerichteten Denkern.[42] In der Einleitung in die *Enzyklopädie der philosophischen Wissenschaften* kann man demgegenüber Belege für Hegels generelle Auffassung vom Ziel der Philosophie und das theoretisch-kontemplative Ideal, das er dort zum Ausdruck bringt, finden:

> „Auf diese Weise zeigt sich die Philosophie als ein in sich zurückgehender Kreis, der keinen Anfang im Sinne anderer Wissenschaften hat, (…). (…) der Begriff der Wissenschaft [d.h. hier: der Philosophie] (…) muß von der Wissenschaft selbst erfaßt

---

42 Vgl. oben Aspekt 3.

werden. Dies ist sogar ihr einziger Zweck, Tun und Ziel, zum Begriffe ihres Begriffes und so zu ihrer Rückkehr und Befriedigung zu gelangen." (Enzyklopädie § 17)

Feuerbachs Ausbuchstabierung der praktischen Bedeutung seiner Religionskritik findet sich insbesondere im 28. Kapitel von *Das Wesen des Christentums*, der sogenannten »Schlußanwendung«. In Bezug auf die Funktion dieser Schlussanwendung gibt Feuerbach selbst die folgende Auskunft:

> „Was übrigens den eigentlichen Sinn der insbesondre in der Schlußanwendung gegebenen Analyse von den Sakramenten betrifft, so bemerke ich nur, daß ich hier den wesentlichen Inhalt meiner Schrift, das eigentliche Thema derselben, besonders in Beziehung auf ihre praktische Bedeutung, an einem sinnlichen Beispiel veranschauliche (…)."[43]

Feuerbach geht es nicht allein um ein Erkennen des Wesens der Religion, sondern auch um die praktischen Schlussfolgerungen, die sich aus der theoretischen Religionskritik ergeben. So heißt es am Anfang seiner Schlussanwendung folgendermaßen:

> „In dem entwickelten Widerspruch zwischen Glaube und Liebe haben wir den praktischen, handgreiflichen Nötigungsgrund, über das Christentum, über das eigentümliche Wesen der Religion überhaupt uns zu erheben."[44]

Feuerbach gibt mit der Schlussanwendung einen Ausblick auf eine geschichtliche Epoche, in der der Mensch sich von der Religion emanzipiert hat. Er spricht mit Nachdruck von einem „notwendige[n] Wendepunkt der Geschichte"[45]. Diese geschichtliche Wende muss nach Feuerbach auch mit einer Änderung im Hinblick auf die praktischen Grundsätze des Menschen im sozialen Miteinander einhergehen:

> „Die Liebe zum Menschen darf keine abgeleitete sein; sie muß zur *ursprünglichen* werden. (…) Ist das Wesen des Menschen das höchste Wesen des Menschen, so muß auch praktisch das *höchste* und *erste* Gesetz die *Liebe des Menschen zum Menschen* sein."[46]

Der nach Feuerbach wichtigste praktische Grundsatz lautet darum „*Homo homini Deus est*"[47]. Dieses Motto lässt sich zum einen als normativer Maßstab für das menschliche Zusammenleben verstehen, zum anderen kommt darin auch ein gewisser anthropologischer Optimismus zum Ausdruck, da Feuerbach damit anders als etwa Thomas Hobbes mit seinem Diktum ‚homo homini lupus est' nicht die Unmenschlichkeit, sondern (als eine Art »umgekehrter Hobbes«) vielmehr das menschenfreundliche Entgegenkommen zwischen Menschen beschreibt.

---

43 *Das Wesen des Christentums*. S. 27.
44 *Das Wesen des Christentums*. S. 400.
45 *Das Wesen des Christentums*. S. 400.
46 *Das Wesen des Christentums*. S. 401.
47 *Das Wesen des Christentums*. S. 401.

Feuerbach gewinnt aus der Kritik der Religion die Grundzüge eines positiven Gegenentwurfs des sozialen Miteinanders. So schreibt er:

„Die Verhältnisse des Kindes zu den Eltern, des Gatten zum Gatten, des Bruders zum Bruder, des Freundes zum Freunde, überhaupt des Menschen zum Menschen, kurz, die *moralischen* Verhältnisse sind an und für sich selbst *wahrhaft religiöse Verhältnisse*. *Das Leben ist* überhaupt in seinen *wesentlichen* Verhältnissen *durchaus göttlicher Natur*. Seine religiöse Weihe empfängt es nicht erst durch den Segen des Priesters."[48]

Wer die unterschiedlichen moralischen Verhältnisse zwischen Menschen angemessen begreifen will, der muss sie nach Feuerbach als Betätigungsweisen verstehen, die ihren Wert in sich selbst haben, diesen Wert also nicht erst als „äußerliche Zutat"[49] von der Institution der Religion erhalten. Liest man obiges Zitat, dann mag es auffallen, dass der Begriff des »Religiösen« auch noch innerhalb der Positivdarlegung des Feuerbachschen Standpunkts Verwendung findet. Allerdings kommt diesem Begriff in der »Schlußanwendung« eine eigene Bedeutung zu. Als »religiös« werden hier nun mitunter Lebensformen und moralisch-sittliche Institutionen (Ehe, Familie, Freundschaft, auch das Eigentum) bezeichnet, die ihren Wert bzw. Zweck in sich selbst haben und nicht als Mittel zur Realisierung anderer Zwecke (etwa der Zufriedenstellung eines Gottes) instrumentalisiert werden sollen.[50] Der Begriff des »Religiösen« scheint eine solche Selbstzweckhaftigkeit ausdrücken zu sollen.[51]

In diesem Zusammenhang mitbeachtenswert ist es, dass Feuerbach zwischen Religionskritik und Atheismus unterscheidet; sie sind für ihn – anders als für manch anderen Religionskritiker (etwa die französischen Enzyklopädisten) – nicht notwendig gleichbedeutend. Man findet im *Wesen des Christentums* eine recht eigensinnige Definition von »Atheismus«:

---

48 *Das Wesen des Christentums*. S. 401.
49 Ebd.
50 Feuerbach verweist in diesem Zusammenhang auf die sittlichen Folgen einer Instrumentalisierung moralischer Gebote durch die christliche Religion: „Über der Moral schwebt Gott als ein vom Menschen unterschiedenes Wesen, dem das Beste angehört, während dem Menschen nur der Abfall zukommt. Alle Gesinnungen, die dem *Leben*, dem *Menschen* zugewendet werden sollen, alle seine besten Kräfte vergeudet der Mensch an das bedürfnislose Wesen." (S. 401). Ein solches Bild der Vergeudung menschlicher Kräfte bzw. Schätze findet sich auch schon beim jungen Hegel in dessen theologischen Jugendschriften: „Ausser früheren Versuchen blieb es unsern Tägen vorzüglich aufbehalten, die Schäze, die an den Himmel verschleudert worden sind, als Eigenthum der Menschen wenigstens in der Theorie zu vindiciren, aber welches Zeitalter wird die Kraft haben, dieses Recht geltend zu machen, und sich in den Besiz zu setzen?" Zitiert nach: Jaeschke, Walter. *Hegel-Handbuch. Leben – Werk – Schule*. 2. aktualisierte Auflage. Stuttgart / Weimar 2010. S. 72, Spalte 1f. Des Weiteren vgl. auch Nietzsches Bild von der „Leiter der religiösen Grausamkeit" mit ihren unterschiedlichen Stufen („Sprossen") religiöser Opfer: Friedrich Nietzsche. *Jenseits von Gut und Böse*. Stuttgart 1976. S. 66. Nr. 55.
51 Dieselbe Bedeutung kommt teils auch den Ausdrücken »göttlich« und »heilig« zu, vgl. S. 401 und zum Ausdruck »göttlich« auch *Das Wesen des Christentums*, S. 39: „Wahr, vollkommen, göttlich ist nur, was *um sein selbst willen* ist." Die Problematik der Selbstzweckhaftigkeit wird heute von Hans Joas unter dem Begriff der »Sakralität« diskutiert. Siehe: Joas, Hans. *Die Sakralität der Person*. Insbesondere z.B. S. 23.

> „Nicht die Eigenschaft der Gottheit, sondern die *Göttlichkeit* oder *Gottheit der Eigenschaft* ist das *erste* wahre göttliche Wesen. Also das, was der Theologie und Philosophie bisher für Gott, für das Absolute, Wesenhafte galt, das ist *nicht* Gott; das aber, was ihr *nicht* für Gott galt, das gerade ist *Gott* – d. i. die *Eigenschaft*, die *Qualität*, die *Bestimmtheit*, die *Wirklichkeit überhaupt*. Ein wahrer Atheist, d. h. ein Atheist im gewöhnlichen Sinne, ist daher auch nur der, welchem die Prädikate des göttlichen Wesens, wie z. B. die Liebe, die Weisheit, die Gerechtigkeit Nichts sind, aber nicht der, welchem nur das Subjekt dieser Prädikate Nichts ist."[52]

Feuerbach unterscheidet hier zwischen einer Verneinung der Prädikate eines göttlichen Wesens (Liebe, Weisheit, Gerechtigkeit etc.) und einer Verneinung des Subjekts dieser Prädikate (Gott) und bezeichnet ersteres als den ‚wahren Atheismus'. Heute bedeutet Atheismus dagegen eindeutig, die Verneinung der Existenz eines göttlichen Subjekts. Feuerbachs eigentümliche Verwendung des Atheismus-Begriffs folgt aber zum einen aus der Tatsache, dass er in der Selbstzweckhaftigkeit von Entitäten, Kräften, Verhältnissen etc. eine ihnen eigene »Göttlichkeit« sieht, zum anderen könnte seine Verwendung dieses Begriffs auch damit zusammenhängen, dass der Begriff »Nihilismus« als Bezeichnung für die Verneinung von sittlichen Normen und Werten erst ab den 1870er Jahren zu einem gängigen Ausdruck wurde. Feuerbach versteht sich vor dem Hintergrund dieser Definition selbst jedenfalls nicht als Atheist.

Feuerbachs Schlussanwendung enthält darüber hinaus eine weitere Form von Religionskritik, nämlich eine generelle Kritik an theologisch begründeter Moral und einem durch Gott legitimierten Staatsrecht. Er hält solcherlei Rechtfertigungsweisen insgesamt für willkürlich und darum für verwerflich:

> „Wo die *Moral* auf die *Theologie*, das *Recht* auf *göttliche Einsetzung* gegründet wird, da kann man die *unmoralischsten*, *unrechtlichsten*, *schändlichsten* Dinge *rechtfertigen* und *begründen*. (…) Etwas in Gott setzen oder aus Gott ableiten, das heißt nichts weiter als etwas der prüfenden Vernunft entziehen, als unbezweifelbar, unverletzlich, heilig hinstellen, *ohne Rechenschaft* darüber abzulegen. (…) Wo es *Ernst* mit dem Recht ist, bedürfen wir keiner Anfeuerung und Unterstützung von Oben her. Wir brauchen kein *christliches* Staatsrecht; wir brauchen nur ein vernünftiges, ein rechtliches, ein menschliches Staatsrecht. Das Richtige, Wahre, Gute hat überall seinen *Heiligungsgrund in sich selbst, in seiner eigenen Qualität*."[53]

Diese Stelle zeigt, dass Feuerbach mit seiner Religionskritik letztlich auch die *theologische* Rechtfertigung der Religion als Legitimationsquelle politischer Herrschaft (die so genannte Legitimation von Gottes Gnaden) angreift und diese aufgrund ihrer Unvereinbarkeit mit einem vernünftig-begründeten Rechts- und Staatswesen sowie der Instrumentalisierung von Religion zu politischen Zwecken verwirft.

Ausgehend vom Ergebnis der Schlussanwendung kann man festhalten, dass die Frage nach der Vereinbarkeit von Religion und Staat bzw. Staatsrecht Feuerbach mit heute geführten religionsphilosophischen wie politisch-kulturellen Diskussio-

---

52 *Das Wesen des Christentums*, S. 64f.
53 *Das Wesen des Christentums*. S. 405f.

nen verbindet. Dies gilt insbesondere für die Forderung nach einer säkularen Rechtsbegründung.[54] Andere Aspekte der Feuerbachschen Religionsphilosophie mögen heutzutage Anlass zur kritischen Diskussion bieten. So bspw. seine historische These am Ende der Vorrede zur 2. Auflage von *Das Wesen des Christentums*, „daß das Christentum längst nicht nur aus der Vernunft, sondern auch aus dem Leben der Menschheit verschwunden"[55] ist, wie auch seine damit verbundene Annahme, dass die Religion sich mit technischen Neuerungen, Bildungsfortschritt und kulturellem Fortschritt im weitesten Sinne nicht vertrage[56]. Es lässt sich wohl mit guten Gründen in Frage stellen, dass solche Entwicklungen zwangsläufig dazu führen, dass sie die Religion unterminieren. Angesichts des Umstands, dass philosophische Texte im Rahmen ihrer Rezeption – sei dies nun absichtlich oder unabsichtlich – immer auch Gegenstand von Fehldeutungen werden können, die nicht ‚im Sinne des Autors' sind, sollte darüber hinaus auch Feuerbachs Motto vom Menschen, der dem Mensch ein Gott ist bzw. sein soll (*Homo homini Deus est*), aufgrund der darin enthaltenen Figur der *Vergottung* des Menschen mit Vorsicht betrachtet werden. Denn sofern nicht das Göttliche eines *jeden* Menschen, sondern ein exklusives Moment an dieser Figur hervorgehoben wird, ist sie für sich genommen nicht gegen eine potentielle Instrumentalisierung gefeit; man denke etwa an Kaiser Octavian, dessen oberster Staatsgewalt man durch den Ehrennamen »Augustus« sakrale Würde verlieh oder auch an den Personenkult um Josef Stalin. Kritische Erwägungen solcher Art ändern jedoch nichts daran, dass Feuerbach aufgrund seiner Konzeption einer ‚rettenden Kritik' ein komplexer und für die Interpretation der Religion inhaltlich reichhaltiger Anknüpfungspunkt bleibt.

Literatur

Brudney, Daniel. *Marx's attempt to leave philosophy*. Cambridge, Massachusetts / London, England 1998.
Feuerbach, Ludwig. *Das Wesen des Christentums*. Stuttgart 2005.
Feuerbach, Ludwig. „Grundsätze der Philosophie der Zukunft". In: *Kleinere Schriften II (1839-1846)*. Gesammelte Werke Band 9. Hg. v. Werner Schuffenhauer. Berlin 1990. S. 264-341.
Feuerbach, Ludwig. „Zur Beurteilung der Schrift „Das Wesen des Christentums". In: *Kleinere Schriften II (1839-1846)*. Gesammelte Werke Band 9. Berlin 1970. S. 229-242.
Habermas, Jürgen. *Der philosophische Diskurs der Moderne*. Frankfurt am Main 1988.
Hegel, G.W.F. *Manuskript zur Religions-Philosophie (1821)*. In: *Vorlesungsmanuskripte I (1816-1831)*. Hg. v. W. Jaeschke. Hamburg 1987.
Hegel, G.W.F. *Enzyklopädie der philosophischen Wissenschaften (1830)*. Hamburg 1991.
Hegel, G.W.F. *Wissenschaft der Logik. Die Lehre vom Sein (1832)*. Hamburg 2008.

---

54 Vgl. hierzu auch Habermas' Einschätzung der Mentalität der Junghegelianer insgesamt in Habermas, Jürgen. *Der philosophische Diskurs der Moderne*. Frankfurt a.M. 1988. S. 64f.
55 *Das Wesen des Christentums*. S. 33.
56 Ebd. Vgl. dazu auch Brudney. *Marx's Attempt to Leave Philosophy*. S. 36f.

Jaeschke, Walter. „*Feuerbach redivivus*. Eine Auseinandersetzung mit der gegenwärtigen Forschung im Blick auf Hegel". In: *Hegel-Studien*, Band 13. Bonn 1978. S. 199-237.
Jaeschke, Walter. *Hegel-Handbuch. Leben – Werk – Schule.* 2. aktualisierte Auflage. Stuttgart / Weimar 2010.
Joas, Hans. *Die Sakralität der Person. Eine neue Genealogie der Menschenrechte.* Berlin 2011.
Kamenka, Eugene. *The Philosophy of Ludwig Feuerbach.* London 1970.
Löwith, Karl. „Nachwort" zu Ludwig Feuerbach. *Das Wesen des Christentums.* Stuttgart 2005. S. 527-534.
Nietzsche, Friedrich. *Jenseits von Gut und Böse. Zur Genealogie der Moral.* Stuttgart 1976.
Quante, Michael. „Marx – Philosophische Grundlagen (Zweite Vorlesung)", unveröffentlichtes Manuskript.
Quante, Michael. *Karl Marx. Ökonomisch-Philosophische Manuskripte. Kommentar.* Frankfurt am Main 2009.
Saß, Hans-Martin. *Untersuchungen zur Religionsphilosophie in der Hegelschule. 1830-1850.* Münster 1963.
Schuffenhauer, Werner und Harich, Wolfgang. „Vorbemerkung" zu: Ludwig Feuerbach. *Das Wesen des Christentums.* Berlin 1984. S. V-XII.
Toews, John Edward. *Hegelianism. The path toward dialectical humanism, 1805-1841.* Cambridge 1980.
Weckwerth, Christine. *Ludwig Feuerbach zur Einführung.* Hamburg 2002.

Daniel Brudney

Preparation for Proper Perception

> "Let us now examine the question above-reserved; viz., whether it is possible to state any general characteristics by which true first principles may be distinguished from false ones; besides, that is, the characteristic of being self-evident to the mind that contemplates them." -- Henry Sidgwick, "The Establishment of Ethical First Principles"
> *(Sidgwick 1879, 108)*

Commentators on Feuerbach often seem slightly ashamed of him. Here is Friedrich Lange in his *History of Materialism*: "To a clear logic Feuerbach never attained ... A 'consequently' [*folglich*] in Feuerbach does not ... carry the force of a real, or at least intended, inference of the understanding, but it means ... a leap to be taken in thought" (Lange 1908, 73/1880, 247).[1] This is both accurate and misses the point. At the end of his *Lectures on the Essence of Religion* Feuerbach notes that his wish has been "to transform friends of God into friends of humanity ... candidates for the hereafter into students of this world, Christians who, by their own profession and admission, are '*half beast, half angel*,' into *human beings*" (VWR 320/285). His goal is less intellectual assent than spiritual conversion, and his rhetorical strategy is shaped accordingly.

Like Feuerbach, the 1844 Marx (the Marx of the "Comments on James Mill, *Élémens d'économie politique*" and the *Economic and Philosophic Manuscripts of 1844*) is interested less in philosophical theory than in individual tranformation. Methodologically, he is very much a Feuerbachian. However, Marx does not write to produce a conversion so much as to describe one, for the Marxian conversion can obtain only through revolutionary social change – through a collective event that has yet to happen. In this regard, the 1844 Marx is deeply different from Feuerbach.

After presenting first Feuerbach and then some themes from the 1844 Marx, I situate both writers with respect to the long-standing idea of justification via taking

---

1 Eugene Kamenka (Kamenka 1970, 38) insists on the "literary imprecision and hyperbole" that are "fatal to any ambition that [Feuerbach] may have had of becoming a philosopher of the first rank." Marx Wartofsky begins his full length study of Feuerbach by stating "I take Feuerbach seriously. This is not always easy to do" (Wartofsky 1982). Henri Arvon (1957) begins *Ludwig Feuerbach ou La Transformation du Sacré* by saying: "The German philosopher Ludwig Feuerbach, whose *The Essence of Christianity* has alone not sunk into oblivion, passes for a thinker of the second rank."

a standpoint.² I will argue that their shared form of standpoint justification might be adequate for Feuerbach's concerns, but that it is not adequate if – *contra* his own self-image – we wish to see the 1844 Marx as making a contribution to political philosophy.

My focus is on the form of justification appealed to by these two writers. Theirs is an interesting even if, at least for Marx, an unsatisfactory account of justification. Part of what makes it interesting is that it raises the issue noted by Sidgwick in this essay's epigraph: When can we build a philosophical view on what seems self-evident?

§2

1. The peculiarity of the Feuerbachian conversion is its atheism. Feuerbach asks whether "a religious revolution [has] already occurred within us?" His answer is, "Yes; we have . . . no religion any more" (NRP 216/146).³ Similarly, while he says that he has a "philosophy," he terms it a "totally different philosophy" (NRP 216/416), and it does seem remote from a standard picture of philosophy as theoretical claims buttressed by careful argument. Moreover, Feuerbach regards traditional epistemology and ontology less as elements of one or another incorrect theory than as expressions of a deeply distorted approach to human life. The proper response, he thinks, is not to provide abstract arguments against abstract positions but to prompt the reader to become oriented to the world differently.

We can start with the critique of religion. Feuerbach's book *The Essence of Christianity* was published in 1841. It should be seen against the backdrop of the German scholarly scrutiny of the gospels that began in the eighteenth century. Through impressive historical and literary research a number of writers challenged the coherence and plausibility of the gospel stories. Some attributed these stories to contemporary legends and/or messianic hopes.⁴ Others gave rationalist accounts, proposing naturalistic rather than miraculous explanations of the gospel stories.⁵

Feuerbach's book is also hostile to Christianity but his angle of incision is different. He makes no attempt to disprove the historicity of the gospel stories, nor does he question their plausibility. Rather, he attempts to decipher what he takes to be their underlying meaning. He treats them as psychological projections, and his goal is to prompt the reader to recognize them as such. For Feuerbach, the interest of

---

2 The Feuerbach on whom I focus is the Feuerbach primarily of *The Essence of Christianity*, "Provisional Theses for the Reformation of Philosophy," and *Principles of the Philosophy of the Future*.
3 I give first the German edition, and then an English translation. In the body of the article, I cite these texts in parentheses. German pagination is given first, followed by English. I have made use of existing translations, but in all cases checked and often reworked them.
4 See Strauss (1835-1836), and Bauer (1840 and 1841-42).
5 An early rationalist interpreter was Hermann Samuel Reimarus whose *Wolfenbütteler Fragmente* was published by Gotthold Lessing in 1774-78. The young Feuerbach attended and contemned the lectures of another rationalist interpreter, the Heidelberg theologian Heinrich Eberhard Gottlob Paulus.

Christianity is in what it encodes. He claims that if one treats the gospel stories and, indeed, Christian doctrine in general, as messages to be decoded, one will find in those stories and that doctrine the idealized descriptions of certain human capacities and the expression of certain human wishes. For Feuerbach, the question to ask of Christianity is not whether its particular claims are likely to be true when measured against historical evidence or scientific theory but what the desires and ideals are that those claims conceal.

2. Feuerbach's decoding of Christian stories and doctrine is, in effect, an interpretation of those stories and that doctrine. So one seems to need a reason to think that his interpretation is more compelling than its competitors -- for instance, than the orthodox claim that the gospels narrate historical, including miraculous, events along with the teachings of the son of God. Here, one might think that an interpretation that fits well with what history and science tell us would be more plausible than one that does not. Yet Feuerbach explicitly eschews such resources. He does not ask his reader to weigh the reasons pro and con competing interpretations. Feuerbach's thought, rather, is that when presented with his account the reader will recognize the psychological source of her impulse to believe the orthodox interpretation -- and with this acknowledged, she will be unable to affirm that interpretation and will instead affirm Feuerbach's. In effect, he will have disclosed to the reader her own latent atheism.

Take Feuerbach's treatment of miracles:

> I do not ask what the real, natural Christ was or may have been . . . I do not ask whether this or that, or any miracle *can* happen or not; I only show *what* miracle *is*, and I show it not *a priori* but by *examples* of miracles narrated in the Bible as real events; in doing so, however, I answer or rather preclude the question as to the possibility or reality or necessity of miracles. (WC 26/xli-xlii)

Feuerbach thus does not assess historical evidence ("I do not ask what the real, natural Christ was or may have been"); nor does he engage in rationalist criticism ("I do not ask whether this or that, or any miracle *can* happen or not"). If his reader sees that Christ is "nothing else than" a product of the human mind (WC 26/xli), she will not to be tempted to wonder whether Christ performed miracles. The question will be "precluded," will not arise.

Feuerbach is not *arguing* against the Christian. He is trying to get her to *see* the world differently. He is the atheist counterpart of the fideist, someone for whom what is crucial is an immediate experience of God's presence or, rather, absence. He seems to be echoing Friedrich Jacobi but with a different goal. Jacobi writes that a proof of God's existence can give at most "a second-hand certainty and rests on comparison; it can never be altogether certain and complete . . ." (Jacobi 1819, 210/1988, 120-21). Feuerbach similarly asserts that "all proofs [of God's existence] give no satisfactory certainty" (WC 317/204), but his point is that proofs of God's nonexistence are in the same boat. With them, too, one can always look for weak points, challenge premises or inferences, continue to withhold full conviction from the conclusion, not be certain that God does *not* exist.

Jacobi famously says that his goal "is to unveil, to reveal existence [*Dasein zu enthüllen, und zu offenbaren*]." (Jacobi 1819, 72-74/1988, 95-96.) Feuerbach describes his own project by quoting Jacobi's well-known programmatic phrase. Feuerbach says, "Not to invent -- to discover, 'to unveil existence [*Dasein zu enthüllen*],' has been my only goal; to *see* correctly [*richtig zu* sehen] my only endeavor" (WC 18/xxxvi). Jacobi's remarks are part of his attempt to convince Gotthold Lessing – and, implicitly, Jacobi's reader -- to make a *salto mortale*. Feuerbach is also demanding from his own reader a *salto mortale* but where the leap is a leap of unbelief. Feuerbach is inverting the content of Jacobi's program while accepting its form.

Feuerbach's goal is thus to prompt more than the considered judgment that he thinks is all a proof can provide. He is demanding utter conviction, more specifically, a conviction that removes all doubt of God's nonexistence. In her daily life the true believer simply knows that God exists; in her daily life the true nonbeliever simply knows that he does not.

Now, Feuerbach thinks that sensory perception involves the kind of conviction that has this practical force. Whatever one might say in philosophy class, in daily life one does not doubt what is before one's eyes. For the true believer, Feuerbach thinks, God's existence is not inferred; instead, it is perceived in the world. Jonathan Edwards, an eighteenth century American Calvinist, describes the way the world looks after he has had a religious experience: "The appearance of everything was altered; there seemed to be . . . [an] appearance of divine glory, in almost everything . . . clouds, and blue sky; in the grass, flowers, trees." (Edwards 1935, 60-61) Feuerbach wants there to be the appearance that everything is *not* filled with divine glory but is, rather, solely the material world.

3. Feuerbach's nonbeliever is not merely to hold particular convictions but to live a particular kind of life. In 1853 Jacob Burckhardt writes that the transition in late antiquity from pagan to Christian beliefs involved a change in how people related to the world. "The time was come for human beings to enter into a new relationship to sensuous [*sinnlichen*] as well as to supersensible [*übersinnlichen*] things." (Burckhardt 1853, 158/1949, 124) I take Burckhardt to be claiming that a person has a basic stance or orientation toward the material world -- a way of relating to objects in the world and, indeed, to the material world as a whole -- that informs one's life. The pagan relationship to sensuous things was changed by Christianity. Feuerbach's goal is to prompt yet another such transformation.

The relationship toward sensuous things that Feuerbach wants to leave behind involves the belief that the material world is a realm fit only for our lower nature, a realm that is mere testing and preparation for a later, purely spiritual existence. That relationship involves seeing the world as an intrinsically alien place, a place which is not our true home. By contrast, Feuerbach want us to relate to the world materialistically. It is as if he wants us palpably to feel our essential nature as bodily creatures. We are supposed to feel "at home" as material beings in a purely material world.

4. Feuerbach thus gives an interpretation of Christianity, but why think that his readers will accept it? His goal is to prompt a transformation, but why think that his readers will be transformed?

Feuerbach's answer is that, in fact, his readers already effectively accept his interpretation, are already all-but-transformed. He is, he thinks, merely telling his readers what they already believe but are too faint-hearted to admit. Their lives -- the lives of ordinary Europeans in the 1840's -- are not the lives of genuine Christians. Rather, they live atheistic lives. In their practical dealings with the material world, for instance, in their approach to their health or to their business affairs, they do not rely on God but on human power, knowledge and cooperation (e.g., when they are sick they do not just pray, they call the doctor).[6] Feuerbach thinks that his contemporaries have lost the senses and organs for real Christianity and gained those appropriate to the lives of purely material beings. He is trying to prompt acknowledgment of this fact. Christian belief, Feuerbach says, has begun to manifest an "inner decay" (NRP 217/147).

> [I]t is nothing more than an *idée fixe*, in flagrant contradiction with our fire and life insurance companies, our railroads and steam-carriages, our picture and sculpture galleries, our military and industrial schools, our theaters and scientific museums (WC 29-30/xliv).

Collectively human beings are now increasingly able to control nature, and where they cannot control it they can at least cushion its blows ("our fire and life insurance companies"). There is less need to substitute God for humanity. With the increase of human powers the need to turn to a transcendent entity has faded. A faith that genuinely believes in miracles is no longer needed. Feuerbach even declares that "Christianity has really ceased to exist" (NRP 217/147; see also WC 29-30/xliv).

All this may explain why Feuerbach seems oblivious to the genetic fallacy in his view, namely, that the psychological impulses to faith are irrelevant if there is a sufficient basis (cogent argument, powerful religious experience) for faith. For he is not trying to convince the unconvinced but to reveal to agents their own half-repressed, anti-religious beliefs (NRP 218/148). In principle, one could acknowledge the psychological impulses to which Feuerbach points and yet still be a Christian. In practice, he is confident that one will not.

Now, Feuerbach is surely wrong that people's reliance on doctors or the proliferation of inventions entails that religiosity is decayed (at about this time, Marx is pointing out that it flourishes in that most modern society, the United States; see ZJ 352/151). My exegetical point is merely that Feuerbach thinks that his message – that atheism is the secret of religion -- is one for which his contemporaries have been well-prepared.

Interestingly, David Hume, in the *Natural History of Religion*, makes a similar claim. Like Feuerbach, Hume sees religious belief as generated by psychological needs; for Hume, hope and fear (see Hume 2007, 39). However, unlike Feuer-

---

6 In an 1841 review of a book on Christian medical treatment, Feuerbach points out that even avowedly religious physicians, who ostensibly attribute all illness to sin, nevertheless treat their patients with medicine rather than with prayer alone (CA 115-142).

bach, Hume seems aware of the genetic fallacy. He quotes "a Greek historian" who remarks that the gods generated fear so that human beings would come to believe in them (the gods "chastise men into a reverence for the gods", Hume 2007, 42-3). Gods like this might be morally suspect, but (as Hume seems to acknowledge) their existence is consistent with such a psychological spur to religious belief. At one point Hume even seems to think that if his analysis is to carry conviction it will be because actual religious belief is now anemic, because his eighteenth century readers are ready for his tale. He remarks that most people are not deep believers. "The usual course of men's conduct belies their words and shows that their assent in these matters is some unaccountable operation of the mind between disbelief and conviction, but approaching much nearer to the former than to the latter." (Hume 2007, 72) If hope and fear are the sources of our religious belief, knowing this fact will enable us to shed such belief only if our hopes and fears are either not so great or can be handled in other ways. Hume seems to think that, at least among his contemporaries, this is the case. Like Feuerbach, Hume seems to think that his readers are prepared for a proper perception of the world.

5. To see Feuerbach as attempting to prompt a change analogous to a religious conversion might seem to fit poorly with his characterization of himself as a "natural scientist of the mind [*ein geistiger Naturforscher*]" (WC 16/xxxiv). For that conjures up the image of someone providing a theory to account for data. And in the preface to the first edition of the *Essence* Feuerbach does say that "The content of this work is pathological or physiological" (WC 7). His analogy is to getting past the surface of a body to the hidden source of disease -- a variant of the view, of which Feuerbach is fond, that science reveals the hidden structure of the world. Clearly, part of what it means to be a natural scientist of the mind is to uncover the psychological structures behind the phenomena of religious belief.

Nevertheless, Feuerbach insists that his scientific analysis is always tied to a therapeutic goal (WC 7).[7] There are two things to note about this goal. To begin with, in the page leading up to his methodological assertion Feuerbach refers to the *Essence*'s *a priori* proof that the secret of theology is anthropology (WC 6). This "proof" is simply Feuerbach's interpretation of religious belief. And as discussed above, he believes his interpretation will convince his readers because he thinks it is in tune with the age.[8] All that is left of Christianity, he says, is a specter in the head (WC 6). Now, Feuerbach considers this specter scientifically irrelevant. He even disdains as "without any philosophical interest" the task of proving that it is in fact merely a specter (WC 6). It is in this context that Feuerbach announces his therapeutic goal: not to argue against but to exorcise the specter. That this task is still needed, he says, is due solely to the cowardly character of the age (WC 6).

---

7 See also Feuerbach's letter to the publisher of the *Essence* where he claims that at the root of the book is a "profound, practical interest" (AB, vol. 2, 55).

8 The preface stresses this point: the formerly "supernatural and superhuman content of Christianity has long been completely naturalized and anthropomorphized" (WC 6).

Second, the therapeutic analogy that Feuerbach invokes is hydrotherapy. "The goal is . . . instruction on the need and use of the cold waters of natural reason" (WC 7). The analogy is instructive. In the Germany of this period cold water baths were prescribed for a variety of ailments as a form of nature cure. The most famous bath of the time was run by the Silesian peasant Vincent Priessnitz. Far from being an elegant spa where one drank or bathed in mineral waters, Priessnitz's establishment used pure water, a simple diet and a regimen of exercise. Hydrotherapeutic treatment in lay establishments of this era often demanded a change in one's life, usually including a moment of personal conversion.[9] Feuerbach thus aspires to be the hydrotherapist of the religious consciousness, baptizing us in unbelief. He thus does always have a therapeutic goal, namely, to transform our orientation to the world. Yet far from disenchanting the world, this transformation will retain the meaning-giving force of religion but now in an atheistic form. It will give "to common things an *uncommon* significance, *to life, as such, a religious significance*" (WC 419/278). For the Feuerbachian atheist, life is as meaningful as for any devout theist.

§3

1. For Feuerbach, philosophy is another spiritual ailment of the age. And so in 1843 he publishes both *Provisional Theses for the Reformation of Philosophy* and *Principles of the Philosophy of the Future*. These are intended to provide an analysis of philosophy in parallel to the analysis of Christianity.

These texts are not sober, academic treatises. They read more as manifestoes. There is little argument, and crucial claims are made via table-thumping. For instance, Feuerbach rejects Cartesian doubt with such ringing declarations as: "*Indisputable and immediately certain* is only that which is *an object of the senses, perception and feeling*" (G §38, 320/55); and: "Only through the *senses* is an *object* given *in a true sense*" (G §33, 316/51). Such pronouncements could be taken as asserting, without argument, an empiricist position. One would then see Feuerbach as engaged in the usual academic swordplay – asserting one philosophical position against another – but just doing it rather badly.

I will not read him this way. Aside from interpretive charity, there are three reasons not to do so.

First, Feuerbach insists that the method of the analysis of philosophy is the same as that of the analysis of Christianity (VT 244/157). If the latter abstains from the usual forms of argumentation and rests on transforming the reader, so should the former.

---

9 On Priessnitz and other German water healers of the time, see Susan Cayleff (1987, 19-24); Vladimir Krizek (1963, 140-142); and Alfred Martin (1906, 367-398).

Second, before this period Feuerbach had published a book on the history of modern philosophy.[10] He is surely aware that baldly to insist on the reliability of "that which is *an object of the senses*" is less than philosophically respectable.

Third, Feuerbach exhorts his reader to do more than digest intellectual theses. His new philosophy, he says, involves "the following categorical imperative: Desire not to be a philosopher, *as distinct from a human being*; be nothing else than a *thinking human being* . . . think as a *living and real being*" (G §52, 334/67). Elsewhere he declares, "True philosophy does not consist in making books, but in making human beings" (Fr 180/295). He goes so far as to assert that properly to grasp philosophical truth involves something more than intellectual competence: one must be a certain kind of person, namely, "a real and complete being" (G §50, 333/66).[11]

The *Theses* and the *Principles* are, then, something other than bad attempts to defend a philosophical position. The goal of Feuerbach's treatment of philosophy is transformation. As with his Christian reader, Feuerbach thinks that he can transform his philosophical reader because he thinks that, in practice, this reader already accepts his claims, is already all-but-transformed.

We can take as an example here the question of the existence of the external world. Feuerbach thinks that if in our daily lives we relate to the world as strictly material beings, then we can easily come to acknowledge ourselves *as* such beings, and if we do so, we will also "acknowledge that . . . *seeing* is also *thinking*, that the *senses* too, are the *organs of philosophy*" (AP 145/137). By the claim that the senses are the organs of philosophy, Feuerbach means more than that the senses are the instruments of natural science through which we learn truths about the material world. His point is also that the deliverances of the senses are reliable. And if that is so, then the external world exists.

The move here is not supposed to be inferential -- the agent affirms the reliability of her senses, notes that her senses seem to register an existing extra-mental world, and then concludes that such a world exists. Rather, if the agent acknowledges the

---

10 See Ludwig Feuerbach, *Geschichte der neuern Philosophie von Bacon von Verulam bis Benedikt Spinoza*, *Gesammelte Werke*, vol. 2.

11 In line with this last point consider also Feuerbach's description of philosophy's subject matter. "Philosophy," he says, "is the knowledge of *what is*. Things and essences are to be thought and to be known *just as they are* -- this is the highest law, the highest task of philosophy" (VT 251/162). This seems quite traditional, an echo, presumably, of Hegel's claim in *The Philosophy of Right* that "To comprehend *what is*, is the task of philosophy." (See Hegel, 1970, 26/1991, 21.) But what *is*, for Feuerbach, are merely material beings in a material world. What is, is what is there to be seen directly and on the surface, to be registered by the senses. Feuerbach acknowledges that to those with academic blinders his way of doing philosophy will seem superficial. "To have articulated what is *such as it is*, in other words, to have *truthfully* articulated what truly is, *appears superficial*. To have articulated what is *such as it is not*, in other words, to have *falsely* and *distortedly* articulated what truly is, *appears profound*" (VT 251/162; see also WC 17/xxxv and G 264/3). Feuerbach's claim, of course, is that, taken properly, his is the genuinely profound view. Crucially, he insists that properly to grasp what *is* -- "[t]he real in its reality and totality" -- involves something more than mere intellectual competence: one must be a certain kind of person, namely, "a real and complete being" (G §50, 333/66).

nature of the life that she actually leads – a life in which she constantly interacts with and increasingly controls a material world registered via the senses -- philosophical doubts will not arise. One will simply acknowledge what one is, that is, a material being in a material world. It would not be incoherent to wonder whether the external world exists, anymore than it would be incoherent to wonder whether miracles had occurred but, as before with miracles, Feuerbach's claim is that one will not do so.

2. What Feuerbach objects to is seeing abstract theory – theory separated from practical engagement in the world -- as the road to truth about the most important matters. His target is less a particular philosophical position than the belief that the most profound truths are arrived at in the study.

Feuerbach does think that there are profound truths, and it is correct to attribute philosophical theses to him, for instance, a certain form of metaphysical materialism. However, I take his claim to be that the point of being a "materialist" is less accepting a theoretical proposition than having the proper way of relating to the world, having the proper "relationship to sensuous . . . things," in Burckhardt's phrase. If one relates properly to sensuous things, one will be a materialist in practice, and to acknowledge one's own practical materialism will be to "solve" the philosophical problem. If one comes to see one's practical life in the material world as one's real and essential life, then philosophical questions, say, about the existence of the external world, will be taken to be so obviously and completely answered by the deliverances of the senses as to forestall further reflection. The flight to philosophical abstraction will never take wing.

§4

1. Let's turn briefly now to the 1844 Marx. Like Feuerbach, Marx takes a diagnostic approach to the source of philosophical problems. For instance, consider what Marx calls the "abstract enmity between sense and spirit," that is, the mind/body question. The question of their relation and comparative priority is only "necessary," Marx says, "so long as the human sense [*Sinn*] for nature, the human sense [*Sinn*] of nature, and therefore also the *natural* sense [*Sinn*] of *the human being*, are not yet produced by the human being's own labor" (ÖpM 552-53/312). The philosophical question has bite only because social relations do not yet enable "the human sense [*Sinn*] for nature" to be produced in the proper way. Presumably, it would be produced properly under communism, and then the philosophical question would disappear -- no longer have bite, no longer be taken seriously.

For the 1844 Marx, philosophical questions, as questions to be answered by abstract thought, arise only because of the alienated conditions of our actual lives. In a different society, a communist society, "subjectivity and objectivity, spirituality and materiality, activity and passivity [would] lose their antithetical character, and thus their existence as such antitheses" (ÖpM 542/302). They would then no longer need answers of the kind that philosophers give. Feuerbach distinguishes between "a philosophical need" and "a need of humanity" (NPR 215/145). On Marx's account, traditional philosophical questions seem to correspond to a need of humanity only under certain social conditions. In fact, most do not correspond to such a need. Change social conditions and the question will not be asked. That is why Marx feels that he can declare communism to be "the true solution to the strife between existence and essence, between objectification and self-confirmation, between freedom and necessity, between the individual and the species. Communism is the riddle of history solved, and knows itself to be this solution" (ÖpM 536/296-97).[12]

We can thus see that Marx accepts Feuerbach's insistence on a self-certifying perception as the basic epistemic criterion. Indeed, he explicitly endorses this criterion, lauding Feuerbach's commitment to "the self-supporting positive, positively based on itself [*das auf sich selbst ruhende und positiv auf sich selbst begründete Positive*]" (ÖpM 570/328). As an example, take Marx's discussion of the creation. The proper account, Marx says, would be visible to socialist workers in their daily work.

> [F]or a socialist human being the *entire so-called world history* is nothing but the creation of human beings through human labor, nothing but the development of nature for human beings, so he has the visible [*anschaulichen*], incontrovertible proof [*unwiderstehlichen Beweis*] of his *birth* through himself, of his *genesis*. Since the *essential reality* of human beings and nature . . . has become evident in practice, sensuously perceptible [*sinnlich anschaubar*] the question about an *alien* being, about a being above nature and human beings -- a question which implies the admission of the unreality [*Unwesentlichkeit*] of nature and of human beings -- has become impossible in practice. (ÖpM 546/305-06)

In a communist society practical life will be the "incontrovertible proof" that humanity continually creates itself and the world that it inhabits by the continual transformation of itself and nature (see ÖpM 542-43/302-03). Yet Marx cannot mean that this process creates nature and humanity literally *ex nihilo*. At most labor shapes nature. The material world is already there. Nor can he mean that under communism individuals could not abstract from their immersion in the transformation of nature and ask about the status of nature as a whole. I take his point to be that the question would no longer be taken seriously. One would not feel a need to ask a global question on that model (a question such as: What is the cause of everything?). The daily development of humanity and nature before one's eyes in the work process would forestall it. That is the sense in which a question would "become impossible in practice."

I am attributing to the 1844 Marx a sociological hypothesis and a diagnostic philosophical thesis. The sociological hypothesis is that under changed social conditions certain things -- for instance, people asking about the creation -- would not occur. The diagnostic thesis is that to ask certain kinds of abstract questions re-

---

12 See also his praise for Feuerbach's "proof that philosophy is nothing else but religion rendered into thought and expounded by thought, i.e., another form and manner of existence of the alienation of human nature; hence equally to be condemned" (ÖpM 569/328; see also ÖpM 572/331).

quires one to detach oneself from one's daily work activities and one's ties to one's fellow-workers, and to regard the world as distinct from one's own and one's fellow-workers' activities. The reason that one asks the questions from such a detached standpoint is that one believes that doing so is the way to get to some deeper truth, a truth not accessible through ordinary practical activity. For Marx, this is the false step. But of course one can see that the step is false only once the social conditions that make it seem alluring have been changed. The therapy that goes with Marx's diagnosis is not intellectual transformation (as with Feuerbach) but social revolution.

2. I want to note one more element of Marx's 1844 view. The 1844 Marx has (a) a conception of how human beings realize their nature and (b) a conception of how this first conception is justified.[13] I attribute the following theses to the 1844 Marx:

(1) The good life for human beings crucially involves engaging in the transformation of the material world in order both to express one's individuality and to sustain the existence of oneself and other human beings at an increasingly high material level. This is the central activity – the essential activity -- through which we realize our nature, which I equate, for the 1844 Marx, with leading the good life for a human being.[14]

(2) The proper structure of this activity involves a particular relationship between producers and consumers, one in which producers intend to benefit consumers through their productive activity and consumers recognize and appreciate this intention.[15]

(3) The proper justification for Theses (1) and (2) comes via the practical lives of agents in a communist society. In her daily practical life such an agent would "see" the truth of Theses (1) and (2).

Thesis (3) is clearly Feuerbachian. Feuerbach thinks that our senses interpret the world differently in different eras (see WC 317-20/204-06, G §15 286/23). Marx agrees: "The sensuous consciousness of the fetish-worshipper is different from that of the Greek, because his sensuous existence is different" (ÖpM 552/312). Feuerbach also says that the senses can be the organs of philosophy (AP 145/137). Again, Marx agrees: in a communist society, "[t]he senses have . . . become *theorists* directly in their practice" (ÖpM 540/300); in such a society "the *essential reality* of human beings in nature . . . has become evident in practice, sensuously perceptible" (ÖpM 546/305). For Marx, as for Feuerbach, the proper justification of claims about the human essence, and so about the content of the good life for human beings, occurs through living a certain kind of life ("the solution to theoretical riddles is the task

---

13 For more detailed investigation of the themes addressed below, see my "Justifying a Conception of the Good Life: The Problem of the 1844 Marx," *Political Theory*, vol. 29, no. 3, June 2001.
14 I am thus attributing to Marx a self-realization account of the good life. Other commentators who attribute such an account to Marx are Allen Wood (1981) and Jon Elster (1985). Many writers have pointed out Marx's 1844 stress on human beings as producers. See, among others, Hannah Arendt (1958), Allen Wood (1981) and Louis Dupré (1983).
15 For a sketch of a somewhat different Marxian ideal (not derived from the 1844 texts), see Gerald Cohen (1990, 381-382).

of practice and effected through practice"; ÖpM 552/312). In a communist society, one would be transformed, live a different life, and in that different life the truth of Theses (1) and (2) would be "sensuously perceptible," self-evident (just as Feuerbach thinks God's nonexistence is now self-evident). Marx takes this to be the proper justification of Theses (1) and (2). Such Feuerbachian reliance on a self-certifying perception is, in effect, Thesis (3).

Two points should be made about all this. First, the self-certifying perceptions stressed by Feuerbach and Marx have conceptual content. The Feuerbachian atheistic perception is "God does not exist." The Marxian perception is "Human beings are essentially P." The idea that the senses are organs of philosophy (AP 145/137) or that under communism the senses will become theorists (ÖpM 540/300) is the idea that, under proper conditions, certain truths (certain true propositions) about the world and about human beings will simply be there to be read off the face of things. Moreover, at least some of these perceptions have normative conceptual content. Communists perceive the (real) content of the good life.

Second, Marx's desired justification of Theses (1) and (2) comes via life in a communist society, but it would be nice if Marx could justify his claims prior to communism, that is, here and now.[16] Unfortunately for Marx, here and now the evidence would be against him. In the lives of most people under capitalism, necessary labor does not seem central to the good life. Marx himself stresses that under capitalism workers consider labor a chore to be avoided, to be "shunned like the plague" (ÖpM 514/274).For most people, the good life begins at quitting time. In a capitalist society – that is, here and now -- most people would reject Thesis 1 (making Thesis 2 moot).[17]

Feuerbach claims that an obvious fact about human beings -- that we are embodied beings in a material world -- is more than an obvious fact. It reveals what is essential to our nature. Marx is also claiming that an obvious fact -- that we transform the material world -- reveals what is essential to our nature. Feuerbach thinks that we can easily come to see the second point. We can be converted to it here and now, can immediately "have the unclouded light of truth before our eyes" (WC 415/275). With respect to Thesis (1), the claim that necessary labor is the activity central to the good life, Marx cannot appeal to anything of this kind. Agents' experience under capitalism is dramatically at odds with Thesis (1). Under capitalism, necessary labor tends to be poorly paid and unpleasant, and one has little choice about the kind of labor one does: agents' practical lives seem to give them good reason to reject Thesis (1).[18] Under capitalism, agents' normative perceptions (at least an important set of them) are false. Marx thus seems unable to give us a reason

---

[16] Marx, himself, may have felt little need to justify his claims in his pre-communist present, for he believed that material conditions would soon drive the workers to revolt, and so communism would soon arrive.

[17] Marx would also have problems in getting his contemporaries to accept Thesis (2). The relevant intention does not seem to be present in ordinary work life, and consumers surely do not believe that it is there.

[18] On the worker's attitude to his work under capitalism, see John Plamenatz (1975, 124-132).

here and now to think that Theses (1) and (2) are true.[19] I will return to this issue in §6.

§5

1. Let's now situate Feuerbach and the 1844 Marx in terms of their preferred roads to conviction. Each specifies *a standpoint* such that judgments or responses from that standpoint are authoritative. This general type of view is found across many intellectual traditions, from Adam Smith's standpoint of the impartial spectator to György Lukács' standpoint of the proletariat.[20]

There are many distinctions to be made about standpoints. I will keep to three. The first is between *artificial* and *natural* standpoints. An artificial standpoint is constructed to surmount the foibles of ordinary human life. Examples are Roderick Firth's ideal observer and John Rawls's original position. Firth says of the ideal observer that "he is omniscient with respect to non-ethical facts . . . omnipercipient . . . disinterested . . . dispassionate . . . [and] consistent." (Firth 1952, 333, 335, 335, 340, 341). The responses of such a being, Firth says, are authoritative in the sense that "we are likely to rate moral judges by reference to their similarity to an ideal observer . . . [A]ny plausible description of an ideal observer will be a partial description of God, if God is conceived to be an infallible moral judge." (Firth 1952, 333)

The ideal observer is reached via massive addition to our ordinary capacities. By contrast, the original position is reached via massive subtraction from our ordinary knowledge – one is "veiled" from knowledge of one's gender, race, etc.[21] Here, too, however, what is supposed to make the standpoint authoritative is precisely that it transcends the distortions of our ordinary condition. In each case the preferred standpoint is reached by abstracting from the normal conditions of human judgment, response, and preference.

---

19 Commentators have sometimes stressed a different problem with the justification of Marx's normative account: it seems to require that one take the standpoint of a true communist society, but the claim that "being determines consciousness" seems to make doing so impossible here and now, i.e., in a capitalist society. For a subtle variant of this problem, see Shlomo Avineri (1968, Chapter 3); for a suggestive discussion, see R. N. Berki (1983). What has not been noticed is the particular form that this problem takes in the work of 1844, the specific justificatory -- not metaphysical -- difficulty that the 1844 Marx has generated for himself. Paul Ricoeur does note that there is a justificatory circle in the *Manuscripts* (see Ricoeur, 1986, 57-59). However, Ricoeur does not see the form the circle takes. He cites Heidegger approvingly as having claimed that "every good philosophical work is circular in the sense that the beginning belongs to the end; the problem is to enter correctly into the circular movement" (see Ricoeur 1986, 57). But the problem for the 1844 Marx is that he is committed to the claim that it would be irrational, indeed inconsistent, to enter the circle: it would be to defy common sense, the way the world looks, as well as Marx's own methodological pronouncements. This is a deeper problem than Ricoeur sees.
20 See Adam Smith (2002) and see György Lukács (1923/1971).
21 See John Rawls (1999, §24).

A different class of views highlights what is conceived to be the *natural* standpoint. One finds this in many places, for instance, in Rousseau's praise of savage man. The thought is that our ordinary lives have been distorted by something (usually, by society; here is Rousseau: "Everything is good as it comes from the hands of the Author of things; everything degenerates in the hands of man" (Rousseau 1966, 35/1979, 37), but if we could get back to a purely natural standpoint, one unencrusted with social prejudice[22] (a *properly* normal condition), we would have no reason to question the judgments, responses or preferences from it.[23]

Note that the artificial/natural axis is orthogonal to current metaethical discussions. The judgment of the ideal observer or a choice from the original position could be construed either as embodying a constructed output that it is reasonable to defer to or as capturing an independent moral reality. (The original position was initially seen as "the moral point of view.")[24] Similarly, getting to the natural standpoint could be characterized as the route to moral reality or as the route to a position from which judgments are to be deferred to, taken seriously, and so forth. In general, the claim about a standpoint is that it sheds distortion, but what one *gets* from shedding distortion can be seen under more than one metaethical description.

A second distinction is between obtaining an output from a standpoint via argument versus via a form of response, be it a feeling or a perception (each of which could find articulation in a judgment). The original position is the paradigm of the first. Once arrived at the original position, one must argue that the parties there would have sufficient reason to choose Rawls's two principles rather than the principle of average utility. By contrast, with the ideal observer the output comes not through a process of argument but as a consequence of the observer's responses. (Firth 1952, 320, calls this a "dispositional analysis.") For either standpoint SP, an argument is needed to get one to adopt SP but, within SP, a view might rely on extended argument (Rawls) or it might not (Firth).

Finally, we can distinguish between having confidence in the output of a standpoint because of the nature of the standpoint and having confidence because of the experience that one has *within* the standpoint. At issue is the direction in which confidence runs. Is it that one's belief about what standpoint SP *is* (for instance, that it instantiates the moral point of view) makes one believe that SP's output is authoritative, or is it that the experience of confidence within SP is so compelling

---

22 This metaphor is taken from Rousseau. See Jean-Jacques Rousseau (1971, 150/ 1997, 124).
23 A third class of views might be put between the first two. Here, what is to be reached is an *educated* standpoint, but reaching such a standpoint is a possibility (depending on the account) for a few, for many, or even for all human beings. If we fail to get there it is for garden variety reasons: inept parents or schools, comparative incapacity that is not compensated for by good parents or schools -- things along those lines. Aristotle's *phronimos* is an example of a being who has reached the desired standpoint.
24 Here is Samuel Freeman: "Rawls's idea of the original position, as initially conceived, is his account of the moral point of view with regard to matters of justice." See Samuel Freeman, "Original Position," in *The Stanford Encyclopedia of Philosophy*, http://plato.stanford.edu/entries/original-position/.

that it seems to certify the accuracy of one's claims about SP? On the latter picture, the standpoint is taken to be *self-certifying*.

2. Using these categories, we can see that Feuerbach and the 1844 Marx have (i) natural standpoint views, (ii) response rather than argument standpoint views, and (iii) self-certifying standpoint views. Let's go through these in turn.

First, each of Feuerbach and Marx believes that our current standpoints are in some sense distorted or problematic but that there is a standpoint from which perceptions and judgments would be reliable. Such a standpoint (that of the wholehearted atheist, for Feuerbach; that of communist society, for Marx) is natural in the sense that what is needed is to strip distortion away to get us to where our natural perceptions and judgments will function properly. Under the right circumstances we will not need to take a standpoint in which we imagine ourselves with artificially inflated capacities or artificially deflated self-knowledge.

Second, each writer insists that what one gets from the proper standpoint is a changed view of the world. One does not merely judge, "X is the case." The very appearance of things is different. How one sees the world, how one responds to it, is different. Putting the point dispositionally, in a communist society one is disposed to perceive the good life to be what Marx claims it is (one is disposed to perceive the truth of Theses (1) and (2)).

Third, each writer has an account of what would make his favored standpoint reliable but, for each, the justification of that account is post hoc – it is the self-certifying conviction that one gets within the favored standpoint. Feuerbach tells a tale of how psychological needs have enabled Christian belief to distort the way we see our lives in the world. If this tale is true, then Christian belief is at least suspect. Similarly, Marx explains how capitalist social relations have distorted the lives we live as well as our current beliefs about human nature and human self-realization. If his explanation is true, these beliefs are at least suspect. Nevertheless, for both Feuerbach and the 1844 Marx, what confirms the truth of their claims is the experience that one has – more accurately, the life that one leads – once one has attained the favored standpoint. It is not that one now sees new data that any rational person should accept as decisive, or that one is now convinced by a new and compelling argument. Rather, it is because one is enmeshed in the world in a certain way that the Feuerbachian and 1844 Marxian claims seem so obvious as to need no further justification.

With most standpoint theories, the real work is done by the account of the standpoint. An argument is given to convince us that judgments, responses, preferences from such a standpoint have authority. If one accepts the argument *about* SP, and accepts that *within* SP one gets content C, then one ought to accept content C. That is neither Feuerbach's nor the 1844 Marx's route. Feuerbach has no interest in the mere affirmation of a proposition without a change of life that certifies itself. As we have seen, Marx's position is trickier. He does make affirmations that he believes are true even though he is not making them from the standpoint of a communist society. Yet he is clear that the ultimate and decisive form of justification for his claims are agents' perceptions within the way of life of a communist society, and that such agents would neither need nor seek reassurance that communist society does in fact reveal truth.

Let's go back to this essay's epigraph. Sidgwick asks whether a "true" first principle has a distinguishing mark other than its seeming self-evidence. Here are two ways that something might be self-evident. First, one might judge that the reasons in favor of Thesis Alpha are *clearly* stronger than the reasons against Alpha. One puts the reasons in favor of Alpha in one pan of the scales and the reasons against in the other, and there is no question about which way the scales tips. That Thesis Alpha tips the scales is "self-evident to the mind that contemplates" the reasons pro and con Alpha. Alternatively, one might simply see something as an X. In a different context, Stanley Cavell notes that when one sees the duck in the duck/rabbit image, one sees all and only the duck. Nothing is left over. The image is *obviously* a duck.[25] The contrast is this. On the scales model, I examine both pans of the scales and find the considerations in one pan to be "weightier." I make an on-balance judgment that thus-and-so is the case (that Thesis Alpha is true). However, when I see certain lines as the duck's bill, I do not *also* see those lines as the rabbit's ears, compare the evidence pro and con, and make an on-balance judgment in favor of the duck's bill. Rather, the duck "silences" the rabbit. I do not see the rabbit at all. By contrast, one side of the scales does not silence the other.[26]

When Feuerbach says that "all proofs [of God's existence] give no satisfactory certainty" (WC 317/204) and similarly rejects giving proofs that God does not exist, he is rejecting the scales model of self-evidence. He is urging that conviction of God's non-existence should be as palpable as seeing only the duck, and so not seeing the rabbit at all -- with the added proviso that one will never again see the rabbit. This is also the 1844 Marx's picture of proper conviction, at least about such things as the content of the good life for human beings. And for both writers, only a being who has the proper perceptions is living the proper kind of life. What is self-certifying, on this sort of account, is perceptual self-evidence with respect to certain features of human life. To seek for some further truth-making characteristic here – something that would tip the scales to enable one to judge that, on balance, thus-and-so is the case –would be to seek for precisely the wrong thing.

§6

1. Feuerbach and the 1844 Marx (at least the part I have highlighted) are focused on different things. Feuerbach is focused on religious and philosophical beliefs. Marx is focused on human nature and the activity central to the good life for human beings. Of course, there are overlaps. For instance, the 1844 Marx more or

---

25 Stanley Cavell discusses the duck/rabbit image as a model for interpretation at Stanley Cavell 1981, 36.
26 The metaphor of silencing comes from the work of John McDowell (1998, 77-94, 50-76, 3-22).

less accepts Feuerbach's critique of philosophy, and Feuerbach believes that his own views have political implications, something Marx, himself, also believes.[27] Still, so far as each stresses a self-certifying perception, what is perceived is not the same.

Here are three differences between Feuerbach and the 1844 Marx. First, the Feuerbachian form of conversion is merely acknowledgment; the Marxian form is fundamental change. For Feuerbach, our deepest beliefs are as they should be. Our problem is merely that we fail to admit those beliefs to ourselves. His therapy is supposed to induce us to acknowledge what we already believe. By contrast, for the 1844 Marx, our deepest beliefs are not in the least as they should be. They are deeply wrong. For Feuerbach, there is a gap between my (true) beliefs and my (false) perceptions. Acknowledging my beliefs will change my perceptions and eliminate the gap. For the 1844 Marx, there is no gap between my (false) beliefs and my (false) perceptions. The task is not to eliminate a belief/perception gap but to change both. Saul of Tarsus did not need to acknowledge that he had long believed that Jesus was the Messiah. At time T, Saul very much did not believe this. At time T+1 he – or, rather, Paul -- very much did. Saul was not lacking in knowledge of his own beliefs. He did not come to self-understanding; he changed. Marxian conversion is change rather than acknowledgment.

Second, the route to Feuerbachian conversion is via each individual's psychology. Social context is not irrelevant, but it does not have to be altered. Since the modern social context is already "materialist," Feuerbachian individuals are ripe for Feuerbachian conversion. Social context need not change. Only individuals need to do so. By contrast, for the 1844 Marx, the social context is all wrong and so individuals *cannot* change. Were the context right, they would already be changed. The route to change is not individual psychology but social revolution.

2. The third difference concerns the source of one's confidence in one's perception, confidence that one's perception is not in some basic way distorted either by one's individual psychology or by social institutions.[28] With Feuerbach, let's keep to his critique of religion. Perhaps in the religious sphere successful Feuerbachian therapy is sufficient to give one confidence. Perhaps religious, including atheistic, belief ought to be beyond justification, to be a way of life that one simply inhabits. From within such a life, confidence is, in effect, not an issue. Feuerbach's diagnosis of religious, and specifically of Christian, belief seems to me shallow and unconvincing, but his strategy is not obviously outlandish for its subject matter.

Other areas of life might be different. For instance, writers such as David Hume (in "Of the Standard of Taste") think that aesthetic perception is something to be developed. Hume's "true judge" has educated his aesthetic perceptions through

---

27 I have mentioned (§4) Marx's endorsement of Feuerbach's commitment to "the self-supporting positive" (ÖpM 570/328). See also Feuerbach's talk of how "future generations" will "act in a pure and human fashion" (G 264/3). And see Marx's 1844 letter to Feuerbach in which he says that Feuerbach's writings "have provided . . . a philosophical basis for socialism" (BF 63/354).
28 For the introduction of "confidence" in this sort of context, see Bernard Williams (1985, 170-171). Williams' use of the concept is rather cryptic. My use does not always track his.

experience and reflection.²⁹ No doubt, a true judge has some innate aesthetic sensitivity; nevertheless, he has confidence in his perceptions because they are not merely natural and spontaneous but properly educated. By contrast, for Feuerbach, there is no need for an educated route to the perception of God's absence in the world. That perception is self-certifying. Feuerbach does have a diagnostic account to explain existing religious belief, but the account has no educative role in getting to proper perception. At most the account *causes* the scales to drop from one's eyes. As therapy, Feuerbach's is, in essence, shock therapy.

Self-certifying perception or educating one's perceptions might then be different routes to confidence in one's perception in different spheres. With political philosophy, however, at least in the modern world, neither route seems appropriate. Clearly, many of our current perceptions (e.g., about human nature and the content of the good life) might be infected by some form of false consciousness.³⁰ Moreover, in this area there is hardly agreement on what would count as a correct education of perception. Here, I think, we must be content with something less than what one has with Feuerbach's nonbeliever or Hume's true judge.

3. My proposal is this. Suppose that we have good reasons to reject or significantly to discount at least the most worrisome reasons to think that an apparently compelling perception is *not* reliable. Call having such reasons *modest reliability*. And let's say that this is sufficient to have *sufficient confidence* that, in relying on the perception, one is not subject to false consciousness.

Let's now return to the problem that the 1844 Marx has no way to justify Theses (1) and (2) (see §4). His preferred form of justification is proper normative perception (Thesis (3)), but that is currently unavailable. The 1844 Marx might not dispute this. He would simply deny that such a worry would obtain under communism. In a communist society all agents would have the same perceptions of human nature. There would be no need to induce further social change and no need to justify social arrangements to those with different perceptions (were there, somehow, to be such people).Communists would have plenty of confidence in their perceptions.

Of course, that Marx could say this about communist society hardly handles the issue in the present. Perhaps in modern American society some people do (somehow) perceive human beings as P, that is, as what the 1844 Marx claims we are. Others surely perceive human beings as Q or R or S, and so forth. And even those who perceive human beings as P ought to wonder whether they are justified in doing so. In the here and now, an appeal to a self-certifying perception cannot be the right way to go.

It might seem, then, that for modern political philosophy the 1844 Marxian stress on perception is a non-starter. The thought that one must just *get it* about human beings as a basis for an account of desirable social institutions might seem

---

29 See David Hume (1985, p. 241). Hume's true judge is the analogue of the person in footnote 23 who has had an education of her moral capacity so that its verdict is thought to be reliable.
30 For an excellent discussion in this area, see Michael Rosen (1996).

quite wrong-headed. However, in closing I want to note that in his stress on just getting it Marx is actually in line with some prominent writers in the western tradition of political philosophy. For instance, here is Hobbes in the "Introduction" to *Leviathan*:

> But let one man read another by his actions never so perfectly, it serves him only with his acquaintance, which are but few. He that is to govern a whole nation must read in himself, not this, or that particular man; but mankind: which though it be hard to do, harder than to learn any language or science; yet, when I shall have set down my own reading orderly and perspicuously, the pains left another will be only to consider if he also find not the same in himself. For this kind of doctrine admitteth no other demonstration.
> (Hobbes 1996, 11)[31]

In fact, in some sense a political philosophy always proposes a view of human nature, and the reader must always "consider if he also find not the same in himself" – that is, perceives human beings under some particular description.

The problem is this. On Marx's own account, we are unlikely now to find in ourselves Marx's view of human nature. And Marx is surely correct that our current view of human nature might be distorted by current institutions. But then how can we trust any view of human nature – any conception of the person– that we find in ourselves, here and now? Hobbes says that we must simply *get it*, perceive ourselves under a particular description. Marx presses that, at present, what we will get is likely to be distorted and misleading. What seems needed is an account of the conditions under which it makes sense to rely on what we find in ourselves, on our current normative perception, in Sidgwick's terms, on something (here a conception of the person) that is "self-evident to the mind that contemplates" it. We can put the question this way: "When does the conception of the person that we find in ourselves seem sufficiently insulated from worries about social distortion that we can rationally found a political view upon it?" Even a committed Marxian must answer this question.

I end by noting several possible answers.

(1) One always accepts the conception of the person that one finds in oneself. This means accepting whatever conception one happens to have at a given time, place, and culture. Marx would not be alone in thinking that this is too capacious. Surely, there is something to the thought that our conceptions of the person are deeply affected by social context and sometimes in ways that make them suspect. This answer simply rejects the question at issue.

(2) One never accepts a conception of the person that one finds in oneself. This handles the worry that one's conception might be suspect, but it seems to under-

---

31 See also Rousseau in the "Exordium" to the *Discourse on the Origins of Inequality* (1754): "O Man, whatever Land you may be from, whatever may be your opinions, listen: Here is your history such as I believed I read it, not in the Books by your kind, who are liars, but in Nature, which never lies." See Rousseau, *Discours*, 259/*Discourse*, 133.

mine the possibility of constructive political philosophy. It means that we cannot accept any conception of the person that fits the kind of being that, here and now, we take ourselves to be. And *that* seems to mean that we cannot accept any conception of the person that seems to us, here and now, to give a realistic account of ourselves. But constructive political philosophy involves, explicitly or implicitly, a conception of the person, and surely we want that conception to be – that is, to seem to us here and now to be -- realistic.

(3) One accepts a conception of the person that one finds in oneself if one finds that conception in oneself under properly constructed conditions. The philosophical work is then done in specifying the content of the properly constructed conditions and explaining what makes them proper. This is justification via appeal to an artificial standpoint (see §5).

(4) One accepts a conception of the person that one finds in oneself if that conception is a component of an overall constructive view that, all-things-considered, is more reasonable to accept than any competing view. Rawls's view, in "Kantian Constructivism in Moral Theory," would be an example of this tack. His view involves a conception of the person, that conception is modeled by a standpoint (the original position), and, through that standpoint, the conception is tied to (ostensibly appealing) principles of distributive justice. One might accept this view as all-things-considered the best available, and so one might accept its conception of the person as a component of that view.[32] At this point, however, we should add the requirement of modest reliability. One must also have sufficient reason to think that one's current conception of the person is not clearly suspect, that one's perception of what human beings are like is at least modestly reliable. Suppose now that a view is acceptable in wide reflective equilibrium. Although this claim requires discussion and defense, acceptance in wide reflective equilibrium would be, I think, sufficient to make the view modestly reliable, to entitle us to have sufficient confidence in it.[33]

(4a) A variation on (4) adds time, place, cultural specificity to the view that is accepted. One adds to (4) that for the purposes of political philosophy one accepts a conception of the person that one finds in oneself if (i) that conception is widely shared in one's social world, if (ii) one will use that conception as the basis solely for the institutional arrangements of one's own social world, and if (iii) one again

---

32 See John Rawls (1980). There is some ambiguity here, because one could accept the view as a whole without giving priority to any of its components or one could accept the view as a whole at least in part because one finds one or more of its components extremely compelling for independent reasons. If one of those independently compelling components is a conception of the person, one would be back with the need to explain why we are justified in accepting it merely because it seems (in a given time, place, culture) to be compelling.

33 On reflective equilibrium, see Norman Daniels, "Reflective Equilibrium," *Stanford Encyclopedia of Philosophy*, http://plato.stanford.edu/entries/reflective-equilibrium/.

has sufficient reason to think that this conception is at least modestly reliable. Something like this is developed in Rawls's later theory of political liberalism.[34]

Options (1) and (2) are unacceptable. Marx would reject option (3) as an appeal to abstraction that is itself, he would think, merely the expression of the distortion inflicted by capitalist social arrangements. He would also surely reject (4) and (4a) as, despite all attempts to avoid it, likely to generate outputs that are profoundly distorted by existing arrangements.

We should reject Marx's rejections. We are now, and will remain, in what Marx calls "prehistory" (ZK 9/264). From within it we will need to build a political philosophy on a conception of the person. Options (3), (4) and (4a) seem the ones to pursue (individually or in combination). Each has its pros and its cons. To answer the question as to which (individually or in combination) provides the best basis for a compelling political view would be, I think, to attempt to address a "need of humanity."

Quellen

Feuerbach

AP: "Einige Bemerkungen über den 'Anfang der Philosophie' von Dr. J.F. Reiff," in *Gesammelte Werke*, vol. 9. Berlin: Akademie Verlag, 1970. "On *The Beginning of Philosophy*," translated by Zawar Hanfi, in *The Fiery Brook*. New York: Anchor Books, 1972.

CA: "Zur Charakteristik des modernen Afterchristenthums. Herr D. Nepomuk von Ringseis oder Hippokrates in Pfaffenkutte" (1841), *Gesammelte Werke*, vol. 9.

Fr: "Fragmente zur Charakteristik meines philosophischencurriculum vitae," in *Gesammelte Werke*, vol. 10. Berlin: Akademie Verlag, 1971. "Characteristics Concerning My Philosophical Development," translated by Zawar Hanfi, in *The Fiery Brook*.

G: *Grundsätze der Philosopie der Zukunft*, in *Gesammelte Werke*, vol. 9. *Principles of the Philosophy of the Future*, translated by Manfred Vogel. New York: Bobbs-Merrill, 1966. In this text, section numbers to the German (designated by §) sometimes differ from the English.

NRP: "Notwendigkeit einer Reform der Philosophie," in *Sämmtliche Werke*, vol. 2. Stuttgart: Fr. Frommanns Verlag, 1904. "The Necessity of a Reform of Philosophy," translated by Zawar Hanfi, in *The Fiery Brook*.

VT: "Vorläufige Thesen zur Reformation der Philosophie," in *Gesammelte Werke*, vol. 9. "Provisional Theses for the Reformation of Philosophy," translated by Daniel Dahlstrom, in Lawrence S. Stepelevich ed., *The Young Hegelians*. Cambridge: Cambridge University Press, 1983.

VWR: *Vorlesungen über das Wesen der Religion* (1851), *Gesammelte Werke*, vol. 6. *Lectures on the Essence of Religion*, translated by Ralph Manheim. New York: Harper & Row, 1967.

WC: *Das Wesen des Christenthums*. Berlin: Akademie Verlag, 1956. *The Essence of Christianity*, translated by George Eliot. New York: Harper & Row, 1957.

---

[34] See Rawls (1996). Rawls begins to put things in time/place, etc. terms in the "Kantian Constructivism" lectures, for instance, when he says, at p. 332: "Our aim is to ascertain the conception of justice appropriate for a democratic society in which citizens conceive of themselves in a certain way."

Marx

AM: "Auszüge aus James Mills Buch *Élémens d'économie politique*," in *Marx-Engels Werke*, Berlin: Dietz Verlag, 1981, Ergänzungsband/"Comments on James Mill, *Élémens d'économie politique*," in *Marx-Engels Collected Works*, New York: International Publishers, 1975, vol. 3.

ÖpM: *Ökonomisch-philosophische Manuskripte aus dem Jahre 1844*, in *Marx-Engels Werke*, Berlin: Dietz Verlag, 1981, Ergänzungsband/*Economic and Philosophic Manuscripts of 1844*, in *Marx-Engels Collected Works*, New York: International Publishers, 1975, vol. 3.

BF: "Brief an Ludwig Feuerbach in Bruckberg, Paris, 11. August 1844," in *Marx/EngelsGesamtausgabe*, Berlin, 1975, vol. III/1/"Letter to Ludwig Feuerbach, August 11, 1844," in *Marx-Engels Collected Works*, New York: International Publishers, 1975, vol. 3.

ZK: "Zur Kritik der Politischen Ökonomie. Vorwort," in *Marx-Engels Werke*, Berlin: Dietz Verlag, 1961, Band 13/"Contribution to the Critique of Political Economy, Preface," in *Marx-Engels Collected Works*, New York: International Publishers, 1987, vol. 29.

Sekundärliteratur

Hannah Arendt, *The Human Condition*, Chicago: University of Chicago Press, 1958.

Henri Arvon, *Ludwig Feuerbach ou La Transformation du Sacré*, Paris: Presses universitaires de France, 1957.

Shlomo Avineri, *The Social & Political Thought of Karl Marx*, Cambridge: Cambridge University Press: 1968.

Bruno Bauer, *Kritik der evangelischen Geschichte des Johannes*, Bremen: C. Schünemann, 1840

–, *Kritik der evangelischen Geschichte der Synoptiker*, Leipzig: O. Wigand, 1841-42.

R. N. Berki, *Insight and Vision: The Problem of Communism in Marx's Thought*, London: J. M. Dent & Sons, 1983.

Daniel Brudney, "Justifying a Conception of the Good Life: The Problem of the 1844 Marx," *Political Theory*, vol. 29, no. 3, June 2001.

Jacob Burckhardt, *Die Zeit Constantins des Großen*, Leipzig: E. A. Seemann, Basel 1853, *The Age of Constantine the Great*, Moses Hadas transl., Berkeley and Los Angeles: University of California Press, 1949.

Stanley Cavell, *Pursuits of Happiness*, Cambridge, MA: Harvard University Press, 1981.

Susan Cayleff, *Wash and Be Healed*, Philadelphia: Temple University Press, 1987.

Gerald Cohen, "Marxism and Contemporary Political Philosophy, or: Why Nozick Exercises Some Marxists More than He Does Many Egalitarian Liberals," *Canadian Journal of Philosophy*, Supplementary Volume 16, 1990.

Louis Dupré, *Marx's Social Critique of Culture*, New Haven: Yale University Press, 1983.

Jonathan Edwards, "Personal Narrative," in Clarence Faust and Thomas Johnson eds., *Jonathan Edwards, Representative Selections*, New York: American Book Company, 1935.

Jon Elster, *Making Sense of Marx*, Cambridge: Cambridge University Press, 1985.

Roderick Firth, "Ethical Absolutism and the Ideal Observer," *Philosophy and Phenomenological Research*, vol. 12, no. 3, 1952.

G.W. F. Hegel, *Grundlinien der Philosophie des Rechts*, in *Werke in Zwanzig Bände* [Frankfurt am Main: Suhrkamp, 1970], *Elements of the Philosophy of Right*, transl. H.B. Nisbet, Cambridge: Cambridge University Press, 1991.

Thomas Hobbes, *Leviathan*, Cambridge: Cambridge University Press, 1996.
David Hume, *The Natural History of Religion*, in *The Clarendon Edition of the Works of David Hume*, Oxford: Oxford University Press, 2007.
–, "Of the Standard of Taste," in Hume, *Essays Moral, Political and Literary*, Indianapolis, IN: Liberty Classics, 1985.
Friedrich Heinrich Jacobi, *Werke*, Leipzig: Gerhard Fleischer, 1819, vol. 4, pt. 1, *The Spinoza Conversations Between Lessing and Jacobi*, G. Vallée, J.B. Lawson, and C.G. Chapple transl., Maryland: University Press of America, 1988.
Eugene Kamenka, *The Philosophy of Ludwig Feuerbach*, London: Routledge and Kegan Paul, 1970.
Vladimir Krizek, "History of Balneotherapy," in Sidney Licht, ed., *Medical Hydrology*, New Haven: Elizabeth Licht, 1963.
Friedrich Albert Lange, *Geschichte des Materialismus*, Leipzig: J. Baedeker, 1908, vol. 2, *History of Materialism*, Ernest Chester Thomas transl., London: Trübner and Co. 1880.
György Lukács, "Die Verdinglichung und das Bewußtsein des Proletariats," in Lukács, *Geschichte und Klassenbewußtsein*, Berlin: Malik-Verlag, 1923/ "Reification and the Consciousness of the Proletariat," in *History and Class Consciousness*, Rodney Livingstone transl., Cambridge, MA: MIT Press, 1971.
Alfred Martin, *Deutsches Badewesen in Vergangenen Tagen*, Jena: Eugen Diederichs, 1906.
John McDowell, "Are Moral Requirements Hypothetical Imperatives,", "Virtue and Reason," and "The Role of Eudaimonia in Aristotle's Ethics," in McDowell, *Mind, Virtue, and Reality*, Cambridge, MA: Harvard University Press, 1998.
John Plamenatz, *Karl Marx's Philosophy of Man*, Oxford: The Clarendon Press, 1975.
John Rawls, *A Theory of Justice*, Cambridge, MA: Harvard University Press, 1971; revised edition, 1999, §24.
–, "Kantian Constructivism in Moral Theory," *The Journal of Philosophy*, vol. 77, no. 9, 1980.
–, *Political Liberalism*, New York: Columbia University Press, 1996.
Paul Ricoeur, *Lectures on Ideology and Utopia*, Chicago: University of Chicago Press, 1986.
Michael Rosen, *On Voluntary Servitude*, Cambridge, MA: Harvard University Press, 1996.
Jean-Jacques Rousseau, *Émile ou de l'éducation*, Paris: Garnier-Flammarion, 1966 /*Emile or On Education*, Allan Bloom transl., New York: Basic Books, Inc., 1979.
–, *Discours sur l'origine et les fondements de l'inégalité parmi les homes*, Paris: Garnier-Flammarion, 1971 /*Discourse on the Origin and Foundation of Inequality Among Men*, in Rousseau, *The Discourses and Other Early Political Writings*, Victor Gourevitch transl., Cambridge: Cambridge University Press, 1997.
Henry Sidgwick, "The Establishment of Ethical First Principles," *Mind*, vol. 4, no. 13, 1879.
Adam Smith, *The Theory of Moral Sentiments*, New York: Cambridge University Press, 2002.
David Friedrich Strauss, *Das Leben Jesu kritisch bearbeitet*, Tübingen, C. F. Osiander, 1835-1836.
Marx Wartofsky, *Feuerbach*, Cambridge: Cambridge University Press, 1982.
Bernard Williams, *Ethics and the Limits of Philosophy*, Cambridge, MA: Harvard University Press, 1985.
Allen Wood, *Karl Marx*, London: Routledge & Kegan Paul, 1981.

Simon Derpmann

Eigentumskritik bei Moses Hess

1. Hess, der ›wahre Sozialist‹

Im Oktober 1847 nimmt Friedrich Engels an einer Sitzung im Pariser Kreis des *Bundes der Kommunisten* teil, der in den Monaten nach dem ersten Kongress in London einen Prozess der Selbstverständigung und der Neuorganisation vollzieht. Im Kontext der Auseinandersetzungen über die Deutung der theoretischen Grundlagen der Bewegung wird auf der Sitzung in Paris ein von Moses Hess redigierter Programmentwurf für den Bund in dessen Abwesenheit diskutiert. Engels schreibt wenige Tage später an Karl Marx nach Brüssel:

> „Dem Mosi hab' ich, *ganz unter uns*, einen höllischen Streich gespielt. Er hatte richtig ein gottvoll verbessertes Glaubensbekenntnis durchgesetzt. Vorigen Freitag nun nahm ich dies im Kreise vor, Frage für Frage, und war noch nicht an der Hälfte angekommen, als die Leute sich für satisfaits erklärten. *Ohne alle Opposition* ließ ich mich beauftragen, ein neues zu entwerfen, was nun nächsten Freitag im Kreis wird diskutiert und *hinter dem Rücken der Gemeinden* nach London geschickt werden. Das darf aber natürlich kein Teufel merken, sonst werden, wir alle abgesetzt, und es gibt einen Mordsskandal."[1]

Das politische Manöver von Engels wird zwar durchaus bemerkt, aber der Skandal bleibt aus. Wie von Engels erhofft, verliert die von Hess vorgelegte theoretische Grundlegung der sozialistischen Bewegung innerhalb des Bundes an Boden. Der neue Entwurf, auf den Engels sich in seinem Brief bezieht, führt schließlich dazu, dass nicht Hess, sondern Marx und Engels im Dezember damit beauftragt werden, eine Programmschrift für den Bund zu verfassen, die als *Manifest der Kommunistischen Partei* kurz vor der Revolution noch im Februar 1848 in London veröffentlicht und – dies allerdings erst Jahrzehnte später – zu einem der bedeutendsten politischen Texte des Jahrhunderts wird.

Der ‚höllische Streich', den Engels spielt, mündet in die scharfe Zurückweisung von Hess und anderen Vertretern des *wahren Sozialismus* im kommunistischen Manifest und letztlich in den endgültigen Bruch mit Hess.[2] Diesem Bruch gehen einige Jahre der Kooperation mit Hess voraus. Marx und insbesondere Engels begeg-

---

1 Brief Engels an Marx 25./26.10. 1847 (MEW 27, 98).
2 Marx und Engels sehen, dass sie sich gegen die wahren Sozialisten im Bund durchsetzen. In einem Brief kurz vor dem zweiten Kongress schreibt Engels am 23./24.11. 1847 (MEW 27, 104) an Marx: „(…) dieser Kongress muss entscheidend sein, *as this time we shall have it all our own way.* Ich habe schon lange absolut nicht begreifen können, warum du dem Moses seinen Klatsch nicht untersagt hast. Hier richtet mir das eine Teufelskonfusion und die langwierigsten Gegenreden bei den Arbeitern an."

nen den Arbeiten von Hess, mit dem sie sich ab 1841/42 im Rahmen der Produktion der *Rheinischen Zeitung* austauschen, zuerst durchaus nicht mit Ablehnung, sondern sind in ihrer Annäherung an sozialistische Gedanken vermutlich sogar von Hess beeinflusst.³ Allmählich aber gehen Marx und Engels in systematischer und methodischer Hinsicht über Hess hinaus, der weder über die ökonomische noch über die philosophische Grundlage verfügt, auf der die von ihnen anvisierte wissenschaftliche Analyse der kapitalistischen Gesellschaft aufbaut.⁴ Bereits in den unveröffentlichten Manuskripten der *Deutschen Ideologie*, zu der Hess selbst eine Kritik an Ruge beisteuert, formulieren Marx und Engels eine dezidierte Zurückweisung des *wahren Sozialismus*. Zwar sind kaum direkte Verweise auf Hess in diesen Ausführungen zu finden, ihre Kritik am wahren Sozialismus richtet sich aber eindeutig gegen ihn.⁵ Die Folgen des Bruchs mit Marx und Engels sind im Werk von Hess durchaus spürbar. Hess schreibt nach 1848 noch die größere Abhandlung *Rom und Jerusalem*, nimmt aber kaum noch Einfluss auf die sozialistische Theorie und Bewegung.⁶

Die Rolle, die Hess im Vormärz einnimmt, ist nicht leicht zu umreißen. Obwohl Hess insbesondere zwischen 1842 und 1847 verschiedene mitunter zusammenhängende gesellschaftliche Kritiken und Ideale formuliert, fehlt seinen Schriften letztlich der für einen einheitlichen Theorieentwurf vorauszusetzende systematische Zusammenhang. Trotz erkennbarer Unvollkommenheiten in der systematischen Gesamtanlage lassen sich im Denken von Hess jedoch eine Reihe von Motiven finden, die kennzeichnend für die philosophische Gesellschaftskritik des Vormärz sind, und deren philosophische Rekonstruktion lohnend ist. Einen Zug dieser Kritik formuliert Hess in der Zurückweisung des Privateigentums an Sachen, die er in Aufnahme der Fichteschen Naturrechtslehre und Weiterentwicklung der Feuerbachschen Gattungsmetaphysik entwickelt. Obwohl Hess einige Veröffentlichungen in dieser Zeit nicht als wissenschaftliche Abhandlungen, son-

---

3 Marx nimmt außer in den nicht veröffentlichten ökonomisch-philosophischen Manuskripten zwar kaum Bezug auf Hess. In dem als *Vorrede* betitelten Absatz im dritten Heft zählt er die von Hess stammenden Beiträge aus den *21 Bogen* jedoch zu den „inhaltsvollen und originalen deutschen Arbeiten" (MEW Ergänzungsband 1, 468). Für Engels ist „Dr. Heß (…) in der Tat der erste Kommunist in der Partei" (MEW 1, 494), das heißt unter den Neu- oder Junghegelianern. Zu den ersten deutschen Sozialisten ist neben Hess außerdem Wilhelm Weitling (1845) zu zählen, der bereits 1838 eine Verteidigung sozialistischer Thesen vorlegt. Weitling gerät wie auch Hess aufgrund seiner spezifischen Auffassung des Sozialismus in eine heftige Auseinandersetzung mit Marx und Engels und wird bereits 1846 aus dem von ihm selbst initiierten Bund der Gerechten, dem Vorgänger des Bunds der Kommunisten, verdrängt.
4 In einem Brief an Marx vom 28. Juli 1846 (MEGA III/2, 270) gesteht Hess die unzureichende wissenschaftliche Auseinandersetzung mit der politischen Ökonomie selbst zu. Seine Abhandlung über *Die Folgen einer Revolution des Proletariats* kann als der Versuch von Hess (1847) angesehen werden, diesem Desiderat zu entsprechen.
5 In einer Reihe von Passagen (MEW 3, 446; 478-479), in denen Marx und Engels Semming und Grün attackieren, identifizieren sie Hess als den eigentlichen Urheber der von ihnen kritisierten Auffassungen.
6 Siehe hierzu etwa Hook (1962, 188) oder bereits Lukacs (1926, 108-109), dessen Urteil auch Goitein (1931, 2-3) weitgehend zustimmt.

dern vielmehr als Agitationsschriften anlegt, ist es lohnend, die von Hess vorgebrachten Thesen zum Gegenstand der philosophischen Untersuchung zu machen. Hess entwirft hier eine Kritik an der sich ausbreitenden Wettbewerbswirtschaft und die Grundzüge einer dem Wesen des Menschen angemessenen Organisation der Gesellschaft. Er begreift diesen Entwurf keineswegs als utopisches Schwärmen, sondern sieht die Möglichkeit einer Reform der grundlegenden gesellschaftlichen Institutionen, die er in einigen Abhandlungen sogar als Bestandteil des zwingenden Fortgangs der Entwicklung des Menschen ansieht. Gegenstand der folgenden Überlegungen ist nicht dieser geschichtsphilosophische Zug in der Gesellschaftskonzeption von Hess, sondern vielmehr die von einem positiven Gegenentwurf getragene Kritik an der Eigentums- und Geldwirtschaft, die Hess formuliert. Dabei steht weniger die ideengeschichtliche Frage nach den intellektuellen Einflüssen, von denen Hess ausging oder die von ihm ausgingen, im Zentrum, sondern vielmehr die Bedeutung des gesellschaftskritischen Arguments, das Hess in diesen Schriften formuliert. Trotz aller begründeten Vorbehalte und Mängel lenkt Hess den Blick auf die Probleme einer falsch verstandenen Freiheit sowie der sozialen Vereinzelung, der – soweit seine Kritik zu überzeugen mag – nicht an Relevanz eingebüßt hat.

Vom religiösen zum philosophischen Sozialismus

Die philosophische Kritik am Eigentum bettet Hess im Verlauf der Weiterentwicklung seiner Theorie jeweils in unterschiedliche geschichtsphilosophische und metaphysische Thesen ein. Anhand der unterschiedlichen Voraussetzungen lassen sich verschiedene Phasen der philosophischen Begründung des Sozialismus ausmachen. Der Fokus der vorliegenden Überlegungen erstreckt sich auf diejenigen Schriften, die zwischen 1843 und 1845 entstehen, also zu einer Zeit, in der Hess bereits von der Religionskritik Feuerbachs beeinflusst ist und seine vormals religiöse Begründung des Sozialismus in eine philosophische Begründung überführt. Zwar bringen seine vorausgegangenen größeren Abhandlungen *Die heilige Geschichte der Menschheit* und *Die Europäische Triarchie* bereits eine *im Ergebnis* verwandte Kritik der gesellschaftlichen Verhältnisse und die Erwartung ihrer Überwindung vor.[7] Unter dem Einfluss von Feuerbachs *Wesen des Christentums* formuliert Hess jedoch seinen vormals *religiösen* Sozialismus neu und entwickelt ihn zu einem *philosophischen* Sozialismus. Die Entwicklung der Gesellschaft versteht er nunmehr nicht als religiöse Heilsgeschichte, sondern gründet sie auf eine normative Freiheits- und Selbstverwirklichungskonzeption sowie auf die Bestimmung des Menschen, der sein Wesen nur in gemeinschaftlicher, d.h. kooperativer und solidarischer Tätigkeit verwirk-

---

7 Zum religiösen Sozialismus von Hess siehe etwa Berlin (1979, 216-219) oder Breckman (1999, 192-196).

licht.⁸ Dieser grundlegende Wandel im Denken von Hess lässt die gesonderte Betrachtung der Schriften aus dieser Phase sinnvoll erscheinen, in denen er eine *Philosophie der Tat* vorlegt, die er zum Ausgangspunkt seines *wahren Sozialismus* macht.

2 Die Kritik am Eigentum

Zwei Linien der Kritik am Eigentum, die Hess formuliert, sind gesondert zu betrachten. Hess verfasst ab 1841 eine Reihe von Artikeln, die wegen der Zensur in der Schweiz von Georg Herwegh zusammen mit anderen Schriften deutscher Autoren herausgegeben werden. Unter den in den *Einundzwanzig Bogen aus der Schweiz*⁹ erscheinenden Artikeln ist die *Philosophie der That*, die eigentlich als Einleitung zu einer umfassenderen Abhandlung vorgesehen war, von besonderem Interesse. Denn in ihr ist eine subjektivitätstheoretische Kritik des Eigentums enthalten. Außerdem ist in der Rekonstruktion der Eigentumskritik die Abhandlung *Über das Geldwesen* zentral, die zuerst für die *Deutsch-Französischen Jahrbücher* vorgesehen ist, dann aber 1845 in den *Rheinischen Jahrbüchern* erscheint.¹⁰ Hier begründet Hess seine Eigentumskritik unter Rekurs auf das menschliche Gattungswesen als gemeinschaftlich tätig.

Diese Linien der Eigentumskritik von Hess sind im Folgenden in zwei Schritten nachzuvollziehen.¹¹ Einerseits kritisiert Hess Eigentum über seine Bestimmung der *Philosophie der Tat*, der zufolge das Verfügen über Eigentum nicht als Ausdruck von Freiheit anzusehen ist, weil das Eigentum an äußeren Sachen mit einem Gegensatz vom handelnden Subjekt und dem Gegenstand seiner Tätigkeit einhergeht, den es

---

8 Stuke (1963, 221) unterscheidet *drei* Phasen der Philosophie der Tat. In der ersten Phase setze sich Hess auf der Grundlage der Theorien Cieskowskis mit Hegels Geschichtsphilosophie auseinander. In der zweiten Phase gehe er nach Auseinandersetzung mit Fichte und Bruno Bauer zunächst von einem religiösen zu einem atheistischen Standpunkt über. Erst in der dritten Phase übernehme Hess schließlich Feuerbachs anthropologische These aus der Kritik des Christentums und wende sie zu einer analogen Kritik des Geldes und des Eigentums an und komme hier zu einer Begründung des Sozialismus aus genuin philosophischen Erwägungen. Rosen (1983, 33) versteht, anders als Stuke, Hess bereits ab 1842/43 als Anhänger Feuerbachs. Mit guten Gründen bezweifelt er damit die Unterscheidung der zweiten von der dritten Phase bei Stuke (1963, 230, FN17) zumindest in Bezug auf den Einfluss Feuerbachs. Die Begründung des Sozialismus, so Rosen, finde sich bei Hess von Beginn an und sei von der Rezeption Feuerbachs unabhängig. Allerdings ist Stuke zuzugestehen, dass Hess erst ab 1844, in der *Bestimmung des Menschen*, das menschliche Gattungswesen zum zentralen Bestandteil seiner Theorie macht. Hier behauptet Hess (1844, 395) dass der Mensch „sich als einzelnes Individuum *gar nicht* betätigen" kann, während für Hess (1843b, 54) zuvor der Mensch „mit sich anfangen (muss), mit dem Ich, wenn er schaffen, tätig sein will".
9 Der Titel der Sammlung rekurriert auf eine Verfügung aus dem Pressegesetz der Karlsbader Beschlüsse, mit der Schriften eines Umfangs von 20 Druckbogen oder weniger der Zensur unterlagen.
10 Siehe MEGA III/1, S. 435.
11 Ich werde im Folgenden einfach von *Eigentum* sprechen, wenn es um das Privateigentum an materiellen Gegenständen geht. Ob sich die von Hess geäußerte Kritik auch auf Kollektiv- oder Gemeineigentum übertragen ließe, ist eine hiervon gesondert zu behandelnde Frage. Siehe hierzu beispielsweise Hess (1845b, 25-26).

gerade in freier menschlicher Tätigkeit zu überwinden gilt. Dies ist die erste kritische These zum Eigentum:

> Privateigentum ist nicht als Ausdruck der Freiheit des Einzelnen zu begreifen, da Eigentum an Gegenständen eine Entgegensetzung zwischen dem Subjekt und dem Objekt menschlicher Tätigkeit impliziert, die mit Freiheit unverträglich ist.

Diese These enthält streng genommen keine direkte Kritik an der gesellschaftlichen Institution des Eigentums, sondern allein an einer bestimmten *Begründungsfigur*, die sich auf die vermeintlich im persönlichen Eigentum verwirklichte Freiheit oder Selbstbestimmung stützt. Mit der genannten These ist vereinbar, dass Eigentum zwar gleichwohl selbst nicht *Ausdruck* der Freiheit, aber *Mittel* zur Realisierung menschlicher Freiheit ist. Denn das Verfügen über Eigentum mag zu denjenigen Handlungen und Lebensweisen befähigen, die einer Person offen zu stehen haben, damit sie als frei gelten kann. Will Hess also nicht bloß dieser *Begründung*, sondern dem Eigentum *selbst* etwas entgegensetzen, dann muss er eine weitere Kritik vorbringen.

Aufgrund dieser Einschränkung der Reichweite der Kritik der ersten These ist in einem zweiten Schritt die später von Hess in seiner Schrift über das Geldwesen vorgelegte Konzeption einer dem gesellschaftlichen Wesen des Menschen entsprechenden sozialen Tätigkeit nachzuvollziehen, die er in der nach Wettbewerbsprinzipien organisierten Gesellschaft nicht zu verwirklichen sieht. Demzufolge verfehlt der Mensch im Rekurs auf Eigentum und bereits im Leben in der durch Privateigentum organisierten Gesellschaft sein gemeinschaftliches Wesen. Es lässt sich in diesem Sinne mit Hess eine zweite These innerhalb der Kritik des Eigentums formulieren.

> Das Bestehen von Privateigentum als Grundprinzip der wirtschaftlichen Kooperation ist unvereinbar mit dem gesellschaftlichen Zusammenwirken, das dem gemeinschaftlich tätigen Wesen des Menschen entspricht.

Anders als seine erste Kritik richtet sich diese Analyse unmittelbar gegeb ein spezifisches Merkmal der Eigentums- und Geldwirtschaft. Beiden Thesen soll im Folgenden gesondert nachgegangen werden. Im Anschluss daran ist die Überzeugungskraft der von Hess formulierten Position zu prüfen.

2.1 Selbstbewusstsein, Tätigkeit und Freiheit

Um die Eigentumskritik von Hess angemessen nachzuvollziehen, ist zunächst sein Begriff von Tat oder Tätigkeit als Vollzug eines selbstbewussten Subjekts zu verstehen. Denn sein prinzipielles Argument gegen die moralische Geltung von Eigentum als Bedingung der Freiheit baut auf einer grundlegenden Annahme über menschliche Subjektivität auf, die Hess in der *Philosophie der That* formuliert.

Innerhalb dieser Konzeption der Philosophie der Tat kommen dem Begriff ›Tätigkeit‹ zwei unterschiedliche Bedeutungen zu. Einerseits wird Tätigkeit als konstitutives Moment des Selbstbewusstseins ausgewiesen. Andererseits verweist Hess *innerhalb* dieser Theorie auf die gesellschaftliche Notwendigkeit der Tätigkeit im Gegensatz zum Denken, um im Sinne der Unterscheidung zwischen Theorie und Praxis innerhalb der Gesellschaft eine falsche Entgegensetzung zu überwinden, die in der Philosophie für die Religion bereits erkannt ist. Laut Hess überwindet Feuerbach in seiner Religionskritik eine falsche Entgegensetzung zwischen Mensch und Gott – und damit dem menschlichen Gattungswesen – im Denken, die es nun im Handeln zu überwinden gilt.[12] In dieser zweiten Lesart von *Philosophie der Tat* ist das durch die Philosophie aufgedeckte Missverständnis der Religion als ein gesellschaftliches Missverhältnis zu begreifen, und in der Folge ist eine Veränderung der gesellschaftlichen Institutionen anzustreben.[13]

Im Rahmen der Rekonstruktion seiner Eigentumskritik ist zunächst nicht diese zweite, sondern die erste genannte Bedeutung von Tätigkeit maßgeblich. In der Darlegung dieser Konzeption von Tätigkeit stellt Hess zunächst eine Grundfigur der Selbstbewusstseinstheorie dar, die wie er meint, bei allen neueren Philosophen vorzufinden ist. Selbstbewusstsein ist für Hess Ausgangspunkt der Freiheit des Menschen. Allerdings weisen bestimmte Formen des Selbstbewusstseins eine defizitäre Struktur auf, insofern sie Entgegensetzungen von eigentlich Identischem entstehen lassen, die es zu vermeiden oder zu überwinden gilt. Eine solche Entgegensetzung entsteht in der Figur des Selbstbewusstseins, die Hess *Reflexion* nennt, wenn ein Individuum sich auf sich selbst bezieht und sich in Denkendes und Gedachtes unterscheidet. Dabei ist nicht *per se* problematisch, dass ein Subjekt sich auf sich selbst bezieht und sich damit unweigerlich zunächst zum Gegenstand seiner selbst macht, sondern dass es verfehlt, die ungebrochene Identität zwischen beidem wieder herzustellen. Entscheidend ist für Hess, dass ein Subjekt durch die Aufhebung dieser Reflexion wieder zu sich kommt, also dass es sich nicht auf sich selbst als ein anderes bezieht. Hess glaubt, dass diese Wiederherstellung von Identität nur in der bewussten Tätigkeit möglich ist, weil hier „das Ich zum begriffenen Inhalt der That" wird.[14] Im bloßen Denken entsteht in der Selbstbezüglichkeit eine Differenz zwischen Subjekt und Objekt. Dieser Mangel der Reflexion ist für Hess allein im Handeln überwunden. Das selbstbewusste Subjekt erkennt sich unmittelbar in dem, was es bewusst tut. In der Folge ist für Hess nicht nur die Gewissheit darüber, *dass* ich bin, allein über den bewussten Vollzug von Tätigkeit zu suchen, sondern auch, *was* mich ausmacht ist nur unter Rekurs auf die eigene Tätigkeit zu bestimmen. Hess versteht Tätigkeit in diesem Sinne als konstitutives Moment des freien Selbstbewusstseins, wobei unter diese Tätigkeit sinnvollerweise nicht nur Körperbewegungen, sondern

---

12 „Es ist jetzt Aufgabe der Philosophie des Geistes, Philosophie der That zu werden. Nicht nur das Denken, sondern die ganze menschliche Thätigkeit muss auf jenen Standpunkt erhoben werden, wo alle Gegensätze schwinden." Hess (1843b, 321). Siehe auch Hess (1843a, 92).
13 Hess sieht diese praktische Leistung in der französischen revolutionären Sozialtheorie formuliert, die religionskritische Leistung in der deutschen Philosophie: „Die französischen Sozialphilosophen (…) legten das Feuer des modernen Geistes an das Gebäude der alten Gesellschaft – wie die deutschen Philosophen es an das Gebäude des alten Glaubens legten." Hess (1843b, 321).
14 Hess (1843b, 310-311).

auch Denkhandlungen, wie etwa das Ableiten einer Differentialgleichung oder das Suchen nach dem passenden Anfang eines Briefes zu fassen sind.

Hess kritisiert nun insbesondere die Annahme, dass die von ihm eingeforderte praktische Selbstbezüglichkeit der Tätigkeit im Eigentum an Gegenständen Ausdruck finden soll. Ausgehend von der Beschreibung der defizitären Entgegensetzung von Subjekt und Objekt im reflektierenden Selbstbewusstsein, formuliert Hess einen vergleichbaren Mangel, der sich im Rekurs von Subjekten auf ihr Eigentum als vermeintlich bestimmendes Element ihrer selbst zeigt. Individuen versuchen demnach, im Bezug auf auf ihr materielles Eigentum etwas an sich selbst zu begreifen, worin sie unweigerlich scheitern müssen, weil sie nicht anders können als ihren Bezugsgegenstand als etwas von ihnen selbst verschiedenes aufzufassen. Hess wirft den Junghegelianern vor, dieses Problem zu übersehen.

> Das soziale Leben hat bei ihnen [den Junghegelianern, S. D.] den Standpunkt der Reflexion, die Stufe des Fürsichseins, noch nicht überwunden. Auf dieser Stufe erscheint das Objekt der Thätigkeit noch als ein wirklich Anderes (...). Erst in dem materiellen Eigenthum kommt es dem Subjekte, das auf der Stufe der Reflexion steht, zum Bewußtsein, daß es für sich thätig ist – nein, thätig war. (...) Seines wirklichen Eigenthums, seiner gegenwärtigen That geht es stets verlustig, weil es sich noch nicht in seiner Wahrheit zu erfassen vermag (...).[15]

Um diese Überlegung zu deuten, bedarf es eines Verständnisses dessen, dass das *Objekt* der Tätigkeit als Anderes erscheint. ›Objekt‹ lässt sich in dieser Passage auf zwei Weisen verstehen: als materieller *Gegenstand* oder als *Zweck* der Tätigkeit.[16] Dass Eigentum als Objekt im Sinne eines materiellen *Gegenstands* einer Tätigkeit, den eine Person gebraucht oder den sie selbst herstellt, als ›ein Anderes‹ erscheint, ist nachvollziehbar. In dieser Bedeutung sind die verwendete Werkzeuge oder bearbeitete Materialien für eine Person äußere Dinge, die unmittelbar nicht auf sie selbst zurückverweisen. In diesem Sinne erscheinen einer Person, die einen Tisch baut, Säge und Planken natürlich jeweils als ›ein wirklich Anderes‹. Die Behauptung, dass Eigentum als Objekt im zweiten angeführten Sinne eines Zweckes als ›ein Anderes‹ erscheint, ist weniger leicht nachzuvollziehen. Es bleibt daher zu überlegen, inwiefern Eigentum eine falsche Entgegensetzung eines tätigen Subjekts und dem Zweck seiner Tätigkeit erzeugt. Denn eine Person könnte in den Gegenständen ihres Handelns, die sie sich aneignet, gebraucht oder verändert, ihre eigenen Zwecke realisiert sehen, wenn sie etwa einen Tisch anfertigt oder Äpfel erntet. In diesen Dingen ist dann womöglich ein Zweck realisiert, den sie will. Hess gesteht zwar zu, dass im Eigentum in dieser Weise Subjekte ihre Zwecke und Tätigkeiten zu Bewusstsein kommen, er unterscheidet hier aber zwischen einem wirklichen von einem unwirklichen Eigentum. Das wirkliche Eigentum ist für Hess allein die eigene Tat, anhand derer eine Person bestimmt, was ihr eigentümlich ist,

---

15 Hess (1843b, 322).
16 Siehe hierzu etwa die Deutung des Feuerbachschen Begriffs von ›Gegenstand‹ in Quante (2009, 238-239).

nicht aber das Resultat ihres Tuns. Nur im Vollzug bestimmter Handlungen, nicht im Rekurs auf die angeeigneten Handlungsgegenstände, formiert sich demnach die praktische Identität einer Person.

Daher vermag das *materielle* Privateigentum die von Hess eingeforderte Funktion in der Bestimmung persönlicher Freiheit nicht zu erfüllen. Das materielle Eigentum ist mit einem Mangel behaftet, der dem Fehler innerhalb der reflektierenden Ausbildung des Selbstbewusstseins ähnelt, also dem bereits beschriebenen Zustand, in dem eine Person sich selbst zum Gegenstand macht, dieser Gegenstand ihr aber in einer Weise gegeben ist, in der sie sich nicht als mit ihm identisch begreifen kann. Das Stehenbleiben beim ›Fürsichsein‹, das Hess kritisiert, beinhaltet wie bereits in der Beschreibung der Reflexion gesehen eine Entgegensetzung, in dem das Subjekt sich in Denkendes und Gedachtes unterscheidet, und die es laut Hess in der Ausbildung des Selbstbewusstseins zu überwinden gilt. Obwohl Hess anders als Marx Arbeit nicht ausdrücklich als eine dem Menschen wesentliche Tätigkeit begreift, wird auch für ihn der durch Eigentum entstehende Gegensatz in der Arbeit besonders deutlich.

> „*Das materielle Eigentum ist das zur fixen Idee gewordene Fürsichsein des Geistes.* Weil er die Arbeit, das Ausarbeiten oder Hinausarbeiten seiner selbst nicht als seine freie That, als sein eignes Leben geistig begreift, sondern als ein materiell Anderes erfaßt, muß er's auch für sich fest halten, um sich nicht in's Endlose zu verlieren, um zu seinem Fürsichsein zu kommen. Eigentum hört aber auf, dasjenige im Geiste zu sein, was es sein soll, nämlich sein Fürsichsein, wenn nicht die That im Schaffen, sondern das Resultat, die Schöpfung als das Fürsichsein des Geistes (…) erfaßt (…) wird."[17]

Hess weist hier den Versuch zurück, im Eigentum an Produkten menschlicher Arbeit eine Form der Vergegenständlichung der Zwecke von Produzierenden oder Eigentümern zu sehen, in der ihr freies Selbstbewusstsein vorzufinden ist. Das Eigentum an einem Gegenstand kann den im Mangel in der defizitären produzierenden Tätigkeit nicht korrigieren. Der Erwerb von Eigentum an einem Gegenstand durch Arbeit bedeutet die Gegenüberstellung von Subjekt und Objekt der Tätigkeit. Zwar scheint für die Person im Eigentum ihre Arbeit, d.h. ihre Tätigkeit, manifestiert zu sein, so dass die Person sich damit in ihrem Eigentum gegenständlich wird. Im Versuch, ihre Tätigkeit im Eigentum festzuhalten, geht aber das Bewegungsmoment der Tätigkeit verloren. Denn das Eigentum ist ein bloßes Ding, über das die Person verfügt. Dass Eigentum immer nur Eigentum am Resultat einer Tätigkeit sein kann, vereitelt für Hess die wesentlich praktische Selbstbezüglichkeit der Freiheit. In dieser Überlegung ist Eigentum als Mittel der Selbstbestimmung und -erkenntnis ungeeignet, weil der angeeignete Gegenstand den Prozesscharakter der widergespiegelten Tätigkeit nicht aufweist.

---

17 Hess (1843b, 329).

Die Ausrichtung menschlichen Handelns auf Eigentum offenbart eine Ähnlichkeit mit den Dimensionen der Entfremdung, die Marx identifiziert.[18] Eigentum erzeugt für Hess sowohl eine Entfremdung hinsichtlich der Tätigkeiten, die um des Eigentums Willen vollzogen werden, als auch eine Entfremdung hinsichtlich der angeeigneten Gegenstände, in denen die tätige Person eine Bestimmung ihrer selbst vermutet, die es dort aber nicht gibt. Gemeint ist bei Hess allerdings weder eine Entfremdung im Sinne des Erlebens von Fremdbestimmung oder von Leid im Prozess der Arbeit noch eine Entfremdung, die dadurch entsteht, dass die arbeitende Person nicht selbst über die Produkte ihrer Arbeit verfügen kann. Für Hess ergibt sich die Entfremdung bereits daraus, dass materielles Eigentum die falsche Art Entität ist, um an ihm ein Bewusstsein der freien Selbstbestimmung zu gewinnen, weil es keine Tätigkeit ist. In der Konzeption, die Hess verfolgt, von einer Entfremdung *vom* materiellen Eigentum als Resultat der Arbeit zu sprechen ist daher nur eingeschränkt sinnvoll, weil Personen sich für Hess prinzipiell in äußeren Dingen nicht gegenständlich werden können. Demnach gibt es keine nichtentfremdete Relation zu äußeren Gegenständen, zumindest nicht, wenn diese eine Rolle in der freien Selbstbestimmung einnehmen sollen. Es handelt sich hier also nicht um eine Entfremdung von einem Gegenstand oder einer Tätigkeit der Arbeit, sondern um eine über den Gegenstand und die Tätigkeit vermittelte Selbstentfremdung und, wie sich im weiteren zeigt, auch eine Entfremdung zwischen den Eigentümern.

Wenn materielles Eigentum für Hess nunmehr keine Rolle in der freiheitskonstitutiven Selbstbestimmung von Individuen spielen kann, dann wird verständlich, dass er die Rechtfertigung von Eigentum über dessen freiheitskonstitutive Funktion zurückweisen muss.

> „Ziel des Sozialismus ist (…), nichts von alle dem alten Plunder übrig zu lassen, als die Thätigkeit. Keine von den Formen, in welchen sich diese letztere bisher fixirte, kann bestehen vor dem freien Geiste, der sich eben nur als thätiger erfaßt, nicht bei irgend einem gewonnenen Resultate stehen bleibt, dieses fixirt, verkörpert, materialisirt und als sein ‚Eigenthum' aufspeichert (…).“[19]

Eigentum ist für Hess nicht nur nicht notwendig zur Realisierung menschlicher Freiheit. Laut Hess entspricht die Ausrichtung auf materielles Eigentum als Manifestation des eigenen Handelns nicht dem eigentlichen Begriff der Freiheit als selbstbewusster Tätigkeit. Daher muss der freie Geist all die Formen des Fixierens, Aufspeicherns oder Materalisierens vermeintlich freier Handlungen zurückweisen. Diese subjektivitätstheoretische Zurückweisung von Eigentum ist zwar grundsätzlich nachvollziehbar. Jedoch richtet sie sich, wie anfangs bemerkt, nur gegen eine bestimmte Begründung, in der Eigentum eine fundamentale Rolle im freien Selbstbewusstsein zugeschrieben wird. Alternative Begründungen schreiben dem Rekurs

---

18 Zum Begriff der Entfremdung bei Hess siehe vor allem Rosen (1983, 44-53). Zum Marxschen Entfremdungsbegriff in den Frühschriften siehe Quante (2009, 247-275).
19 Hess (1843b, 321).

auf Eigentum jedoch nicht zwingend diese freiheitskonstitutive Rolle zu. Hess trifft demnach zunächst nur diejenige Begründung von Eigentum, gemäß der es einer Person im Eigentum möglich wird, sich als freies Selbstbewusstsein zu erfassen. Gegen Positionen, die diesen ersten Einwand zurückweisen, lässt sich mit Hess jedoch eine zweite Kritik des Eigentums entgegenbringen.

2.2 Das soziale Wesen des Menschen und das menschliche Gattungswesen

In seiner Abhandlung *Über das Geldwesen* formuliert Hess eine sozialphilosophische These, mit der Eigentum anders als in der *Philosophie der That* nicht allein aufgrund der darin enthaltenen Entgegensetzung zum tätigen Subjekt zurückgewiesen wird, sondern aufgrund seiner Unvereinbarkeit mit der für den Menschen wesentlichen sozialen Tätigkeit. Denn nun begreift Hess das einzige Handeln, das dem Wesen des Menschen entspricht und das damit überhaupt als *wirkliches* Handeln gelten kann, als gemeinschaftliche Tätigkeit, der die für das Geldwesen kennzeichnende Tätigkeit des Eigentumserwerbs nicht entspricht.[20]

Die These der Notwendigkeit sozialer Tätigkeit lässt sich zunächst dergestalt verstehen, dass der individuelle Mensch in der Produktion der für sein Leben erforderlichen Mittel auf Andere angewiesen ist. Gerade mit dem Aufkommen der arbeitsteiligen Gesellschaft zeigt sich dies darin, dass die Einzelne nicht alle Dinge, die für sie lebensnotwendig sind, allein herstellen kann, sondern auf den Austausch mit Anderen angewiesen ist. Obwohl dies nicht ohne Ausnahmen gilt, kann Hess zugestanden werden, dass Individuen zumindest nicht auf Dauer auf den Austausch mit Anderen verzichten können. Die zentrale Bedeutung sozialer Tätigkeit zeigt sich darin, dass Hess den Austausch zwischen Individuen innerhalb der Gesellschaft als *soziales Lebenselement* bezeichnet.[21] Ein Vergleich, den Hess in dieser Überlegung zwischen sozialen Körpern und biologischen Organismen zieht, macht deutlich, dass Hess die Redeweise von *Lebenselement* zuerst nicht als Metapher versteht, sondern meint, dass der soziale Austausch tatsächlich in gewisser Weise selbst als Lebensprozess zu begreifen ist. So vertritt Hess weiterhin, dass *wirkliches* Leben nur im Austausch mit Anderen besteht. Demnach ist Leben ohne soziale Tätigkeit zwar möglich, aber in gewisser Weise defizitär. In dieser Weise, als normative Bestimmung, ist sein Bezug auf das Wesen des Menschen hier zu verstehen. Soziale Tätigkeit ist nicht nur Bedingung des Überlebens, sondern selbst wesentlich menschliche Tätigkeit. So schreibt Hess:

> „Die Bestimmung des Menschen, wie die jedes andern Wesens, ist, sich ganz zu bethätigen. Der Mensch kann sich aber als einzelnes Individuum gar nicht bethätigen. Das Wesen der menschlichen Lebensthätigkeit ist eben das Zusammenwirken mit andern

---

20 Hiermit kann nicht nur die Reproduktion, durch die sich die Art erhält, gemeint sein. Denn dann wäre die soziale Tätigkeit kein spezifisches Merkmal des Menschen, sondern Wesensmerkmal nahezu jedes Lebewesens.
21 Siehe Hess (1845b, 3).

Individuen seiner Gattung. Außerhalb dieses Zusammenwirkens, außerhalb der Gesellschaft kommt der Mensch zu keiner einzigen specifisch menschlichen Thätigkeit."[22]

Die spezifisch menschliche Tätigkeit, das Zusammenwirken mit Anderen, ergibt sich dabei nicht bloß zufällig aus dem Zusammenspiel ihrer selbstbezogenen Tätigkeiten – wie es etwa in der klassischen Ökonomie beschrieben wird, gemäß der soziale Kooperation aus der individuellen Neigung zum Tausch entsteht –, sondern nur in der bewussten und an der Gemeinschaft orientierten Kooperation mit Anderen verwirklicht der Mensch sein Wesen. So betont Hess:

> „Der Verkehr des Menschen *entsteht* nicht etwa aus ihrem Wesen; er *ist* ihr *wirkliches* Wesen, und zwar ist er sowohl ihr theoretisches Wesen, ihr wirkliches Lebens*bewusstsein*, wie ihr praktisches, ihre wirkliche Lebens*thätigkeit*."[23]

Interaktion und Kooperation ergeben sich demnach nicht bloß zufällig aus den für Menschen kennzeichnenden Ansprüchen und Bedürfnissen, sondern sind selbst als Bestimmungsmerkmal des menschlichen Gattungswesens zu verstehen. Der Verweis auf das menschliche ›Gattungswesen‹ leistet bei Hess zwei Dinge. Einerseits erfasst das Gattungswesen die konstitutiven Merkmale, die ein Individuum zu einem Exemplar der menschlichen Gattung machen. Dies ist nicht bloß als Auflistung von Merkmalen, die ein bestimmtes Klassifikationsschema ordnen, zu verstehen. In dieser Beschreibung findet sich in jedem Individuum die Anlage, in Gemeinschaft mit Anderen tätig zu werden, und darin einen ihm als Mensch zukommenden *Zweck* zu realisieren. Andererseits ist mit dem Gattungswesen des Menschen die Menschheit *als Ganzes* und ihre Entwicklungsgeschichte gemeint. Denn Hess versteht die Individuen nicht zuerst als Einzelne, die in Verbindung mit Anderen treten, sondern als Teile eines umfassenden Organismus, der menschlichen Gattung. Das dem Menschen angemessene Leben ist dasjenige, in dem er als Bestandteil dieser Gattung für die Gemeinschaft, etwa durch die Produktion für Andere, tätig wird. Ebenso wie Leber und Niere dazu bestimmt sind, in einem Organismus eine ihnen entsprechende Aufgabe zu erfüllen, haben menschliche Individuen innerhalb von menschlichen Gemeinschaften bestimmte Aufgaben zu erfüllen. Die Defizite der Geldwirtschaft offenbaren sich darin, dass ihre auf Eigeninteresse beruhenden Organisationsprinzipien dem geforderten Selbstverständnis von Individuen als Teil eines organischen Zusammenhangs entgegenstehen.

Wenn Hess das Wesen des Menschen im gemeinschaftlichen Zusammenwirken sieht, dann muss er erklären, warum sich dieses Wesen in der vorausgehenden Geschichte der Menschheit nicht zeigt, einer Geschichte, die Hess selbst als eine Geschichte „der *Regelung*, der *Begründung*, der *Durchsetzung*, der *Verallgemeinerung* des Raubmordes und der Sklaverei" bezeichnet.[24] Die Kämpfe, die innerhalb von Gesellschaften ausgetragen werden, sind laut Hess ein Teil der Entwicklung der

---

22 Hess (1844, 395).
23 Hess (1845b, 4).
24 Hess (1845b, 8).

Menschheit, solange diese noch nicht ein wirtschaftliches und gesellschaftliches Stadium erreicht hat, in dem ein organisiertes Zusammenleben möglich ist. Ursache des Ausbleibens der Verwirklichung des Wesens des Menschen ist ein unzureichender Entwicklungsstand der Produktivkräfte über einen weiten Teil der Geschichte der Menschheit. Solange Menschen sich kaum die für ihr Überleben notwendigen Mittel verschaffen können, ist von ihnen keine Kooperation, sondern nur die Sicherung ihres eigenen Auskommens zu erwarten.

Die durch die Industrialisierung vorangetriebene Arbeitsteilung erzeugt erst die Möglichkeit gemeinschaftlicher Tätigkeit, weil sie die dafür erforderlichen ökonomischen Spielräume erzeugt. Während Handel und Arbeitsteilung also einerseits als Ausgangspunkt der Vereinzelung des Individuums innerhalb der Gemeinschaft angesehen werden, lässt sich mit Hess andererseits argumentieren, dass sie gleichzeitig historische *Bedingung* eines wirklichen Zusammenlebens gemäß dem sozialen Wesen des Menschen sind.

Die Schaffenskraft der menschlichen Gemeinschaft ist für Hess in seiner Gegenwart an einem Punkt angelangt, an dem die Einzelne nicht mehr allein für sich selbst arbeiten muss, sondern erstmals gemeinschaftlich tätig sein *kann*. Was Hess als Indiz für diesen Fortschritt nimmt, ist, dass das Elend innerhalb der industrialisierten Gesellschaft, nicht mehr Folge wirtschaftlichen Mangels, sondern des Überflusses ist. Die massenhafte Armut in der arbeitenden Bevölkerung ergibt sich Mitte des neunzehnten Jahrhunderts nicht mehr aus einem Zurückbleiben des Wirtschaftswachstums hinter dem Bevölkerungswachstum – wie beispielsweise Malthus es darlegt – sondern daraus, dass mit dem Wirtschaftswachstum nicht gleichzeitig die Güternachfrage und der Bedarf an Arbeitskraft ansteigt, sondern – im Gegenteil – abnehmen. Wie Hess es an anderer Stelle auf formuliert, sind die „Menschen und ihre Produkte (…) voneinander getrennt – und beide verderben."[25] Der vorhandene Überfluss zeigt für Hess, dass das menschliche Produktionsvermögen ein Niveau erreicht hat, mit dem es für Menschen möglich wäre, von einer allein selbstbezogenen zu einer gemeinschaftsbezogenen Tätigkeit überzugehen.

Hess ist der Überzeugung, dass das Fortbestehen des Privateigentums einem dem Gattungswesen gemäßen Zusammenwirken entgegensteht. In konsequenter Fortführung der vorangegangenen Kritik bringt Hess vor, dass ebenso wie das Privateigentum kein Ausdruck des Menschen als tätigem Wesen ist, ihn auch das Geld von seiner Tätigkeit entfremdet. Es widerspricht dem Menschen *sowohl* als tätigem *als auch* als sozialem Wesen. Die Geldkritik hat demnach eine ähnliche Stoßrichtung wie die Kritik des Privateigentums aus der Philosophie der Tat, greift jedoch nicht auf eine die Rolle von Tätigkeit in der Bestimmung individueller Freiheit, sondern auf eine reichhaltigere Konzeption individueller Entfaltung in der Gemeinschaft zurück. Obwohl die Möglichkeit des Tausches und der Akkumulation von Eigentum durch das Geldwesen zunimmt, lässt sich ein Strang der Kritik des Geldes aus der Kritik des materiellen Eigentums als statisch übertragen.

---

25 Hess (1845c, 25).

> „Das Geld ist der geronnene Blutschweiß der Elenden, die ihr unveräußerliches Eigentum, ihr eigenstes Vermögen, ihre Lebensthätigkeit selbst zu Markte tragen (…)."[26]

Ein Mangel, der sich in der Geldwirtschaft zeigt, liegt somit nicht erst im sozialen Elend, das mit ihm entsteht. Es lässt sich bereits in dem ‚geronnen', anhand dessen Hess Geld charakterisiert, aufzeigen dass es mit einem strukturellen Mangel behaftet ist. Im Geld kann der Mensch keine Bestimmung seiner selbst finden, weil Geld als statische Größe seinem tätigen und damit dynamischen Wesen nicht entsprechen kann. Geld zirkuliert zwar und steht in unterschiedlichen Austauschverhältnissen zu bestimmten Gütern. Im Eigentum an Geld, etwa als Münze, ist jedoch keine menschliche Tätigkeit zu erkennen.

Der mit dem Verfehlen des menschlichen Gattungswesen verbundene Mangel der Geldwirtschaft liegt im Wettbewerb, in dem Menschen sich nicht ihrem Wesen gemäß verhalten, insofern sie nicht *füreinander* tätig sind. Wiederum ist es nicht die Armut oder das Elend, die Hess in dieser Kritik anprangert. Das Problem der Geldwirtschaft ist wieder ein strukturelles Problem, das nicht erst in den inakzeptablen sozialen Verhältnissen besteht, sondern bereits in den Tätigkeiten, die diese Verhältnisse vorbringen oder nicht zu vereiteln vermögen, notwendig enthalten ist. Denn hier ist jedes Handlungssubjekt nur *für sich selbst* tätig, nicht aber *für die Gattung*. Es hängt nichts daran, ob ein Mensch von diesem Austausch profitiert oder benachteiligt wird. Der Mangel der Geldwirtschaft liegt bereits in der Absicht, zu der Menschen innerhalb der Konkurrenz, gezwungen sind, nicht füreinander, sondern jeweils allein für sich selbst tätig zu sein. Hess formuliert eine Dimension dieses Mangels prägnant:

> „Sind wir nicht Alle, Alle ohne Ausnahme, *müssen* wir nicht allesammt (…) Hammer oder Amboß sein?"[27]

Der durch die Geldwirtschaft zwingend angelegte gesellschaftliche Wettstreit führt demnach dazu, dass in dieser Form des Wirtschaftens jeder Einzelne dem Anderen Schaden zufügen oder von ihm erleiden muss. Der philosophische Kern der Bestimmung des Gattungswesens, den Hess anführt, geht jedoch über das Problem des wechselseitigen Zufügens und Erleidens von Schaden hinaus.

> „Der Fehler besteht darin, (…) was dem Menschen nur als Gattungswesen zukommt (…) dem Menschen als einzelnem Individuo zu vindiziren. (…) Das Wesen des Menschen ist das ‚Gattungswesen', wie Feuerbach sich etwas mystisch ausdrückt, es ist das Zusammenwirken der Individuen, wie wir dies näher bestimmen müssen. So lange dieses Zusammenwirken, in der geistigen sowohl, wie in der materiellen Welt, im Denken, wie im Handeln, noch nicht existirt; so lange die Menschen nicht einsehen, daß sie nur vereint als Menschen leben können, und wirklich danach handeln; so lange sie im Gegentheil noch immer getrennt von einander leben und wirken, ist ihr Leben nicht wesentlich human (…)."[28]

---

26 Hess (1845b, 11).
27 Hess (1845a, 121).
28 Hess (1845c, 193).

Wie bereits anfangs angemerkt, geht die Wendung, die Hess zum philosophischen Sozialismus bewegt, auf Feuerbachs Religionskritik zurück. In der Übertragung dieser Kritik unterscheidet Hess zwischen geistiger und sozialer Freiheit. Die geistige Freiheit besteht in der Überwindung der Religion, und damit der gedanklichen Trennung des Menschen von seinem Gattungswesen, das er zuvor in den Eigenschaften eines übermenschlichen göttlichen Wesens sucht. Die soziale Freiheit besteht demgegenüber in der Überwindung des Eigentums, das den Menschen von seinem Gattungswesen als organisch zusammenarbeitender Gemeinschaft trennt. Hess glaubt demnach, für das Eigentum eine analoge Argumentation vorbringen zu können wie Feuerbach für das Christentum.[29]

Die soziale Tätigkeit gemäß dem menschlichen Gattungswesen sieht – ähnlich wie in der Vorstellung der von Hess rezipierten französischen Frühsozialisten – die Abschaffung des Eigentums und eine zentrale Organisation der Arbeit vor, die letztlich durch ein freies Zusammenwirken der Individuen abgelöst wird. In dieser Vorstellung geht der Einzelne in der Gemeinschaft auf, als deren Teil er sich begreift. Es sind nicht eigeninteressierter Tausch, solidarische Anerkennung oder moralische Achtung, die das soziale Zusammenwirken bestimmen, sondern sein Selbstverständnis als Teil eines Organismus: „Der wahre Mensch lebt nur das Leben der Gattung, trennt seine individuelle besondere Existenz nicht von der allgemeinen (…) Die Centralmacht würde alsdann in allen Gliedern leben, wie dies in jedem gesunden Organismus der Fall ist." Im Vordergrund der normativen Bestimmung des Lebens in Gesellschaft steht für Hess nicht das individuelle und eigenverantwortliche wirtschaftliche Leben des Einzelnen. Daher schreibt Hess auch dem Privateigentum auch nicht die freiheitssichernde Funktion zu, die etwa Locke stark macht. Er ist vielmehr mit Proudhon der Überzeugung, dass eine Person jeden Gegenstand, den sie sich aneignet, Anderen nimmt. Er bezweifelt, dass ein Subjekt, das sich selbst vollends als Teil einer Gemeinschaft begreift, dies noch will. Konsequenterweise bedeutet dies die Abschaffung des Privateigentums und des Geldes. Hierin sieht Hess keine Gefährdung der Freiheit, weil er davon ausgeht dass wirkliche Freiheit nur in einem gemeinsamen Zugang zu Gütern vorliegen kann.[30] Der zentrale Punkt, in dem Hess über Feuerbach hinausgeht ist die Bestimmung des menschlichen Gattungslebens als das Produzieren füreinander und die daraus folgende Organisation des Wirtschaftens.

3 Zur Würdigung der Eigentumskritik

Die Argumente, die Hess gegen das persönliche Eigentum an Sachen vorbringt, lassen sich gegenwärtig nur noch mit Einschränkungen fruchtbar machen. Die

---

[29] So schreibt Hess (1845d, 202): „*Feuerbach* ist der *deutsche Proudhon*. (…) In der That (…) braucht man nur den Feuerbach'schen Humanismus auf das Sozialleben anzuwenden, um zu den Proudhon'schen praktischen Resultaten zu gelangen."

[30] „Jeder Besitz, der nicht allgemein menschlicher, ein allgemeines Gut ist, kann meine persönliche Freiheit nicht fördern – ja, nur dasjenige ist wahrhaft mein eignes, unverletzliches Eigenthum, welches zugleich ein allgemeines Gut ist." Hess (1843c, 80).

erste These der Eigentumskritik, die hier als eine Kritik an einer bestimmten *Rechtfertigung* des Eigentums ausgelegt wurde, benennt einen Fehler, den Hess in der Gleichsetzung von Eigentum und Freiheit identifiziert. Dieser wird darin deutlich, dass die Freiheit eines Individuums nur in der Selbstbestimmung vermittelt über ihre Tätigkeit, nicht aber über statische Gegenstände, bestehen kann. Damit könnte Eigentum allenfalls als Mittel zur Freiheit, nicht aber als freiheitskonstitutiver Zweck begründet werden.

Allerdings lässt sich wie bereits angedeutet an der Begründung, die Hess vorbringt, selbst zweifeln. Das Argument der ungespaltenen Selbstgewissheit, die ein Subjekt allein im Vollzug von Tätigkeit, nicht aber in der bloßen Selbstbezugnahme erlangen kann, mag zwar überzeugen. Dieses Argument gilt aber nicht ohne Weiteres für andere Bestimmungen der Funktion von Eigentum innerhalb der Selbstbestimmung eine Person. Es ist nicht unmittelbar einzusehen, warum sich Individuen in der Formulierung ihres Selbstverständnisses allein auf die eigene Tätigkeit richten sollten, und nicht auch in der Selbstvergewisserung über den Rekurs auf eigene Überzeugungen und Lebenspläne, die eigene Geschichte oder eigene – möglicherweise auch in Arbeitsprodukten oder Kunstwerken manifeste – Leistungen. Mit dem ersten von Hess vorgebrachten Einwand ist nur eine besondere Begründung des Eigentums, nicht aber Eigentum selbst in Zweifel gezogen. Das im Eigentum nicht der spezifische Freiheitsanspruch, den Hess formuliert, erfüllt wird, bedeutet nicht, dass Eigentum nicht auf anderem Weg zu begründen ist.

Auch die zweite von Hess gegen das Eigentum vorgebrachte Kritik ist zumindest in der Radikalität seiner Schlussfolgerungen in Zweifel zu ziehen, obwohl Hess hier berechtigterweise in Opposition zur moralischen und rechtlichen Vereinzelung des Menschen tritt. Hess muss mit den normativen Schlussfolgerungen, die er zieht, jedoch klassischen liberalen Einwänden begegnen. Individuen *zuerst* als Teil eines organisch verfassten übergeordneten Gattungswesens zu begreifen, bedeutet womöglich, grundlegende Ansprüche individueller Selbstentfaltung zur Disposition zu stellen. Wenn die Erwartung der Übereinstimmung von freier Selbstbestimmung und gattungsdienlicher Kooperation enttäuscht wird, dann läuft diese Gesellschaft Gefahr, die individuelle Freiheit der sozialen Freiheit zu opfern. Die Einzelne ist dann nicht in der Gemeinschaft aufgehoben, sondern wird ihr untergeordnet.

Gleichwohl erkennt Hess mit der Stoßrichtung seiner Kritik der Geldwirtschaft ein vielfach übersehenes Merkmal moderner Markt- und Wettbewerbsverhältnisse, in denen Formen der Kooperation aufgelöst werden, die fundamental für die individuelle Einbettung in sozialökonomische Zusammenhänge sind. Dass Menschen im alleinigen Streben nach Eigentum und in der Selbstbestimmung über ihr Eigentum eine wesentliche Dimension ihrer eigenen sozialen Verfasstheit verkennen, lässt sich über die Bedeutung gemeinschaftlicher Relationen begründen, die sich in gesellschaftlichen Reaktionen auf ausbleibende Formen des Zusammenhalts, sozialer Anerkennung und Solidarität zeigt. Insbesondere die breite sozialwissenschaftliche Debatte zum Ende des 19. Jahrhunderts, die sich mit dem Übergang von Gemeinschaft zu Gesellschaft befasst, scheint die bereits von Hess formulierte Sorge angesichts der sich mit der Industrialisierung verändernden sozialen Verhältnisse – wenngleich auch mit anderen Mitteln – aufzugreifen.[31] Trotz berechtigter Zweifel an dem von ihm formulierten Gesellschaftsideal geht Hess demnach in dem spezifischen Fokus seiner Kritik einer Reihe von maßgeblichen Beschreibungen der über Geld- und Vertragsbeziehungen vermittelten arbeitsteiligen Gesellschaft voraus.

Literatur

(Berlin 1979) Berlin, Isaiah: The Life and Opinions of Moses Hess. In: Against the Current – Essays in the History of Ideas. Hogarth, 1979, S. 213–251

(Breckman 1999) Breckman, Warren: Marx, the Young Hegelians, and the Origins of Radical Social Theory: Dethroning the Self. Cambridge University Press, 1999

(Goitein 1931) Goitein, Irma: Probleme der Gesellschaft und des Staates bei Moses Hess. C.L. Hirschfeld, 1931

(Hess 1843a) Hess, Moses: Die eine und ganze Freiheit! In: Herwegh, Georg (Hrsg.): Ein- und- zwanzig Bogen aus der Schweiz. Literarisches Comptoir, 1843, S. 92–97

(Hess 1843b) Hess, Moses: Philosophie der Tat. In: Herwegh, Georg (Hrsg.): Einundzwanzig Bogen aus der Schweiz. Literarisches Comptoir, 1843, S. 309–331

(Hess 1843c) Hess, Moses: Socialismus und Communismus. In: Herwegh, Georg (Hrsg.): Rheinische Jahrbücher zur gesellschaftlichen Reform. Literarisches Comptoir, 1843, S. 74–91

(Hess 1844) Hess, Moses: Die Bestimmung des Menschen. In: Der Sprecher oder: Rheinisch- Westphälischer Anzeiger 50 (1844), S. 394–396

(Hess 1845a) Hess, Moses: Fortschritt und Entwicklung. In: Grün, Karl (Hrsg.): Neue Anekdota. C. W. Leske, 1845, S. 116–122

(Hess 1845b) Hess, Moses: Über das Geldwesen. In: Püttmann, H. (Hrsg.): Rheinische Jahrbücher zur gesellschaftlichen Reform Bd. 1. Darmstadt : C. W. Leske, 1845, S. 1–34

(Hess 1845c) Hess, Moses: Über die Noth in unserer Gesellschaft und deren Abhülfe. In: Püttmann, Hermann (Hrsg.): Deutsches Bürgerbuch für 1845. C. W. Leske, 1845, S. 22–48

(Hess 1845d) Hess, Moses: Über die sozialistische Bewegung in Deutschland. In: Grün, Karl (Hrsg.): Neue Anekdota. C. W. Leske, 1845, S. 188–227

(Hess 1847) Hess, Moses: Die Folgen einer Revolution des Proletariats. In: Deutsche Brüsseler Zeitung (1847), 14.10., Nr. 82

(Hook 1962) Hook, Sidney: From Hegel to Marx: Studies in the Intellectual Development of Karl Marx. The University of Michigan Press, 1962

(Lukacs 1926) Lukacs, Georg: Moses Hess und die Probleme der idealistischen Dialektik. In: Archiv für Geschichte des Sozialismus und der Arbeiterbewegung (1926), S. 105–155

(Quante 2009) Quante, Michael: Kommentar. In: Karl Marx: Ökonomisch philosophische Manuskripte. Suhrkamp, 2009, S. 209–411

(Rosen 1983) Rosen, Zwi: Moses Hess und Karl Marx. Ein Beitrag zur Entstehung der Marxschen Theorie. Christians, 1983

---

31 Vgl. etwa die Beschreibung des Übergangs von Gemeinschaft zu Gesellschaft bei Ferdinand Tönnies oder des Gegensatzes von mechanischer und organischer Solidarität bei Durkheim.

(Stuke 1963) Stuke, Horst: Philosophie der Tat. Studien zur Verwirklichung der Philosophie bei den Junghegelianern und den Wahren Sozialisten. Ernst Klett, 1963
(Weitling 1845) Weitling, Wilhelm: Die Menschheit wie sie ist und wie sie sein sollte. Denni, Sohn, 1845

WARREN BRECKMAN

Arnold Ruge and the Machiavellian Moment

The question of the Left Hegelians and democracy is not as clear as it might first seem. To be sure, as many scholars have shown, the radical students of Hegel became critical of Hegel's theory of the rational state. And they grew increasingly skeptical that the Prussian state was moving toward that ideal, let alone already actualizing it, a claim, at any rate, that Hegel had never made. As their skepticism toward both Hegel and Prussia grew, they embraced words like republicanism and democracy. This much is clear. Yet, just as quickly, many of the radical Hegelians rejected what one might call bourgeois democracy in the name of socialism and the organization of society around the needs of the most numerous class. Of course, socialism could be presented as the consummation of democracy, not its antithesis. Making the question of Left Hegelian politics difficult is the fact that hovering over the entire trajectory of Left Hegelianism was Hegel's rationalist philosophy of history, which sits uncomfortably with democracy, insofar as one takes seriously the notion that democracy contains a contingent, indeterminate dimension that exceeds any specific institutional framework. This seems as true of Hegel's absolute state as it does of Marx's theory of history. It seems true also of much Hegelian republicanism, which roughly speaking took two different, if interrelated directions: on one side, a Jacobin-inspired ideal of a nation-state that fully embodies the *pouvoir constituant* of the sovereign people and on the other side, an ethical idealism in which morality and right merge and republicanism comes to mean the triumph of universalism over all forms of particularism.[1]

In a book titled *La démocratie contre l'État. Marx et le moment machiavélien*, the French historian and political philosopher Miguel Abensour develops a provocative new framework for assessing the place of democracy in Left Hegelian thinking. The book is, as its title underscores, focused on Karl Marx; but Abensour suggests that the Left Hegelian movement as a whole might be explained in these terms. Or, at least up to a point. While Abensour sees the Left Hegelians all making certain moves in common, he argues that the young Marx went further than the others in embracing a vision of what Abensour calls "insurgent democracy," a vision that haunted Marx throughout his career despite the repression of this dimension in his mature thought. In what follows, I propose to apply Abensour's scheme to Arnold Ruge. As the editor of the *Hallische* and *Deutsche Jahrbücher*, Ruge's place in any

---

1 The exemplification of the latter tendency is Bruno Bauer, whose brand of "republican rigorism" is discussed in depth by Moggach (2003). It is striking that in Moggach's lengthy and rich treatment, the concept of democracy finds almost no place, other than as a synonym for the potential of rational intersubjectivity within the "sovereign people".

account of Left Hegelianism is assured. Yet he is treated more as the movement's impresario and less as an original thinker. Indeed, he is typically presented as a derivative thinker who merely translated the pathbreaking religious and philosophical ideas of figures like David Friedrich Strauss, Ludwig Feuerbach, and Bruno Bauer into directly political terms. This act of translation, however, was already an original contribution, as was Ruge's ability to force radical Hegelian ideas into the glaring light of public debate. But his contribution went deeper than this, for Ruge represents perhaps the most striking example of the connection between Young Hegelian theological critique and the articulation of a unique Left Hegelian form of democratic republicanism.[2] Abensour's model allows an even clearer appreciation of Ruge's originality as a radical political thinker in the *Vormärz*. But employing Abensour also necessitates challenging him on a crucial point, namely his sharp division between Marx and the other Left Hegelians. Contrary to Abensour, I will argue that Ruge's thought opened toward an idea of radical democracy that exceeded the terms of both the Hegelian philosophy of the state and also the emerging idea of socialism. Like Marx, Ruge had a "Machiavellian moment" and at roughly the same time, in 1843. And, like Marx, this moment proved shortlived for Ruge. Nonetheless, Ruge's exit from radical democracy took a different path, and likewise, the specter that haunted his subsequent thought was a different one than Marx's.

Marx and the Machiavellian Moment

Miguel Abensour was a student of Claude Lefort, the co-founder of the group *Socialisme ou Barbarie* in the late 1940s and an influential theorist of democracy in the wake of Marxism's collapse in France. Whereas another of Lefort's prominent students, Marcel Gauchet, took the ideas of his teacher in a more conservative direction, Abensour based an anarchist theory of radical democracy upon them.[3] That is to say, Abensour built upon Lefort's seminal description of *démocratie sauvage*, an account that recognizes democracy's lack of firm foundation and hence the uncertainty and indeterminacy of the democratic condition. Stressing that democracy must involve permanent contestation both in and beyond the form of the State if it is not to atrophy, Abensour's work from the beginning sought to recapture the utopian imperative in modern democracy. Unlike so many theorists shaped by the collapse of Marxism, Abensour never shied away from insisting on Karl Marx's place within the utopian tradition. This means that Abensour reads Marx's disavowals of utopian socialism themselves through a form of utopian self-criticism and within a revolutionary movement that at once includes and transcends Marx.[4]

---

2 This claim is at the heart of my earlier work on Ruge. See Breckman 1999, chapter 6.
3 See Abensour (1993, 225-241). I have discussed Abensour and Gauchet in (Breckman 2013, ch. 4).
4 See Blechman and Breaugh (2011, vii).

This double-movement of criticizing Marx's turn toward a constraining philosophy of history while recuperating Marx for a theory of radical democracy animates Abensour's *Democracy Against the State: Marx's Machiavellian Moment*.

Abensour follows the lead of John Pocock's magisterial work in detaching the Machiavellian moment from the proper name Niccolò Machiavelli.[5] The point is not to trace out a chain of direct influences stemming from the Florentine thinker, but rather to recognize a particular conceptual configuration inaugurated by Machiavelli and repeated in successive centuries within what Pocock calls the 'Atlantic Republican Tradition'. Pocock's Machiavellian moment, as Abensour understands it, presents three distinct elements:[6]

1) The movement by which political actors and thinkers work to reactivate the *vita activa* of the Ancients, to liberate the *bios politikos* (life devoted to public affairs) from the primacy of the *vita contemplativa* and the discredit imposed on the political realm by Christianity and the promise of the heavenly city. Where the medieval man turned to reason in order to contemplate the eternal hierarchies of an immutable world order, the partisan of civic humanism breaks from contemplative life in favor of action and redefines reason as the potential of action to give a human and political form to the chaos of contingency and particularity.

2) The choice of the republic as the only form of *politeia* capable of satisfying the exigencies not only of the human being as a political animal destined to find fulfillment in civil life, but of a secular historicity as well. Against the rejection of time in Christianity and universal monarchy, the republican idea reaffirms temporality, or more precisely, reaffirms an idea of action that, deploying itself in time, strives in its effective actuality to separate political order from the natural order of things.

3) The rehabilitation of the republican form goes hand-in-hand with placing human community in time. As a creative potential in history, the republic is by the same stroke withdrawn from eternity, open to crisis, transitory; moreover, as a form of non-universality, it appears as a specific historical community. The republican form that results from the will to create a worldly, secular order subjected to the contingency of the event is thereby vulnerable to temporal finitude, to the test of time.

Abensour locates Marx's Machiavellian moment in 1842 and 1843. In Marx's writings in 1842, he repeated Machiavelli's move against the specters of the theologico-political that haunted the Christian state of his own day. Emerging from Marx's effort to disentangle politics from theology was an independent concept of the State, based on twin pillars: one pillar, the modern idea of system, conceived the state as an organic totality, and the other pillar, the philosophy of subjectivity, con-

---
5 Pocock (1975).
6 Abensour (1997, 7-9).

ceived the State as a unified subject. This concept of the State as totality and subject remained wedded to what Abensour calls the "young-Hegelian utopia of the rational State," in which the State is imagined as an "infinite, self-determining subject, integrating all exteriority and coinciding with itself," independent, moreover, of the social realm, but exercising a determinant power over the social world as a whole.[7] Put differently, for Marx in 1842, the State's center of gravity is found within the State itself. When Marx subsequently insisted on relocating the State's center of gravity in the *demos*, a new and more radical figure of the Machiavellian moment emerged. That was in 1843. Particularly in his unpublished critique of Hegel's *Philosophy of Right*, Marx questioned the determinant power of the political realm, or more precisely, the determinant power of the State. He now attempted to break from the conception of the rational State as a self-determining subject, and he tried to block a resurgence of sacred structure back into the realm of politics. Effectively, this meant reimagining political space as a horizontal dimension, replacing a theologico-political model of vertical relation with a horizontal one. Put differently, this meant coming to terms with what Marx called "true democracy" and especially the implications of "true democracy" for the conception of the State. Here, Marx aligned himself with the cutting edge of French thought: "In democracy the State as particular is only particular, and as universal it is the real universal (…) The modern French have conceived it thus: in true democracy the *political State disappears (der politische Staat untergehe)*."[8]

Marx's Machiavellian moment consisted, then, in his effort to conceive a democratic politics that exceeds the boundaries marked out by the State and flows out into social life; a democratic politics that recognizes that "the essence of the political consists in working out the union of human beings, in the institution *sub specie rei publicae* of a being-together oriented toward liberty."[9] By Marx's later account in the 1859 Preface to the Critique of Political Economy, it was his critical review of Hegel's Philosophy of Right undertaken in the crisis year 1843 that led him to the central insights of historical materialism. Given that one of the effects of historical materialism is to decenter politics, indeed, to deny altogether the independence of the political realm, it would be tempting to say that the advent of Marx's Machiavellian moment is simultaneously its end, insofar as Marx is led immediately to subordinate the political to the socio-economic. Abensour does not deny this reading, but he insists that the radical democratic ideal continues to haunt Marx's later

---

7 Ibid., 35. [L'utopie jeune-hégélienne de l'État rationnel/ d'un sujet infini, s'auto-déterminant, integrant toute extériorité, coincident avec soi]

8 Marx cited in Ibid., 2. [Dans la démocratie l'État en tant que Particulier est *seulement* Particulier, en tant qu'Universel il est l'Universel reel … Les Français de l'époque modern ont compris cela au sens où dans la vraie démocratie *l'État politique disparaîtrait.*]

9 Ibid., 59. [….l'essence de la politique … consiste plutôt dans la mise en oeuvre de l'union des homes, dans l'institution *sub specie rei publicae* d'un être ensemble orienté à la liberté…]

work, remaining as a "subterranean dimension of his writings, rising to the surface according to the demands and solicitations of the event."[10]

The Left Hegelians and the Utopia of the State

Insofar as Abensour sees a shift toward a model of democracy *against* the State in Marx's thought between 1842 and 1843, he reads this as a rupture with the Young Hegelians, whom he identifies with the "utopia of the rational state."[11] This is, presumably, the reason why Abensour suggests that the Young Hegelian movement to which Marx belonged can be understood with the help of the idea of the Machiavellian moment, but only up to a certain point.[12] Certainly, Max Stirner believed the Young Hegelians to be wallowing in Statolatry: "State! State! So ran the general cry, and thenceforth people sought for the 'right form of State', the best constitution, and so the State in its best conception. The thought of the State passed into all hearts and awakened enthusiasm; to serve it, this mundane god, became the new divine service and worship."[13] Stirner's charge would seem to apply well to Ludwig Feuerbach. For instance, Feuerbach writes in 1843 that "The true state is the unlimited, infinite, true, perfect, and divine man. It is primarily the state in which man emerges as man; the state in which the man who relates himself to himself is the self-determining, the absolute man." The State, for Feuerbach, is the practical refutation of religion, insofar as it realizes and returns to man his alienated universality; hence, "human beings come together in the state because here they are without God, because the state is their god, which is why it can justifiably claim for itself the divine predicate of 'majesty'."[14] Feuerbach, it would seem, completes the first step of the Machiavellian moment, the liberation of the political from the theological, but fails to take the second step, that is, radically reconceptualizing true democracy as a relation that exceeds the political state and even acts against it.

What of Arnold Ruge? Does he take both steps? I would suggest that Ruge had a Machiavellian moment in the new and radicalized form described by Abensour. Like Marx, it happened more or less in 1843; and again, like Marx's, Ruge's Machiavellian moment proved relatively short-lived, at least in its most robust form. However, unlike Marx, Ruge's Machiavellian moment did not become occluded by

---

10 Ibid., 104. [... une dimension souterraine de l'oeuvre de Marx, destine à refaire surface, selon les exigencies et les solicitations de l'événement]
11 Ibid., 34.
12 Ibid., 5.
13 Stirner cited in Ibid., 16. [L'État! L'État! Ce fut un cri general et l'on ne chercha désormais plus que la bonne, la 'meilleure constitution', la meilleure forme de l'État. L'idée de'État éveillait l'enthousiasme dans tous les coeurs; server ce dieu terrestre devint la nouvelle religion, le nouveau culte...]
14 Feuerbach (1904, 220). [Der [wahre] Staat ist der unbeschränkte, unendliche, wahre, vollendete, göttliche Mensch. Der Staat ist erst der Mensch – der Staat der sich selbst bestimmende, sich zu sich verhaltende, der absolute Mensch.... die Menschen sind im Staate, weil sie im Staat ohne Gott sind, der Staat den Menschen Gott ist, daher er sich mit Recht das göttliche Prädicat der 'Majestät' vindicirt.]

a turn toward socio-economic forces; rather, Ruge returned to the State, or more precisely, he redirected the contestatory forces of democracy back into the State form. Both Marx and Ruge retreated from the Machiavellian moment, but if Abensour is right that it continued to haunt Marx's thought, it might also be the case that it persisted as a spectral dimension of Ruge's thought.

Ruge's writings from roughly 1838 onward translated the theologico-political radicalism of the Young Hegelians into directly political terms. Drawing on David Friedrich Strauss, for example, in his 1839 manifesto *Der Protestantismus und die Romantik*, Ruge's attack on the Romantics' highly subjective 'Ich-Kult' centered immediately on the political stakes of an aesthetic conception rooted in the isolated power of the individual genius versus one that embedded individual capacities in the general conditions of the community. Hence, the basic contrast in that book was between the Romantics' "spiritual aristocracy" and the ideal of "spiritual democracy," which Ruge claimed could only emerge "if Germany works through to a free openness in its political relations."[15] At roughly the same time as he completed this anti-Romantic manifesto, Ruge opened an explicit campaign against the Prussian government, which he contended had betrayed the rational concept of the State. Connecting the 'Ich-Kult' of the Romantics and the monarchic principle of the Christian State, Ruge drew directly from Strauss and Feuerbach's criticisms of theological personalism. In the 1840 essay, "Zur Kritik des gegenwärtigen Staats- und Völkerrechts," Ruge also followed a path already opened by Feuerbach. In his 1839 critique of Positive Philosophy, Feuerbach had concluded by criticizing Hegel for lapsing into theological patterns, including the christocentric logic of setting himself up as the incarnation of absolute knowledge. Making the same move in the political realm, Ruge extended his critique of the Christian state to Hegel himself. Hegel had rightly recognized that the State rests on will, but he had lapsed back into a theological theory of the State the moment he located this 'will' in personal sovereignty instead of showing how the monarch is determined by the totality of the State and, by extension, how this totality is itself determined by the majority will of the sovereign people. Up to the end of 1841, this orientation toward popular sovereignty sat more or less comfortably with Ruge's support for constitutional monarchy, which was the regime form he hoped Prussia would embrace. Ruge flirted with the term 'republican' to name this kind of political institution, but clearly he did not yet view monarchy and republic as antithetical forms. In conflating monarchy and republic, Ruge in fact remained true to Hegel, or at least to a progressive reading of his famously enigmatic comments on monarchy in the *Philosophy of Right*. Where a romantic like Novalis could argue for a symbolic short-circuit between the law and an exemplary person whereby "king and republic are indivisible, just like the body and soul,"[16] Ruge clearly operated within the horizon

---

15 Ruge/Echtermeyer (1972, 23).
16 Novalis (1969, 356-359); [Quotation is at 359: "daß kein König ohne Republik, und keine Republik ohne König bestehn könne, daß beide so unteilbar sind, wie Körper und Seele ..."]

of Hegel's theory of subjectivity, wherein the monarch's executive function is a necessary moment in decision-making.

Ruge, Republican (Again)

While there were prominent Hegelians who considered Hegelian political theory fully compatible with the Restoration era's reassertion of monarchical sovereignty, Hegel's opponents saw only one logical outcome. So, in 1845, surveying an intellectual landscape disturbed by Hegelian militants, Friedrich Julius Stahl claimed that Hegel's own devaluation of personal kingship made the republicanism of his young disciples inevitable.[17] Whether it was inevitable or not, Arnold Ruge was perhaps the best proof of Stahl's assertion. In his political writings after roughly 1841, Ruge readily connected theological criticism, Left Hegelian humanism, and republicanism more clearly and in greater detail than any of his contemporaries, with the possible exception of Marx in his unpublished 1843 critique of Hegel's *Rechtsphilosophie*. Contrary to Stahl's view, however, Ruge did not arrive at republicanism strictly by accentuating the radical implications of Hegel. Ruge was already in his thirties when he began seriously reading Hegel, and republicanism attracted him years before then. We see this in his youthful enthusiasm for the French Revolution, even as he supported the patriotic war of resistance against Napoleon; we see it, too, during his time in Köpenick Prison, where he spent six years of what was meant to be a fifteen year sentence for his involvement in a conspiratorial group on the fringes of the *Burschenschaften*. In Köpenick prison, he busied himself with translating Sophocles and Thucydides and studying intently Pericles' speech to the Athenians. Likewise, in his early writings, Ruge followed Friedrich Schiller in trying to link an aesthetic ideal that he found exemplified in Greek classicism with the ideal of political freedom. Ruge's attraction to the ancient Greeks, whom he once described as the "thoroughly political people," persisted throughout his life. "Everything which is still good and human in the world, we owe to the Athenian Republic," he wrote many years later in his memoir.[18] At the time of the July Revolution in 1830, Ruge openly called himself a "republican" and described world history as "an eternal struggle of freedom against usurpation."[19]

Ruge embraced Hegelianism in the course of the 1830s, and far from radicalizing him, Hegelianism actually tempered his thought. The Hegelian vision of the rational state and the hope that Prussia might fulfill the demands of philosophy conditioned the expression of what we can call, following Miguel Abensour, the first phase of Ruge's 'Machiavellian moment'. During this period, from roughly 1838 to roughly the end of 1841, Ruge's position correlates with what Abensour calls the "utopia of the Rational State." Like Feuerbach, Ruge strove to liberate the

---

17 Stahl (1845, 5).
18 Ruge cited in Moore (1977, 427).
19 Ruge cited in Ibid., 226.

concept of the State from theology. Consistent with the Young Hegelian substitution of *Logos* for the old transcendent divinity, Ruge argued as early as 1839 that the true form of religion is the immanent principle of Reason as it is manifested in human community. Understood as the highest expression of community, the State thereby achieves a potentially "divine" status and becomes, potentially, the true "image of God."[20] Liberating the State from theology went hand-in-hand with liberating subjects from their captivity in private life and leading them toward their fulfillment as citizens in a true public life. So long as the monarchic principle prevailed, the Christian State excluded subjects from such a life. The Christian State is a "*res privata*," Ruge wrote, whereas the "absolute State" must be a "*res publica.*" He qualified this still further in his 1841 foreword to the *Hallische Jahrbücher*, when he insisted that the State "is no *res*, no thing, but rather an affair," by which he meant to say that the State should be synonymous with public life. "Outside political life,there are no free people, only resigned Christians,"wrote Ruge in a reworking of Aristotle's claim for the *zoon politkon*, that outside the city, there are only beasts or gods.[21]

Such formulations make clear that celebration of the rational State functioned as a critical weapon, insofar as it was obvious to all the Left Hegelians that the Prussian state was far from the ideal. The gap between reality and ideal became more and more undeniable after the new king, Friedrich Wilhelm IV, took the throne in 1840. But it is important to emphasize that as the reactionary politics of the Prussian king became ever clearer, Ruge not only abandoned his hope that Prussia might live up to the ideal of the rational State. More radically, Ruge grew skeptical of the very ideal of the rational State itself. By 1842, he fully jettisoned his tepid support of constitutional monarchy and openly described himself as a republican democrat. This forthright embrace of democracy in turn provoked a final break from liberalism. In earlier essays, he had treated liberalism essentially as a synonym for the broadly undifferentiated notion of a *Bewegungspartei*, and he had equated liberalism with the emancipation of the individual from the narrowness of private life, which amounted to the transformation of the *Spiessbürger* into the *Bürger*. By the time he wrote "Eine Selbstkritik des Liberalismus" in 1843, Ruge was convinced that liberals were indifferent to the form of the State so long as the State guaranteed the security of the private sphere. He denounced the good intentions and empty good will of liberals, and called for revolutionary *praxis*. A robust public life must replace the anemic privacy that German liberalism served only to enhance. In a slogan that inflamed the Saxon authorities, Ruge demanded that "Liberalism be dissolved into Democratism."[22] This brings us to Ruge's full-fledged 'Machiavellian moment', experienced, like Marx's, in a moment of personal, intel-

---

20 Ruge (1985, 126); [das Ebenbild Gottes].
21 Ruge (1846, 475); [außer dem politischen Leben giebt es aber keine freien Menschen, nur resignirende Christen].
22 Ruge(1985, 573); [die Auflösung des Liberalismus in Demokratismus].

lectual, and political crisis, as State authorities lashed out against Ruge's journal and drove him into exile.

Ruge's Radical Democratic Moment

From Abensour's account of Marx's 1843 critique of Hegel's *Rechtsphilosophie*, two aspects seem particularly relevant to an understanding of Ruge's thought. First, Marx performs what Abensour calls a 'reduction' vis-à-vis the political constitution. As is well known, Marx attacked Hegel for treating society as if it were a logical derivation from the concept of the State. In his famous inversion of Hegel, Marx assigned the formative power to society. This operation has the effect of reducing the political constitution; not abolishing it, but reducing it. That is, it ceases to appear as the whole of political life, but is returned to its proper dimension as one and only one element of the whole.[23] As Abensour writes, "once the constitution is grasped, encompassed, and rooted in a movement that is much more radical – the self-attainment of the *demos* – it is reduced to a moment, to a particular form of the subject's existence, rather than being erected into an organizing form that passes for the whole."[24] In Marx's words, "Democracy is the solved *riddle* of all constitutions. Here, not merely *implicitly* and in essence but *existing* in reality, the constitution is constantly brought back to its actual basis, the *actual human being*, the *actual people*, and established as the people's *own* work. The constitution appears as what it is, a free product of man."[25]

Marx arrives at this critique of the constitution aided by Feuerbach's critique of religion. The same is true for Ruge. Feuerbach's theory of religious alienation gave Ruge a new explanation for the separation of the people from politics. So, Ruge argued in his 1842 essay on the Christian State, the Christian subject experiences the State as a transcendent entity, with the universal or general fixed in the objectified form of a personal 'Staats-Gott'.[26] Moments of political crisis, such as the French Revolution or the popular mobilizations of the *Freiheitskrieg*, could briefly return alienated consciousness from an abstract political heaven to awareness of the immanent sovereignty of the community. But in the absence of such a crisis and with an eye toward establishing a more enduring transformation, philosophical

---

23 Abensour (1997, 72-73).
24 Ibid., 69. [...aussi la constitution prise, englobée, resource dans un mouvement beaucoup plus radical – la venue à soi du *demos* – est-elle réduite à un moment, à une forme d'existence particulière du sujet et non érigée en forme organisatrice valant pour le tout]
25 Marx (1982, 31); [Die Demokratie ist das aufgelöste *Räthsel* aller Verfassungen. Hier ist die Verfassung nicht nur *an sich*, dem Wesen nach, sondern der *Existenz*, der Wirklichkeit nach in ihren wirklichen Grund, den *wirklichen Menschen*, das *wirkliche Volk*, stets zurückgeführt und als sein *eignes* Werk gesetzt.].
26 Ruge (1846, 455f). For the term 'Staatsgott', see Ruge (1848, 63). In an 1843 letter to Saxon authorities appealing the decision to close the *Deutsche Jahrbücher*, Ruge emphasized – presumably as an intentional provocation – that in using Staatsgott, he was simply borrowing directly from the restorationist language of the age. See Ruge (1976, 182).

criticism might mobilize people by exposing the illusory nature of all abstractions and revealing the State as the people's own "product."[27] In "Eine Selbstkritik des Liberalismus," Ruge pushed this Feuerbachean logic still further, moving not only beyond constitutional monarchy but beyond the idea of a *Rechtsstaat* as well, to the ideal of democracy: "Perhaps *subjects* obey only their *laws*, but these are granted to them. Subjects are not really autonomous; they have no concept of the fact that the laws of a freer life must be their own product."[28] Like Marx, Ruge performs a reduction on the political State. The State is no longer the source and organizing form of the free life, but is, rather the product of the *demos* in its struggle to create a free life. And, as with Marx, so too with Ruge, once the *demos* becomes aware of itself as the instituting power of the political realm, this reduction of the political State becomes the first weapon of democracy. After all, if, as Marx put it, "democracy starts from man and makes the state objectified man," then democrats must remain ever vigilant lest this objectification lose its relation to the instituting power of the *demos*.

The notion of the 'reduction', whereby the political constitution is reduced to a part of the political life of the *demos*, rather than the whole, points us toward a crucial second feature of Abensour's account. "The moment of the reduction," writes Abensour, "'the going back' to the originary activity [i.e. the self-determination of the *demos*] … will allow for what is realized in the constitution to extend over to the other realms of the life of the *demos*."[29] The reduction of the State's domain, understood as a determination of limits, is the condition of possibility for the extension of democratic activity. So, writes Abensour, "It is as if the movement of the return to an originary subject triggers a release, a retroaction of the subject's activity into every field that requires its energy." The logic here is something like Feuerbach's image of the systole, the contraction whereby the religious man expels his nature from himself, only to regain it when the diastole brings the rejected nature flowing back into his heart.[30] Abensour offers us a productive way to think of a basic feature of both Marx and Ruge's thought at this significant moment, namely the question of the relationship between State and Civil Society. It is a commonplace that 1843 is the moment when Marx collapses the State into Society, turning the political state into an epiphenomenon of social relations. Likewise, it is the moment when Marx shifts from 'political' emancipation to 'human' emancipation. And, again, it is the moment when Marx's idea of 'true democracy' shifts from politics as an activity oriented to the power of the State to what his contemporary

---

27 Ruge (1846, 466); [Product].
28 Ruge (1985, 555); [Die *Untertanen* gehorchen vielleicht nur ihren *Gesetzen*, aber diese sind ihnen *geschenkt*, sie sind nicht wirklich autonom, sie haben keinen Begriff davon, daß die Gesetze freier Wesen ihr eignes Produkt sein müssen.].
29 Abensour (1997, 65), […le temps de la reduction 'du faire retour' à l'activité originaire qui va permettre … une extension de ce qui s'effectue dans la constitution aux autres spheres de la vie du *demos*].
30 Feuerbach (1973, 73).

Victor Considerant called "the organization of all elements of life in society."[31] From this perspective, when Marx calls for the organization of human powers as "*social* powers" that are no longer separated from men as "*political* power," we seem just one step away from Engels' notion that in socialism, the state will wither away and politics will be replaced by the administration of things.[32] In a less emphatic, but nevertheless significant way, Ruge too linked his hopes for emancipation to the possibility of overcoming the dualism of civil society and the State, man and citizen, economics and politics, social and political power.

This type of move is typically seen as the decentering of politics, if not its outright erasure. Yet, Abensour's account of the 'reduction' of the political state suggests that the political domain is, in fact, preserved and extended if we recognize the instituting power of the *demos* at work in society itself. That is, we can theorize the political institution of the social itself, which means we may aim at a social world that is neither abandoned to chance nor formed by an external law, whether that law is conceived as natural or rational or historical. Hence, Ruge envisioned a process wherein "…the State and its antithesis, civil society, become an all-embracing and thorough commonwealth, which does not cease to be a *res publica,* but gives everyone his goal and organizes the entire society and its functions …"[33] This formulation gives us insight into what Ruge might have meant when he claimed that his aim was both to "humanize" the State and to "politicize" humanity.[34] This double move is presented at some length in Ruge's 1845 work, *Der Patriotismus.* There, he urges a transition from patriotism to humanism, which he equates with a shift away from an emancipatory process enclosed in the nation-state form toward an emancipation that recognizes a common human interest in autonomy. In such a future, the State will not disappear, but will transition from *Vaterland* to *Bruderland.*[35] The politicization of humanity comes in a second transition, from patriotism to the "spirit of party" (*Partheigeist*), which ceases to fight for quasi-religious entities called 'Volk' and 'Nation', and instead struggles for a "political problem": "…the spirit of party leads us beyond the peoples. It is the drive to association for work on the problem of freedom, the zeal of collective work, the vitality, enthusiasm, animation of humanity working in itself."[36] Recognizing the political institution of the social itself also sheds light on Ruge's insistence that the plight of the *Pöbel* will be overcome only through democracy, when the State is truly realized

---

31 Considerant quoted in Abensour (1997, 40); [… le règlement de tous les elements de la vie des societies].
32 Marx (1982, 163); [*gesellschaftliche Kräfte … politischen* Kraft].
33 Ruge (1848, 95). […des Staats und seines Gegensatzes, der bürgerlichen Gesellschaft, zu einem allumfassenden und alles durchdringenden Gemeinwesen, das nicht aufhört *respublica* zu sein, aber jeden Einzelnen zu seinem Zweck hat, und Organisation der ganzen Gesellschaft und ihrer Funktionen ist …]
34 Ibid., 63; [die Politisirung aller Menschen und die Humanisirung des Staats]
35 Ruge (1968, 40-41).
36 Ibid., 52; […der Partheigeist führt uns über die Völker hinaus. Er ist der Associationstrieb zur Arbeit für die Probleme der Freiheit, der Eifer der geselligen Arbeit, die belebte, die begeistete, die animirt in sich arbeitende Menschheit selbst.].

as a public affair.³⁷ It is also worth bearing in mind this idea of the political constitution of the social as a radicalized extension of the republican ideal when we encounter Ruge using what sounds like a Marxist vocabulary in a statement from 1863: "The difficulty lies in constituting the state of bourgeois [civil] society, based on need, as a state based on freedom, making of the substructure a superstructure, that is, making it the only structure."³⁸ While this could easily be read as an instance of collapsing the state into civil society, it might be better read as an ideal of democratic self-constitution that exceeds the limits of the political State.

Conclusion

The Machiavellian moment consists in the task of detaching the conception of political life from its entanglements in theology, and to do so without then subordinating politics to some other meta-historical norm. Measured this way, the Machiavellian moment proved short-lived for both Marx and Ruge. Marx's engagement with 'true democracy' faded as he turned toward the anatomy of civil society and a theory of history oriented toward economic structure and laws of development. As for Ruge, the Machiavellian moment was always shadowed by his lingering attachment to Hegelianism. If Abensour is correct that Marx's later thought was periodically haunted by his early vision of true democracy, it might be said that Ruge's vision of democracy was always haunted by his Hegelian belief in an eschatology of self-reconciling identity, deploying itself as world-historical subject. That is, having embraced republican democracy, Ruge never backtracked, but by 1845, he had redirected the contestatory impulses of democracy back into the State form. Moreover, the alliance between Ruge and Marx that had emerged from their shared travails with the Prussian state broke down forever, and Ruge found himself attacked by the German communists. Ruge's article on the Silesian weavers revolt provided the occasion for Marx to savage his erstwhile ally. Where Ruge had written that a "social revolution … without a political spirit is impossible,"³⁹ Marx dismissed political criteria and insisted that the Silesian revolt sprang from social oppression and pointed to social revolution.⁴⁰ Ruge undoubtedly felt bruised by attacks from Marx and other communists like Moses Hess. Nonetheless, despite Ruge's support for democratism and his undoubted commitment to addressing the social problem through the social organization of work, he was deeply skeptical of the possibility of totally revolutionizing civil society. Furthermore, while Ruge clearly did not regard individual property rights as sacrosanct, he did worry that a full *Gütergemeinschaft* would erase individual rights altogether, which would be a self-defeating outcome for socialism's emancipatory dream. On the eve of the Rev-

---

37 Ruge (1985, 183-84).
38 Ruge (1863, 105f).
39 Ruge (1844).
40 Marx (1982, 462).

olution of 1848, Ruge tried to develop a conception of what he now termed "social democracy" that would remain true to Hegel's insights into the "state of absolute terror," that is the dangers of collapsing the mediated relations of state and society into a monistic identity.[41]

In this paper, I have argued that Abensour's description of Marx's Machiavellian moment sheds light also on Arnold Ruge. What we see in that moment is an ideal of direct democracy that has, it must be acknowledged, never been fully realized. But it survived as an ideal among anarchists, council socialists, *autogestionnaires*, and most recently, in protest movements such as Occupy Wall Street. It is an ideal of political organization that has repeatedly challenged and contested the main currents of socialism. Those main currents – Marxist communism and social democracy – both had roots in the Left Hegelians. Thinking through the Machiavellian moment reminds us that the breakdown of Hegelianism passed through a moment of radical democracy, which persisted in the subsequent history of the Left, both as a utopian other and as a disruptive specter.

Bibliography

M. Abensour, "'Démocratie sauvage' et 'principe d'anarchie'," *Revue européene des sciences sociales*, Tome XXXI, No. 97 (1993), 225-241.

–, *La démocratie contre l'État. Marx et le moment machiavélien*, Paris: Presses Universitaires de France, 1997.

M. Blechman/M. Breaugh, "Translator's Introduction: 'To Think Emancipation Otherwise'," in M. Abensour, *Democracy Against the State: Marx and the Machiavellian Moment*, Cambridge: Polity, 2011.

W. Breckman, *Marx, the Young Hegelians and the Origins of Radical Social Theory: Dethroning the Self*, Cambridge: Cambridge University Press, 1999.

–, *Adventures of the Symbolic: Postmarxism and Radical Democracy*, New York: Columbia University Press, 2013.

Ludwig Feuerbach, "Nothwendigkeit einer Reform der Philosophie," in: *Sämmtliche Werke*, Bd. 2, ed. Wilhelm Bolin and Friedrich Jodl, Stuttgart: Fr. Frommanns Verlag, 1904.

–, *Wesen des Christentums*, in: *Gesammelte Werke*, ed. Werner Schuffenhauer, Berlin: Akademie-Verlag, 1973.

K. Marx, "Zur Kritik der Hegelschen Rechtsphilosophie," in: *Karl Marx – Friedrich Engels Gesamtausgabe*, Bd. 2.1, Berlin: Dietz Verlag, 1982.

D. Moggach, *The Philosophy and Politics of Bruno Bauer*, Cambridge: Cambridge University Press, 2003.

J. W. Moore, *Arnold Ruge: A Study in Democratic Caesarism*, Ph.D. Diss., University of California, Berkeley, 1977.

Novalis, "Glauben und Liebe," in: *Novalis Werke*, ed. Gerhard Schulz, München: Verlag C.H. Beck, 1969.

J.G.A. Pocock, *The Machiavellian Moment: Florentine Political Thought and the Atlantic Republican Tradition*, Princeton: Princeton University Press, 1975.

---

41 See Ruge to Fleischer, 27 May 1845 (Ruge 1886, 395-97); "Freiheit und Recht," *Sämmtliche Werke*, vol. 6 (Ruge 1848); and (Ruge 1849).

A. Ruge, "Der König von Preußen und die Sozialreform: Von einem Preußen," *Vorwärts*, 27 Juli 1844.
–, "Der christliche Staat. Gegen den Wirtemberger über das Preußentum," *Gesammelte Schriften*, vol. 3, Mannheim: J.P. Grohe, 1846.
–, "Unsre letzten zehn Jahre. Über die neuste deutsche Philosophie an einen Franzosen," in: *Arnold Ruge's sämmtliche Werke*, 2nd ed., Bd. 6, Mannheim: J.P. Grohe, 1848.
–, *Die Gründung der Demokratie in Deutschland, oder: Der Volksstaat und der sozial-demokratische Freistaat*, Leipzig: Verlagsbureau, 1849.
–, *Aus frührer Zeit*, Bd. 4, Berlin: Duncker, 1863.
–, *Ruges Briefwechsel und Tagebuchblätter aus den Jahren 1825-1880*, vol. 1, ed. Paul Nerrlich, Berlin: Weidmann, 1886.
–, *Der Patriotismus*, ed. Peter Wende, Frankfurt: Insel Verlag, 1968.
–, *Polemische Briefe*, Leipzig: Zentralantiquariat der Deutschen Demokratischen Republik, 1976.
–, "Karl Streckfuß und das Preußentum. Von einem Württemberger," in: *Die Hegelsche Linke: Dokumente zu Philosophie und Politik im deutschen Vormärz*, ed. Ingrid and Heinz Pepperle, Leipzig: Reclam, 1985.
–, "Errinerungen aus dem äußeren Leben, von Ernst Moritz Arndt," in: *Die Hegelsche Linke: Dokumente zu Philosophie und Politik im deutschen Vormärz*, ed. Ingrid and Heinz Pepperle, Leipzig: Reclam, 1985.
–, "Selbstkritik des Liberalismus," in: *Die Hegelsche Linke: Dokumente zu Philosophie und Politik im deutschen Vormärz*, ed. Ingrid and Heinz Pepperle, Leipzig: Reclam, 1985.
A. Ruge/ E.T. Echtermeyer, *Der Protestantismus und die Romantik: Zur Verständigung über die Zeit und ihre Gegensätze*, ed. Norbert Ollers, Hildesheim: H.A. Gerstenberg, 1972.
F.J. Stahl, *Die Philosophie des Rechts nach geschichtlicher Ansicht*, vol. 2, 2nd ed., Heidelberg: Mohr, 1845.

Tim Rojek

Zwischen Reform und Revolution.
Arnold Ruges Geschichtsphilosophie

> „Nach den Freiheitskriegen dominierte in Preußen
> die Philosophie Hegels.
> Sie versuchte eine systematische Vermittlung von
> Revolution und Tradition.
> Sie konnte als konservativ gelten und war es auch.
> Aber sie konservierte auch den revolutionären Funken
> und lieferte durch ihre Geschichtsphilosophie
> der weitertreibenden Revolution eine gefährliche
> ideologische Waffe,
> gefährlicher als Rousseaus Philosophie in den Händen
> der Jakobiner.[1]"
>
> *(Carl Schmitt)*

> „Die entwickelte Freiheit und den
> weltbewegenden Anstoß zu ihrer
> Verwirklichung durch die Ausbreitung
> ihres Begriffs hat Hegel uns übrig gelassen."[2]
>
> *(Arnold Ruge)*

Einleitung

Vergleicht man die Forschung zu Arnold Ruge mit derjenigen zu anderen linken Hegelianern, wie etwa Bruno und Edgar Bauer, David Friedrich Strauß, Moses Hess oder Heinrich Heine, von Karl Marx und Friedrich Engels ganz abgesehen, so stellt man fest, dass Ruge in der Forschung lange Zeit und von wenigen Ausnahmen abgesehen, eher geringe Beachtung gefunden hat.[3] Für diesen Befund lassen

---

1 Schmitt, Carl: *Theorie des Partisanen. Zwischenbemerkung zum Begriff des Politischen.* Berlin 2010 [1963], S. 51.
2 Ruge, Arnold: Zur Kritik des gegenwärtigen Staats- und Völkerrechts. 1840 in: ders. *Werke und Briefe. Band 2 Philosophische Kritiken 1838-1846.* Herausgegeben von Hans-Martin Sass in 12 Bänden. Aalen 1988, S. 397-433, hier S. 404.
3 Exemplarisch verweisen ließe sich auf die großen, historisch aufbereitenden Darstellungen der linkshegelianischen Entwicklungs- und Wirkungsgeschichte. Weder bei Stuke, Horst: *Philosophie der Tat. Studien zur Verwirklichung der Philosophie bei den Junghegelianern und den Wahren Sozialisten.* Stuttgart 1963, McLellan, David: *Die Junghegelianer und Karl Marx.* München 1974 [1969], Toews, John Edward: *Hegelianism. The Path towards dialectical humanism. 1805-1841.* Cambridge 1980, noch bei Moggach, Douglas (Hrsg.): *The New Hegelians. Politics and philosophy in the Hegelian school.* Cambridge 2006 finden sich gesonderte Kapitel zur Position Arnold Ruges. Karl Lö-

sich mindestens zwei ausschlaggebende Gründe anführen: zum einen hat Ruge selbst im Gegensatz zu den meisten der oben genannten Akteure der linkshegelianischen Bewegung, nie ein systematisch orientiertes ‚Hauptwerk' politisch-philosophischen Inhaltes vorgelegt. Zum anderen sind die meisten der Texte Ruges in journalistischem Umfeld publiziert worden und weisen einen eher polemischen und ‚tagespolitischen' Charakter auf. Beides schränkt die Rezeption und den Aktualitätsgehalt der Texte für eine systematisch tragfähige Interpretation klar ein.

Trotz dieser Umstände wäre es ein Fehler, Ruges historische Rolle im Rahmen der linkshegelianischen Konstellation zu unterschätzen und ihn als irrelevante Figur abzutun. Die Bedeutung Ruges für den Linkshegelianismus liegt insbesondere in seiner Tätigkeit als Herausgeber und Initiator zuerst der *Hallischen Jahrbücher* und – nach deren Verbot durch die preußische Zensur – der *Deutschen Jahrbücher für Wissenschaft und Kunst* begründet. Gerade seit der Publikation der Redaktionsbriefwechsel der genannten Jahrbücher ist deutlich geworden, dass Ruge eine wichtige Rolle als „organisatorischer Zentralfigur des Junghegelianismus"[4] zukam. Insbesondere in den Jahren zwischen 1838 und 1843 gelang es Arnold Ruge – da er faktisch darüber entschied, wer in den *Jahrbüchern* publizieren konnte – eine bedeutsame Rolle zu spielen und durch seine redaktionellen Entscheidungen die öffentliche Wahrnehmung bzw. ‚Stimme' der Linkshegelianer zu steuern. Darüber hinaus gelang es ihm, dank dieser Rolle, das Auftreten von Konkurrenzorganen, die sich als neues Sprachrohr der Linkshegelianer zu etablieren trachteten, über lange Zeit geschickt zu unterbinden, ehe er im Zuge des Verbotes der *Deutschen Jahrbücher* 1843, sowie des zunehmenden Auseinanderdriftens der einzelnen Gruppierungen in den verschiedenen lokalen Zentren des Linkshegelianismus diese Rolle verlor.[5]

Ruges Aufsätze, die er zumeist in den eigenen Publikationsorganen veröffentlichte, stellen häufig zeitgebundene Interventionen im Rahmen der linkshegelianischen Debatten dar. So stellt Ruge für die Entwicklung der linkshegelianischen Bewegung im Ganzen sicher eine unverzichtbare Figur dar. Ohne ihn wären die lokalen Zentren wie Berlin oder Halle weit weniger oder vielleicht auch überhaupt nicht kommunikativ vernetzt gewesen. Insgesamt hat Ruge also eher organisatorisch und publizistisch gewirkt. Sein Werk und seine journalistische Tätigkeit als Herausgeber verdienen sicherlich eine eigenständige Würdigung im Rahmen einer historischen Aufbereitung der publizistischen Landschaft des Vormärzes, aus der

---

with widmet Ruge in seiner klassischen Darstellung lediglich ein kurzes Kapitel (vgl.ders.: *Von Hegel zu Nietzsche. Der revolutionäre Bruch im Denken des neunzehnten Jahrhunderts*. Hamburg 1981 [1958]). Die einzige etwas längere Aufbereitung der Position Ruges im Kontext des Junghegelianismus findet sich bei Breckman, Warren: *Marx, The young Hegelians and the origins of radical social theory. Dethroning the Self.* Cambridge 1999.

4 Bunzel, Wolfgang / Hundt, Martin / Lambrecht, Lars (Hrsg.): „Einführung." in: *Zentrum und Peripherie. Arnold Ruges Korrespondenz mit Junghegelianern in Berlin*. Frankfurt am Main 2006, S 7-64, hier S. 50.

5 Vgl. zu Ruges Rolle im Junghegelianismus: Bunzel, Wolfgang / Hundt, Martin / Lambrecht, Lars (Hrsg.): „Einführung." in: *Zentrum und Peripherie. Arnold Ruges Korrespondenz mit Junghegelianern in Berlin*. Frankfurt am Main 2006, S 7-64.

Ruge nicht wegzudenken ist. Obgleich Ruge daher kaum als philosophischer Innovationsmotor der Linkshegelianer bezeichnet werden kann, stellte er dennoch eine institutionell unverzichtbare Figur da.

Ungeachtet dieser Einschränkungen ist es das Ziel dieses Beitrags, gerade die philosophischen Merkmale von Ruges publizistischer Arbeit zu untersuchen, da sich bei dieser durchaus einige Besonderheiten aufweisen lassen, die Ruges Ansichten von denjenigen der anderen Linkshegelianer unterscheiden. Von Interesse ist dabei insbesondere Ruges Geschichtsbegriff, den er im Rahmen seiner Übernahme bzw. Auseinandersetzung mit der hegelschen Philosophie entwickelt. Dabei konzentriere ich mich auf die zentrale Phase von Ruges Wirken im linkshegelianischen Kontext.[6] Die weitere biographische und philosophische Entwicklung Ruges ab etwa 1844, nach dem Streit mit Marx und der Aufgabe des Projektes der *Deutsch-Französischen Jahrbücher*, sowie seine Exilzeit in England, wo er sein Dasein als Deutschlehrer in Brighton fristen musste und insbesondere als Übersetzer tätig war, verlangen eine eigenständige Untersuchung und werden hier im Folgenden ausgeblendet. Stattdessen sollen die eigentümlichen Akzente, die Ruges Position in kritischer Auseinandersetzung mit Hegel bestimmen, im Mittelpunkt stehen.

Im *ersten* Teil des Aufsatzes werde ich Ruges Verhältnis zur Philosophiegeschichte sowie sein Verständnis und die Kritik an seiner Gegenwart darstellen, um auf dieser Grundlage im *zweiten* Teil Ruges Kritik an der hegelschen Geschichtsphilosophie zu behandeln, vor deren Hintergrund sich Ruges eigenständige Konzeption von Geschichte begreiflich machen lässt. Im abschließenden *dritten* Teil möchte ich zeigen, dass Ruges kritische Aufnahme der hegelschen Philosophie zu dem Zwecke einer normativen Kritik an den politischen Verhältnissen seiner Zeit von einer Spannung durchzogen wird, für die der Herausgeber der Jahrbücher letztlich keine überzeugende Lösung gefunden hat. Ruge ist es, so die These, letztlich nicht gelungen, eine systematisch überzeugende Antwort auf die Probleme seiner Zeit zu finden. Dies gilt auch dann, wenn man die politischen Ziele, für die Ruge sich eingesetzt hat, aus unabhängigen Gründen für attraktiv hält.

1. Ruges Verständnis der Philosophiegeschichte und seine Kritik an der Gegenwart.

Ruge hat sich sein Verständnis der Philosophie im Allgemeinen und der hegelschen im Besonderen weder im Rahmen akademischer Debatten angeeignet noch hat er überhaupt eine philosophische Ausbildung durchlaufen. Anfang der 1820er Jahre, nach dem Abitur in Stralsund, hatte Ruge in Halle, Jena und Heidelberg Theologie und klassische Philologie studiert. Während seines Studiums wurde er ein aktives Mitglied der demokratisch gesinnten Burschenschaft bzw. des Geheimbundes ‚Bund der Jungen'. Aufgrund dieser Mitgliedschaft wurde Ruge 1824 zu 15 Jahren

---

6 Diese Phase fällt ungefähr mit der Phase der Publikation der Jahrbücher von 1838 – 1843 zusammen, ab 1844 zerfiel die Junghegelianische Bewegung.

Festungshaft verurteilt, kam jedoch 1830 im Zuge einer Generalamnestie wieder auf freien Fuß. In Haft setzte Ruge gewissermaßen sein Studium fort und beschäftige sich intensiv mit den griechischen Klassikern. Noch im Jahr seiner Entlassung aus der Haft wurde er mit einer Arbeit über Juvenal promoviert. 1831, in Hegels Todesjahr, wurde Ruge Lehrer in Halle am Pädagogium und habilitierte sich an der dortigen Universität mit der Arbeit *Die platonische Ästhetik* für klassische Philologie und antike Philosophie. Im Jahr 1833 wandte sich Ruge einem mehrjährigen privaten Studium der hegelschen Philosophie zu, wobei ihn Anfangs vor allem dessen Ästhetik interessierte.[7] Aus dieser biografischen Sachlage lässt sich ersehen, dass Ruge nicht erst durch sein Studium der hegelschen Philosophie im Diskursumfeld der Linkshegelianer zu einer demokratischen Position gefunden, sondern eine solche bereits unabhängig von seiner Auseinandersetzung mit der Philosophie Hegels vertreten hat.[8] Zudem hat sich Ruge dem System Hegels als philosophischer ‚Laie' zugewandt. Seine Auseinandersetzung ist in hohem Maße von politisch-praktischen und journalistischen Interessen bestimmt, an einer fachphilosophischen Debatte ist ihm wenig gelegen. Diese Einschränkungen sind bezüglich der Rugeschen Auseinandersetzung mit den philosophischen Debatten seiner Zeit im Allgemeinen und mit Hegels System im Besonderen zu berücksichtigen. Dennoch lassen sich aus einigen Aufsätzen, die Ruge für die *Deutschen Jahrbücher* verfasst hat, spezifische Merkmale seines Umgangs mit der philosophischen Tradition und näher mit der hegelschen Philosophie, sowie seine spezifische Kritiklinie herausarbeiten.

Man kann die Probleme, um die die linkshegelianischen Debatten kreisen, zwei Bereichen zuordnen, in denen jeweils die Klärung einer Frage primär war. *Erstens* die Klärung der Frage nach der Beziehung zwischen Religion und Philosophie und *zweitens* der Frage nach der Funktion der Philosophie als kritischer Instanz gegenüber der Gegenwart einerseits und als Mittel, um Wissen über bzw. für die Zukunft zu generieren oder bereitzustellen andererseits. Versucht man die Junghegelianer diesen beiden Bereichen zuzuweisen, so lassen sich David Friedrich Strauß, Ludwig Feuerbach und Bruno Bauer eher dem ersteren Bereich zurechnen, während die religionskritische Seite bei Eduard Gans sowie August v. Ciezkowski gegenüber der Debatte um die Funktion der Philosophie in den Hintergrund tritt.[9] Der letzteren Gruppe lässt sich auch Arnold Ruge zurechnen. Wie im Folgenden dargelegt werden soll, vollzieht Ruge sowohl den für die entsprechenden Junghegelianer kennzeichnenden Schritt, die Funktion der Philosophie letztlich in einem Primat der

---

7 Zu Ruges Leben vgl.: Bunzel, Wolfgang / Hundt, Martin / Lambrecht, Lars (Hrsg.): „Einführung." in: *Zentrum und Peripherie. Arnold Ruges Korrespondenz mit Junghegelianern in Berlin*. Frankfurt am Main 2006, S 7-64, hier S. 59f.; Wende, Peter: „Zeittafel" in: Arnold Ruge: *Der Patriotismus*. Frankfurt am Main 1968, S. 138-141; Zur politologischen Einordnung Ruges siehe Walter, Stephan: *Demokratisches Denken zwischen Hegel und Marx. Die politische Philosophie Arnold Ruges. Eine Studie zur Geschichte der Demokratie in Deutschland*. Düsseldorf 1995.

8 Auf diesen Sachverhalt weist auch Warren Breckman in seinem Beitrag *Arnold Ruge and the Machiavellian Moment* in diesem Band hin.

9 Ich folge bei diesen Zuordnungen den Vorschlägen von Quante, Michael: After Hegel: The Actualization of Philosophy in Practice. In: *Routledge Companion to Nineteenth Century*. Ed. Dean Moyar. London 2010, S. 197-237, vor allem S. 198-210.

Praxis und einer Kritik der herrschenden Verhältnisse zu verorten, als auch eine damit einhergehende Umstellung der hegelschen Geschichtsphilosophie auf zukünftige Entwicklungen hin. Ruges von politischen Erwägungen geprägte Rezeptionshaltung gegenüber der klassischen deutschen Philosophie tritt besonders in dem Aufsatz *Über das Verhältnis von Philosophie, Politik und Religion. (Kants und Hegels Akkomodation)*[10], der 1841 publiziert wurde, zu Tage. Ruge betrachtet dort nicht nur Kant, sondern auch Hegel explizit als Autoren einer vergangenen Epoche, deren philosophische Antworten auf die drängenden politischen Fragen der Gegenwart folglich in Teilen überholt seien, da sie für eine andere Gegenwart geschrieben wurden. Die Rezeptionsweise Ruges weist Ähnlichkeiten mit derjenigen von Eduard Gans auf. Dieser hatte bereits 1833 in seinem Vorwort zur ersten Auflage von Hegels *Grundlinien der Philosophie des Rechts* in der Freundesvereinsausgabe die folgende Haltung gegenüber Hegels Philosophie empfohlen:

> „Indem ich dem Publikum somit dieses Buch, mit der treuen Angabe, wie es entstanden ist, überreiche, bleibt mir nur noch übrig, von seinem künftigen Schicksal zu sprechen. Als Teil des Hegelschen Systems wird es mit diesem zu stehen und zu fallen haben: es wird auch vielleicht noch innerhalb desselben großer Erläuterungen, nuancierterer Ausarbeitungen und bestimmterer Deutlichkeit fähig sein. Vielleicht wird es, wie das ganze System, nach vielen Jahren in die Vorstellung und das allgemeinere Bewusstsein übergehen: seine unterscheidende Kunstsprache wird sich verlieren, und seine Tiefen werden ein Gemeingut werden. Dann ist seine Zeit philosophisch um, und es gehört der Geschichte an. Eine neue aus denselben Grundprinzipien hervorgehende fortschreitende Entwicklung der Philosophie tut sich hervor, eine andere Auffassung der auch veränderten Wirklichkeit. Dieses Zukünftige wollen wir mit Ehrfurcht begrüßen, und uns dagegen von den geschiedenen Gespenstern nicht beängstigen lassen, die uns unangenehm berühren, aber nicht hemmen können."[11]

Die damit einhergehende Historisierung des hegelschen Systems lässt sich auch bei Arnold Ruge wiederfinden. Anders als Gans, meint Ruge jedoch nicht, dass Hegels System seine philosophische Zeit gehabt habe, da seine Gedanken inzwischen Allgemeingut geworden seien, stattdessen identifiziert er in dem genannten Aufsatz drei Faktoren, die einen Wandel des politischen Bewusstseins in Preußen herbeigeführt hätten. Ruge fasst die drei Faktoren die zu dem Bewusstseinswandel geführt haben zusammen und zeigt, welchen Einfluss sie auf die Rezeption der hegelschen *Grundlinien der Philosophie des Rechts* hätten:

> „Alles zusammengenommen – die öffentliche Tugend, die historische Kunst und die freie Philosophie – drückt den nämlichen Ruck des Bewußtseins aus, durch den wir uns aus einer beschränkten Einhausung herausgehoben und zu einem neuen Leben, dem politischen, befähigt haben. [A]

---

10 Der ursprüngliche Titel des Aufsatzes lautet: *Die hegelsche Rechtsphilosophie und die Politik unserer Zeit*. Der geänderte Titel geht auf die Edition der Schriften Arnold Ruges im Rahmen der Gesamtausgabe der Rugeschen Schriften von Hans-Martin Sass zurück.
11 Eduard Gans: Vorwort zur Ausgabe der Rechtsphilosophie. (1833) in: *Materialien zu Hegels Rechtsphilosophie Band 1*. (Hrsg.) Manfred Riedel. Frankfurt am Main 1975, S. 242-248, hier S. 248.

Es ist leicht zu begreifen, dass ein Werk, wie Hegel's Rechtsphilosophie, durch diese Bewegung des Geistes wesentlich erschüttert sein müsse; denn es ist ein Kind seiner Zeit und beruht in einem ganz andern Bewußtsein, als das unsrige ist.[B]" (Ruge *1841b*: 260; Siglen von T.R.)

Während Gans meint, dass die Umwandlung des Bewusstseins, die wiederum einen Wandel der Wirklichkeit, d.h. der politischen Verhältnisse, herbeiführe, noch bevorstehe, ist Ruge der Ansicht, dass sich ein solcher Wandel bereits vollzogen habe. Gans und Ruge teilen die Auffassung, dass Hegels Philosophie des objektiven Geistes als fallibel gedeutet werden muss und somit nicht als Endpunkt der Philosophie akzeptiert werden kann. Während aber Gans meint, dass die Historisierung des hegelschen Systems noch bevorstehe, ist Ruge der Auffassung, dass die neue Epoche bereits anbricht.[12] Das Bewusstsein der Öffentlichkeit habe sich gewandelt und damit *sei* Hegels Philosophie bereits historisch geworden. In Absatz A behauptet Ruge, dass durch die drei Faktoren, den Wandel des öffentlichen Bewusstseins (i), den Wandel der Wissenschaften (ii), insbesondere der Geschichtswissenschaft und der Jurisprudenz, sowie den Wandel der Philosophie selbst (iii), die bisherige Auffassung des öffentlichen Lebens überwunden worden sei.[13] Daher sei die Gegenwart zu einem neuen politischen Leben „befähigt" (ebd.). Die Verwendung des dispositionalen Ausdrucks ‚Befähigung' verdeutlicht, dass die Öffentlichkeit nun in der Lage ist, eine neue politische Situation herbeizuführen. Die von Ruge gekennzeichnete neue Epoche steht also noch ganz an ihrem Anfang. Zwar hat ein Bewusstseinswandel stattgefunden, aufgrund dessen sich die Perspektiven und Potentiale politischen Handelns geändert haben, d.h. ein größeres Maß an Freiheit denkbar und möglich geworden ist. Aber bis dato sei es nicht gelungen, aus diesem Potential das entsprechende politische Kapital zu schlagen und die institutionelle Ordnung entsprechend zu verändern. Dass Ruge in diesem „Ruck des Bewußtseins" einen Fortschritt sieht, zeigt seine pejorative Rede von der „beschränkten Einhausung". Letzteres ist ein schweizerdeutscher Ausdruck, der ‚sich-häuslich einrichten' meint. Die Verwendung dieses Ausdrucks weist daraufhin, dass Ruge bei der Öffentlichkeit wohl eine Neigung diagnostiziert, sich der eigenen politischen Verantwortung nicht zu stellen. Es ist also nicht nur so, dass die repressive Seite des preußischen Staates die Entfaltung einer bewussten, partizipativen und tätigen Öffentlichkeit verhindert, sondern es auf Seiten dieser Öffentlichkeit eine Tendenz gibt, sich den Verhältnissen anzupassen und sich ins Häusliche, d.h. ins Privatleben zurückzuziehen und die politische Partizipation zu meiden. Ein solcher Rückzug ist laut Ruge aber nun nicht mehr ohne Weiteres möglich, die Öffentlichkeit sei nun fähig, Veränderungen zu sehen, zu fordern und wohl auch umzusetzen.

---

12 Ruge schätzt die Geschwindigkeit in der der Geschichtsverlauf die hegelsche Philosophie überholt hat sehr optimistisch ein, wenn man bedenkt, dass seine These, vom historisch-werden der hegelschen Philosophie knapp zehn Jahre nach der Einschätzung Gans' veröffentlicht wird. Darin kann man ein Indiz für den generellen Optimismus der Linkshegelianer sehen, in einer Zeit zu leben, in der der Durchbruch zu einer demokratischen bzw. liberalen politischen Ordnung unmittelbar bevorstehe.

13 Zur Entwicklung des öffentlichen Bewusstseins vgl. Ruge *1841b*: 254-260.

Allerdings ist die Fähigkeit allein nicht hinreichend eine solche Veränderung herbeizuführen. Die Öffentlichkeit muss zum einen einen um diese ihre Fähigkeit wissen, zum anderen sie dann auch umsetzen. Zur Bewusstwerdung der neuen Zeit, der gewandelten Normen, Werte und politischen Optionen beizutragen, ist eine der zentralen Aufgaben, die sich Ruge mit seinen Publikationen gesetzt hat. Sie sollen durch ihre Verbreitung selbst zur Herstellung der entsprechenden kritischen Öffentlichkeit beitragen und haben damit immer auch einen performativen Aspekt. In diesem Sinne schreibt Ruge auch in seinem Vorwort zu den *Hallischen Jahrbüchern* 1841:

> „Was überhaupt der Charakter unserer Zeit ist, das Erwachen zum Selbstbewußtsein, dasselbe ist auch ihrem Spiegel, den Jahrbüchern widerfahren. Der Geist unserer gegenwärtigen Geschichte ist der bewußte; von jetzt an täuscht er sich über sein Ziel nicht mehr; wir wissen Alle, daß uns die Freiheit der literarischen Öffentlichkeit und die Öffentlichkeit des freien Staates gewiß ist; aber das Einzelne wird uns immer überraschen: es wird uns überraschen, wenn unser privates Wissen zum öffentlichen Wissen und unsere subjektive Gesinnung zur Praxis der Wirklichkeit ausschlägt." (Ruge 1841a: S. 25)

Wie sich weiter unten noch zeigen wird, folgt Ruge damit einer weiteren populären Denkfigur der linken Hegelianer, indem das von Hegel theoretisch Erfasste nun praktisch umzusetzen sei (vgl. auch das Expositionszitat Ruges).

In Abschnitt B des Zitats kommt Ruge auf diejenige Rolle zusprechen, die den *Grundlinien der Philosophie des Rechts* im Rahmen dieses Wandels zukommt. Es sei nun bereits ein historisch gewordenes Werk, das nicht mehr beanspruchen könne unmittelbar Ausdruck der gegenwärtigen Epoche zu sein. Ruge spielt in diesem Absatz auf zwei berühmte Aussagen Hegels in der *Vorrede* der *Rechtsphilosophie* an. Dort schreibt Hegel: „Was das Individuum betrifft, so ist ohnehin jedes ein *Sohn seiner Zeit*; so ist auch die Philosophie *ihre Zeit in Gedanken erfaßt*."[14] Ruge verknüpft diese beiden Behauptungen Hegels um zu zeigen, dass man zu seiner Zeit einen anderen Standpunkt gegenüber der Philosophie Hegels einzunehmen habe als denjenigen der unmittelbaren Anwendung zur Interpretation und zum tieferen Verständnis der eigenen Gegenwart. Da Hegels Philosophie „ihre Zeit" d.h. ihre eigene Gegenwart in Gedanken erfasst habe, die Gegenwart sich nun aber gewandelt hat, kann seine Philosophie keine durchschlagende Gültigkeit mehr für Ruges Zeitgenossen haben. Dies erklärt, warum die *Rechtsphilosophie* Hegels durch diese Veränderung „wesentlich erschüttert" ist. Ihre Gehalte könnten nicht länger als adäquater philosophischer Ausdruck der politischen Gegenwart gelten. Neben dieser Kritiklinie, die darauf hinausläuft, dass das hegelsche System starker Änderungen bedarf oder gar vollständig zu ersetzen sei[15], meint Ruge, dass die *Rechtsphilo-*

---

14 Hegel, G.W.F.: *Grundlinien der Philosophie des Rechts oder Naturrecht und Staatswissenschaft im Grundrisse*. Frankfurt am Main 1986 [1821], S. 26.
15 Die Mehrzahl der Aussagen Ruges in den Aufsätzen der hier abgesteckten Phase legen nahe, dass Ruge mit Hegels System, ähnlich wie Eduard Gans, in den Grundprinzipien durchaus einverstanden ist und eine Überwindung oder Ersetzung desselben ablehnt. Ganz eindeutig ist es aber nicht,

sophie auch insofern als „Kind ihrer Zeit" anzusehen sei, als ihr Autor ein „Sohn seiner Zeit" sei und insofern an seinem System Änderungen vorgenommen habe, die mit dieser Philosophie selbst unverträglich seien. Diese sind daher der Privatperson G.W.F. Hegel zuzurechnen, nicht den Prämissen seiner Philosophie. Diese zweite Kritiklinie hebt also darauf ab, dass die *Rechtsphilosophie* Akkomodationen an unwirkliche und freiheitshemmende Eigenheiten ihrer Zeit aufweise. Ruge ist der Ansicht, dass dies für die gesamte Epoche der freien Philosophie gilt, obgleich die freie Philosophie einen der drei Faktoren bildet, die die Fähigkeit zur politischen Veränderung der Gegenwart überhaupt erst hervorgebracht haben. Unter der freien Philosophie versteht Ruge die „sich aus der Scholastik vollends befreiende" (Ruge 1841b: 259) Philosophie. Philosophiehistorisch ist damit die Epoche der klassischen deutschen Philosophie von Kant bis Hegel gemeint. Diese beiden Autoren, die Eckpfeiler dieser Epoche, sind es auch denen sich der Herausgeber der Jahrbücher in seinem Aufsatz zuwendet.[16]

Ruge stellt bei beiden Autoren eine akkomodative Tendenz an die Unfreiheiten ihrer jeweiligen Zeit fest. Damit weitet er seine These einer hermeneutischen Lesart, die zwischen systemtragenden und subjektiven Einflüssen differenziert, auch auf Kant aus. Für diese Art der Betrachtung rückt also nicht ausschließlich die *Rechtsphilosophie* in den Fokus. Doch trotz der akkomodativen Tendenzen seien die Philosophien Kants und Hegels primär auch Philosophien der Freiheit. Ruge versteht sie folgendermaßen: „Ihre Systeme [Kants und Hegels/ T.R.] sind Systeme der Vernunft und der Freiheit mitten in der Unvernunft und Unfreiheit; und dies Verhältnis wird verdeckt." (Ruge *1841b*: 267)

Ihre Systeme erscheinen somit auf den ersten Blick nicht als das, was sie sind; erst unter adäquater hermeneutischer Anleitung offenbaren sie sich als Ausdruck von Vernunft und Freiheit. Die unfreie Seite von Kants Philosophie und insbesondere der kantischen Persönlichkeit zeige sich etwa im Rahmen seiner Reaktion auf das sogenannten *Wöllner Edikt*.[17] Kant unterscheidet zwischen seiner philosophischen Pflicht und seiner Untertanenpflicht und beruft sich darauf, dass er als Untertan nicht alles, was Wahrheit sei auch öffentlich aussprechen müsse. Nun sei es nach Ruges Maßgabe aber gerade die Aufgabe und Pflicht des Philosophen alles,

---

wie stark Ruge die Revisionsbedürftigkeit des hegelschen Systems insgesamt eingeschätzt hat, wahrscheinlich hat ihn diese Frage, als Mann der politischen Praxis auch kaum interessiert, zumindest nicht soweit, dass er meinte sich darüber schriftlich Rechenschaft abzulegen. Zu den Problemen des Changierens Ruges zwischen einer vollständigen Historisierung Hegels auf der einen Seite und einer kritischen Weiterführung im Rahmen des hegelschen Denkgebäudes vgl. Quante, Michael: „Philosophie der Krise: Dimensionen der nachhegelschen Reflexion. Neuere Literatur zur Philosophie des Vormärz und der Junghegelianer." In: *Zeitschrift für philosophische Forschung 63* (2009), S. 313-334, hier S. 318f.

16 Wie sich weiter unten zeigt, spielte aber auch Fichte für Ruge eine entscheidende Rolle bei der Ausgestaltung der freien Philosophie. Insbesondere die Umkehrung des Primats zwischen Theorie und Praxis gegenüber Hegel reflektiert Arnold Ruge explizit unter Bezugnahme auf Fichte. (vgl. Ruge *1840*: 404)

17 Zu Kants Umgang mit der Unfreiheit seiner Zeit vgl. Ruge *1841b*: 267-271.

was wahr sei, auch öffentlich als wahr auszusprechen.[18] So sind „bei Kant Unterthanen- und Philosophenpflicht in Conflikt geraten." (Ruge *1841b*: 270) Ruge fährt fort:

> „Mit Einem Wort: dem *Unterthan* des Wöllner'schen Staates war es nicht erlaubt, *Philosoph* zu sein. Der „Unterthan" ist Diplomat: er thut nicht, was absolut, sondern was unter den „obwaltenden Umständen" zu thun ist." (Ruge *1841b*: 270).

Er wirft Kant somit vor, dass zwischen seinem öffentlichen Handeln und demjenigen Handeln, das seine Philosophie verlange, ein Widerspruch bestehe, den der Königsberger aus persönlichen Gründen, zugunsten seiner eigenen Sekurität und damit insgesamt zuungunsten der staatlichen Freiheit auflöse. Bei Hegel, mit dem sich Ruge ausführlicher befasst, sucht er hingegen nachzuweisen, dass dieser, wie einige seiner Texte belegen, wusste, „wo uns Deutsche der Schuh drückt" (Ruge *1841b*: 264), aber sowohl in seinen Texten als auch in seinem persönlichen Verhalten sich der Unfreiheit seiner Zeit über die Jahre hinweg zunehmend angepasst habe. Während bei Kant ein Konflikt zwischen der Philosophie und der Person des Königsbergers auftritt, ist der Fall bei Hegel komplizierter gelagert, da seine persönlichen Ängste bis in seine Texte und damit in seine Philosophie durchschlügen, was eine angemessene Interpretation seines Systems erschwert. Laut Ruge hat Hegel in seinen *Grundlinien der Philosophie des Rechts* den adäquaten Ausdruck des Staates entwickelt. Als Belegstelle beruft sich Ruge auf § 257:

> „Der Staat ist die Wirklichkeit der sittlichen Idee, – der sittliche Geist als der offenbare, sich selbst deutliche, substantielle Wille, der sich denkt und weiß, und das, was er weiß und insofern er es weiß, vollführt. An der Sitte hat er seine unmittelbare, und an dem Selbstbewußtsein des Einzelnen, dem Wissen und der Thätigkeit desselben, seine vermittelte Existenz, so wie das Selbstbewußtsein des Einzelnen durch die Gesinnung – im Staate, als dem Wesen, dem Zweck und dem Producte seiner Thätigkeit, seine substantielle Freiheit hat."[19]

Ruge versteht diesen Paragraphen als Ausdruck der Forderung nach selbstbewussten und partizipierenden Bürgern in einem ihnen öffentlich zugänglichen und transparenten Staatswesen, bemerkt aber kritisch, dass von einem solchen im Rahmen des Staatsaufbaus in den *Grundlinien* dann kaum die Rede sei. Denn damit der historische Staat auch der von Hegel aufgezeigten Form des Staates angemessen werde,

> „sind alle jene großen, uns Deutschen fast sämmtlich noch fehlenden Institutionen (Nationalversammlung, Geschworene und Preßfreiheit) nöthig, welche den Menschen in seiner ganzen Würde und im vollen Lichte des öffentlichen Bewußtseins davon zum Schöpfer seiner Freiheit erheben." (Ruge *1841b*: 262)

---

18 Man wird Ruge dabei wohl so verstehen müssen, dass diejenigen Wahrheiten, die für die kritische Aufklärung der Gesellschaft dienlich sind, von den Philosophen ausgesprochen und verbreitet werden müssen und nicht einfach jede Art von Wahrheit.
19 Hegel, G.W.F.: *Grundlinien der Philosophie des Rechts oder Naturrecht und Staatswissenschaft im Grundrisse*. Frankfurt am Main 1986 [1821], § 257.

Da diese Institutionen in der veröffentlichten Fassung der *Rechtsphilosophie* Hegels, die im Oktober 1820 – nach den Karlsbader Beschlüssen – publiziert wurde, kaum oder nur höchst unzureichend auftreten, beruft sich Ruge für seine These, dass Hegel gewusst habe, dass die politische Unfreiheit der Deutschen mit dem Fehlen eben jener Institutionen zusammenhänge, auf dessen im Tonfall deutlich liberalere Schrift über den württembergischen Landtag, die 1817 (d.h. vor Hegels Wechsel nach Berlin einerseits und vor den Karlsbader Beschlüssen mit ihren politisch repressiven Forderungen andererseits) verfasst und in den Heidelberger Jahrbüchern für Literatur publiziert wurde.[20] In dieser Schrift fänden sich, nach Ruges Lesart, „alle diese Institutionen, wenn auch zum Theil sehr verdorben und verblaßt" (Ruge *1841b*: 262). Mit der Zeit aber sei Hegel konservativer und vorsichtiger geworden, so habe er schließlich 1831 seine Reform-Bill Schrift veröffentlicht, in der er den „Polizeistaat" (Ruge *1841b*: 264) Preußens gegenüber dem mehr demokratischen englischen Staat befürworte. Wie Ruge sich ausdrückt, sei Hegel später „nicht mehr in dem Humor" (Ruge *1841b*: 265) gewesen, politische Forderungen zu erheben, die sich umstandslos als Kritik an seiner Zeit verstehen ließen. Zusätzlich habe Hegel diese Kritik, die z.B. in der Staatsbestimmung in § 257 zum Ausdruck kommt, durch seine Normativitätskritik verdeckt. Der Herausgeber der Jahrbücher schreibt zu dieser Sachlage, die er mit der Persönlichkeit Hegels verknüpft:

> „Hegel verweist vielmehr den Idealisten seiner Zeit, namentlich den Demagogen, das Sollen und die Forderung; aber er thut ihnen Unrecht, wenn er ihnen dies darum verweist, weil sie unwissend über den Staat wären, da sie ja nichts eifriger fordern, als die Möglichkeit, dieser Unwissenheit ein Ende zu machen, und da er selbst, er mag es wollen oder nicht, mit seinem Begriff vom Staate ein Sollen und eine Forderung hinstellt, wie sie nicht fundamentaler gedacht werden kann. Daß er dies thut, ist ihm entweder entgangen, oder er sucht es sich und der Welt zu verbergen; und wie er gegen die dogmatischen Idealisten aus den Freiheitskriegen auftrat, so unterließ er es auch nicht, die liberalen Consequenzen, wie sie Gans z.B. schon bei seinen Lebzeiten hervorkehrte, möglichst zu dämpfen. Bekannt ist in dieser Rücksicht seine Gegenvorlesung über die Rechtsphilosophie gegen Gans, in der ihn der Tod unterbrach." (Ruge *1841b*: 266)

Hier sucht Ruge Hegels Sollenskritik auf spezifische Gegnergruppen einzuschränken und eine generelle Kritik normativer Forderungen, an der Ruge selbst wenig gelegen sein kann, zu unterbinden. Dabei lässt er offen, ob Hegel aus persönlichen, d.h. in seinem Charakter und seiner Sorge vor den möglichen politischen Konsequenzen liegenden Gründen, seine Sollenskritik in den *Grundlinien* so allgemein

---

20 Vgl. Hegel, G.W.F.: Verhandlungen in der Versammlung der Landstände. In: G.W.F. Hegel. Gesammelte Werke 15. *Schriften und Entwürfe I(1817-1825)*. (Hrsg.): Friedrich Hogemann und Christoph Jamme. Hamburg 1990, S. 30-125. Auf Unterschiede zwischen der Landstände-Rezension Hegels und den *Grundlinien der Philosophie des Rechts*, hat auch Karl-Heinz Ilting hingewiesen vgl.:Ilting, Karl-Heinz (1973): *Die „Rechtsphilosophie" von 1820 und Hegels Vorlesungen über Rechtsphilosophie*. In: ders. (Hrsg.): Georg Wilhelm Friedrich Hegel. Vorlesungen über Rechtsphilosophie 1818-1831. Edition und Kommentar in sechs Bänden. Erster Band, Stuttgart-Bad Cannstatt S. 23-126, hier S. 32f.

gehalten hat oder aber ob ihm eine, nicht auf politisches Kalkül seinerseits zurückgehende Unachtsamkeit unterlaufen ist. Als Beleg dafür, dass sich Hegel in liberalem Sinne verstehen lässt, er diese Teile seines Systems aber „möglichst zu dämpfen" versucht habe, dienen Ruge zum einen die Vorlesungen, die Eduard Gans über die hegelsche Rechtsphilosophie in der zweiten Hälfte der zwanziger Jahre abgehalten hat, zum anderen der Konflikt zwischen Hegel und Gans Anfang der 1830er Jahre, der wiederum ein Indiz für Hegels vorsichtige Haltung gegenüber der Staatsautorität und der Zensur liefert. Die von Ruge ausgeführten Überlegungen zu den Akkomodationen, zu denen sich Kant und Hegel in seinen Augen veranlasst sahen, eröffnet ihm systematisch die Option, in Teilen an Hegels System als normativem Maßstab zur Kritik an der politischen Gegenwart festzuhalten. Ruge möchte also an der normativen und kritischen Funktion der Philosophie als Anleitung und Folie für die Kritik der gegenwärtigen politischen Verhältnisse festhalten. Ohne eine solche Theorie schiene ihm die Kritik leer und haltlos zu sein.[21] Zugleich eröffnet dieser Zug Ruge die Möglichkeit, Teile des Systems als historisch überkommen ablehnen zu können. Bei Hegel bleibe der historische Wandel, den der Herausgeber der Jahrbücher, wie oben gezeigt, explizit auch für seine Gegenwart gegenüber der Zeit Hegels einfordert, intransparent. Hegel schließe die Geschichte und deren Entwicklungskräfte aus seinem System weitestgehend aus und gebe diesem deshalb den Anschein der Endgültigkeit und Unveränderbarkeit. Besonders fatal wirke sich zudem Hegels Versuch, seine Theorie der normativen Funktion zu entkleiden, in seiner *Rechtsphilosophie* aus:

> „Der Mangel der ganzen Hegelschen Wendung, aus der lebendigen Geschichte herauszutreten, sich einseitig theoretisch zu verhalten und diesen Standpunkt als den absoluten zu befestigen, ist nun auch der Mangel seiner Rechtsphilosophie, und es ist gerade hier der Ort, wo dieser Mangel vorzugsweise gefühlt werden muß." (Ruge *1841b*: 276)

Ruge greift hier den linkshegelianischen Topos einer Kritik an Hegels metaphilosophischem Primat der Theorie, des Erkennens vor der Praxis auf. Dieser führe dazu, dass Hegel die Strukturen des Staates und der sozialen Wirklichkeit, die er in den *Grundlinien* entwickelt, und die, wie Ruge akzeptiert, Hegels Zeit angemessen „in Gedanken erfasst" haben, gewissermaßen verewige, d.h. als unabänderliche und philosophisch gerechtfertigte Resultate ausweise, über die – etwa im Sinne eines größeren Maßes an individueller Freiheit – nicht hinauszukommen sei. Es ist insbesondere dieser letzte Punkt, an dem sich Ruges Kritik an den systematischen Grundlagen der hegelschen Philosophie entzündet. Im folgenden Abschnitt soll gezeigt werden, dass sich die Kritik Ruges primär aus dessen von Hegels Philosophie abweichender Auffassung der Rolle der Geschichte ergibt.

---

21 Ruge betont die zentrale Leitfunktion philosophischer Theoriebildung bei der Kritik vor allem in seinem Aufsatz zu Theorie und Praxis, der als Vorwort für die Hallischen Jahrbücher 1841 fungiert. Vgl. *1841a*.

2. Ruges Kritik an den Implikationen der hegelschen Geschichtsphilosophie

Ähnlich wie Hegel stand auch Ruge selbst einer radikalen Reform oder Revolutionierung der sozialen Verhältnisse äußerst skeptisch gegenüber.[22] Die These, dass eine weitere Reform hin zu einer Demokratisierung und Liberalisierung von Gesellschaft und Staat, nicht möglich und die Geschichte mit demjenigen erreichten Entwicklungsstand abgeschlossen sei, die Ruge Hegel zuschreibt, lehnt der Herausgeber der Jahrbücher jedoch strikt ab. Dass sich der „Mangel vorzugsweise" (Ruge *1841b*: 276) in den *Grundlinien* bemerklich macht, liegt daran, dass für Ruge und seine politischen Interessen dieser Systemteil im Zentrum der Aufmerksamkeit steht. An anderer Stelle fordert Ruge explizit, metaphilosophisch zu einer Art Fichteanismus der Tat zurückzukehren und Hegels geschichtsenthobene Vollendungsemphase zurückzuweisen:

> „Ans Ende jeder Geschichtsentwicklung tritt die Forderung ihrer Zukunft, welche als religiösen oder gewissenhaften Trieb die Verwirklichung des Gewußten zum praktischen Pathos des Subjekts macht, aus der faulen Beschaulichkeit des Hegelianismus die Fichtische Thatkraft wieder auferweckt, und die Polemik gegen das Sollen, gegen den praktischen Liberalismus, gegen den wahren Rationalismus, gegen die durchgeführte Aufklärung verwirft; denn das inhaltsvolle Sollen der sich selbst erkennenden geschichtlichen Gegenwart ist die Dialektik der Geschichte selbst." (Ruge *1840*: 404)

Die These Ruges, dass am Ende jeder historischen Epoche „die Forderung ihrer Zukunft" aufgeworfen werde, die normativ die Forderung nach der Durchsetzung spezifischer, bis dato unerfüllter Ziele erhebe, ist, wie die pejorativen Äußerungen gegenüber der hegelschen Philosophie im Zitat unterstreichen, explizit gegen die hegelsche Geschichtsphilosophie gerichtet.[23] An dieser kritisiert Ruge die „faule Beschaulichkeit", d.h. den mangelnden Veränderungswillen gegenüber einer stets reformbedürftigen Gegenwart. Ruge begegnet Hegels Versuch, die Gegenwart als

---

[22] Dies zeigt sich etwa in Ruges Einstellung zum von Marx ab 1844 favorisierten Sozialismus bzw. Kommunismus, die neben finanziellen Streitigkeiten um die deutsch-französischen Jahrbücher zum Bruch zwischen den beiden führte. Den konkreten Anlass für diesen Bruch im März 1844 stellte ihre unterschiedliche Haltung zum eher lockeren Lebenswandel des revolutionären Dichters Georg Herwegh dar, dessen Lebensführung Ruge ablehnte (vgl. Sperber, Jonathan: *Karl Marx. Sein Leben und sein Jahrhundert*. München 2013, S. 131f.) Ruges Skepsis gegenüber den seiner Ansicht nach utopischen Veränderungswünschen der Sozialisten zeigen auch seine sarkastischen Bemerkungen über Moses Heß, vgl. Ruge 1846: 29-45.

[23] Die Forderung, die hegelsche Philosophie insbesondere seine Geschichtsphilosophie um die Dimension der Zukunft zu erweitern wurde erstmals von August von Ciezkowski erhoben (vgl.Ciezkowski, August von: *Prolegomena zur Historiosophie*. Mit einer Einleitung von Rüdiger Bubner und einem Anhang von Jan Garewicz. Hamburg 1981 [1838]), der diese Dimension gleichfalls mit einem Wandel des Theorie-Praxis Verhältnisses verknüpft. Anders als Ciezkowski zielt Ruge aber, soweit ich sehe, nicht auf eine wissenschaftliche Erkenntnis dieser Zukunft im Sinne einer materialen Geschichtsphilosophie ab, der es gelingen soll die Geschichte als Ganze (Vergangenheit, Gegenwart und Zukunft) begrifflich zu fassen. Wichtig ist für Ruge vielmehr die Offenheit der Zukunft sowie, wie sich noch zeigen wird, die Unabschließbarkeit der historischen Entwicklung.

endgültigen Ausdruck der staatlich vermittelten Freiheit auszuweisen und damit die etwaigen historischen Veränderungen ‚stillzustellen', d.h. als philosophisch irrelevant auszugeben, mit Ablehnung.

Nach Ruges Auffassung der Geschichte ist es nicht möglich, dieselbe philosophisch stillzustellen, indem man bestimmte philosophische Domänen dem Geschichtsverlauf entzieht und diese dann als absolut ausgibt. „Es ist ein Hauptmissverständniß des Hegelschen Systems überhaupt, daß man dasselbe als den Abschluß der Geschichte, als das erreichte Absolute faßt und fürchtet." (Ruge *1840*: 403) Ruge wirft Hegel „Zurechtmacherei" (Ruge 1840: 404) vor. Er inszeniere sich selbst als derjenige Autor, der die Geschichte philosophisch abgeschlossen habe, doch da Hegel dabei die Dimension der Zukunft ausblende, übersehe er, dass es einen solchen Abschluss schlichtweg nicht geben, und die Philosophie sich als Teil der geschichtlichen Bewegung nicht erfolgreich von dieser ablösen könne:

> „[E]r [Hegel/ T.R.] war wirklich der *philosophische* Abschluß seiner Zeit, und nun ignorierte er auch die Schranke oder die Negation der Zukunft, weil diese dem absoluten Wissen widerspricht; diese Schranke offenbart sich nun unmittelbar an ihm selber, und diese Negation ist bereits eingetreten: wir können weder seine Zurechtmacherei des Christentums, noch die Konstruktion der bereits historisch überwundenen Zustände, wie z.B. der englischen Verfassung, weder die „absolute Religion", noch die „absolute Kunst", und noch weniger „das absolute Wissen" anerkennen, und werden ihm überall beweisen, daß solche Unfreiheit seinem eigenen, dem ewigen Prinzip der Freiheit und der Geschichte, d.h. der Entwicklung, zuwider ist. Die entwickelte Freiheit und der weltbewegende Anstoß zu ihrer Verwirklichung und Ausbreitung ihres Begriffs hat Hegel uns übrig gelassen." (Ruge *1840*: 403-404)

Wie der letzte Satz des Zitats zeigt, bietet die hegelsche Philosophie den normativen Maßstab für die praktische Umsetzung derjenigen Ziele, die zur Durchsetzung der Freiheit offen geblieben sind (d.h. für Ruge insbesondere die Demokratie und ein zensurfreies Pressewesen). Hegel selbst hat sein System in Ruges Augen allerdings sowohl als theoretischen wie als praktischen Abschluss der philosophischen Entwicklung inszeniert und fällt diesem selbst daher aufgrund der gewandelten Zeitumstände anheim. Die damit vom Herausgeber der Jahrbücher vorgenommene Depotenzierung des absoluten Geistes beschränkt sich allerdings keineswegs auf diesen Teil des hegelschen Systems, denn auch die *Grundlinien*, d.h. den objektiven Geist, sieht Ruge nicht nur aufgrund der hegelschen Akkomodationstendenz als kritikwürdig an, sondern auch deshalb, weil die Resultate dort als geschichtslos präsentiert werden. Hegels *Rechtsphilosophie* werde der Gegenwart nicht gerecht, da

> „*Hegel die Geschichte nicht ausdrücklich mit der Einwirkung ihres ganzen Inhalts in die Rechtsphilosophie hineinnimmt, sie vielmehr ans Ende derselben setzt,* wodurch der construierte Staat einen Abschluß für alle Zeiten erhalten soll, während doch jede, auch die vollendetste Staatsform immer nur Produkt der Geschichte sein kann." (Ruge *1840*: 403/ Kursiv im Original)

Da somit alle Entwicklungen Produkte der Geschichte sind und, wie oben ausgeführt, für Ruge die Philosophie dabei nur einer der entscheidenden Faktoren bei der

Herbeiführung neuer historischer ‚Produkte' ist, ist es philosophisch unmöglich, den Geschichtsprozess abzuschließen. Die hegelsche *Rechtsphilosophie* ist daher so zu transformieren, dass sie von der geschichtlichen Entwicklung durchdrungen wird: „Die vergangene Geschichte fällt also vor und in die „Rechtsphilosophie", die zukünftige Geschichte, aber hinter dieselbe." (Ruge *1840*:403).[24] Sie wird damit als Ausdruck ihrer Zeit und somit der Vergangenheit lesbar, die Forderungen für die Zukunft enthält, die nun Ruges Gegenwart bildet und für diese als normativ verbindlich behandelt werden könne. Dabei meint Ruge allerdings, dass die durchgängige Integration der Geschichte in den objektiven Geist, sowie die Depotenzierung des absoluten Geistes zu historischen und epochenrelativen Gestalten des Geistes keineswegs die einzigen Änderungen sind, die das hegelsche System als Ganzes betreffen, sondern er geht soweit, dass er auch eine Umänderung und Historisierung der hegelschen Logik fordert. Somit verliert auch diese ihren kategorialen Status als geschichtsloser Ausdruck der kategorialen Entwicklung der Philosophiegeschichte sowie ihre Abgeschlossenheit.[25] Diese Annahmen unterscheiden Ruge radikal von Hegel. Da er die Abgeschlossenheit des kategorialen Gefüges der *Wissenschaft der Logik* aufgibt, ohne für diese einen Ersatz zu schaffen, gibt er auch die Möglichkeit eines Kriteriums für die Abgeschlossenheit des historischen Entwicklungsprozesses auf. Der Herausgeber der Jahrbücher behauptet damit nicht nur, dass die Gegenwart noch nicht das Ende der Entwicklung auf dem Weg der Realisierung der Freiheit sei, was etwa auch Marx behauptete, sondern darüber hinaus ist für ihn gar kein Abschluss des Geschichtsprozesses mehr bestimmbar.

Die kritische Philosophie, der praktisch gewendete Hegelianismus, unterwirft die gesamte Rugesche Gegenwart der Unterscheidung zwischen Wesen und Existenz, wobei nur die wesentlichen Gestalten als vernünftig und normativ bewahrenswert zu betrachten sind. Dieses Kategorienpaar wendet Ruge auch auf die hegelsche *Wissenschaft der Logik* an:

> „Die Wissenschaft geht nicht in die Logik zurück, sondern in die Geschichte, und die Logik selbst wird in die Geschichte hineingezogen, sie muß es sich gefallen lassen, als Existenz begriffen zu werden, weil sie dem Bildungszustande *dieser* Philosophie angehört, d.h. die Wissenschaft, die selbst eine historische Form des Geistes ist, fasst die Wahrheit nicht in der absoluten Form, sie wirft *den ganzen Inhalt der Idee* (oder der

---

24 Der Frage, ob Ruges Deutungen dem hegelschen System insgesamt oder auch der Philosophie des objektiven Geistes gerecht werden, kann hier nicht nachgegangen werden. Es soll jedoch darauf hingewiesen werden, dass Hegel bewusst war, dass seine Darstellungsweise in den *Grundlinien* keine historische ist und eine solche auch nicht leisten wollte. Daher versucht Hegel auch nicht sie dort als Ausdruck einer historischen Bewegung darzustellen oder zu verteidigen. Explizit unterscheidet Hegel die historische von seiner systematischen Darstellung, die am Begriff des an und für sich freien Willens als ordnungsstiftendem Prinzip orientiert ist in: Hegel, Georg Wilhelm Friedrich: *Grundlinien der Philosophie des Rechts oder Naturrecht und Staatswissenschaft im Grundrisse*. Frankfurt am Main 1986 [1821], § 32.

25 In eine ähnliche Richtung zielt auch die von sensualistischen Prämissen ausgehende Kritik Feuerbachs an der These der Zeitenthobenheit der hegelschen Logik. Vgl. Feuerbach, Ludwig: Vorläufige Thesen zur Reformation der Philosophie. In: Ders. *Kleinere Schriften II (1839-1846)*. Hrsg.: Werner Schuffenhauer. Gesammelte Werke 9. Berlin 1990 [1842], S. 243-263, hier S. 251-253.

Wahrheit) in ihre Form, so wie sie aber als Existenz begriffen, also der *Kritik* unterworfen ist, geht die Geschichte über sie hinaus. Die Kritik ist die Bewegung, der Sekretionsprozess, der zugleich Zeugungsprozess ist." (Ruge *1841b*: 285-286)

Die „Kritik" speist sich dabei aus der philosophischen Durchdringung der jeweiligen Gegenwart, bleibt aber selbst abhängig von den historischen Prozessen, die die Freiheit implizit vorantreiben und in diesem Streben von der Philosophie bzw. der Theoriebildung explizit gemacht werden. Als entscheidendes Movens identifiziert Ruge dabei die Religion, wobei er für seine Gegenwart insbesondere – und ganz im Sinne Hegels[26] – die protestantische Religion hervorhebt. Das religiös vorangetriebene Freiheitsstreben schätzt Ruge als derart stark ein, dass diesem letztlich nichts standzuhalten vermöge. Die religiösen Kräfte würden, in welcher Form auch immer artikuliert, die bloß existierenden und unwesentlichen Gehalte des preußischen Staatswesens in einer Revolution hinwegfegen. Ruge selbst ist allerdings kein Befürworter einer solchen gewalttätigen und chaotischen revolutionär herbeigeführten Umwälzung. Da sich die Macht der Freiheit in der Geschichte weder philosophisch noch politisch (z.B. durch Repression) stillstellen ließe, bleibe dem preußischen Staat nur die Alternative zwischen einer Reform oder einer Revolution.[27] Der Herausgeber der Jahrbücher versucht dem preußischen Staatswesen in Anbetracht dieser Alternativenbildung die Reform als Gebot der politischen Klugheit zu offerieren, denn wenn der geschichtliche Freiheitsdrang auf Widerstand stoße, so setze er sich letztlich doch – allerdings blutig und gewalttätig – durch. Da der preußische Staat daran kein Interesse haben kann, lässt er sich auf sukzessive und geordnete Reformprozesse ein, die zu Demokratie und Pressefreiheit führen.

Wie gezeigt, weicht Ruge aufgrund seiner spezifischen Auffassung vom Prozess der Geschichte, der durch die drei Faktoren (den Wandel des öffentlichen Bewusstseins, der Wissenschaften und der Religion – die den zentralen Faktor auszumachen scheint –, sowie der Philosophie) vorangetrieben wird, von Hegel ab.

Zum Abschluss dieses Aufsatzes werde ich noch kurz auf die systematischen Probleme der Rugeschen Interpretation der hegelschen Geschichtsphilosophie eingehen und die mögliche Tragfähigkeit von Ruges Vorstellungen untersuchen.

---

26 So schreibt Hegel in der Vorrede der *Grundlinien*:"Es ist ein großer Eigensinn, der Eigensinn, der dem Menschen Ehre macht, nichts in der Gesinnung anerkennen zu wollen, was nicht durch den Gedanken gerechtfertigt ist, – und dieser Eigensinn ist das Charakteristische der neueren Zeit, ohnehin das eigentümliche Prinzip des Protestantismus. Was *Luther* als Glauben im Gefühl und im Zeugnis des Geistes begonnen, es ist dasselbe, was der gereifte Geist im *Begriffe* zu fassen und so in der Gegenwart sich zu befreien und dadurch in ihr zu finden bestrebt ist." (vgl. Hegel, Georg Wilhelm Friedrich: Grundlinien der Philosophie des Rechts oder Naturrecht und Staatswissenschaft im Grundrisse. Frankfurt am Main 1986 [1821], S. 27.

27 Die beiden Pole Reform und Revolution werden auch von Historikern immer wieder hervorgehoben vgl. z. B. Koselleck, Reinhart: *Preußen zwischen Reform und Revolution: Allgemeines Landrecht, Verwaltung und soziale Bewegung*. Stuttgart 1981 [1967]; von Hippel, Wolfgang /Stier, Bernhard: *Europa zwischen Reform und Revolution 1800-1850*, Stuttgart 2012; Fahrmeir, Andreas: *Revolutionen und Reformen. Europa 1789-1850*, München 2010.

3. Die Probleme der Rugeschen Konzeption

Um sein Ziel, eine Reform der gesellschaftlichen Verhältnisse und den Aufbau eines demokratischen Staatswesens zu erreichen, beruft sich Ruge wie gesehen, insbesondere auf spezifische Faktoren, die den geschichtlichen Prozess voran- und dabei über Hegel hinaustreiben. Dennoch hält Ruge in weiten Teilen an der Philosophie Hegels fest; so hält er dessen Bestimmung des Staates in § 257 der *Grundlinien* auch unabhängig von den zahllosen Verzerrungen, die dem hegelschen System die Aktualität rauben, weiterhin für gültig. Die entscheidenden Differenzen und Kritikpunkte gegenüber der hegelschen Philosophie ergeben sich aber, wie gesehen, aus Ruges Geschichtsphilosophie. „Die Weltgeschichte ist der Fortschritt im Bewußtsein der Freiheit"[28]. Dieser berühmten geschichtsphilosophischen These Hegels stimmt Ruge zu, doch er erweitert ähnlich wie August von Ciezkowski diese Geschichtsphilosophie auf die Zukunft hin. Während Hegels Geschichtsphilosophie primär retrospektiv angelegt ist und darauf abzielt, den Geschichtsverlauf als freiheitsverbürgend zu rekonstruieren, setzt Ruge die Geschichtsphilosophie zu praktischen Zwecken ein. Die Geschichte befindet sich in einem permanenten Wandel zur Realisierung eines größeren Maßes an Freiheit, die hemmenden Kräfte, die sich dieser Entwicklung in den Weg zu stellen suchen, haben auf die Dauer gesehen den sich religiös artikulierenden Freiheitsforderungen[29] nichts entgegenzusetzen und daher stellt sich für die preußische Politik die Frage, ob die Freiheit mit reformistischen oder revolutionären Mitteln durchgesetzt werden soll. Über die Radikalität des Fanatikers lässt Ruge keine Zweifel aufkommen:

> „Das praktische Pathos steigert im Fanatismus das Selbstgefühl zu einer solchen Wollust, daß der Mensch ganz darin aufgeht, und, wenn's [...] dabei etwas zu sprengen giebt, darin auffliegt, daß er endlich, wenn er einmal sich nicht schont, auch die Andren grausam seinen Zwecken opfert. Der Fanatismus ist die gesteigerte Religion, die tragische Gestalt derselben; und wird die Religion als Lust der Befreiung empfunden, so der Fanatismus die Wollust des comprimirten Durchbruchs; hebt die Religion die unberechtigte Existenz zu einer wahren auf, so sprengt der Fanatismus Alles in die Luft und sich dazu, wenn er seinen Kopf nicht anders durchsetzen kann; ist also die Religion rücksichtslos gegen die Hindernisse ihrer Bewegung, so ist der Fanatismus grausam." (1841b: 296-297)

Durch seine Geschichtsphilosophie gewinnt Ruge zum einen die Möglichkeit normativer Kritik an der Gegenwart und zum anderen die Sicherheit einer zukünftigen

---

[28] Hegel, G.W.F.: *Vorlesungen über die Philosophie der Geschichte*. Frankfurt am Main 1986, S. 32. Ruge kannte diese berühmte Passage höchstwahrscheinlich aus der Edition der Geschichtsphilosophie im Rahmen der Freundesvereinsausgabe, in der die Geschichtsphilosophie in zwei Auflagen 1837 und 1840 publiziert wurde. Der Satz findet sich auch in Hegels eigenem handschriftlichem Manuskript zu seiner Geschichtsphilosophievorlesung aus dem Wintersemester 1830/31 vgl. Hegel, G.W.F. (1995): Philosophie der Weltgeschichte 1830/31. In: *Vorlesungsmanuskripte II (1816-1831)*. Georg Wilhelm Friedrich Hegel Gesammelte Werke Band 18. Hrsg. Walter Jaeschke. Hamburg, S. 138-207, hier S. 153.

[29] Dies deshalb, da die Religion jederzeit ins Fanatische kippen kann, falls ihren Forderungen kein Genüge getan wird. Vgl. Ruge *1841a*: 295-297.

freiheitlichen Entwicklung, die zu einem demokratischen Staat führen soll. Anders als Hegel kann Ruge die Geschichtsphilosophie im Sinne praktischer Interessen einsetzen, um mithilfe des kritischen Maßstabes, d.h. der Unterscheidung von „Wesen" und „Existenz" bestimmte Institutionen als ‚überholt' bzw. ‚freiheitshemmend' zu kritisieren und andere als der Freiheit förderlich auszuzeichnen. Da die Philosophie selbst jedoch nur einen der drei die gesellschaftliche Veränderungsdynamik hervor- und vorantreibenden Faktoren bildet, liegt die primäre Aufgabe derselben darin zu erkennen, welche Entwicklungen denn nun der Freiheit förderlich seien und welche nicht und dann deren Durchsetzung bzw. Abschaffung zu fordern. Systematisch gesehen ist diese Konzeption Ruges, unabhängig davon für wie attraktiv man seine politischen Ziele (Pressefreiheit, demokratisches Staatswesen) auch halten mag, m.E. starken Einwänden ausgesetzt. Denn letztlich opfert Ruge die philosophischen Möglichkeiten der Kritik, die ihm die hegelschen Kategorien an die Hand geben, einem kriterienlosen „Historismus". Ruges Geschichtsphilosophie verfügt über keinen klaren Endpunkt, sondern postuliert lediglich eine Entwicklung zu einem stetig höheren Maß an Freiheit, bei dem unklar bleibt, wann dieses Ziel erreicht sein soll. Zudem beraubt Ruge die hegelschen Kategorien durch die konsequente Historisierung der hegelschen Logik ihrer Geltung. Davon betroffen sind dann aber auch die für ihn zentralen Kategorien „Wesen" und „Existenz". Damit aber bleibt unklar, aus welchen Quellen Ruges Kritik ihre Geltung beziehen kann, denn die bloße Hypostasierung des Geschichtsprozesses zu einer garantierenden Instanz einer progressiven Entwicklung liefert keine Begründung. Ohne die leitende Zielbestimmung, anhand derer absehbar wäre, wann ein realistisches Maß an Freiheit erreicht ist, ist Ruges Ansatz zudem der Gefahr ausgesetzt, dass sich die Forderungen nach Freiheit, wie sie ihm zufolge durch das „praktische Pathos" (Ruge *1841a*: 289) der Religion hervorgerufen werden, nicht stillstellen lassen und sich so jede Reformbewegung radikaler, da letztlich inhaltsleerer bzw. nur negativ bestimmten Freiheitsforderungen gegenübergestellt sieht, die die Stabilität der Verhältnisse gefährden. Ruge setzt einfach voraus, dass die religiös artikulierten Freiheitsforderungen vernünftige Forderungen darstellen und es zu fanatischen Versuchen der Durchsetzung nur dann kommt, wenn diesen nicht stattgegeben wird. Ob die im Namen der Freiheit aufgerufenen Forderungen sich allesamt als vernünftige auszeichnen lassen, scheint aber äußerst fraglich.

Eine solche in der Freiheitsemphase liegende Gefahr, hat Ruge, wie seine Warnung gegenüber der preußischen Regierung, sich auf Reformprozesse einzulassen, zeigt, durchaus gesehen. Dennoch ist nicht ersichtlich, wie Ruges Konzept der in der Geschichte quasi-unaufhaltsam auftretenden Freiheitsforderungen in der Lage wäre, gerechtfertigte von ungerechtfertigten Formen der Artikulation abzugrenzen. Hegel selbst hat in seiner Grundkonzeption des freien Willens in seiner *Rechtsphilosophie* vor den Gefahren eines rein negativen Freiheitsverständnisses gewarnt.[30]

---

30 Vgl. Hegel, Georg Wilhelm Friedrich: *Grundlinien der Philosophie des Rechts oder Naturrecht und Staatswissenschaft im Grundrisse.* Frankfurt am Main 1986 [1821], § 5A., wo Hegel auch selbst auf die Gefahren des religiösen Fanatismus hinweist.

Den Problemen, die mit der Depotenzierung des absoluten Geistes sowie einer Historisierung der hegelschen Logik verbunden sind, hat sich Ruge in seinem Werk letztlich nicht gestellt. Dies mag zum einen daran liegen, dass Ruge die hegelsche Philosophie letztlich nur als ein Artikulationsmittel gesehen haben mag, die Sache der Demokratie zu fördern, sowie sicherlich daran, dass sich Ruge als politischer Journalist und nicht als Philosoph gesehen hat. Mag man seine politische Haltung, seine Skepsis gegenüber den radikaleren Forderungen, wie sie Marx oder Moses Heß alsbald erhoben, auch sympathisch finden, so bleibt doch das Problem bestehen, dass Ruges historische Freiheitsemphase hinter die Einsichten zurückzufallen droht, die Hegel in seiner *Rechtsphilosophie* vor fanatischen und letztlich nicht durch Gründe zugänglichen Konzeptionen der Freiheit Abstand nehmen ließen. Die in Ruges Thesen inhärente Spannung zwischen einer Gründen unzugänglichen Bewegung der Freiheit in der Geschichte und der philosophischen Artikulation und Rechtfertigung dieser Bewegung mit den Mitteln der hegelschen Philosophie, hat er letztlich nicht auflösen können. Historisch bleibt sein Versuch dennoch von Interesse, da sich bei Ruge die Spannungen und Probleme kristallisieren, die sich bei dem Versuch ergeben, Hegels Philosophie der Geschichte normativ fruchtbar zu machen, ohne dabei in den politischen Radikalismus abzugleiten.

Literatur

Breckman, Warren: *Marx, The young Hegelians and the origins of radical social theory. Dethroning the Self.* Cambridge 1999.

Bunzel, Wolfgang /Hundt, Martin / Lambrecht, Lars: „Einführung." In: Dies. (Hrsg.): *Zentrum und Peripherie. Arnold Ruges Korrespondenz mit Junghegelianern in Berlin.* Frankfurt am Main 2006, S. 7-64.

Ciezkowski, August von: *Prolegomena zur Historiosophie.* Mit einer Einleitung von Rüdiger Bubner und einem Anhang von Jan Garewicz. Hamburg 1981 [1838].

Fahrmeir, Andreas: *Revolutionen und Reformen. Europa 1789-1850*, München 2010.

Feuerbach, Ludwig: Vorläufige Thesen zur Reformation der Philosophie. In: Ders. *Kleinere Schriften II (1839-1846).* Hrsg.: Werner Schuffenhauer. Gesammelte Werke 9. Berlin 1990 [1842], S. 243-263.

Gans, Eduard: Vorwort zur zweiten Ausgabe der Rechtsphilosophie (1833) in: Manfred Riedel (Hrsg.): *Materialien zu Hegels RechtsphilosophieBand 1.* Frankfurt am Main 1975, S. 242-248.

Hegel, Georg Wilhelm Friedrich: *Grundlinien der Philosophie des Rechts oder Naturrecht und Staatswissenschaft im Grundrisse.* Frankfurt am Main 1986 [1821].

–: *Vorlesungen über die Philosophie der Weltgeschichte.* Frankfurt am Main 1986.

–: Philosophie der Weltgeschichte 1830/31. In: *Vorlesungsmanuskripte II (1816-1831).* Georg Wilhelm Friedrich Hegel Gesammelte Werke Band 18. Hrsg. Walter Jaeschke. Hamburg 1995, S. 138-207.

–: Verhandlungen in der Versammlung der Landstände. In: *Schriften und Entwürfe I (1817-1825).* Georg Wilhelm Friedrich Hegel Gesammelte Werke Band 15. Hrsg. Friedrich Hogemann / Christoph Jamme, Hamburg 1990, S. 30-125.

Hippel, Wolfgang von/Stier, Bernhard: *Europa zwischen Reform und Revolution 1800-1850,* Stuttgart 2012.

Ilting, Karl-Heinz (1973): *Die „Rechtsphilosophie" von 1820 und Hegels Vorlesungen über Rechtsphilosophie.* In: Ilting, Karl-Heinz (Hrsg.): Georg Wilhelm Friedrich Hegel. Vorlesungen über Rechtsphilosophie 1818-1831. Edition und Kommentar in sechs Bänden. Erster Band, Stuttgart-Bad Cannstatt S. 23-126.

Koselleck, Reinhart: *Preußen zwischen Reform und Revolution: Allgemeines Landrecht, Verwaltung und soziale Bewegung.* Stuttgart 1981 [1967].

Löwith, Karl: *Von Hegel zu Nietzsche. Der revolutionäre Bruch im Denken des neunzehnten Jahrhunderts.* Hamburg 1981 [1958].

McLellan, David: *Die Junghegelianer und Karl Marx.* München 1974 [1969].

Moggach, Douglas (Hrsg.): *The New Hegelians. Politics and philosophy in the Hegelian school.* Cambridge 2006.

Quante, Michael: Philosophie der Krise: Dimensionen der nachhegelschen Reflexion. Neuere Literatur zur Philosophie des Vormärz und der Junghegelianer. In: *Zeitschrift für philosophische Forschung* 63 (2009), S. 313-334.

–: After Hegel: The Actualization of Philosophy in Practice. In: *Routledge Companion to Nineteenth Century.* Ed. Dean Moyar. London 2010, S. 197-237.

Ruge, Arnold: Zur Kritik des gegenwärtigen Staats- und Völkerrechts [1840]. In: Ders. *Werke und Briefe* Band 2 Philosophische Kritiken 1838-1846. Herausgegeben von Hans-Martin Sass in 12 Bänden. Aalen 1988, S. 397-433.

–: Das Verhältnis von Theorie und Praxis. Vorwort zu dem Jahrgange der Hallischen Jahrbücher 1841. [1841a]. In: Ders. *Werke und Briefe* Band 2 Philosophische Kritiken 1838-1846. Herausgegeben von Hans-Martin Sass in 12 Bänden. Aalen 1988, S. 24-41.

–: Über das Verhältnis von Philosophie, Politik und Religion. (Kants und Hegels Akkomodation). [1841b]. In: Ders. *Werke und Briefe* Band 2 Philosophische Kritiken 1838-1846. Herausgegeben von Hans-Martin Sass in 12 Bänden. Aalen 1988, S. 254-297.

–: *Zwei Jahre in Paris 1843-1845.* Werke und Briefe Band 5. Herausgegeben von Hans-Martin Sass in 12 Bänden. Aalen 2007.

Sperber, Jonathan: *Karl Marx. Sein Leben und sein Jahrhundert.* München 2013.

Stuke, Horst: *Philosophie der Tat. Studien zur Verwirklichung der Philosophie bei den Junghegelianern und den Wahren Sozialisten.* Stuttgart 1963.

Toews, John Edward: *Hegelianism. The Path towards dialectical humanism. 1805-1841.* Cambridge 1980.

Walter, Stephan: *Demokratisches Denken zwischen Hegel und Marx. Die politische Philosophie Arnold Ruges. Eine Studie zur Geschichte der Demokratie in Deutschland.* Düsseldorf 1995.

Wende, Peter: „Zeittafel" in: Arnold Ruge: *Der Patriotismus.* Frankfurt am Main 1968, S. 138-141.

Massimiliano Tomba

Emancipation as Therapy.
Bauer and Marx on the Jewish Question

The literature on Marx's *On The Jewish Question* is vast. Rarely, however, does one consider this text together with the book which it had to review, namely the *Jewish Question* of Bruno Bauer, published in 1842 in the "Deutsche Jahrbücher für Wissenschaft und Kunst", and the *The Capacity of Present-day Jews and Christians to Become Free*, published in the following year in the *Einundzwanzig Bogen aus der Schweiz*.[1] In order to understand the polemic, the sense and the goal of Marx's book, one has to read both Marx's and Bauer's writings together. Re-reading these texts together allows us to better understand the topic of the argument, their different solutions to the "Jewish question" and eventually the importance of this discussion for today.

In order to comprehend the substance of that polemic, one must dispel some misunderstandings. Bauer and Marx are talking about the "Jewish question," an expression that seems to have been popularized by Bauer himself, since the emancipation of the Jews was representative of the question of emancipation in general. Bauer wrote: "The question of emancipation is general, the question of our time. Not only Jews, but also we want to be emancipated."[2] The word "Jew" is the synecdoche used to refer to the whole subject of emancipation. This is the real issue in the controversy between Bauer and Marx. Thus all the literature that focuses on the real or presumed anti-Semitism of Bauer and Marx appears rather moot.

Much has been written about the real or apparent anti-Jewish sentiment of Bauer[3] and Marx.[4] However, that perspective captures only some shadow effects that result from a light projected by events subsequent to the cultural and political context in which those texts were written. It should be recalled that in that political-historical context a definition of the "Jew" as belonging to a race was not possible. Therefore even the *terminus technicus* "anti-Semite" is not legitimate. It is appropriate to brush history against the grain, but it is falsifying to project contemporary concepts onto the past. It is more useful to clarify questions that have been posed at that time and that still await an answer.

---

1 Bauer (1842, p. 1093-1126) and in a larger edition Bauer (1843a); Bauer (1843b, p. 56-71).
2 Bauer (1843a, p. 61).
3 Recently Eberlein (2009, p. 101-109); see also Rotenstreich (1959) and Leopold (1999).
4 The *Judenfrage* was translated and published in the US in 1959 with the title *A world without Jews* (1959) which was presented in the introduction as «the sanguinary dream of Karl Marx». Weltsch (1959, p. XII) described this «misleading title» as a «piece of inferior anti-Soviet propaganda». See also Hirsch (1978) and Carlebach (1978).

Bauer's criticism of exclusivity

When Bauer published his *Jewish Question*, due to his usual aggressive and polemical style, he received much criticism.[5] Remarkable, among many, was the reaction of Gotthold Salomon who, in his harsh critique of Bauer, wrote: "If Bauer was right, it would be certainly terrible for Jews, but surely seven times worse for Christians."[6] Salomon's judgement is particularly to the point if one considers the *Judenfrage* together with *Das entdeckte Christentum*, which Bauer published in 1843. This book was not only immediately censored but even destroyed by the Prussian government and was in fact considered lost until it was found and published by Ernst Barnikol in 1927.[7] Karl Marx was one of the few people who had read *Das entdeckte Christentum*, a text that should be considered and read together with the *Judenfrage*.[8] In this writing, Bauer attacked any form of privilege from an anti-liberal perspective: he criticised liberalism for its view of freedom and law; he criticised the common opinion which considers human rights innate in human beings; finally, he criticised Jews for claiming freedom on the basis of their particular identity. It is important to remark that Bruno Bauer does not ask the Jews to become Christians on the basis of the progress towards a more developed religion. He claims that both Jews and Christians have to overcome the particular and exclusive character of their religion. According to Bauer the fundament of any religion is the principle of exclusivity: religions have to establish the identity of their community so they must exclude those who do not belong to that community in order to determine, from the opposition, their own identity. The absolute content of the monotheistic religions makes exclusivity absolute: "Religion is exclusivity (*Ausschließlichkeit*) itself, and two religions can never conclude peace with each other as long as they are recognized as religion, as the highest and the revealed."[9] Religion and universalism are not compatible: this is the issue that Bauer wants to stress.[10]

This principle of exclusivity, stressed Bauer, becomes stronger and more aggressive in the Christian religion than it does in the Jewish religion, because while the latter allows other religions and nations to subsist, the universal love of the former transforms into hatred of other peoples, dividing humanity into the baptized and the non-baptized, men and non-men: as it represents the true human essence, the Christian religion considers the non-christian inhuman (*unmenschlich*).[11] Christianity does not relate to the man as such, "but to man as believer, and as such to man who can or should (*soll*), and who must necessarily (*muß*) become a believer if

---

[5] The most exhaustive bibliography in Zanardo (1966, p. 189-210).
[6] Salomon (1843a, p. 110).
[7] Bauer (1929).
[8] Moggach (2003, p. 145) correctly stressed that the "argument of *Das entdeckte Christentum* is the basis of the position Bauer assumes on the Jewish question."
[9] Bauer (1843a, p. 21).
[10] Tomba (2005).
[11] Cfr. Bauer (1929, p. 195).

he does not want to be damned."¹² From this perspective the dark pages in the history of Christianity have not been mistakes, and fanaticism has not been the result of a misunderstanding of the holy texts; rather, they are consequences of the principle of exclusivity and its logic.

From a different perspective, Ludwig Feuerbach came to similar conclusion. Indeed, Bauer would have agreed with his statement: "Religion is the relation of man to his own nature, – therein lies its truth and its power of moral amelioration; – but to his nature not recognized as his own, but regarded as another nature, separate, nay, contra-distinguished from his own: herein lies its untruth, its limitation, its contra-diction to reason and morality; herein lies the noxious source of religious fanaticism, the chief metaphysical principle of human sacrifices, in a word, the prima materia of all the atrocities, all the horrible scenes, in the tragedy of religious history."¹³ From this common ground, an alliance between Bauer and Feuerbach was possible, and in fact Bauer wrote to Feuerbach to propose him to collaborate in the "Rheinische Zeitung" and invited him to carry the critique of religion into politics, because "l'*infâme* is immortal if it is not crushed (*écrasiert*) in politics and in juridical right."¹⁴ According to Bauer and Feuerbach, Christian *exclusivity* is not the result of a misunderstanding of Christianity, which should in reality be the religion of love, but is rather intrinsic to its nature. This is the reason why the history of the Christian church is full of polemical formulations. When Saint Bernard of Clairvaux stated: "the Christian glories in the death of the pagan, because this renders glory to Christ,"¹⁵ his formulation is the genuine expression of the religion whose polemical nature founds a community through the division between those who are included and those who are excluded.

This dialectic of inclusion and exclusion constitutes the focus of Bauer's analysis who, in his *Kritik der evangelischen Geschichte der Synoptiker*, charted the contradictions that traverse Christianity, orientating his research to the points of convergence between theological and political categories. He considered the evangelists as proto-founders of the Christian community who were seeking contrasts. In that way Bauer could explain a controversial topos of the classical anti-Judaism literature:¹⁶ the question of the *Feindesliebe*, i.e. the love for the enemy. Matthew affirmed: "Love thine enemies," (Mt. 5, 44) a sentence whose meaning needs investigation , according to Bauer, in the pragmatism of the evangelist, who casts a polemical glance back at the Old Testament.¹⁷ In fact, the gospel precept, "Love thine enemies," is meaningful only in its precise context, that is, as a complement of what immediately precedes it: "You have heard [that means: in the Old Testament] it said, 'Love thy neighbour and hate thine enemy.'" (Mt. 5, 43) The point

---

12 Bauer (1843a, p. 17).
13 Feuerbach (2008, p. 155).
14 B. Bauer to Feuerbach, 10.3.1842, in Feuerbach (1967, p. 171).
15 Bernardo di Chiaravalle, *De laude novae militiae ad Milites Templi*: «In *morte pagani* Christianus gloriatur, quia *Christus glorificatur*», cited from Feuerbach (2008 p. 424).
16 Von Braun/Heid (2000, p. 16).
17 Cfr. Bauer (1841/1842, pp. 348-51).

is that the clause "Hate thine enemy," finds no basis in the Old Testament; according to Bauer, that clause is an invention functional to the construction of a polemical parallelism between the Old and New Testaments. Therefore the Christian love for the enemy is purely polemical: Christian love is universal only in contrast to the Jewish religion, as the invention of the Old Testament precept to hate one's enemies demonstrates. Bruno Bauer was reading the Gospels looking for contrapositions. So the Christian formula "who is not with me is against me" (Mt. 12, 30) shows precisely the exclusive character of Christianity,[18] whose universal love becomes hatred of other peoples, dividing humanity into the baptized and the non-baptized.

Christian universal love is not universal. This is Bauer's conclusion. A religious universalism cannot exist; moreover, it is the principle of exclusion which gives life and strength to the Christian community in contrast to the Mosaic law. In fact according to Bauer "every determinateness must necessarily hate the other and cannot indeed subsist without this (*jede Bestimmtheit muß die andere hassen und kann doch ohne diesselbe nicht bestehen*)".[19] The principle that Bauer recognises as the core of religion is connected to the foundation of the community, its identity and determination. In his political writings he found the same logical structure at the core of the political theology of the state: "The political and the religious prejudice are inseparably one and the same."[20] However Bauer gave a kind of logical-historical priority to the religious principle of exclusion which the modern state incorporated in itself in order to found the people as the political subject of the nation-state: "Religious prejudice is the basis of social and political prejudice, but the basis which the latter, even if unconsciously, has given itself."[21] Therefore according to Bauer "religion constitutes the essence of state,"[22] not of a particular state, but of the state as such, in that it is permeated by the principle of exclusivity.[23] In an article published in the *Rheinische Zeitung*,[24] Bauer underlined the close connection between arbitrary power of the state and the theological concept of grace. This relation introduces the central issue: power is arbitrary to the extent that it chooses, by sovereign decision, whether or not to grant rights, to whom to grant them, and thus *whom to exclude*. Arbitrary decision and the principle of exclusion characterise both the grace and the despotic power of the state. In his reply Marx summarizes the core of this issue with precision:

---

18 Cfr. Bauer (1843a, p. 53).
19 Bauer (1929, p. 197).
20 Bauer (1843a, p. 96).
21 Bauer (1843a, p. 96).
22 Bauer (1929, p. 217).
23 This logical structure would be developed in the 20th Century by Carl Schmitt in the form of the friend-enemy distinction. Among other texts of Bauer, the *Judenfrage* was part of the private library of Carl Schmitt (1993, pp. 384-5 and p. 529). On Bruno Bauer he wrote that "[u]nlike any other, Bruno Bauer thought through theological-philosophical criticism in the fullest sense, and considered all the fateful connotations that the words criticism and crisis have in the German history of ideas in the last two centuries. In Bruno Bauer, the theological and philosophical critique of reason, as well as textual and biblical criticism, were transformed into a critique of the age." C. Schmitt (2002, p. 109). See also Mehring (2010, p. 334-350).
24 Bauer (1842).

Bauer goes on to show how the people in a Christian state is in fact a non-people, with no will of its own and how its true existence resides in the ruler to whom it is subjected and who is, by origin and by nature, alien to it, *i.e.* given by God and imposed on the people without its agreement. Bauer also shows how the laws of such a people are not its own creation, but are actual revelations; how the supreme ruler needs privileged intermediaries in his relations with the real people, with the masses; how the masses themselves disintegrate into a multitude of distinct spheres formed and determined by chance, differentiated by their interests, their particular passions and prejudices, and allowed as a privilege to seclude themselves from one another, etc.[25]

The people of the Christian state are a "non-people." It is important to clarify this point. The people no longer have a will of their own because they exist as a political subject, i.e. as a unity and a totality, only through their representative, the leader to whom they are subjected. In a book published around the same time as the *Judenfrage*, Bruno's brother Edgar Bauer stressed that the unity of the state does not exist in the people but only in as much as it "is represented through one leader (*wird in einem Herrscher repräsentiert*)."[26] It is the representative structure of the state, through which the people exist as *one* political subject, which elevates the prince to the level of "the religious person of the state."[27] The political-theological characteristic of the state consists in the creation of the unity of the state. This process overlaps with the creation of the unity of the people, its becoming "singular." This singularization is produced through the representative action of the representative and it always requires exclusion in order to found identity.

From this perspective the question of the emancipation of the Jews must be understood as the theoretical and political laboratory to prove the consistency of the principle of exclusion and to think its overcoming. Or, as we shall see shortly, according to Marx, the Jewish question represents the opportunity to sketch out an idea of emancipation beyond the pure political level, towards social and human emancipation.

The controversy

In his critique of Bauer, Marx recognises that Bauer explained the concept of the Christian state "with dash, perception, wit and thoroughness in a style as precise as it is pithy and trenchant."[28] Marx's praise for Bauer testifies that he probably did not want to break with Bauer at that time. Marx writes that, "after criticizing previous positions and solutions, Bauer poses the question of Jewish emancipation in

---

25 Marx (1982, p. 152-3); and the engl. transl. in Marx (1992, p. 224; translation modified).
26 E. Bauer, *Der Streit der Kritik mit Kirche und Staat*, Charlottenburg, Verlag E. Bauer, 1843, also available in Pepperle (1986, p. 640).
27 Ibidem.
28 Marx (1982, p. 142; trans., p. 213). Stuke (1963, p. 166) comments that this is "praise that should not be forgotten when we consider Marx's critique of Bauer."

a new way."²⁹ Marx aims to take a step further: he wants to overcome the limits of the pure political emancipation and advance towards human emancipation.³⁰ It is possible that he wanted to keep Bauer on his side.

Marx's criticism of Bauer regards his idea of a pure political emancipation, which is, according to Marx, "certainly a big step forward", but not "the last form of general human emancipation."³¹ Marx reproaches Bauer for failing to consider the state as such and focusing on the German Christian state in which the "Jew is in *religious* opposition to the state, which recognizes Christianity as its foundation."³² Marx replies that this opposition is possible only because the German state is not the state in its "completely developed form". According to Marx, one can find an example of the fully developed state in the North American states, where any religious question is transformed into a secular question and where faith is a private matter. Indeed, where political emancipation has already been achieved "[m]an emancipates himself *politically* from religion by banishing it from the sphere of public law to that of private law."³³

Actually Marx's criticism is right and wrong at the same time. Marx is right because in the modern state religions are banished to the private sphere wherein individuals can believe whatever religion they want as long as they obey the laws of the state. But Marx is also wrong because Bauer is considering the political-theological structure of the modern state whose presupposition is to exclude in order to found its political identity. According to this logic it is not the Jew as such must be excluded, but rather it is necessary and sufficient that *someone* be excluded.

Marx is once again wrong because Bauer considers not only the German state but also the French state. In the constitutional *Charte* of 1830, Bauer criticises the choice to choose Sunday as a holiday. Even if Sunday were a significant holyday for the majority of the French people, Bauer thinks that it is a privilege that limits the liberty of that part of the people who consider the Christian Sunday insignificant. According to Bauer that decision "retroacts on the law and ratifies the distinction between oppressed and oppressor of those who should be free citizens".³⁴ The choice of Sunday as a day of rest discriminates against the Jewish Sabbath or the holydays of other religions. The point is that this form of discrimination is logically necessary: "there is no more religion if there is not any more a privileged religion. One eliminates the force of exclusivity (*ausschließende Kraft*) of the religion and religion does not exist anymore."³⁵

The principle of exclusivity that marks religions and founds identity as such also affects any attempt to realize emancipation by preserving particular identities.

---

29 Marx (1982, p. 142; trans., p. 213).
30 Peled (1992, pp. 463-85); Rosen (1997).
31 Marx (1982, p. 150; trans., p. 221).
32 Marx (1982, p. 145; trans., p. 217).
33 Marx (1982, p. 150; trans., p. 221).
34 Bauer (1843a, p. 65). Salomon (1843, p. 65) considered Bauer's argument a kind of philosophical terrorism with nihilist consequences for the national economy.
35 Bauer (1843a, p. 66).

What Bauer really does reject is the liberal idea of emancipation wherein particular identities and cultural and religious traditions and autonomies are preserved. Despite the banishing of religions to the private sphere, the state cannot be neutral because religions exclude each other and they cannot coexist peacefully. From this perspective, therefore, the idea of multicultural societies is a mere dream. Identity requires exclusion. The state can protect particularistic identities but protection merely means toleration. And tolerance cannot resolve the question of exclusion that constitutes the core of both religions and the modern state. The concept of tolerance refers back to the absolute power: "Tolerance, affirms a great man of the past century, is not the word that expresses freedom of religion, but is instead, in its exact signification, an offensive and tyrannical word, since the existence of a power having the right to tolerate, precisely by the fact that it tolerates, is also able not to tolerate, and to violate the liberty of thought and confession."[36] In fact, according to the *Declaration of the Rights of Man and of the Citizen* (1789) "[n]o one shall be disquieted on account of his opinions, including his religious views, provided their manifestation does not disturb the public order established by law." (art. 10) Liberty of opinion and religious views are allowed within the limits, limits which the state establishes. However, if the state considers those liberties to be disturbing the public order, it can limit or even abolish them.

Bauer stresses an intrinsic contradiction in the logic of tolerance that concerns on the one hand the arbitrary nature of the sovereign power, which can tolerate or not tolerate, and, on the other hand, the idea of emancipation through the conservation of particular identities. Jewish emancipation doesn't mean for Bauer the integration of a particular religion that maintains its particularity in the secular, non-confessional state, as Marx upholds by saying that Bauer's idea of emancipation is just the political emancipation which is already realized in modern states like North America. Bauer wants to overcome the liberal idea of emancipation and its contradiction. He refuses the liberal path according to which the different creeds become indifferent as long as they are private matters: "precondition for genuine political and social freedom is the renunciation of all particularistic ties with the past; thus, to be free, Jews must renounce their religious allegiance, as indeed must Christians".[37] Thus rather than becoming atheist they should abandon their particular identities.

The very important issue that Bauer sketches out concerns this double side of emancipation: the overcoming of the exclusive character of religion and politics is possible only through the self-destruction of our own preconstituted identity that represents a bond with the old world[38] and makes a genuine universalism impossible. Bauer's universalism requires dis-identification instead of identity and dis-belonging instead of belonging. He is more interested in the process of emancipation than its institutional result. He does underline that the perpetuation of particular

---

36 Bauer (1842b). The great man cited by Bauer is Honore Gabriel Riqueti, comte de Mirabeau.
37 Moggach (2003, p. 145).
38 Tomba (2005, pp. 67-80).

identities marks an obstacle to emancipation. Thus liberals project the image of emancipation onto the sky of politics and in the concept of the universal abstract subject of rights. This very dualism constitutes the focus of Marx's investigation who reformulates it as the dualism between the celestial universalism of the state and the atomization of the civil society. For sure Marx misunderstands some important points of Bauer's argument and does not see others such as the nexus inclusion/exclusion. The problem is not to underline what is wrong and what is right in Marx's criticism to Bauer. Instead of this, the question regards Marx's attempt to push Bauer's concept of emancipation further.

The starting point of Marx's reflection is the post-Hegelian topic of the dissolution of the estates (*Stände*), which were – in the Hegel's philosophy of right – an important moment of mediation between the state and civil society. In the post-Hegelian perspective the dissolution of the *Stände* has produced the modern dualism between state and society on one side, and a mass of atomistic individuals, which require a new principle of organisation, on the other side. Bruno Bauer himself also stressed that with the affirmation of the absolute state, the estates "were crushed, and, with the theory of territoriality, the ecclesiastic power was elevated to an indissociable attribute of sovereignty."[39] With the pulverisation of the *societas civilis* into a multiplicity of individual atoms, the political mediations intervening between the civil society and the state are eliminated, and distinctions among the estates converge into the dualism between the unpolitical individuals and the political state.[40]

The result of the dissolution of the ancient *societas civilis* is the modern dualism between state and society, whose members are now *unpolitical men* faced with the state's monopoly of power. The concept of man seems to Bauer radically subsumed in that of citizen, who can possess rights only through the guarantee of a public power that can enforce them. Therefore the rights of man are actually only the rights of the citizens whose rights are guaranteed by the state. Differently stated, according to Marx, man and citizen do not constitute a hendiadys in which the first term is already subsumed in the second one. Rather, he wants to underline the dualism between man and citizen by stressing the first part of the couple. Marx is more interested in the origin of the modern "*egoistic* man" who arises from the dissolution of feudal society into its basic elements.[41] The political revolution, which constituted the political state and "inevitably destroyed all the estates, corporations, guilds, and privileges", at the same time "*abolished* the *political character of civil society.*"[42] The constitution of the political state and the dissolution of the *societas civilis* into independent individuals are thereby accomplished by one and the same act. In this process "the *material* and *spiritual elements* which constitute the vital content and civil situation of these individuals"[43] were also freed from

---

39 Bauer (1841); Bauer (1968, pp. 20-1).
40 Tomba (2006, pp. 91-113).
41 Marx (1982, p. 162; trans. p. 233). On the "anthropological figure of man-as-property-owner" see Kouvélakis (2005, p. 709).
42 Marx (1982, p. 161; trans. p. 232).
43 Marx (1982, p. 161; trans. p. 232-3).

their intermixture with civil life and they could break out into the "*unbridled movement*" which forms the freedom of the egoistic man.[44] Hence, stresses Marx, "man was not freed from religion – he received the freedom of religion. He was not freed from property – he received the freedom of property. He was not freed from the egoism of trade – he received the freedom to engage in trade."[45] Here one can measure the distance between Marx and Bauer.

According to Marx, religion in the modern state is only private business and individuals are free to choose the creed they prefer. Bauer understood religion as a privilege, as the name of an exclusion that also affects the state. According to Bauer the real political emancipation requires overcoming the binary inclusion/exclusion distinction that constitutes the theological-political core of the state. However, this distinction can really be overcome only through a process of dis-identification with any form of identity. Through disidentification, universalism would not be projected into the sky of politics anymore but realized in the practice of dis-belonging. Thus emancipation is the "universal question," not in the form of a secular state but as a practice. Only self-emancipation is possible since emancipation requires dis-identification. Emancipating other people is instead another form of dominion.

Combining Bauer's and Feuerbach's arguments and amending Bauer's abstractness with Feuerbach's materialism, Marx defines religion as the expression of a deficit (*Mangel*) whose source "must be looked for in the *nature* of the state itself."[46] From this perspective religion is only a manifestation of the secular narrowness that concerns the lack of community, it is the "expression of the *separation* of man from his *community*, from himself and from other men, which is what it was *originally*."[47] This is an idea that Feuerbach stated at the beginning of his *Essence of Christianity* (1841): "Religion is the disuniting of man from himself [...] a division of man with his own essence".[48] In the preface of the second edition (1843), he made this characteristic clearer and raised it to the level of a core principle of the modern age: appearance (*Schein*), he wrote, "is the essence of the present age – appearance is our politics, appearance is our ethics, appearance is our religion, appearance is our science."[49] Marx will proceed in this direction. His problem "is not the religion itself but the division within the modern society,"[50] the division between the general interest and private interest, the schism between the political state and civil society, the *citoyen* and *l'homme*, the political life and private life. Marx's formulation is not exactly an original achievement. He brilliantly put together different intellectual streams already present within post-Hegelian thought. For instance, the translation of Feuerbach's philosophy into a more genuine political language

---

44 Marx (1982, p. 161; trans. p. 233).
45 Marx (ibid.).
46 Marx (1982, p. 146; trans. p. 217).
47 Marx (1982, p. 150; trans. p. 221).
48 Feuerbach (1841, p. 65; trans. p. 1).
49 Feuerbach (1841, p. 6).
50 Bensaïd (2006, p. 24).

was already made by Moses Hess in his *Essence of Money*.[51] Marx was strongly influenced by Moses Hess' book[52] that emphasised the "divorce between the private man and the community, between private life and public life" as the "divorce between person and property" and indicated the solution in the realization of the "organic community."[53] Especially the last part of the *Jewish Question* is difficult to understand without the countermelody of Moses Hess and his analogy between the essence of money and God, his definition of money as the "product of mutually estranged (*entfremdet*) man."[54] Integrating Bauer with Feuerbach and Feuerbach with Moses Hess, Marx was finally able to replace the question of emancipation and its relationship with the concept of religion. If religion is the name of a deficit, which expresses the separation of human beings from their community (*Gemeinwesen*), the "human emancipation" should be the realization of their common human essence in the community as such (*Gemeinwesen als Gemeniwesen*), from which they are now exiled.[55] Marx utilizes the entire semantic spectrum of the German word community: the separation of human beings from their community (*Gemeinwesen*) is at the same time the separation from themselves as communal beings, i.e. from the *Gemein-wesen* in the sense of the common essence (*gemeines Wesen*) of human beings. Hence in Marx's text social and human emancipation converge: only in the *Gemeinwesen* can the opposition between man's species-life and material life be abolished. In the estranged world, instead, species-life, i.e. the life in the community, is projected into the heaven of the state, and the material life is the life of the private individual who "regards other men as a means, degrades himself into a means, and becomes the plaything of alien powers".[56] As we have already seen, the exile from community is the result of the dissolution of the ancient *societas civilis* into independent individuals whose relations with one another are not founded on privilege as they were in the system of estates and guilds but on abstract right. Relationships are not personal relations between masters and servants; dominion is not personal anymore but it abstract. Relationships, stressed Hegel in his *Philosophy of Right*, are objectified relations between owners whose real medium is property.[57] Marx grasped the implication of that epochal break in its anthropological and *geschichtsphilosophical* dimension. He stated: "man, as member of civil society, inevitably appears as *unpolitical* man, as *natural* man."[58] This is a

---

51 Moses Hess, *The Essence of Money*, in http://www.marxists.org/archive/hess/1845/essence-money.htm. *The Essence of Money* was written at the turn of 1843-1844 and it should have been published with Marx's *Jundenfrage* together in *Deutsch-Französischen Jahrbücher* in 1844. It was published the following year in *Rheinische Jahrbücher zur gesellschaftlichen Reform,* Hg. H. Püttmann, Darmstadt, 1845.
52 On the formal, terminological and substantial analogy between the two texts see Rosen (1983, pp. 142-53) and McLellan (1969, p. 154-8). See also Nelson (1999, pp. 5-7).
53 Hess, *The Essence of Money*, § 11 and §16.
54 Hess, *The Essence of Money*, § 7.
55 Marx (1982, p. 150; trans. p. 222).
56 Marx (1982, p. 149; trans. p. 221).
57 Ritter (2003, pp. 256).
58 Marx (1982, p. 162; trans. p. 233).

very important statement that displays how the historical process of the establishment of the political state has produced the egoistic and unpolitical man and, at the same time, naturalized that result in a suprahistorical form. Marx is here prefiguring a fundamental issue. It concerns the way through which concepts and historical categories raise themselves to the rank of natural and metahistorical categories, producing the effect of an ahistorical present that one cannot transcend. The same phenomenon ensues when a historical product, the *homo oeconomicus*, claims to grasp the eternal essence of the human being in general. Understanding how this naturalization of historical products takes place is the task of critical thinking. Yesterday and today.

In order to overcome the present difficulties of emancipation, Marx combines historical and theoretical considerations. The political revolution destroyed the privileges of status and dissolved the ancient *sociatas civilis* of the *Ancien Régime* into a multitude of individuals. But it did not revolutionize the product of its action. So private, individual interests in competition with each other, no longer held by corporate bonds, became the "*natural basis*" of the new political form.[59] The syntagm "*natural basis (Naturbasis)*" expresses the naturalization of a historical product in the form of the modern anthropic configuration. This is the reason why human emancipation cannot take place without revolutionizing the external social conditions and the anthropological structure of the modern individual at the same time. According to Marx the "decomposition (*Zersetzung*) of human being into Jew and citizen, Protestant and citizen, religious human being and citizen" is the result of political emancipation.[60] Marx emphasizes this dualism by reiterating it in the form of the dichotomy of state and civil society, citizen and bourgeois, public and private. This dichotomy does not achieve the mediation of the Hegelian *Stände* anymore and it is projected in a forthcoming synthesis by means of a philosophy of history. Emancipation now means "leading back [*Zurückführung*]" the human relationships to the human being himself.[61] Marx agrees with Feuerbach's idea of species being but he is not aware enough of the peculiar philosophy of history that it presupposes. It is not difficult to remark that his historical-philosophical scheme is strongly influenced by Feuerbach's idea of history as a movement of systole and diastole:[62] original unity, separation of the individual from the species, and reunification of the individuals in the species.[63]

---

59 Marx (1982, p. 162; trans. p. 234).
60 Marx (1982, p. 150; trans. p. 222). On the notion of *Zersetzung*, the act of decomposition, in the nineteenth century and its semantic shift "from the chemical to the cultural, acquired connotations of rottenness, wasting away," see Geller (2011, pp. 106-7).
61 Marx (1982, p. 162; trans. p. 234). See Michael Quante (2013, pp. 329-331), who stresses the difficulty of Marx's "utopisch-anthropologische Vision" of an immediate realization of human being as species being.
62 Feuerbach (1841, p. 62).
63 According to this scheme, the whole meaning of history is the overcoming of the separation between individual and species. When this unity is reached, according to Feuerbach, history ends: "History consists only in the distinction of the individual from the species. Where this distinction ceases, history ceases; the very soul of history is extinct." Feuerbach (1841, p. 215-6; trans. p. 117).

But there is something more. The dualism of state and civil society is not only outside in the social and political system but it also performs the internal nature of the human being whose life is schizophrenically split between *bourgeois* and *citoyen*, secular and heavenly life. This antinomy cannot be suppressed until a new configuration of the distinction between private and public, inside and outside, takes place. At the end of the first part of his text, Marx quotes Rousseau's *Social Contract*:

> "He who dares undertake to give institutions to a people ought to feel himself capable, as it were, of *changing human nature*; of *transforming* every individual, [*changer* pour ainsi dire la *nature humaine*, de *transformer* chaque individu] who in himself is a complete and independent whole, into part of a greater whole, from which he receives in some manner his life and his being; [...] of substituting a *partial moral existence* for the independent and physical existence [...]. In a word, it is necessary to deprive *man of his own powers* in order to endow him with some which are alien to him, and of which he cannot make use without the aid of other people."[64]

Real emancipation is only possible by "changing human nature" and "transforming every individual" so that human beings organize and recognize their "'*forces propres*' as *social* powers", as the forces of the society. *Social emancipation* is therefore *human emancipation* because it goes through a different individuation, namely a re-configuration of the relationship between private and public, *inside* and *outside* of human beings who are no longer individuals in the modern sense but new human beings who no longer separate social power from themselves: they are *species-beings*, i.e. human beings reconciled with the species. They recognise the power of society as an enlargement of their power and their power as part of the social power. In this way Marx is outlining a possible third nature beyond the Hegelian "second nature." Indeed, the "real, practical (*praktischer*) emancipation" that has to overcome the scission that characterizes the "existing world order"[65] requires both a social and an anthropological change, a social and a human emancipation. It is social since emancipation is not possible within a liberal frame that abstracts from social inequality and private inequality.[66] The emancipation is human and "practical" because it concerns human beings. Human emancipation is not the revolution of external circumstances that postpones the real change of individuals.

In the first *Preface* (1841) of his *Wesen des Christentums* Feuerbach stated that "the secret of theology is anthropology" and therefore the goal of his book was basically "therapeutic or practical (*praktischer*)."[67] Therapy does not mean turning the individual into an atheist; it consists instead in healing the human beings from the split within their own nature. Religion, according to Feuerbach, is the proper name of the manifestation "of disuniting of man from himself," which constitutes a "psy-

---

64 Marx (1982, p. 162; trans. p. 234).
65 Marx (1982, p. 150; trans. p. 221).
66 Brown (2004, pp. 1-31).
67 Feuerbach (1841, p. viii).

chic pathology."[68] The same pathology can also affect atheists. Indeed with political emancipation religions become something private and each individual can make the decision to be Christian, Jew, Muslim or atheist. Considering practical emancipation as the claim to turn individuals into atheists is a puerile simplification that does not grasp the real issue. Moreover the practical emancipation does concern the "self-estrangement of man from himself and from nature."[69] The "therapy", that is the removal of this estrangement from the relationship with nature and from ourselves, is only possible by changing the human nature.

Neither Marx nor Bauer assumed emancipation as privatisation or liberation from religions. Thus Marx is wrong when he accuses Bauer of considering the German state and not the American, wherein the political emancipation is already achieved. But Marx's misunderstanding of Bauer is functional for his own argument. Indeed, Marx accuses him of allowing the religion to exist in the private sphere, and then, more generally, to allow the dualism between public and private to persist. Whereas, Marx's idea of emancipation requires not only the abolition of the dualism between civil society and state, but also a reconfiguration of the relationship between public and private.[70] Further, it requires, with Rousseau, changing human nature. In other words, it requires both an anthropological and a social change at the same time. Any real change invests the distinction between public and private, and reconfigures their relationship in view of a new anthropology that is able to realize the real change. This question is represented in the third thesis on Feuerbach wherein Marx poses the ancient problem of the circularity for which the creator of a new world would also need to be his own creator. He expressed his dissatisfaction with the old "materialist doctrine concerning the changing of circumstances and upbringing forgets that circumstances are changed by men and that it is essential to educate the educator himself."[71] Marx outlined a temporary solution when he states that "the coincidence of the changing of circumstances and of human activity or self-changing can be conceived and rationally understood only as *revolutionary praxis*".[72] But rather than a solution we are facing the problem. The real emancipation cannot abstract from private. Furthermore, it cannot abstract from "changing human nature" and from a different configuration of the relationship between private and public. In his *Comments on Mill*, written in 1844, Marx will designate the possibility of this transformation as "the true community (*das wahre Geimenwesen*)"[73] of human beings, i.e. the process in which that anthropological transformation becomes possible.

---

68 Feuerbach (1841, p. vi).
69 Marx (1982, p. 168; trans. p. 240).
70 See also Kouvélakis (2005, p. 714), who emphasizes that the "access of working-class people (men only at first) to suffrage is indissociable from the (very partial) process of 'decommodification' of their status as 'force of labor'" and "[w]omen's right to vote is similary inseparable from a profound transformation of the 'space of the family'."
71 Marx (1998, n. 3, p. 20; trans. p. 421).
72 Marx (ibid.).
73 Marx (1981, p. 452; trans. p. 265).

Literatur

B. Bauer, *Der christliche Staat und unsere Zeit*, in „Hallische Jahrbücher für deutsche Wissenschaft und Kunst", 7-12. Juni 1841, nn. 135-140, pp. 537-558.

–, *Deuschlands Beruf in der Gegenwart und Zukunft von Th. Rohmer, Zürich und Winterthur, 1841*, "Rheinische Zeitung", 7. Juni 1842, n. 158, Beiblatt

–, *Kritik der evangelischen Geschichte der Synoptiker*, 2 Bde, Leipzig, Otto Wigand, 1841-1842.

–, *Die Judenfrage*, in «Deutsche Jahrbücher für Wissenschaft und Kunst», 17-26. Nov., 1842, nn. 274-282, p. 1093-1126.

–, (1842b) *Kirche und Staats-Gouvernement*, in "Rheinische Zeitung." 29. März 1842, n. 87/88, Beiblatt.

–, *Die Judenfrage*, Braunschweig, Druck und Verlag von Friedrich Otto, 1843a.

–, *Die Fähigkeit der heutigen Juden und Christen, frei zu werden*, in G. Herwegh (Hg.), *Einundzwanzig Bogen aus der Schwiez*, Zürich und Winterthur, Verlag des Literarischen Comptoirs, 1843b, p. 56-71.

–, *Feldzüge der reinen Kritik*, Frankfurt am Main, Hg. u. Nachw. v. Hans-Martin Sass Suhrkamp Verlag, 1968.

–, *Das entdeckte Christentum. Eine Erinnerung an das achtzehnte Jahrhundert und ein Beitrag zur Krisis des neunzehnten*, in E. Barnikol, *Das entdeckte Christentum im Vormärz. Bruno Bauers Kampf gegen Religion und Christentum und Erstausgabe seiner Kampfschrift*, Verlegt bei Eugen Diederichs in Jena, 1929 (second edition: Aalen, Scientia Verlag, 1989^2).

E. Bauer, *Der Streit der Kritik mit Kirche und Staat*, Charlottenburg, Verlag E. Bauer, 1843.

D. Bensaïd, *"Zur Judenfrage", une critique de l'émancipation politique*, in K. Marx, *Sur la Question juive*, Paris, La fabrique, 2006.

Ch. v. Braun/ L. Heid, *Der ewige Judenhaß*, Berlin-Wien, Philo, 2000.

W. Brown, *Tolerance and/or Equality? The "Jewish Question" and the "Woman Question"*, in "differences: A Journal of Feminist Cultural Studies", 15.2 (2004), pp. 1-31.

J. Carlebach, *Karl Marx and the Radical Critique of Judaism*, London-Boston, Routledge & Kegan, 1978.

H.-P. Eberlein, *Bruno Bauer. Vom Marx-Freund zum Antisemitismus*, Berlin, Karl Dietz Verlag, 2009.

L. Feuerbach, *Das Wesen des Christentums* (1841), in Id., *Saemmtliche Werke*, Vol. 7, Leipzig, Verlag von Otto Wigand, 1841.

–, *Briefwechsel II* (1849-1844), in *Gesammelte Werke*, hg. von W. Schuffenhauer, Berlin, Akademie Verlag, 1967 ff., Bd. 18.

–, (1841), *The Essence of Christianity*, trans. G. Eliot, Mt. San Antonio College, Walnut, 2008.

J. Geller, *The Other Jewish Question. Identifying the Jew and Making Sense of Modernity*, New York, Fordham University Press, 2011.

M. Hess, *The Essence of Money*, in http://www.marxists.org/archive/hess/1845/essence-money.htm.

H. Hirsch, *The ugly Marx: analysis of an «outspoken anti-semite»*, in «The philosophical forum», vol. III, n. 2-4 (1978), p. 150-162.

S. Kouvélakis, *The Marxian Critique of Citizenship: For a Rereading of On the Jewish Question*, in "The South Atlantic Quarterly", n. 104 (2005).

D. Leopold, *The Hegelian Antisemitism of Bruno Bauer*, in «History of European Ideas», n. 25 (1999), pp. 179-206.

K. Marx, *Pariser Hefte. Excerpts from James Mill's* Elements of Political Economy, in *MEGA* IV/2, p. 452, trans. in Marx, *Early Writings*, p. 265, 1981.

–, *Zur Judenfrage* (1844), in *Marx-Engels-Gesamtausgabe (MEGA)²*, Bd. I/2, 1982.

–, *ad Feuerbach*, in *Marx-Engels-Gesamtausgabe (MEGA)²*, IV/3, 1998.

–, *A world without Jews*, transl. and introd. by Dagobert D. Runes, New York, Philosophical Libr., 1959.

–, *On the Jewish Question*, in *Early Writings*, London, Penguin, 1992.

D. McLellan, *The Young Hegelians and Karl Marx*, London, Macmillan, 1969.

R. Mehring, *Carl Schmitts Bruno Bauer: "Autor vor allem der 'Judenfrage' von 1843"*, in K.-M. Kodalle and T. Reitz (Hrsg.), *Bruno Bauer. Ein Partisan des Weltgeistes?*, Würzburg, Königshausen und Neumann, 2010, p. 334-350.

D. Moggach, *The Philosophy and Politics of Bruno Bauer*, Cambridge, Cambridge University Press, 2003.

A. Nelson, *Marx's Concept of Money: The god of commodities*, London and New York, Routledge, 1999.

J. Peled, *From theology to sociology. Bruno Bauer and Karl Marx on the Question of Jewish emancipation*, in «History of Political Thought», 1992.

H. u. I. Pepperle, *Die Hegelsche Linke. Dokumente zu Philosophie und Politik im deutschen Vormärz*, Frankfurt a. M., Röderberg-Verlag, 1986.

M. Quante, *Bruno Bauer, Karl Grün und Karl Marx zur Emanzipation der Juden*, in A-P- Oliver and E. Weisser-Lohmann, *Kunst-Religion-Politik*, Wilhelm Fink Verlag, 2013.

J. Ritter, *Methaphysik und Politik*, Frankfurt am Main, Suhrkamp, 2003.

Z. Rosen, *Moses Hess und Karl Marx. Ein Beitrag zur Entstehung der Marxschen Theorie*, Hamburg, Christians, 1983.

–, *Erlebnisse und Lebensstationen. Karl Marx' polemische Auseinandersetzung mit Bruno Bauers Auffassung der Judenfrage und der Emanzipation*, in W. Schmied-Kowarzik (Hg.), *Vergegenwärtigungen des zerstörten jüdischen Erbes. Franz-Rosenzweig-Gastvorlesungen Kassel 1987–1998*, Kassel, Kassel University Press, 1997.

N. Rotenstreich, *For and Against Emancipation: The Bruno Bauer Controversy*, in «Publications of the Leo Baeck Institut of Jews from Germany», Year Book IV, 1959, p. 3-36.

G. Salomon, *Bruno Bauer und seine gehaltlose Kritik über die Judenfrage*, Hamburg, Perthes-Besser und Mauke, 1843.

C. Schmitt, "A Pan-European Interpretation of Donoso Cortés", *Telos*, n. 125, 2002.

–, *Nachlass: Verzeichnis des Bestandes im nordrhein-westfälischen Hauptstaatsarchiv*, bearbeitet von D. van Laak und I. Villinger, Siegburg, Respublica Verlag, 1993.

H. Stuke, *Philosophie der Tat. Studien zur „Verwirklichung der Philosophie" bei den Junghegelianern und den Wahren Sozialisten*, Stuttgart, E. Klett Verlag, 1963.

M. Tomba, *Krise und Kritik bei Bruno Bauer. Kategorien des Politischen im nachhegelschen Denken*, trans. L. Schröder, Frankfurt am Main, Peter Lang, 2005.

M. Tomba, "Exclusiveness and Political Universalism in Bruno Bauer" in *The New Hegelians. Politics and Philosophy in the Hegelian School*, edited by D. Moggach. Cambridge, Cambridge University Press, 2006, pp. 91-113.

R. Weltsch, *Introduction*, in N. Rotenstreich, *For and Against Emancipation: The Bruno Bauer Controversy*, in «Publications of the Leo Baeck Institut of Jews from Germany», Year Book IV, 1959, p. XII.

A. Zanardo, *Bruno Bauer hegeliano e giovane hegeliano*, in «Rivista critica di storia della filosofia», fasc. II (1966).

Douglas Moggach

Subject or Substance?
The Meta-ethics of the Hegelian School

The period 1780 to 1830 witnessed an unprecedented explosion of philosophical creativity in the German territories. In the thinking of Kant, Schiller, Fichte, and Hegel, new conceptions of freedom, right, society, and politics arose in rapid succession, offering powerful diagnoses of modernity.* What is less clear is the status of the subsequent era, the *Vormärz* preceding the German revolutions of March 1848. In this period, the role of the Hegelian School has often been deprecated: its members have been depicted as mere epigones, whose writings are at best of historical interest, or as intermediaries between Hegel and Marx, notable only, perhaps, for their eccentricities and theatrical posturing, but insubstantial in themselves, and floating free of political context.[1]

Recent research challenges this image of the Hegelian School, developing both the philosophical and political dimensions of its thought, and depicting it, in all its variety, as a creative response to the emergence of modern society.[2] The mutual polemics among Hegelians in the *Vormärz* were both intensely philosophical and intensely political. In working out their concepts of freedom and emancipation, the Hegelians drew on a variety of sources, not only directly from Hegel, but also from Kant, Fichte, and Spinoza. The synthesis of diverse sources led to markedly distinct political positions, and to distinct ethical programmes. Of primary interest here is the meta-ethical level of these debates, or a particular aspect of it, namely the differing conceptions of subjectivity which underlie and orient the more specific normative and political conclusions of our protagonists.[3]

As Bruno Bauer presents the issue in his critique of Ludwig Feuerbach and Max Stirner in 1845, the Hegelian heritage splits along two axes, the Fichtean and the Spinozist, which Hegel himself had attempted to fuse.[4] From Bauer's 1845 per-

---

* Parts of this paper have been published in Douglas Moggach (University of Ottawa/University of Sydney), "The Subject as Substance: Bruno Bauer's Critique of Max Stirner," *Owl of Minerva*, 41/1-2, 2009/10, 63-86; reproduced here, with revisions, by permission of the journal. The author gratefully acknowledges the support of the Social Sciences and Humanities Research Council of Canada and of the Faculty of Social Science, University of Ottawa.

1 Typical of the older Anglophone literature are Brazill (1970); and Hook (1962). For a recent critique of Bruno Bauer along similar lines, see Hundt (2010, 43–44).
2 See, for example, Moggach (2006).
3 On distinctions between normative and meta-ethical levels, see, for example, Fonnesu (1998, 21-42).
4 Bauer (1845, 86146). Though published anonymously, this text is undoubtedly of Bruno Bauer's authorship. As Aldo Zanardo explains, "Bruno Bauer hegeliano e giovane hegeliano," (1966, pp. 189-210; and XXI [sic]/3, pp. 293-327 [here p. 315 and p. 312]), the text partially reproduces, and

spective, this synthesis of incompatible elements was unsuccessful, and its rupture inevitable. He offers this characterisation in response to Stirner's (Stirner 1972) criticism of his Hegelian contemporaries, which had provoked a crisis of self-definition in the school, already fracturing under the pressure of political repression and internal polemics (Moggach 2011). Bauer's account of the inner divisions in Hegelianism runs as follows:

> "Hegel combined Spinoza's substance and the Fichtean *I*. The unity of both, the tying together of these opposed spheres, the oscillation between two sides, which permit no rest and yet in their repulsion cannot get clear of each other, the breaking out and prevailing of the one over the other and of the other over the first, constitute the particular interest, the epochal and essential, but also the weakness, finitude, and nullity of Hegelian philosophy. While for Spinoza, all reality is substance, 'that which is thought or comprehended in itself and through itself, that is, whose concept does not require the concept of another thing from which it can first be constructed;' while Fichte posits the absolute self, which develops out of itself all the activities of spirit and the manifold of the universe; for Hegel the point is 'to conceive and express the true not as substance, but also as subject.' On the one hand, he takes seriously the sublation of the finite...He demands above all that the self in its finitude 'renounce itself in deed and reality [*Wirklichkeit*],' 'as the particular against the universal, as the accident of this substance, as a moment or a distinction which is not for-itself, but which has renounced itself and knows itself as finite.' On the other hand, though, absolute spirit is nothing but the concept of spirit, which grasps and develops itself in the only spiritual realm that there is, that long train of spirits in history. 'Religion, political history, the constitutions of states, arts, sciences, and philosophy' are nothing but 'works of thought;' the work of previous history has no other purpose than 'to recognise self-consciousness as the only power in the world and in history,' 'the strivings of spirit through almost 2500 years of its most strenuous labour' have no other aim than [for spirit] 'to become objective to itself, to recognise itself: *tantae molis erat, se ipsam cognoscere mentem.*‹
>
> This contradiction, that the absolute is the best and highest, the whole, the truth for man, the measure, the essence, the substance, the end of man, but that again man is the substance, is self-consciousness, is the result of his own activity and owes his existence to his deed, his historical struggles, therefore necessarily making the absolute into something limited [*beschränkt*],--this contradiction, in which the Hegelian system moved back and forth, but from which it could not escape, had to be dissolved and annulled. This could only occur if the posing of the question how self-consciousness relates to absolute spirit, and absolute spirit to self-consciousness, were not si-

---

expands, arguments put forward in a prior publication, "Ludwig Feuerbach," in Bauer's own journal, *Norddeutsche Blätter* IV, October 1844, 113; while this earlier article was also anonymously published, Bauer claims it as his own work in his *Vollständige Geschichte der Partheikämpfe in Deutschland während der Jahre 1842-1846* (Charlottenburg: Egbert Bauer, 1847), vol. III, p. 179, note 1. For further indications, see the *Marx Engels Historisch-kritische Gesamtausgabe* (*MEGA*) (Berlin: Marx-Engels Verlag, 1929), I, 5, p. XVIII; and III, 1, p. 71. Zanardo indicates contemporary discussions in the *Gesellschaftsspiegel* of January 1846 (cited in *MEGA*, I, 5, pp. 541-44). Marx and Engels consider aspects of the text as of unquestionably Bauerian origin in *The German Ideology*, *Marx Engels Collected Works*, Vol. 5 (New York: International Publishers, 1976), 94-116. I am grateful to Massimiliano Tomba and Widukind de Ridder for their assistance in tracking these references.

lenced with half-measures and fantasies, but were made for ever more impossible. This could be done in two ways. Either self-consciousness has to be consumed again in the fire of substance, that is, only the pure substantiality relation can persist and exist; or it has to be shown that personality is the creator of its attributes and of its essence, that it lies in the concept of personality in general to posit itself as limited, and to sublate again this limitation, which posits itself through this universal essence, since this very essence is only the result of its inner self-differentiation, of its activity."[5]

This analysis allows Bauer to trace out the topography of the Hegelian School, and to situate its members in their appropriate location: he distinguishes one Fichtean and two Spinozist paths from Hegel. Those who pursue the Fichtean route, notably (and by his own reckoning almost uniquely) Bauer himself, stress the principles of singularity and autonomy, developing the dialectic of the will, which Hegel presents in the *Philosophy of Right*,[6] as requiring the conscious, *individual* enactment of universal interests. This is a doctrine of rational self-legislation, in contrast to arbitrary will or divine command. For Bauer, universality is not a property merely distributed or shared un-selfconsciously among its many particular bearers, but must be regarded by individuals as having normative status: it is taken up or posited by them, and is directive of action. The active and formative self, realising rational freedom and universal interests through its own striving, is the Fichtean legacy which Bauer reclaims from Hegel.[7] The autonomy of this self is the principle of spontaneity or choice disciplining itself under universal rules. Bauer identifies two alternate, Spinozist routes, corresponding to the two attributes of substance: extension and thought, respectively. The route of Spinozist extension, followed by D.F. Strauss and Ludwig Feuerbach, leads to the affirmation of universality as community or shared interests, while placing less emphasis on the formal side, the element of individual willing. In the political application which Feuerbach gives of this idea (together with Karl Marx,[8] and much more explicitly than Strauss), it leads to the notion of a collective substance or species-being, damaged by particularistic and egoistic activities, but potentially retrievable through changes in social relationships. Common to both Bauer's Fichtean and Feuerbach's Spinozist readings of Hegel is a stress on the importance of universality, a general will which transcends immediate interests and desires. But each of these tendencies represents a distinct way of determining the universal. In contrast, and more controversially, Bauer claims that the second Spinozist attribute, that of thought, is the key to understanding the anti-universalist position of Max Stirner. For Bauer, Stirner's advocacy of uniqueness, of the *Einziger* and his property, is another version of Spinozist

---

5 Bauer (1845, 86-88, [All translations are my own unless otherwise indicated, DM]).
6 G.W.F. Hegel (1991, §5-§7). See Michael Quante (2004).
7 Bauer is silent here on the Kantian roots of Fichte's position, possibly because of his earlier criticisms of the abstract character of Kantian subjectivity (Bauer1996). What he stresses in Fichte, however, is precisely the idea of practical reason and autonomy which Fichte shares with Kant, not what divides them. In the following, we treat the position Bauer attributes to Fichte as consonant with Kant's own.
8 See Quante (2009, 209-390).

substantiality, which does not attain the vantage point of subjectivity as defended by Fichte, and through him, Hegel. The *Einziger* acts like a substance, but not like a subject. These claims can be fleshed out through Bauer's arguments, and also through the relevant Hegelian texts.

Spinoza's monistic metaphysics is an account of a unitary substance which, in its unfolding, divides itself into two attributes of which we can be cognizant, extension and thought. Each of these mirrors or expresses the totality of the content of substance, but does so in a specific dimension. These dimensions are the synchronised manifestations of a common ground: they are parallel and co-ordinated, but non-interactive with each other. The attributes are further divided into modes: bodies and finite minds, respectively. Substance conveys its content into these finite modes, in a manner which Bauer will describe as mysterious. The degree to which substance is present in its modes will raise some important interpretative problems for Spinoza-tinged Hegelianism.

To be a substance for Spinoza (and there is only one) is to be the cause of oneself.[9] Such causality is exerted through the pervasive *conatus* or the striving to maintain itself in being.[10] The *conatus* also characterises the modes, and its efficacy allows us to make distinctions within finite actions. Activity for Spinoza means that "we are the adequate cause" of an internal or external occurrence; passivity means that "we are only a partial cause" of an effect.[11] Such activity is conceived by Spinoza, borrowing from the mechanistic physics of his day, as a kind of inertial motion. Action is propelled not by rationally selected ends, but by internal tendencies, which manifest themselves simultaneously as displacement in space (extension) and as appetite (thought).[12] For Spinoza, as one commentator puts it, "ends do not shape motive tendencies. Rather, for him, an 'end' is simply that toward which a thing's constellation of inertial tendencies 'directs' it…As long as a body continues to move along according to its inertial tendency, it acts; and when it is deflected from its inertial path, it suffers or is acted on."[13] The issues which will separate the Spinozist from the (Kantian and) Fichtean elements in Hegel can already be anticipated: how is the relation of universal and particular, or substance and mode, to be conceived? In Bauer's contrast between Feuerbach and himself, this relation appears either as an expressive totality, or as an ethical task, wherein the universal is present and effective to the particular only through the latter's own conscious exertions.

While they admit an immanent, not a transcendent or other-worldly universality, Strauss and Feuerbach remain fixed in what Bauer calls a substantiality relation.[14] On this account, Strauss' interpretation of the gospels as a product of the

---

9 For Spinoza, there is only one such substance. Cf. Hegel (1968, 264-266 / 1971, 173-75).
10 On the *conatus*, see Spinoza (1955).
11 Benedictus de Spinoza, *Collected Works*, vol. 1, ed. and trans. Edwin M. Curley (Princeton: Princeton University Press, 1985), 493, cited in John Carriero (2008, 122). See also Susan James (2000).
12 Spinoza (1955, Part 1, Proposition XIV).
13 Carriero (2008,120-121), describes the *conatus* as a generalisation of the principle of inertia. See also John Carriero (2005, 116-126).
14 On Strauss, see Bauer (1843, nos. 2124, pp. 8195).

mythological consciousness of the early Christian community reproduces the pantheistic substance metaphysic of Spinoza, as a collective (un)consciousness.[15] Relatedly, Feuerbach's materialism, proclaiming the primacy of being over thought, immerses individuals (as sensuous beings) in nature or the community, from which they derive their values through a kind of osmosis. For these Spinozistic Hegelians, the universal is substance, not subject: more precisely, it occurs in the attribute of extension, a spreading out of universality or collective interest to encompass the diverse, the particular, the finite modes. Strauss and Feuerbach conceive the universal, or species-being, as merely generic: a set of given, shared properties, and not a spontaneous, personal acquisition. Individuals are reduced to passive *bearers* of the universal, not grasped as its active, conscious *agents*. They unreflectively exhibit properties of the whole without having consciously and critically internalised them. They are, precisely, modes of a substance grasped Spinozistically. Persons thus appear as *particulars*, distributively sharing a common essence or species-being, but not as *singulars* who practise autonomy by consciously directing their actions according to rationally validated, universal standards.[16] The synthesis of universal and particular is not effected by the exertions of each rational self, as Kantian and Fichtean ethics require. On his Fichtean reading of Hegel, Bauer insists that we conceive individuals as spontaneous rational beings capable of relating to and adopting general interests through their own consciousness and activity. Leaving the idea of individual agency underdeveloped, Strauss and Feuerbach thus miss the ethical implications of the Kantian-Fichtean turn in Hegel's thought.[17]

During the crisis of 1844-1845, Bauer identifies the limitations of Feuerbach's position in the problematic relation between finite individuals and the infinite potentiality of the species, and in the conception of those individuals themselves. Emancipation for Feuerbach involves reclaiming as collective human attributes the predicates of the species that had been projected onto divinity by the alienated religious consciousness. In conceiving the true infinity of human species-being as the property of a transcendent personal god, rather than as an immanent human potentiality to be realised in earthly social life, mankind has subjected itself to a constricting and deforming egoism.[18] Orthodox religious conceptions constantly generate this egoism out of themselves, despite their moralising strictures against it. The fetishism of the religious consciousness consists in this: that by renouncing its own universality in an act of submission to a transcendent divine, humanity erects brute particularity as its ruling principle in the earthly realm, in politics and in social relations.[19] Universal and particular have been rent apart by alienation in history. The task is to bring them together.

---

15 D.F. Strauss, *Das Leben Jesu, kritisch bearbeitet*, 2 vol. (Tübingen, 1835; second edition 1836; 3rd 1838; 4th 1840); Bauer (1845, 102-123).
16 See note 8, above.
17 On the markedly pre-Kantian elements in Feuerbach (though not identified as such), see Daniel Brudney (1998, 25-108); David Leopold (2007, 183-218).
18 Ludwig Feuerbach (1973, 65-66).
19 Warren Breckman (1998, 99-107).

Bruno Bauer does not dispute this Feuerbachian conclusion, the critical need to reconcile universal and particular. The projection involved in religion is reproduced by the absolutist state, another fetishised, transcendent power which, in arrogating universality to itself, leaves its subjects cut off from one another in their own particularistic spheres of activity. This derogation confirms the exclusive, egoistic relations between persons and their property, and the competitive relations among such proprietors in civil society.[20] Bauer claims, however, that in reaffirming universality as substantial solidarity, Feuerbach assimilates the individual to the generic. Immersing the person in the community, and in nature, Feuerbachian materialism vindicates mutual dependency and sensuous feeling over the autonomous, rational self. The Feuerbachian self is tightly integrated into the sense-world; its receptivity is highlighted over its spontaneous activity. Spinozist substance effaces Fichtean subjectivity. Feuerbach is resistant to Kantian and Fichtean ideas of spontaneity and rational autonomy, because he rejects the underlying dualism of reason and sensibility, or the primacy of the former over the latter, as an unacceptably idealist premise. He contends, too, that the Hegelian unity of thought and being is overly rationalistic, stressing the intellectual concept over sensuous intuition, and rendering thought prior to being, whereas, according to Feuerbach, this relation ought to be reversed.[21]

Feuerbach's evolving materialist ethics through the 1840's (and beyond, into the 1860's) is based on the promotion of happiness, but not in the limited sense of utilitarian need-satisfaction. Happiness as the end of Feuerbach's perfectionist programme means instead *thriving*, implying a process of development of capacities, both individual and collective. Its starting point in the conception of species-being[22] is a system of natural ends which moral activities are intended to promote, rather than the Kantian idea of spontaneity and self-determination; and in his subsequent work the naturalistic elements in his account of person and community become ever more pronounced, with its object being *eudaimonia*, the fulfilment of a natural potential, rather than freedom and autonomy.[23] Unlike the Enlightenment perfectionism of Christian Wolff,[24] with which he has some affinities, or the implicit ethic of the young Karl Marx, Feuerbach anticipates not the increasing technical mastery over the objective world, to render it amenable to a growing range of human needs, but an ecological community living in harmony with its natural surroundings by restricting its interventions in nature. The tension is manifest between the idea of a self-limiting community and the more dynamic idea of happiness as the development of individual and collective capacities. From the perspective of the emergent activist materialism of Marx, whose own *Vormärz* perfectionism offers other points of similarity at the meta-ethical level, the inadequacy

---

20 Bruno Bauer (1841, no 135–140, 537–558).
21 Ludwig Feuerbach (1981, 16–62); and in the same volume, "Grundsätze der Philosophie der Zukunft," 264-341; and "Vorläufige Thesen zur Reformation der Philosophie," 243-263.
22 Feuerbach (1973, 28-29).
23 Ludwig Feuerbach (1866, 53-186).
24 For discuss and references: Moggach (2009, 1003-1023).

of Feuerbach's account is its failure to recognise the emancipatory force of labour, and to distinguish between concrete, transformative sensuous activity and mere sensuous receptivity.[25] While his idea of species-being shares Spinozist traits with Feuerbach, this criticism places Marx in closer proximity to Fichte, whose own view of labour, however, Marx also rejects as overly intellectualised and abstract. For Marx, Feuerbach's main defect is to minimise historical processes of self-formation though work in favour of an atemporal drive for happiness. For Feuerbach himself this shift toward naturalism appears to be a theoretical advance over what he saw as the mystifications of idealism, but as Marx perceptively notes, the immersion of the subject in nature comes at a cost: much of the dynamic sense of subjectivity which idealism had promoted is forfeited in the process.

In his description of Feuerbach as a Spinozist, Bauer highlights the naturalistic rendering of the self, and the insufficiently developed conception of the self's *activity* in relating to and realising the universal through its own deeds. What is lacking according to Bauer is precisely the "I will," the formal side, the Kantian and Fichtean dimension whereby given materials are taken up and made normative for individual action.[26] This Bauer takes to be the hallmark of freedom: the moment of assent in the conscious rational positing of intelligible principles or ends. Whereas Feuerbach's naturalistic account favours given collective or species-ends and describes an almost automatic tendential movement toward realising them, Bauer derives from Kant and Fichte the principles of self-legislation and active willing. For Bauer, the solution is not immersion in sensibility but critical distancing from it; and he rejects the idea of natural ends as immediately effective.

The anti-naturalist and the activist strands of this argument place Bauer firmly within the Kantian and Fichtean traditions of practical reason. They rely on the idea of spontaneity, one of the central and distinctive concepts of German philosophy since Leibniz,[27] and while the Leibnizian and Kantian versions differ significantly, the core idea is the ability not to be ruled from without, but to be self-determining. This idea underlies the imperative to bring the external and internal world under rational direction, which is the hallmark of German idealism in its development of the Enlightenment project. Practically, Kant characterises spontaneity as the will's capacity to relate critically to external causal determination, to abstract from such causality in the formulation of its maxims and action plans, and to direct its course according to self-imposed rules or maxims which are themselves not causally derived. Subjects are affected by sensibility, but they are not, as Enlightenment materialists maintain, necessarily determined by sensuous or external causes.[28] Practical reason endows subjects with the ability to extricate themselves

---

25 Karl Marx, "Theses on Feuerbach," in (Marx 1976, 3-5).
26 Immanuel Kant (1964).
27 Spontaneity has a technical sense here of self-causing action. G. W. Leibniz (1991, esp. Section 11-13); Donald Rutherford (2005, 156-80). For a stimulating and lucid discussion of Leibniz and German idealism, see Ernst Cassirer (2001).
28 For discussion of models of agency, see Henry E. Allison (1990, 5-6, 39-40, 60-61, 191-98). The sensibly affected/determined distinction appears on p. 60.

from the workings of natural causes or desires, as these arise in the medium of sensibility; and to initiate in the phenomenal world new causal series, whose origin lies in an act of will, and not in an antecedent determining cause.[29] For Kant (as too for the Stoics)[30], in rational action in general, and more particularly in morality, desires, sensuous impulses, and naturally-given inclinations do not directly necessitate action, but operate through the medium of practical judgements, after being sifted and assessed in light of their fitness for subjects' teleological projects. On this account, a desire constitutes a cause for acting not immediately or automatically, but only to the degree that subjects posit it or admit it volitionally: incorporating this desire within their maxims, or adopting it as a rule for action.[31] But subjects remain at liberty *not* to determine themselves in accord with the desire; it is always the subject, and not the desire, which does the work of determination. Kant echoes here the Stoic refutation of Epicureanism, according to which pleasure and pain are not primary data immediately determining subjective responses, but are materials for the will. For pleasure and pain to serve as an incentive to conscious action (and not merely as a cause of instinctive reaction), they must be first taken up or recognised as pleasurable or painful within the individual's prior self-conception. Negative freedom in Kant's sense is precisely this independence of the will from desires, and the capacity to adjudicate among them; the will is not directly determined by objects of desire, but only by causes which it itself admits, or allows to operate.[32] From spontaneity flow the other concepts which Kant adduces in his account of moral agency: autonomy and heteronomy, respectively self-legislation and active collusion with illegitimate external causes. Even heteronomous acts manifest spontaneity, as subjects are not simply determined from without, but determine themselves in accord with an external impulse. Practical rationality involves a distancing from motives of sensibility and an ability freely to posit ends, after critical scrutiny and adjudication of their underlying maxims.[33] These ideas, in their reappropriation by Fichte, recur in Bruno Bauer's account of infinite self-consciousness. Endowed with this consciousness, the subject becomes the *singular*, the effective synthesis of universal and particular.

As in Hegel, the shift from *particularity* to *singularity* means that the universal is re-integrated as an aspect *of* the self, able to adjudicate its deeds and particular relations through rational critique and self-imposed norms. It is this shift which is lacking in Feuerbachian ethics. Singularity contains within itself a universal dimension, as the powers of critique and formative shaping of the external world. Such a universal is immanent and active in individuals and in history. In the history of self-consciousness, individuals acquire the discipline of rational freedom, subjecting their immediate particular interests to critique, and repudiating their attach-

---

29 Immanuel Kant (1956); Allison 1990, 85; Dieter Henrich (2003, 46-61).
30 See, for example, A.A. Long (1971); Stephen Engstrom and Jennifer Whiting, eds., *Aristotle, Kant, and the Stoics* (Cambrdige: Cambridge University Press, 1996).
31 Allison (1990, 40).
32 Kant (1956, 5: 33).
33 Douglas Moggach (2014).

ments to alienated or merely given forms of life.³⁴ Like Feuerbach, Bauer links religious egoism to economic egoism, both standing opposed to the true universality of self-consciousness. The egoism that Bauer ascribes to Judaism and Christianity also characterises modern liberalism and socialism, which equate freedom with property, on the one hand, and with sectional class interest, on the other. According to Bauer, true singularity or individuality is autonomous, since it has cast aside the fixity and rigidity of particular interests. Singularity represents freedom as a universality that disciplines and restricts the particular.³⁵ *In the Vormärz,* Bauer applies to politics the standards of Kantian ethical thought, demanding adhesion to universal maxims in political life.³⁶ Autonomy is central to Bauer's notion of infinite self-consciousness. Subjects attain concrete universality by freeing themselves from particular interests, from transcendent pseudo-universals like the absolutist state and religious dogma, and from reigning institutions that claim independence from self-consciousness.³⁷ The universal, present in consciousness as the power of critique, must be translated into objective reality, realising reason in the world. "Only the ought is true:"³⁸ Bauer's *Vormärz* thought traces the historical process of securing the accord of thought and being, not as a unity already achieved, and not as a naturalistic process, but as an imperative task. It is thus a historical perfectionism of a different cast from Feuerbach's, a *post-Kantian* perfectionism in an emphatic sense, replacing happiness with freedom as its supervening value.³⁹

A key question, which Bauer shares with Fichte (though his answer differs),⁴⁰ is this: how do individuals become conscious of their rational freedom? That we possess and are aware of such freedom is not simply a fact of reason, but a historical acquisition. To understand this claim, we must recall the dialectic of substance as Bauer had developed it in the philosophical argumentation contained in his inflammatory work of 1841, *Die Posaune*. The account Bauer offers here is significantly different from his 1845 version, because this earlier text describes not an explosive tension within Hegel's thought, but a clearly defined progression of consciousness through different vantage points in the course of its own self-emancipation: here substance and subject are not opposed, as antithetically as they are in 1845, but integrated as stages in a necessary historical and phenomenological process. The reference to this earlier text is nonetheless useful, because it illustrates the

---

34 Douglas Moggach (2003, 40-46).
35 In Bauer's later work, after the failures of 1848, the confidence that individuals can effect such rigorous self-discipline is lost. Instead, Bauer envisages the disciplinary crushing of particularity by modern imperialist absolutisms. Such a levelling process might possibly generate new emancipatory possibilities in the future; but equally, it might not. For a brief discussion of these later views, see Moggach (2003, 180-87).
36 This is the basis of Bauer's critiques of the inconsistencies of liberalism, the self-contradictions of conservatism, and the particularisms of religious allegiances. Moggach (2003, 119-156).
37 Moggach (2003, 33). On the tensions in Bauer's *Vormärz* project between internal and external aspects of emancipation, see Moggach (2006, 114-135).
38 Bruno Bauer (anon.), (1841b, 82).
39 Moggach (2011, 179-200).
40 J. G. Fichte (1966 and 1970).

emergence of rationality subjectivity out of substantial unity to a new self-consciousness, making available for conscious appropriation the vantage point which Bauer in 1845 designates the Fichtean moment in Hegel.

In the *Posaune*, Bauer describes the complex evolution that the concepts of substance and subject undergo, propelled by changes in the understanding and practice of freedom. Unaware of its own architectonic powers, consciousness first posits a transcendent, absolute substance, as an otherworldly divine being. This is the essence of the alienated religious consciousness; in this dialectical illusion, self-consciousness abases itself before substance, its own unknowing product. The advance achieved by modern philosophy is to re-integrate substance from its otherworldly domain into the life-activities of individuals. As an expression of the principle of universality, an intrinsic component of the rational will,[41] substance may not simply be dispensed with, but has imperative force: individuals must sacrifice themselves to substance, breaking the stubborn particularity of the will by recognising a universal power, and the self as an accident of this substance. In his idea of a single substance of which individuals are merely modes, Spinoza attains this standpoint, and following him, Feuerbach; in their ethics, they reabsorb the transcendent universal into immanence in the world and the community, without otherwise transforming the relational structure of universal and particular which reigns in orthodox religion. But consciousness must not remain at this level, a necessary but transient stage. The next step in emancipation is to recognise substance not as a given, independent, self-causing and self-sufficient power, but as a mutable record of historical struggles, the result of subjects' own deeds. Subjectivity is the principle and essence of substance, of shared commitments and values, and of the general interests that bind the self-legislating individuals who posit them.

In the relation of substance and subject, and its historical unfolding, religion plays a vital, *dialectical* role. The critique of religion is not simply its repudiation,[42] but its situation in history as a necessary moment in the development of self-conscious freedom. Following Hegel, Bauer describes the religious relation as effecting a two-fold discipline: it breaks the arbitrary self-will of religious subjects by subjecting them, in the first place, to an external (divine) command; and it reveals the immediate independence of the self to be illusory, by reducing the self to the status of a particular, now in the sense of a component of an overarching collective substance, universal, or community.

Bauer shows how Hegel initially stresses the objectivity of substance, as a domain transcending the immediate forms of subjective consciousness. Uncritised drives, feelings, or interests cannot be the criterion of practical reason; rather, individuals must, initially, "sacrifice themselves to the substance." They renounce the immediate, unreflective validity of private interests by subordinating these to a transcendent universal, the divine command, issuing from a seemingly external source; and they renounce their claims to an immediate, ontological independence

---

41 Hegel (1991, §5).
42 Moggach (2001-02, 1-24).

and self-sufficiency, in that they recognise their membership in a religious community.⁴³ They become *particulars* in a new sense: parts of an encompassing whole. By dissolving *immediate* subjectivity into substantiality, Hegel seeks to break the arbitrary self-will and atomistic individualism which characterise much of modern political thought since Hobbes, and simultaneously to undermine the appeal to the immediate consciousness in the irrationalist religious pietism of his time, in Schleiermacher and Jacobi.

In this first negation,⁴⁴ substance exists as "absolute content."⁴⁵ Substance is a universal which engulfs the particulars, first as transcendent, then, through the progress of modern philosophy and enlightenment, as immanent. This Spinozist moment, invoked against the rigid assertion of immediate interests, creates in Hegel (as Bauer puts it in 1841) an *appearance* of pantheism. Caught in the illusion, Feuerbach never succeeds in transcending this initial standpoint.⁴⁶ Bauer argues that the next stage, however, mandated by Hegelian philosophy, is to re-integrate the universal as an aspect *of* the self, to adjudicate its deeds and particular relations through rational critique and self-imposed norms. In Hegel's logic, this represents the shift from *particularity* to *singularity*.⁴⁷ In the prior, substantiality relation, upheld by Feuerbach, this shift does not occur. There are contingent political motivations for Feuerbach's aversion to a more robust account of individuality, namely the critique of right-wing personalism (orthodox Christian ideas of the transcendent divine personality, and the political application of these ideas in the personal sovereignty of the monarch), associated in the 1840's with religious and political reaction.⁴⁸ But its basis is fundamentally theoretical, in the partial appropriation of Kant and Hegel, and it leads to an unsatisfactory solution of the problem of freedom and autonomy.

According to Bauer, after effecting the first negation of the immediate awareness, Hegel now proceeds to dissolve substantiality itself as a power independent of consciousness. In the first negation, the immediacy of the self and its interests dissolve in the medium of substance, first as a transcendent power, then as an immanent universal. In the second negation,⁴⁹ the conception of substance itself is transformed into the historical record of the acts and manifestations of spirit. Now the universality of substance must be reconceived, and reintegrated into the rational activities of the self. The subject reclaims universality as its own property, not as an alien command or as passive immersion in communal relations, but as autonomous acts of self-forming. It is through the necessarily alienated experience of the religious relation that consciousness becomes aware of its own universalistic critical powers, its capacity to abstract from its given desires, to submit these to rational

---

43 Bauer (1841b, 5254, 57).
44 M. Wendte (2007, 77ff.).
45 Bauer (1841b, 42).
46 Bauer (1841b, 47, 48).
47 Hegel (1975).
48 See Breckman (2011) and Thornhill (2011).
49 Wendte (2007, pp. 108ff).

assessment, and thus to forge new emancipated relations with other self-liberated subjects. Assimilating the principle of universality, subjectivity is no longer the immediate awareness with which we began, but a new universal self-consciousness. It has rendered substance a moment of its own becoming. The Spinozist attributes of thought and extension are reconciled when extension is seen as formed by the activity of thought, and when this thinking is concrete, rational, and oriented by self-legislated universal principles.[50] It is tempting to think that this idea of immanent universality could be the meaning of one of Bauer's cryptic theses to be defended (we know not how) in his licenciate examination, when he declares that mystery of the Incarnation is resolved by the concept of the person:[51] the synthesis of universal and particular which each rational self is enjoined to effect is prefigured in this Christian doctrine, in the being of a single divine person. This act of self-transcendence is precisely what is lacking in Feuerbach's conception of generic being, according to Bauer. Feuerbach's universal is immanent, against orthodox religious positions, but inert. Bauer describes Feuerbach's approach as mythical,[52] in that it invokes a universal that is immediately effective, without ascribing a role to individual self-consciousness in taking up the universal in its acts. Following Hegel, Feuerbach effects the first negation of immediate selfhood in favour of community. He falters, however, before the second negation, whereby the universality of substance must be reconceived, and reintegrated into the rational activities *of* the self. This is the programme of Hegel's *Phenomenology*, grasping the absolute not only as substance, but as subject.

In contrast to the thinglike inertness of Spinoza's substance,[53] Bauer's ethical idealism, echoing Fichte, insists that the accord of thought and being must be achieved not by passively mirroring nature or the community, but by subjective activity, both moulding the self and transforming the external world. The formal characteristics of the objective world, of the ethical bonds among individuals, and the institutions which express them, must be seen as the product of self-consciousness, of the creative work of individuals and their strivings for rational freedom. So conceived, ethical substance is not self-causing, but caused: sustained and changed by struggle and insight.

Against Feuerbach's Spinozistic view, it would appear that the position of Max Stirner offers certain analogies, at least, to Bauer's own: the stress on the individual, on the formative and active, rather than on the generic and collective, would seem to place Stirner on the Fichtean side of the divide within the Hegelian School. Indeed, Stirner seems to assert as much, comparing his own idea of the self to Fichte's. Stirner claims merely to have reconceived the Fichtean transcendental self, turning the absolute I into the finite:

---

50 Bauer (1841b, 45 and *passim*).
51 A text of March 15, 1834, a copy of which is conserved in the Barnikol manuscript, IISG Amsterdam. See Moggach (2003, 219).
52 Bauer (1841c, 69); Moggach (2003, 115-117).
53 Bauer (1843, 82).

"When Fichte says, 'the ego is all', this seems to harmonize perfectly with my thesis. But it is not that the ego *is* all, but the ego *destroys* all, and only the self-dissolving ego, the never-being ego, the – *finite* ego is really I. Fichte speaks of the 'absolute' ego, but I speak of me, the transitory ego."[54]

If we accept Stirner's self-characterisation, the differences between him and Bauer, though significant, would lie primarily at the normative level, because they would stake out for themselves a broadly similar Fichtean meta-ethical ground. Normatively, it is clear that Stirner stands for particularism, not universalism, viewing any putative universal as necessarily a transcendent power holding the (particular) self in thraldom; whereas Bauer distinguishes true and false universals, defining the former as the immanent striving of reason to realise itself in the world, and thus to further the cause of emancipation, while the latter merely feign universality, or treat it as an exclusive privilege. Bauer thus sees freedom as self-transformation in light of universal purposes, not as immediate gratification or self-assertion. Politically, this translates into a difference between Stirner's anarchism (described more precisely in recent research as a weak *a priori* anarchism[55]), and the republican rigorism of Bruno Bauer.[56]

Yet though these divergences are already profound, their sources lie much deeper. In his response to Stirner, Bauer stresses less these obvious normative differences than the meta-ethical dimensions of the dispute. In "Charakteristik Ludwig Feuerbachs," his most extensive engagement with Stirner's views, Bauer reads Stirner not as an unorthodox fellow Fichtean, but as another variety of Spinozist, differing from Feuerbach, but like the latter reducing subjectivity to substance. This is substance in a different sense from that of species-being or the universality of ethical bonds, but as thing-like fixity, givenness, and imperviousness to critique; both senses, however, are the legacy of Spinoza. The claim is that neither Feuerbach nor Stirner has an adequate conception of subjectivity, and that this defect can be traced to different aspects of Spinoza's system, as retained by Hegel.

As Bauer explains, Spinozist substance possesses not only the attribute of extension (taken up anew by Feuerbach and Strauss), but also thought. It is the latter, the Spinozist attribute of thought, that Stirner represents.[57] Speaking of Stirner's „*Einziger*", Bauer elaborates:

> "The Unique One [*Der Einzige*] is substance, driven to its greatest abstraction. This unsayable I, that names do not name and properties [*Eigenschaften*] do not express, that has its content neither in the physical nor in the psychic world, and even less in both; [this I] that pitches its dwelling neither in heaven nor on earth, but hovers and wavers about, God knows where in the air; this I, the most elevated, mightiest and most powerful egoism of the old world, but therefore also powerlessness itself, the egoism which shows how null and fleeting, flaccid and lifeless the egoism of the old

---

54 Stirner (1972, 199/1995, 163).
55 David Leopold (2006).
56 Moggach (2006, 114-135).
57 Bauer (1845, 128).

world was and had to be; this I, not self-supporting and world-directing self-consciousness, not the self-sustaining personality, not the man who binds and looses with his own strength and rules the world, because he has the power in his own hands, but rather the I that needs hypocrisy, deceit, external force, petty persuasion to support its egoism---this I is substance at its hardest, "the spook of all spooks," the culmination and apex of a past historical period."[58]

Contrasting his own idea of the "self-positing personality" to the "inwardly dominated criticism" of Stirner, Bauer concludes that while the Spinozism of Feuerbach evolves (problematically) into various schools of socialism, Stirner's own principle is sterile, and incapable of further development.[59] The principle of owness seeks to exempt a privileged region of selfhood from critique; it is the affirmation of pure particularity. "My owness belongs to me. This I keep; you may not take it away from me, critic." Stirner upholds a contentless, abstract self-relation as immune from criticism, as an exclusive right[60] and a privilege not to have its claims contested or legitimated through rational criteria; this is the hard, rigid, substantial core that Bauer identifies in Stirner's conception of owness. Bauer describes such fixed, stubborn affirmation of the self as Spinoza's substance in its most abstract guise, the bare thought of selfhood. Here he applies to Stirner Hegel's own characterization of Spinoza.[61] Such selves, Bauer claims, are not yet *subjects*, but aspects of substance.

There are, however, two obvious senses in which Stirner's theory seems far removed from Spinoza's. The latter holds that there is only a single substance, 'that which is thought or comprehended in itself and through itself, that is, whose concept does not require the concept of another thing from which it can first be constructed.' Finite bodies and minds for Spinoza are modes or exemplifications of this unique substance, in the attributes of extension and thought, respectively. Stirner, however, takes these modes or finite selves as themselves substances, as self-causing centres of thought and action. 'Owness' captures the definition of substance: to be the sufficient cause of one's own representations and actions. But there are now as many substances as there are egoists. Each finite self for Stirner is potentially such a substance. Stirner's alleged Spinozism then cannot clearly lie in any monism or pantheism; it would have to be shown that the multiple substances continue to act in Spinozistic ways, which require definition. Secondly, by conceiving Spinoza's modes as substances, Stirner then construes the momentary thoughts and actions of these substances as their own modes; but he changes the relationship which Spinoza had posited between these metaphysical levels. Spinoza insists on continuity, the *presence* of substance in its attributes and modes. Though upon further analysis the difference here will prove more subtle, this expressiveness of Spinoza

---

58 Bauer (1845, 124).
59 Bauer (1845, 138).
60 Massimiliano Tomba (2002). For Stirner's view of Bauer on privilege and emancipation, see (Stirner 227, 228).
61 G.W.F. Hegel (1968, 252-90/1971, 157-97). Asserting that Stirner wants to dissolve substance but cannot do so, Bauer describes Stirner as a *reluctant* Spinozist (Bauer 1845, 126).

disappears in Stirner's rendition. Perhaps reflecting Romantic influences,[62] Stirner depicts the *Einziger* as ineffable in his acts, as maintaining an attitude of ironic detachment toward them, and as simply appropriating and discarding external objects, rather than seeking expression through them.[63] The modes are not expressive of the substances, but are simply available for momentary consumption and annihilation. One must not be tied or overly committed to one's own modes, or they become fetishes, 'spooks', possessing the self and limiting its freedom. Again, Stirner's alleged Spinozism seems elusive from this point of view. How then can Bauer's claim that Stirner's *Einziger* is a substance, but not a subject, be justified?

First, let us examine the conception of substance as immediate self-relation. It would appear that in Bauer's analysis, consistent with Hegel's own, the representation of substance differs fundamentally in each of its two attributes, of extension and thought. In extension, substance means universality as spread out or shared among its modes; here the principle of a positive universality (that is, a universality with a content, including particulars within it) can be retained, as in Feuerbachian species-being, even if it is, as Bauer contends, formally inadequate. In the attribute of thought, however, substance appears as contracted or concentrated, not distributed; it is the mere abstract idea of a contentless self-relation. In this attribute, universality is relinquished as a shared or collective property, or as anything objective. As Hegel puts it of Spinoza, it is a "simple equality with itself."[64] As a bare *thought* of self, or self-relating, it opposes itself to all content, which is external or indifferent to it. This is another version of the bare subjectivity of which Bauer speaks critically in his first text, *De pulchri principiis* of 1829;[65] it contrasts with the authentic subjectivity which realises itself in its acts, which knows itself concretely present in its deeds, its reason manifest and duplicated in the sense-world. Abstract self-relation is moreover *immediate*, because it presupposes that the self, as merely given, is true and valid, just as it stands.[66] Because it does not expose itself to the fire of criticism, it is in its essence static and immobile, even when indulging in a flurry of external activity. This immediacy, this lack of a critical relation to itself and its possible objects, marks it as the 'absolute in the form of a thing.'

Like the Spinozian self, Stirner's *Einziger* is an abstract self-relation, without content. Thought, and not extension, is fundamental here: the essence of freedom, or 'ownness', is the mere affirmation of the self in its unreflective immediacy. In Stirner's own words:

> "No concept expresses me, nothing that is designated as my essence exhausts me; they are only names. Likewise they say of God that he is perfect and has no calling to strive after perfection. That too holds good of me alone.

---

62 Moggach (2010).
63 Stirner (1972, 189ff.).
64 Hegel (1968, 257/1972, 165).
65 Bauer (1996, 48-50).
66 Hegel (1968, 264/1972, 173).

I am *owner* of my might, and I am so when I know myself as unique. In the *unique one* the owner himself returns into his creative nothing, of which he is born. ...If I concern myself for myself, the unique one, then my concern rests on its transitory, mortal creator, who consumes himself, and I may say: All things are nothing to me."[67]

There is a kind of universality here, but it rests on the repugnance of the self to any content, its purely negative or exclusive self-relation. In his account of the dialectic of the will and its complex inner structure, Hegel had referred to this process as the will's abstractive capacity, its ability, as a moment in its self-determination, to withdraw from any given particularity or content; but although it must perform this act of abstraction, the will must not remain in isolation, but must relate selectively to internal desires and external objects, taking them up in the element of thought, while attaining concreteness through this relation. A one-sidedly abstractive attitude generates the fanaticism and nihilistic destruction which Hegel decries in Jacobinism. But he also finds this naked conception of self, devoid of content, to be the essence of the Spinozist attribute of thought; and Bauer for his part identifies the same attitude in Stirner. The self is here substantial in its thing-like fixity and its immediacy, its lack of inner self-differentiation between its universal and particular aspects. This conclusion is reinforced when we consider how this substance acts, how it establishes transient relations to its modes. Here we encounter the concept of *conatus* or self-preserving inertial motion, central in Spinoza, and, if the analysis is correct, in Stirner.

Bauer appears to be proposing that the *conatus* of Spinoza is the secret of Stirnerian 'ownness'. That the 'Einziger' acts in Spinozistic ways appears from three features, in particular, which characterise this 'ownness': constant (inertial) motion; the juxtaposition of power and freedom; and the substitution of inertial tendencies for rational ends as sources of action.[68]

Constancy of motion is described thus by Stirner: "[The individual] exists only in raising himself, he exists only in not remaining what he is; otherwise he would be done, dead."[69] Once in motion, we continue in motion until some obstacle blocks our path. Our ability to sustain our motion is measured by our power, and the nature of that power depends on our own internal constitution, which can be glossed as the nature of our inertial tendencies. In a passage which evokes Bauer's complaint against hypocrisy and deceit, Stirner contends:

"I secure my freedom with regard to the world in the degree that I make the world my own, 'gain it and take possession of it' for myself, by whatever might, by that of persuasion, of petition, of categorical demand, yes, even by hypocrisy, cheating, etc.; for the means that I use for it are determined by what I am."[70]

---

67 Stirner (1972, 324/1995, 412).
68 The arguments which Bauer adumbrates in his text are insufficient to demonstrate that Stirner can be understood *uniquely* as a Spinozist, instead of, for example, a nominalist, as he is often taken to be; but they offer a plausible context for interpretation. They are outlined here in that spirit.
69 Stirner (1972, 163/1995, 200).
70 Stirner (1972, 149-150/1995, 182).

Power is moreover distinct from freedom; it is not merely a claim upon an unattainable object, as (Stirner thinks) political and social liberals believe, but the concrete ability to eliminate obstacles; again, this can be understood as maintaining our inertial motion. Defining ownness as one's whole being and power, Stirner here comes close to explicitly identifying the self with the *conatus*.

> "Freedom is and remains a *longing*, a romantic plaint, a Christian hope for unearthliness and futurity; 'ownness' is a reality, which *of itself* removes just so much unfreedom as by barring your own way hinders you."[71]

> "Ownness, on the contrary, is my whole being and existence, it is I myself. I am free of what I am *rid* of, owner of what I have in my *power* or what I *control*. My own I am at all times and under all circumstances, if I know how to have myself and do not throw myself away on others. To be free is something I cannot truly *will* because I cannot make it, cannot create it: I can only wish it and–aspire toward it, for it remains an ideal, a spook. The fetters of reality cut the sharpest welts in my flesh every moment. But *my own* I remain."[72]

Replicating Spinoza's distinction of activity and passivity, Stirner claims that we are our own when we are wholly self-reliant, and not dependent on any external agency which might deflect us from our course.[73] Further, these tendencies that we deploy are not activated by far-reaching purposes, but by immediate gratification, and their unfolding does not constitute development toward an ideal or an end.

> "To the egoist only *his* history has value, because he wants to develop only *himself* not the mankind-idea, not God's plan, not the purposes of Providence, not liberty, and the like. He does not look upon himself as a tool of the idea or a vessel of God, he recognizes no calling, he does not fancy that he exists for the further development of mankind and that he must contribute his mite to it, but he lives himself out, careless of how well or ill humanity may fare thereby."[74]

Most striking here is not the indifference to consequences, but the repudiation of ends, or of teleological conceptions of action.[75] The absence of *tele* is at least an indication that we find ourselves in a world of inertial movement, of Spinozistic substance rather than Hegelian subjectivity; and taken together with the ideas of ownness as power and constant displacement, helps to confirm Bauer's insight into Stirner's meta-ethical position. The '*Einziger*' is *causa sui* in a Spinozist sense. He is a representation of Spinoza's substance in the form of the finite self.

For Bauer, one can be *self-causing* in Stirner's sense without being fully *autonomous*, as autonomy requires that we subject our momentary impulses and our particularity to rational criticism, that we retain universal standards of judgement in

---

71 Stirner (1972, 148/1995, 180).
72 Stirner (1972, 143/1995, 173).
73 Stirner (1972, 165 ff.).
74 Stirner, (1972, 323/ 1995, 411).
75 Widukind De Ridder (2008, 269).

light of which we endorse some particular desires and objects, but not others.[76] The result of the *Einziger*'s immediate, abstract self-relation is that its content is then filled in empirically, and not critically, as momentary impulse directs. This I think is the meaning of Bauer's characterisation of Stirner as advocating an "inwardly dominated criticism;" Stirner's ethic is essentially heteronomous. As Bauer contends elsewhere, "the conception of substance is critical–see Spinoza–but even so falls back again into immediate recognition of the positive–see Spinoza."[77] For Bauer, the particular, as the material of the will provided by contingent desires and experiences, must be submitted to critique, and may not count as immediately valid. Particularity in its various guises is heteronomously shaped by the impress of the existing order, and by the narrow and egoistic material interests which correspond to it. These forms represent spirit sunk in substantiality, and not yet freely self-determining. Autonomy issues from the critique of the positive and the particular, and not from enacting immediate interests. Directed by appetite, the inertial motion of the Stirnerian self falls short of rational self-determination. Bauer thus opposes to 'ownness' a conception of freedom as universalist and critical, and not simply as an idle wish.

We can locate the source of Bauer's reflections on this issue in Hegel himself. Summing up his position on Spinoza, Hegel lays out the criticism that Bauer will apply to Stirner, and further suggests the resolution of a difficulty we had noted earlier:

> "In the system of Spinoza all things are merely cast down into this abyss of annihilation… [Spinoza's substance is characterised by] rigid motionlessnessness, whose single form of activity is this, to divest all things of their determination and particularity and cast them back into the one absolute substance, wherein they are simply swallowed up, and all life itself is utterly destroyed."[78]

We had previously anticipated a potential problem in linking Spinoza and Stirner, in that the former stresses the *expression* of substance through its modes, the latter the *divorce* or incommensurability between them. Hegel here provides the interpretative key: he argues that despite Spinoza's pantheistic and expressivist intentions, substance *cannot* be present in its modes. Spinoza merely asserts such a continuity between metaphysical levels, whereas in his system all determinacy is actually annulled, because the rigid core of selfhood as Spinoza conceives it cannot genuinely be enveloped in the concrete, but simply remains resistant to it. We can now con-

---

76 Stirner (1986) distinguishes egoism from self-determination: the former is seen as heteronomous, depending on others and on the passions. This distinction is recast in *Der Einzige*'s conception of ownness. Now egoism and ownness are synonymous: Stirner (1972, 165). The distinction is now between egoism, on the one hand, and possessedness, on the other, where we do not manifest the requisite ironic detachment from our deeds, from objects, and from others. Thus the emphasis shifts from the earlier concern about the relation between a *telos* or maxim and an act, to that between an act and its effect. This is consistent with the interpretation offered here, according to which the idea of *telos* is minimised in *Der Einzige*.
77 Bauer (1841c, ix).
78 Hegel (1968 288/1971, 193-94 [very freely rendered in the English version]).

clude that Stirner, following his Romantic contemporaries, makes this disconnect thematic. It becomes emblematic of freedom itself; from this perspective, ownness means not to be bound by one's creations, but to maintain an ironic detachment from them.[79] Stirner thus makes explicit, as the essence of freedom, what is simply a theoretical failing in Spinoza, the inability of substance to realise itself in its modes. The German Romantics are themselves heirs to Spinoza in various ways:[80] Stirner shares with them the idea that no deed can represent the fullness and creativity of the self. Freedom for the Romantics consists in the recognition of this ontological gap of self and world, and revelling in the difference. This sense of permanent separation and alienation is the essence of Romantic irony, and it pervades Stirnerian 'ownness'. In contrast, Bauer approximates the Fichtean position, the ethical imperative to transform the sense-world under the aegis of the rational idea, of rational freedom. Alienation, or the non-correspondence of thought and being, sets a task for resolution; it does not mark out the permanent limits of freedom.

At the conclusion of his discussion of Spinoza, as the idea of thought taken abstractly, but not in its vitality,[81] Hegel describes the requirements for further progress in rational freedom. The lack of self-consciousness in Spinoza's system has to be supplied by developments on the side of objectivity (showing that the relation to the modes is not merely negative, but has a positive universality: that is, the recognition that rational subjectivity manifests itself in the world, in the changing patterns of social life and institutions as embodiments of freedom); and by further developments in self-consciousness, where the principle of individuality is seen to contain the universal. This is the programme that Bauer seeks to execute, developing the Fichtean side of Hegel in the process.

Stirner's *Einziger* is something less than a subject in the requisite Fichtean and Hegelian sense. Stirner represents the self as fixed in its own pre-supposed right (hence confirming that he is part of the old world, where freedom equals privilege and immunity); he rigidly upholds immediate consciousness in place of critical self-awareness; and he is unable to conceive a genuine, expansive universality which would allow individuals to set themselves in unity. For Bauer, the particular consciousness must elevate itself to universality as a condition of genuine selfconsciousness, freed from determination by alienated, merely given forms of life. This new kind of freedom, infinite or universal self-consciousness, requires individuals to disavow their immediate interests and identities wherever these conflict with higher aims. In the *Vormärz*, Bauer defends a comprehensive, non-exclusionary, modern republican freedom as the core of a doctrine of rational self-consciousness. Mere particularism, whether of religious sect, economic interest, national advantage, or Stirnerian egoism, is a vestige of the old order, and not a harbinger of the new.

---

79 Moggach (2010); de Ridder (2003, 270-272).
80 Beiser (2003).
81 Hegel (1968, 289/1971, 196).

If, in conclusion, we revert to Bauer's interpretative scheme, it appears basically sound in characterising opposed tendencies within *Vormärz* Hegelianism. In Bauer, immersion in substance is a necessary precondition to emancipation from it, through self-denial and disciplining of particularity; a historical process of alienation and re-integration, a passage *tantae molis* through Spinozist substance whose end-point is consistent with Kantian and Fichtean autonomous subjectivity. On the other side of the divide within Hegelianism, Bauer equates Stirner's *Einziger* with the Spinozist self, directed not by rational purposes, but by its own inertial tendencies. Stirner replicates the Spinozist attribute of thought, with all the limitations of that position. Spinozist extension is represented by Feuerbach, who fails to envisage the liberation of subjects from substantiality, and whose perfectionism consequently collapses into pre-Kantian, naturalistic forms. Throughout the *Vormärz* Bauer at least is more consistent and clear-sighted in recognising the implications of the Kantian revolution in ethics. While his writings after the failure of the Revolutions of 1848 are highly problematic, his *Vormärz* critique is of abiding interest. It is an elicitation to new practices and understandings of freedom and its history, under the guiding idea that "nothing is impossible for spirit."[82] This affirmation of the power of spontaneity is the vital Fichtean moment in Hegel. Bauer's merit, for all his other failings, is to have retrieved it.

Bibliography

Henry E. Allison, *Kant's Theory of Freedom* Cambridge: Cambridge University Press, 1990.
Bruno Bauer, "Der christliche Staat und unsere Zeit," *Hallische Jahrbücher für deutsche Wissenschaft und Kunst*, 7–12 June 1841, no 135–140, 537–558.
–, *Die Posaune des jüngsten Gerichts über Hegel den Atheisten und Antichristen. Ein Ultimatum*, Leipzig: Wigand, 1841b.
–, *Kritik der evangelischen Geschichte der Synoptiker*, Erster Band, Leipzig: Otto Wigand, 1841c.
–, "Rezension: Die christliche Glaubenslehre in ihrer geschichtlichen Entwicklung und im Kampf mit der modernen Wissenschaft. von D.F. Strauss. 2 Bde. 1840-1841," *Deutsche Jahrbücher*, Jan. 25–28, 1843, nos. 21-24, pp. 81-95.
–, "Ludwig Feuerbach," *Norddeutsche Blätter* IV, October 1844, 113.
–, [anon.], "Charakteristik Ludwig Feuerbachs," *Wigands Vierteljahrschrift* III, 1845, 86-146.
–, *Vollständige Geschichte der Partheikämpfe in Deutschland während der Jahre 1842-1846*, Charlottenburg: Egbert Bauer, 1847.
–, [1843], "Die Fähigkeit der heutigen Juden und Christen, frei zu werden," in *Feldzüge der reinen Kritik*, ed. H.-M. Sass, H.M. ed., Frankfurt am Main: Suhrkamp, 1968.
–, *Über die Prinzipien des Schönen. De pulchri principiis. Eine Preisschrift*, hrsg. D. Moggach und W. Schulze, Berlin: Akademie Verlag, 1996.
Frederick Beiser, *The Romantic Imperative: The Concept of Early German Romanticism*, Cambridge, MA: Harvard University Press, 2003.

---

82 Bauer (1968, 195).

W.J. Brazill, *The Young Hegelians*, New Haven: Yale University Press, 1970.

Warren Breckman, *Marx, the Young Hegelians, and the origins of Radical Social Theory: Dethroning the Self*, Cambridge, Cambridge University Press, 1998.

–, "Politics, Religion, and Personhood: The Left Hegelians and the Christian German State," in Moggach, ed., *Politics, Religion, and Art*, 96-117, 2011.

Daniel Brudney, *Marx's Attempt to Leave Philosophy*, Cambridge, MA: Harvard University Press, 1998.

John Carriero, "Spinoza on Final Causality," in Daniel Garber and Steven Nadler, eds., *Oxford Studies in Early Modern Philosophy*, vol. 2, Oxford: Oxford University Press, 2005.

–, "Substance and Ends in Leibniz," in: Paul Hoffman, David Owen, and Gideon Yaffe, eds., *Contemporary Perspectives on Early Modern Philosophy. Essays in Honor of Vere Chappell*, Peterborough, ON: Broadview Press, 2008.

Ernst Cassirer, *Freiheit und Form. Studien zur deutschen Geistesgeschichte*, ed. R. Schmücker. Hamburg: Meiner, 2001.

Stephen Engstrom and Jennifer Whiting, eds., *Aristotle, Kant, and the Stoics*, Cambridge: Cambridge University Press, 1996.

Ludwig Feuerbach, *Das Wesen des Christentums*, ed. W. Schuffenhauer, Berlin: Akademie Verlag, 1973.

–, "Über Spiritualismus und Materialismus," (1866), in W. Schuffenhauer (ed.) *Gesammelte Werke*, vol. 11, Berlin: Akademie Verlag. 1981.

–, "Zur Kritik der Hegelschen Philosophie," in W. Schuffenhauer (ed.) *Gesammelte Werke*, vol. 9, Berlin: Akademie Verlag. 1981.

J. G. Fichte, *Grundlage des Naturrechts, Gesamtausgabe*, Bd. I/3 and I/4, Stuttgart: Frommann-Holzboog, 1966 and 1970.

Luca Fonnesu, *Dovere*, Florence: Nuova Italia, 1998.

G.W.F. Hegel, *Lectures on the History of Philosophy*, trans. E.S. Haldane and F. H. Simpson, vol. 3, London: Routledge and Kegan Paul, 1968, 264-266 / G.W.F. Hegel, *Vorlesungen über die Geschichte der Philosophie*, III, *Werke*, Bd. 20, Frankfurt a. M.: Suhrkamp, 1971.

–, *Logic, Encyclopedia of the Philosophical Sciences*, Part I, trans. William Wallace, Oxford: University Press, 1975.

–, *Elements of the Philosophy of Right* [1821], edited by Allen W. Wood, translated by H.B. Nisbet, Cambridge: Cambridge University Press, 1991.

Dieter Henrich, *Between Kant and Hegel. Lectures on German Idealism*, ed. D. S. Pacini, ed., Cambridge, Mass.: Harvard University Press, 2003.

Sydney Hook, *From Hegel to Marx*, Ann Arbor: University of Michigan Press, 1962.

Martin Hundt, ed., *Der Redaktionsbriefwechsel der Hallischen, Deutschen und Deutsch-Französischen Jahrbücher (1837–1844)*, 3 vols., Berlin: Akademie Verlag, 2010.

Susan James, *Passion and Action. The Emotions in Seventeenth-Century Philosophy*, Oxford: Oxford University Press, 2000.

Immanuel Kant, [1788] *Critique of Practical Reason*, trans. L.W. Beck, London: Macmillan, 1956.

–, *Groundwork of the Metaphysics of Morals*, trans. H.J. Paton, New York: 1964.

A.A. Long, ed., *Problems in Stoicism*, London: Athlone, 1971.

G. W. Leibniz, [1720] *Monadology*, ed. Nicholas Rescher, Pittsburgh: University of Pittsburgh Press, 1991.

David Leopold, "'The State and I': Max Stirner's Anarchism," in Moggach, *New Hegelians*, 176-199.

–, *The Young Karl Marx. German Philosophy, Modern Politics, and Human Flourishing*, Cambridge: Cambridge University Press, 2007.
Karl Marx, *Marx Engels Historisch-kritische Gesamtausgabe (MEGA)*, Berlin: Marx-Engels Verlag, 1929, I, 5.
–, *The German Ideology, Marx Engels Collected Works*, Vol. 5, New York: International Publishers, 1976.
Douglas Moggach, "'Free Means Ethical': Bruno Bauer's Critical Idealism," *Owl of Minerva*, Vol. 33, no. 1, 2001-02, 1-24
–, *The Philosophy and Politics of Bruno Bauer*, Cambridge: Cambridge University Press, 2003.
–, ed., *The New Hegelians. Politics and Philosophy in the Hegelian School*, Cambridge: Cambridge University Press, 2006.
–, "Freedom and Perfection: German Debates on the State in the Eighteenth Century," Canadian Journal of Political Science, Vol. 42, no. 4, 2009, 1003-1023.
–, "Aesthetics and Politics, 1790-1890," in Gareth Stedman Jones and Gregory Claeys, eds., *Cambridge History of Nineteenth-Century Political Thought* (Cambridge: Cambridge University Press), 2011, pp. 479-520.
–, ed., *Politics, Religion, and Art: Hegelian Debates*, Northwestern University Press: Evanston, 2011.
–, "Unity in Multiplicity: The Aesthetics of German Republicanism," in Geoffrey Kellow, ed., *Civic Republicanism, Enlightenment, and Modernity*, Toronto: University of Toronto Press, forthcoming 2015.
Michael Quante, "'The Personality of the Will' as the Principle of Abstract Right: An Analysis of §§34-40 of Hegel's *Philosophy of Right* in Terms of the Logical Structure of the Concept," in: R. B. Pippin and O. Höffe, eds., N. Walker, trans., *Hegel on Ethics and Politics*, Cambridge: Cambridge University Press, 2004, 81-100.
–,'Kommentar', in *Karl Marx. Ökonomisch-philosophische Manuskripte*, pp. 209-390, Frankfurt/M: Suhrkamp, 2009.
Widukind De Ridder, "Nawoord," in Max Stirner, *De enige en zijn eigendom*, trans. Thomas Eden and Widukind De Ridder, Brussel: Archief- en Bibliotheekwezen in België, 2008.
Donald Rutherford, "Leibniz on Spontaneity," in Rutherford, D. and Cover, J.A. eds., *Leibniz. Nature and Freedom*, Oxford: OUP, 2005.
Spinoza, *Ethics,* in *Works of Spinoza*, trans. R.H.M. Elwes, New York: Dover, 1955.
Max Stirner, *Der Einzige und sein Eigentum* [1845], Stuttgart: Philipp Reclam, 1972 / *The Ego and Its Own*, ed. David Leopold, Cambridge: Cambridge University Press, 1995.
–, "Das unwahre Prinzip unserer Erziehung oder der Humanismus und Realismus," [1842] in Heinz und Ingrid Pepperle, hrsg., *Die Hegelsche Linke. Dokumente zu Philosophie und Politik im deutschen Vormärz*, Frankfurt/M.: Röderberg, 1986, 412-430.
D.F. Strauss, *Das Leben Jesu, kritisch bearbeitet*, 2 vol., Tübingen, Osiander 1835; second edition 1836; 3rd 1838; 4th 1840.
Chris Thornhill, "Hegelianism and the Politics of Contingency," in Moggach, ed., *Politics, Religion, and Art*, 118-44, 2011.
Massimiliano Tomba, *Crisi e critica in Bruno Bauer*, Naples: Bibliopolis, 2002.
Martin Wendte, *Gottmenschliche Einheit bei Hegel*, Berlin: de Gruyter, 2007.
Aldo Zanardo, "Bruno Bauer hegeliano e giovane hegeliano," *Rivista Critica di Storia della Filosofia*, XXII/2 (1966), pp. 189-210; and XXI [sic]/3 (1966), pp. 293-327.

DAVID P. SCHWEIKARD

Die Erkennbarkeit der Zukunft
Zu einem grundlegenden Postulat der Geschichtsphilosophie August von Cieszkowskis

Es ist unstrittig, dass in der schon in den 1830er Jahren in kleinere, zum Teil stark opponierende Lager zerfallenden Gruppierung der Hegelianer wenigstens in einem Punkt Einigkeit herrschte: dass das Erbe Hegels mit Nachdruck und in gebührender Weise anzutreten sei. Zwar erlaubt diese bisweilen unterschiedlich stark ausgeprägte inhaltliche Festlegung der Beteiligten in Verbindung mit biografischen Details jeweils eine relativ klare Zuordnung zu jener Gruppierung, doch ist sie so noch viel zu abstrakt beschrieben, als dass sie ein philosophisches Programm klar zu erkennen gäbe. Wer ein solches identifizieren will, muss mit Blick auf einzelne Autoren nachvollziehen, was sie als das Erbe Hegels begriffen sowie welche Art des Erbantritts sie für gerechtfertigt hielten und vollzogen. Und es wäre wohl eine Sensation, wenn sich bei diesem Unterfangen nicht herausstellte, dass sich gerade über Form und Gehalt des Hegelschen Erbes fast ebenso viele Auffassungen herausbildeten wie sich Gelehrte an den zugehörigen Diskussionen beteiligten.

Dieser Beitrag ist als Rekonstruktion und Analyse eines Grundbausteins von August von Cieszkowskis (1814-1894) Versuch angelegt, das Erbe der Hegelschen Geschichtsphilosophie anzutreten. Er fügt sich als exemplarische Studie in das fortlaufende Projekt der Aufarbeitung der nachhegelschen philosophischen Entwicklungen ein.[1] Im Kern beruht der Ansatz, den Cieszkowski vor allem in seiner Frühschrift *Prolegomena zur Historiosophie* (1838) entfaltet, auf dem Kritikpunkt, Hegel habe die Zukunft zu Unrecht aus der Philosophie der (Welt-) Geschichte ausgeklammert.[2] Diesen Mangel zu beheben ermöglicht Cieszkowski zufolge nicht nur, die Weltgeschichte als Ganze – anstatt nur als die jeweils bisherige Geschichte – zu erfassen, sondern dies soll auch eine in einem anzugebenden Sinn konsequentere Anwendung der Grundprinzipien Hegelscher Philosophie liefern als sie bei Hegel selbst zu finden ist. Entscheidend ist für dieses gesamte Vorhaben Cieszkowskis These bezüglich der Erkennbarkeit der Zukunft, die im hier Folgenden als Grundbaustein des historiosophischen Programms untersucht wird. Dem werde ich ei-

---

[1] Man mag Cieszkowski in diesem Projekt sogar hervorheben, wenn man Stepelevich (1987, 263) in seiner Einschätzung folgt, dass Cieszkowski eher noch als David F. Strauss (1808-1874) die Ehre gebührt, „of being the first Hegelian to criticize Hegel and thereby to create a ‚neo-Hegelianism'." Wer die Entwicklung des Hegelianismus nach Hegels Tod minuziös und lückenlos nachzeichnen will, muss sich zu dieser Erstlingsthese verhalten; ich werde darauf im Folgenden nicht weiter eingehen.

[2] Die Frage, welche Rolle dieser Kritikpunkt in späteren Schriften Cieszkowskis spielt, klammere ich hier aus.

nige grundsätzliche Bemerkungen zu den *Prolegomena* und ihrem Entstehungskontext vorausschicken (I.), bevor ich die wichtigsten Punkte von Cieszkowskis Hegelkritik benenne und kurz diskutiere (II). Im Hauptteil dieses Beitrages widme ich mich der Rekonstruktion der Darlegung und Verteidigung von Cieszkowskis These zur Erkennbarkeit der Zukunft (III). Den Abschluss bildet ein kurzer Kommentar zur Überzeugungskraft von Cieszkowskis Argumentation (IV.)

I.

Als Cieszkowski Mitte der 1830er Jahre zur Fortsetzung seines Philosophiestudiums nach Berlin kam, waren die eingangs erwähnten Streitigkeiten über das Erbe Hegels in vollem Gange. Die Wirkungsmacht der Hegelschen Philosophie war unbestritten, doch lagen die Verteidigung der dialektischen Methode und die Kontroversen über Hegels Positionen zu Politik und Religion auf vielschichtige Weise über Kreuz.[3] Wie genau Cieszkowski in diese Diskussionen eingeführt wurde, ist nicht mit Sicherheit zu sagen, doch muss er unmittelbar an ihnen teilgenommen haben, zumal die Dozenten, deren Veranstaltungen er in Berlin besuchte – zu nennen sind insbesondere Karl Michelet (1801-1893), Karl Werder (1806-1893), Heinrich Hotho (1802-1873), Eduard Gans (1797-1839), Leopold Henning (1791-1866) und Johann Erdmann (1805-1892)[4] –, selbst bei Hegel studiert hatten und zum Teil als ehemalige Kollegen gewissermaßen *ex ufficio* etwas zu Rang und Bedeutung der hegelschen Philosophie zu sagen hatten. Gans, dessen überaus öffentlichkeitswirksamen Vorlesungen er hörte, und Michelet, dem er über Jahrzehnte freundschaftlich verbunden blieb, dürften dabei in Cieszkowskis intellektueller Formierungsphase eine besondere Rolle gespielt haben.

Im Lichte der Zusammensetzung dieses Milieus und der inhaltlichen Ausrichtung jener ersten Welle der Aufnahme der hegelschen Philosophie wäre es nicht plausibel – dies ist im Kontext des vorliegenden Bandes zu erwähnen –, Cieszkowski schon der Hegelschen Linken zuzuordnen. Er teilt die vor allem von Gans artikulierte Einschätzung, dass Hegels philosophisches System selbst historisch einzuordnen, also als Stufe einer größeren geistesgeschichtlichen Entwicklung aufzufassen ist.[5] Doch hält er im Unterschied zu der Linie der Hegelkritik, die in den 1830er und 1840er zunehmend prononciert vorgetragen wird, am Systemprogramm und Theorieanspruch Hegels sowie insbesondere an der dialektischen Methode fest. Der genaue Zuschnitt der Art und Weise, auf die Cieszkowski das Erbe Hegels anzutreten versucht, wird in diesem Beitrag exemplarisch mit Blick auf seine Frühschrift zur von ihm so benannten Historiosophie untersucht. Interessant ist auch

---

3 Zum geistesgeschichtlichen Kontext sowie zu den hier einschlägigen politischen, politisch-philosophischen und religionsphilosophischen Debatten vgl. insbesondere Hepner (1953), Liebich (1979), den Anhangstext von Garewicz in Cieszkowski (1838), Stepelevich (1974) und Quante (2010).

4 Vgl. Stepelevic (1974, 39-40).

5 Zu dieser Historisierungsstrategie vgl. Quante (2010, 204-6).

dies für die Erforschung der im deutschen Vormärz geführten politischen und (religions-) philosophischen Debatten, insofern sich in dieser Variante des Erbantritts Elemente der Kritik sowie der Affirmation, der Abgrenzung von sowie des konstruktiven Anschlusses an Hegels Denken zeigen. Wie Cieszkowskis Beitrag genau rezipiert wurde, werden weitere Studien zeigen müssen – diese Fragen liegen jenseits dieses Beitrages.[6]

Mit seiner ersten Buchveröffentlichung, den bereits genannten *Prolegomena zur Historiosophie* (1838)[7], verleiht Cieszkowski seiner Auffassung zu Art und Weise des Antritts des Hegelschen Erbes Ausdruck. In den drei Kapiteln dieses nur 157 großzügig formatierte Seiten umfassenden Werks nimmt sich Cieszkowski nicht weniger vor, als die Erkenntnis des „Organismus der Weltgeschichte" (1. Kapitel), die „Kategorien der Weltgeschichte" (2. Kapitel) sowie die „Teleologie der Weltgeschichte" (3. Kapitel) mindestens in Grundrissen zu explizieren. Die nachfolgende Rekonstruktion ist als Kommentar zu den zentralen Aussagen des ersten Kapitels angelegt und hat damit Cieszkowskis Kritik an der Hegelschen Geschichtsphilosophie sowie seinen Argumenten für die Möglichkeit, die Wirklichkeit und die Notwendigkeit der Erkennbarkeit der Zukunft zum Gegenstand. Das vorrangige Ziel dieser Rekonstruktion liegt darin, anhand einer zugleich zentralen und prima facie verblüffenden These eine Annäherung an das philosophische Programm Cieszkowskis zu entwickeln.

II.

Cieszkowski unternimmt mit seinen *Prolegomena zur Historiosophie* den Versuch, zugleich die Ausarbeitung und Applikation von Hegels dialektischer Methode voranzutreiben und damit auf eine Weise über Hegel hinauszugehen, der dieser selbst zugestimmt hätte.[8] Als Gegenstand wählt er dazu diejenige Disziplin, die es mit den „Gesetze[n]" des „normalen Fortschrittes und [der] Entwicklung" (1) der Menschheit zu tun hat und mit welcher das „Erkennen der organischenund ideellen Totalität, sowie des apodiktischen Prozesses der Weltgeschichte" (9) angestrebt wird. Insbesondere nach dem Vorbild der hegelschen Geschichtsphilosophie ist es das Anliegen dieser Unternehmung, eine sich in ein übergreifendes Gesamtnarrativ einfügende Interpretation nicht nur einzelner, zurückliegender Ereignisse und Entwicklungen, sondern des ‚Prozesses der Weltgeschichte' als solchen zu entwickeln.[9]

---

6 Vgl. dazu vor allem Stepelevich (1974 und 1987) und Liebich (1979).
7 Ich zitiere Ciezszkowskis *Prolegomena zur Historiosophie* (1839) nach der 1981 im Meiner-Verlag erschienenen Ausgabe im Folgenden mit Seitenzahlen im Fließtext; die orthographischen Angleichungen stammen von mir, Hervorhebungen des Originals wurden getilgt.
8 Eine hilfreiche Rekonstruktion dieses versuchten Schritts ‚über Hegel hinaus' bietet Bouton (2008).
9 Hepner (1953, 333) definiert Historiosophie knapp und zutreffend als „an interpretation of history implying a vision of the future." Hepners Rekonstruktion der Grundgedanken von Cieszkowskis Grundlegung der Historiosophie ist mit der im Folgenden entwickelten vereinbar, doch

Mit „Narrativ" mag jedoch der Status dieser Zielsetzung nicht ambitioniert genug benannt sein, denn Cieszkowskis Vorhaben zielt explizit auf die *Erkenntnis* des gesamten geschichtlichen Prozesses. Wie weitreichend dieser Anspruch ist, wird sich im Folgenden noch zeigen.

Im ersten Zugriff mag man sich fragen, ob Hegels Programm einer Geschichtsphilosophie als Teil der enzyklopädischen Lehre vom objektiven Geist, seine Vorstellung von der Weltgeschichte als „der vernünftige, notwendige Gang des Weltgeistes"[10] und insbesondere seine wiederholte und zunehmend erweiterte Durchführung am Berliner Vorlesungspult nicht in Ambition und Detail gerade denen, die Anschluss an die Systemphilosophie ihres Heroen suchten, als hinreichend gelten konnte. Cieszkowski war davon nicht überzeugt und schreibt stattdessen:

> „[D]ie Menschheit hat wohl begriffsmäßig die spekulative Notwendigkeit und Regelmäßigkeit [des Fortschrittes der Menschheit] eingesehen, aber dieselbe bis jetzt noch nicht wirklich und seinem Begriffe gemäß durch den ganzen Inhalt der Geschichte durchgeführt. Sogar der Heros der neuesten Philosophie [...] vermochte das Wesen seiner Dialektik, welches er in den Besonderheiten der Geschichte meistens glücklich durchführte, nicht in dem Hauptriss ihrer Entwicklung, im allgemeinen und organischen Verlauf ihrer Idee zu verfolgen, ungeachtet der großen Verdienste, die er auf dem Felde der Philosophie der Geschichte sich erworben hat, gleichsam als ob er absichtlich in dieser Lebensfrage der Menschheit seinen Weg, seinen Standpunkt und seine Entdeckungen verlassen wollte." (2)

Hier werden Hegel als philosophischem Heros zwar Verdienste zugeschrieben, zugleich wird ihm bei der angeblichen Inkonsequenz der Umsetzung der Dialektik auf dem Terrain der Geschichtsphilosophie geradewegs Absicht unterstellt.[11] Zwar habe Hegel manche Sphären- und Epochenübergänge „vortrefflich" (2) dargestellt, und zwar fände sich im Gesamten seiner Geschichtsphilosophie „eine Kette geistreicher Auslegungen, ja sogar genialer Weltansichten", doch habe er es „nicht bis zum Begriff der organischen und ideellen Ganzheit der Geschichte, bis zu ihrer spekulativen Gliederung und Architektonik gebracht." (3) Der Wortlaut verdeutlicht hier schon, dass es Cieszkowski nicht um Heroenkult, sondern letztlich um die Verbesserung einer begonnenen philosophischen Explikation geht.[12]

---

werde ich zum einen in strikter Selektion die These der Erkennbarkeit der Zukunft hervorheben und diskutieren und dabei zum anderen Hepners affirmativen, bisweilen voraussetzungsreiche Termini unkommentiert übernehmenden Duktus zu vermeiden versuchen.

10 Hegel 1994, S. 30.

11 Zur Angemessenheit der Rede von einer „Anwendung" der hegelschen Logik auf einen realphilosophischen Gegenstandsbereich siehe Eidam (1996). Ich teile Eidams Einschätzung, dass Hegel diese Applikationsmetapher als Beschreibung seiner Vorstellung des Verhältnisses zwischen logischen Kategorien und Geschichte nicht akzeptiert hätte, beschränke mich an dieser Stelle jedoch auf die Nachzeichnung von Cieszkowskis Perspektive.

12 Stepelevich (1974, 45) merkt hier zutreffend an: „all of the Young Hegelians, in order to be Hegelians and yet not be forced to accept the bitter consequences, sought, if not an outright flaw, then some ‚incompleteness' which permitted their ideas to therapeutically upon the fundamentally healthy corpus of Hegelianism." Die von Cieszkowski gesuchte Unvollständigkeit liegt, wie im

Seine Kritik an der hegelschen Geschichtsphilosophie bezieht sich vor allem auf zwei Punkte: die vierteilige Epocheneinteilung und den Ausschluss der Zukunft aus dem im Lichte der Einsicht in die Struktur des weltgeschichtlichen Prozesses Erkennbaren. So meint Cieszkowski, Hegels Unterscheidung von vier Hauptepochen der Geschichte – die orientalische, die griechische, die römische und die christlich-germanische – müsse sich trotz oberflächlicher inhaltlicher Stichhaltigkeit mit Blick auf die zwingende Logik der „Gesetze der Dialektik" (5) als falsch erweisen. Cieszkowski zufolge steht und fällt die Geltung dieser Gesetze mit ihrer universellen Manifestation, letztlich würde „die Geschichte, dieser Prüfstein aller Spekulationen, uns dieselben *sub specie aeternitatis* in der Sphäre der Taten offenbaren müssen." (6)[13] Leitend für die philosophische Auseinandersetzung mit der Geschichte soll demnach eine dreigliedrige Dialektik sein, deren Realität sich im Rahmen eines an Taten orientierten, praxeologischen Zugangs erschließt. Cieszkowski fordert dies als Konsequenz aus der Einsicht in die Gültigkeit der dialektischen Gesetze und meint, Hegels Genius sei mit diesem Vorgehen mehr gehuldigt als mit der Aufrechterhaltung seiner für unantastbar erklärten Überlieferungen (vgl. 7).

Cieszkowski postuliert vor diesem Hintergrund zunächst, dass die „Totalität der Weltgeschichte [...] absolut unter die spekulative Trichotomie zu fassen" (7) sei, diese aber, womit wir beim zweiten Kritikpunkt sind, „aus der Vergangenheit und aus der Zukunft [bestehe], aus dem bereits durchgemachten und dem noch durchzumachenden Wege" (7-8). Anvisiert wird hier die Dreiteilung von Vergangenheit, Gegenwart und Zukunft, auf die sich Cieszkowski in späteren Passagen explizit beruft. Die für ihn entscheidende Implikation dieser Neubestimmung des Gegenstandsbereichs der Geschichtsphilosophie formuliert er als Forderung, die darin bestehe, „die Erkenntnis des Wesens der Zukunft für die Spekulation zu vindizieren." (8)[14] Hegel wird hier nicht nur attestiert, die Zukunft „mit keiner Silbe [...] erwähnt" (ebd.) zu haben, sondern es wird überhaupt seine Haltung zurückgewiesen, der zufolge die philosophische Analyse geschichtlicher Prozesse auf die Vergan-

---

Folgenden zu sehen sein wird, in der Rolle, die Hegel innerhalb der Geschichtsphilosophie der Zukunft zuweist. Die von ihm vorgeschlagene Therapie soll allerdings, auch dieser Anspruch sollte deutlich werden, den ansonsten intakten, auf die dialektische Methode gebauten Korpus beibehalten.

13 Auch diese Formulierung ist zentral für Eidams (1996) Diskussion von Cieszkowskis Hegel-Kritik; vgl. dazu auch Stepelevich (1987). Ich setze für das Folgende voraus, dass Cieszkowskis Gedankengang auch dann nachvollzogen werden kann, wenn der These, die Gesetze der Dialektik erführen nur durch die Realisation in der Geschichte ihre sicherste Stütze (vgl. 6), nicht gefolgt wird. Mir geht es in diesem Beitrag letztlich auch weniger um die kategoriale Tiefenstruktur der Argumentation – und noch weniger um die Adäquatheit der Hegel-Kritik – als um eine bestimmte, darin implizite These, die sich aus dem gesamten Argumentationsgang lösen lässt.

14 Bouton (2008) führt aus, dass Cieszkowski keineswegs der erste gewesen sei, der den Gegenstandsbereich der Philosophie der Geschichte um den Topos der Zukunft erweitert sehen wollte. Seinen Verweisen auf Condorcet, Kant, Schelling und Fichte hier nachzugehen überstiege jedoch den Rahmen der vorliegenden Überlegungen.

genheit beschränkt sein müsse.[15] Demgegenüber behauptet Cieszkowski, dass die Herausforderung, den Prozess der Weltgeschichte in seiner Totalität, d.h. im Lichte des durchgängigen dialektischen Prinzips, zu erkennen, nur dann angenommen werden kann, wenn von der „Erkennbarkeit der Zukunft" (9) ausgegangen wird.

An diesem Postulat zeigt sich Cieszkowskis Bemühen, im Sinne des systematischen Rahmens der hegelschen Philosophie von ihrem Wortlaut abzuweichen. Denn nach seiner Einschätzung ist Hegels Rede von der „Unerkennbarkeit der Zukunft" (ebd.) nicht durch systeminterne Prämissen erzwungen, sondern lediglich „äußerlich hereingebracht" (ebd.) und daher als Mangel zu überwinden. In Analogie zur Überwindung der kantischen These von der Unerreichbarkeit des Absoluten, die dank Hegel in Richtung des absoluten Erkennens vollbracht worden sei, müsse in der Ausrichtung der Geschichtsphilosophie die Beschränkung auf das Zurückliegende überwunden werden (vgl. 9-10). Dieser Anspruch klingt zwar paradox, diesen möglichen Einspruch greift Cieszkowski gleich auf, doch erscheint es als folgerichtig, aus einem philosophischen Gesamtprogramm, das die Erfassung des Wesen Gottes, der Freiheit und der Unsterblichkeit einschließt, die Erkenntnis des Wesens der Zukunft nicht auszuschließen (vgl. 10).

Wer das hegelsche System- und Letztbegründungsprogramm und den damit verbundenen Vollständigkeitsanspruch nicht ohnehin für verfehlt hält – und eine Abwendung dieser Art kam in dem intellektuellen Kontext, für den Cieszkowski schreibt, nicht in Frage –, der mag an dieser Stelle wohl zustimmen. Es ist nicht zu sehen, warum eine philosophische Lehre, deren Vorzug es sein soll zu erschließen was sich jedem endlichen und spekulativ verengten Horizont entzieht, ausgerechnet zur Zukunft des geschichtlichen Prozesses schweigt. Den Einwand, dass es eben nicht um Prognosen ganz konkreter Entwicklungen und Ereignisse gehen darf, antizipiert Cieszkowski und antwortet mit dem Verweis darauf, dass die Philosophie „den Akzent auf das Wesen" (ebd.) legen müsse. In der Rückschau auf Vergangenes ist die Arbeit des Geschichtsphilosophen aus Cieszkowskis Perspektive zwar erleichtert, weil er die entscheidenden Taten im Einzelnen und mit Blick darauf analysieren kann, wie das Wesen im Seienden zum Ausdruck kommt. Die Befassung mit der Zukunft sei dahingegen auf „das Wesen des Fortschrittes überhaupt" (11) konzentriert, das sich nur in dauernder Konfrontation mit der Gefahr ergründen lasse, dass die tatsächlich eintretenden Begebenheiten (sc. die „besondere[.] Wirklichkeit" (ebd.)) die jeweiligen Erwartungen übertreffen oder enttäuschen können. Anstatt auf Einzelprognosen zielt die von Cieszkowski vorgeschlagene Methode des „spekulativen Erkennen[s] der Zukunft" (ebd.) auf die Gesetze des Fortschrittes der Menschheit (vgl. 12), die er als Prinzipien auffasst, welche die Totalität des Geschichtsprozesses durchdringen und nicht nur seinen bisherigen Verlauf.

---

15 Es ist hier selbstverständlich nicht entscheidend, ob sich in Hegels Manuskripten oder Vorlesungen zur Philosophie der Weltgeschichte das Wort „Zukunft" oder stammgleiche Termini finden. Maßgeblich ist der Punkt, der den Ausschluss der Zukunft aus der geschichtsphilosophischen Reflexion betrifft.

Bis zu dieser Stelle nehmen Cieszkowskis Bemerkungen zur hegelschen Geschichtsphilosophie die Form der Abgrenzung an. Es geht ihm um eine Neuorientierung der Auseinandersetzung mit geschichtlichen Prozessen, die sich jedoch letztlich vor allem mit Blick auf Epocheneinteilungen wieder zur Vorlage der Geschichtsphilosophie Hegels in Beziehung setzen lässt. Auf diesen Rückbezug wird im dritten Teil des nächsten Abschnitts zurückzukommen sein, in dem der schrittweise Nachvollzug von Cieszkowskis These zur Erkennbarkeit der Zukunft unternommen wird.

III.

Wie im vorangegangenen Abschnitt nachvollzogen ist das Postulat der Erkennbarkeit der Zukunft für Cieszkowskis Abgrenzung zwischen seiner und der hegelschen Geschichtsphilosophie entscheidend. In diesem Abschnitt soll dem Argumentationsgang in den drei dort expliziten Schritten gefolgt werden, in denen (a.) die Möglichkeit, (b.) die Wirklichkeit sowie (c.) die Notwendigkeit der Erkennbarkeit der Zukunft aufgewiesen werden sollen.

a. Die Möglichkeit der Erkennbarkeit der Zukunft

In diesem ersten Schritt der Verteidigung der These von der Erkennbarkeit der Zukunft geht es zunächst und vorbereitend darum plausibel zu machen, dass damit kein logisch-semantischer Widerspruch begangen wird und für das letztlich erfolgreiche Erkennen der Zukunft eine Methode bereitsteht. Cieszkowski verweist hier auf das Vorbild des Paläontologen George Cuvier (1769-1832), der „nur einen einzigen Zahn [verlangte], um aus diesem den ganzen Organismus eine antediluvanischen Tieres zu erforschen." (12) Akzeptanz genieße dieses Vorgehen aufgrund der unbestrittenen Einsicht in den wesentlichen Zusammenhang der Teile eines organischen Ganzen, der Konstituenten der organischen Totalität eines holistischen Systems. Da sei es doch – und darin zeigt sich das Vorbildhafte der Methode Cuviers – verwunderlich, dass die Geschichte nicht ebenso als Organismus begriffen und studiert wird.

Cieszkowski zufolge ist eine in der Naturforschung akzeptierte Methode in ihrer umfassenden explikativen Kraft anzuerkennen, die aus bisweilen fragmentarischem Material und im Lichte von Einsichten in wesentliche Gesetzmäßigkeiten organische Ganzheit konstruiert und greifbar macht. In Übertragung auf den geschichtlichen Prozess als Gegenstand fragt Cieszkowski suggestiv, warum „wir nicht aus dem schon verlaufenen Teile des ganzen historischen Prozesses seine ideelle Ganzheit überhaupt und insbesondere den noch fehlenden künftigen Teil [konstruieren], welcher dem vergangenen entsprechen muss und erst integral mit diesem die wahre Idee der Menschheit aufstellen wird" (13).

Es fragt sich an dieser Stelle, was genau die hier suggerierte Konstruktion erlauben und was ihren Beitrag zur Explikation der Idee der Menschheit plausibel machen soll. Cieszkowski versucht einerseits, die Übertragung der in gewissem Sinne konstruktiven Methode Cuviers als unmittelbar nachvollziehbar darzustellen. Andererseits stellt er in einer langen Anmerkung zu dieser Passage (vgl. 13-15) klar, dass dies keine prinzipielle Angleichung geistiger an natürliche Prozesse bedeutet. Vielmehr solle es nicht verwundern, dass Induktionen aus der Naturphilosophie in der Geistphilosophie Anwendung finden können (aber nicht umgekehrt). Und es sei einzusehen, dass Geschichtsprozesse als Phänomene des Geistes in nicht minder hohem Maße von der Notwendigkeit der leitenden Idee bestimmt sind als Naturprozesse. Schließlich leistet auch hier der Rekurs auf die Leitidee der Gesetzmäßigkeit für Cieszkowski die argumentative Arbeit in der Rechtfertigung des Schlusses von Befunden aus der Vergangenheit auf den Wesenscharakter des Fortschritts überhaupt, der die hier einschlägige Konstruktion ausmachte.

b. Die Wirklichkeit der Erkennbarkeit der Zukunft

Ist die widerspruchsfreie Denkmöglichkeit der Erkennbarkeit der Zukunft, also die Plausibilität von Cieszkowskis Kernthese gegen die hegelsche Geschichtsphilosophie, erstmal konstatiert, so steht als nächstes die Explikation der Modi dieses Erkennens an. In seinen eigenen Worten gilt es nun nachzuweisen „wie das Bewusstsein wirklich dazu kommt, dieses Erkennen sich anzueignen." (15) Daran unterscheidet Cieszkowski drei Weisen der Determination der Zukunft: (i) das Gefühl, (ii) das Denken und (iii) den Willen (vgl. ebd.).

(i) Gemäß dem Gefühl wird die Zukunft Cieszkowski zufolge auf unmittelbare, natürliche, blinde und zufällige Weise und deshalb nur im Hinblick auf Einzeltatsachen erfasst. Diesem Modus mangelt es an Reflexion, an vernünftiger Bezugnahme auf übergreifende Strukturen und Gesetzmäßigkeiten.

(ii) Das Denken des Zukünftigen überwinde diesen Mangel als „reflektierte, gedachte, theoretische, bewusste, notwendige" (15) Determination. In diesem Modus gilt die Aufmerksamkeit nicht bloßem Stückwerk, unverbundenen und als solchen rätselhaften Details, sondern der Allgemeinheit des Gedankens, den Gesetzen, dem Wesentlichen (vgl. 16).

(iii) Erst im Rahmen der dritten, am Willen orientierten Determination nimmt das Erfassen der Zukunft, so Cieszkowski, „wirklich praktische, angewandte, vollführte, spontane, gewollte, freie" (16) Gestalt an, erst sie umfasse „die ganze Sphäre der Tat, die Facta und ihre Bedeutung, die Theorie und die Praxis, den Begriff und seine Realität" (ebd.). Im Unterschied zu den vorherigen Modi, die jeweils nur Propheten bzw. Philosophen der Geschichte hervorbrächten, werden in diesem dritten Modus „Vollführer der Geschichte" erzeugt. Während der erste ein externes Kriterium, nämlich die Möglichkeit der Erfüllung von Prophezeiungen, ansetze, und der zweite die Anwendung von Denkgesetzen bezwecke, richte sich der dritte Modus am Kriterium „der objektiven Realisierung einer subjektiv bewussten Teleologie" (ebd.) aus und bilde darin den Kern des Programms der Historiosophie.

Cieszkowskis Orientierung am Willen als praktischem Prinzip ist als Bestandteil seiner konstruktiven Anknüpfung an Hegel aufzufassen, auch wenn dies in seiner Darstellung implizit bleibt. Es bedurfte in jenem intellektuellen Umfeld wohl auch nicht der Explikation, wenn der Wille als Referenz des Erklärens und Verstehens von Handlungen weder als unreflektierte Willkür noch im Zerrbild einer bloß theoretischen Überlegung, sondern als Realisieren einer „erkannten Wahrheit" aufgefasst wird, in dem subjektives Wollen mit als gerechtfertigt anerkannten Prinzipien vermittelt ist und so als „das Gute" zu einem „Praktische[n] [wird], welches das Theoretische schon in sich enthält." (17) Dieses als hegelsch anzusehende Modell menschlichen Handelns, das die Realisierung von Zwecken vorsieht, die subjektiv gesetzt und denkend reflektiert sind, legt Cieszkowski hier zugrunde.

Die Erkenntnis des Zukünftigen verkommt zu einem einseitigen Unterfangen, so Cieszkowski weiter, wenn sie auf die analytische Kraft des Begebenheiten analysierenden Bewusstseins reduziert wird. Maßgeblich für diesen argumentativen Schritt ist für Cieszkowski die Unterscheidung zwischen *Tatsachen* und *Taten*.[16] Unter erstere fasst er vorfindliche Begebenheiten, die erst durch das Bewusstsein der Erklärung und Interpretation erschlossen werden können (vgl. 17-18). Letztere bestimmt er in Abgrenzung wie folgt:

> „Tat (actum) aber ist etwas ganz Anderes; es ist nicht mehr dieses unmittelbare Ereignis, welches wir bloß aufzunehmen und in uns zu reflektieren hatten, es ist schon reflektiert, schon vermittelt, schon gedacht, vorgesetzt und dann vollführt; es ist aktive Begebenheit, die ganz die unsrige ist, – nicht mehr fremd, sondern schon bewusst, noch ehe sie verwirklicht wurde." (18)

Wer sich den geschichtlichen Prozess in diesem Sinne als aus Tatsachen bestehend vorstellt, gleicht seine Konstituenten, welche letztlich Handlungsereignisse sind, entgegen ihrer Struktur natürlichen Begebenheiten an, denen Zweckhaftigkeit erst durch denkende Erschließung hinzugefügt werden müsste. Wer sich hingegen an Taten orientiert, muss seinen Gegenstand nicht erst per Zuschreibung von Zweckhaftigkeit erschließen, sondern fasst ihn als selbst schon reflexiv durchdrungen auf. Der theoretische Zugang, den Cieszkowski mit seiner Historiosophie zu begründen sucht, soll zwischen die „vortheoretische" Praxis der Tatsachen und die „nachtheoretische Praxis" der Taten treten, wobei sich letztere als

> „die wahre Synthesis des Theoretischen und des unmittelbar Praktischen, des Subjektiven und des Objektiven offenbart, indem das Tun überhaupt die wahre substantielle Synthesis des Seins und des Denkens ist." (18-19)[17]

---

16 Die Einschätzung, dass es sich bei dieser Unterscheidung um ein Zentralelement in Cieszkowskis Historiosophie handelt, teilt auch Andrzejewski (1975), der das zugehörige Theorieprogramm zurecht mit anderen pragmatistischen (und praktizistischen) Strömungen im 19. Jahrhundert in Verbindung bringt.
17 Nach Berki (1979, 47f.) stellt dieses Verständnis des Begriffs der Praxis eine signifikante Vorstufe zum Marx'schen Praxisbegriff dar. Zum Stellenwert von Cieszkowskis Arbeiten für die Entwicklung des Denken beim frühen Marx liefert schon insbesondere Opitz (1966) eine aufschlussreiche Darstellung, in der vor allem gegen die von Lauth (1955) und Kubat (1961) vertretene These argu-

Cieszkowski begreift die Umstellung auf eine in seinem Sinne historiosophische Auseinandersetzung mit geschichtlichen Prozessen nicht bloß als Modifikation des durch Hegel vorgegebenen geschichtsphilosophischen Programms. Er meint vielmehr, dass sich in konsequenter Orientierung auf die genannte Synthesis ein Umschlagen ereignet, nach dem nicht die bewusste Aneignung vorgefundener Begebenheiten bzw. Tatsachen, sondern das reflektiert praktische Tätigsein, die theoretisch bereits geformte Praxis in den Vordergrund rückt. Mit dieser Orientierung werde das Begreifen geschichtlicher Prozesse zu einem „Wendepunkt" geführt, „auf welchem es sowohl rückwärts als vorwärts schauen kann, um die Totalität der Weltgeschichte zu durchdenken" (19). Das Ansinnen der Historiosophie lautet also, mittels einer veränderten Art der Auseinandersetzung mit geschichtlichen Prozessen eine konstruktive gestalterische Praxis zu begründen.

Die Herausbildung der Historiosophie wird hierbei selbst als Teil eines Entwicklungsprozesses begriffen, der nach Durchschreiten der „Instanzen" (ebd.) der Ahnung und des Bewusstseins zur Instanz der Tat fortschreitet, womit letztlich Cieszkowski zufolge erkennbar werde „warum die Zukunft so bestimmt bewusst und eigenkräftig sich entwickeln wird." (20) Dies markiere das Erreichen einer neuen Stufe des Selbstbewusstseins der Menschheit, die nicht mehr nur zufällig von der Vorsehung geleitet oder auf das nachträgliche Begreifen der Wirksamkeit der Vorsehung beschränkt, sondern zum Vollbringen ihrer „wahrhaft eigenen Taten" befähigt sei (ebd.). Indem die praxeologische Durchdringung des historischen Prozesses in seiner Totalität wirksam wird, verliert die Vorsehung – wie sich Cieszkowski beeilt zu betonen – nicht ihre Relevanz, nur treten die maßgeblichen und für ganze politische Gefüge repräsentativen Aktiven, die „weltgeschichtlichen Individuen" nun als „bewusste Werkmeister ihrer eigenen Freiheit" in Erscheinung (ebd.).

c. Die Notwendigkeit der Erkennbarkeit der Zukunft

An die Ausführungen zur Methode des Erkennens der Zukunft sowie zum praktischen Gestalten als in der Geschichte wirklichem Erkennen der Zukunft schließt Cieszkowski die Erörterung der Notwendigkeit der Erkennbarkeit der Zukunft an. Dieser argumentative Schritt soll insbesondere leisten, was bis dato unerwähnt blieb: die Unterordnung des Prinzips der Erkennbarkeit der Zukunft unter ein umfassenderes Prinzip des Organismus der Weltgeschichte. Die Erkennbarkeit der

---

mentiert wird, Cieszkowski habe Marx direkt und nachhaltig beeinflusst. So interessant diese Dimension der Auseinandersetzung mit Cieszkowski, also ihre Stellung in der Entwicklungsgeschichte des Marx'schen Denkens, auch ist, ich kann ihr hier nicht gebührend Rechnung tragen. Zweifel an der These vom nachhaltigen Einfluss Cieszkowskis auf Marx werden jedenfalls durch den auch von Opitz angeführten Brief Marx' an Engels vom 12.1.1882 gestützt, dem Marx im Kontext späterer wirtschaftstheoretischer Debatten und in für seine Briefwechsel typisch bissigem Ton von einer früheren Begegnung mit Cieszkowski wie folgt berichtet: „dieser Graf etc. also besuchte mich in der Tat einmal in Paris (zur Zeit der Deutsch-Französischen Jahrbücher) und hatte mir's so angetan, dass ich absolut nichts lesen wollte oder konnte, was er gesündigt." (Marx-Engels 1985, Bd. 4)

Zukunft versteht Cieszkowski als Voraussetzung der Erkenntnis des weltgeschichtlichen Prozesses insgesamt. Seine Forderung der Integration der Zukunft in die philosophische Erschließung des Historischen überhaupt hängt davon ab, ob die Zukunft dem Erkennen, verstanden als Subsumption unter allgemeingültige dialektische Gesetze, zugänglich ist. Dies muss laut Cieszkowski gegeben sein, wenn die Weltgeschichte als Organismus nicht aus dem Gegenstandsbereich der dialektischen Philosophie ausgeschlossen sein soll.

Für den Nachvollzug von Cieszkowskis Argumentationsgang ist an dieser Stelle entscheidend, wie er das Entwicklungsziel der Menschheit und die diesbezügliche Rolle der Geschichte bestimmt:

„Die Menschheit hat die Bestimmung, ihren Begriff zu realisieren, und die Geschichte ist eben die Durchführung dieses Realisierungsprozesses." (21)

Was in diesem Zusammenhang genau unter dem Begriff der Menschheit zu verstehen ist, können wir für die vorliegenden Zwecke einstweilen offen lassen. Für das Verständnis des methodischen Programms der Historiosophie ist einstweilen wichtiger zu sehen, dass Cieszkowski die Geschichte insgesamt in den Dienst dieses teleologischen Prozesses stellt. Die Annahme eines Fortschritts in der Geschichte teilt Cieszkowski mit Hegel, nur nimmt er nicht das bis in seine Gegenwart Erreichte, sondern ein womöglich weit in der Zukunft Liegendes als Endpunkt an, womit der Gang der Geschichte *ab dem gegenwärtigen Zeitpunkt* zum integralen Bestandteil wird. Allerdings sei diese Phase nicht einfach durch progressive Abbildung und mit mathematischen Verfahren zu erkennen, da „der weltgeschichtliche Prozess sich nicht auf eine so abstrakte, formelle und gleichsam quantitative Fortbildung beschränkt, sondern qualitativ-substantielle Bestimmungen fortwährend entwickelt" (22). Für Cieszkowskis systematischen Vorschlag bedeutet dies, dass die Historiosophie „die Vergangenheit substantiell zu erforschen, alle inhaltigen Elemente des Lebens der Menschheit, welche sich schon entwickelt haben, tief zu analysieren" hat, um auf dieser Grundlage nicht nur zu diagnostizieren, wie weit die Entwicklung schon gediehen ist, sondern auch anzugeben, welche Entwicklungsschritte fehlen, „um die höchste Spitze der Entwicklung des Weltgeistes zu erreichen." (ebd.)

Cieszkowski hält dieses Programm durch ein synthetisches Verfahren für umsetzbar, in dem nicht bloß widerstreitende Entwicklungen in der Vergangenheit hinsichtlich bereits zurückliegender Fortschritte untersucht werden, sondern für bestehende Konflikte gemäß umfassenderen Entwicklungsprinzipien Synthesen als Möglichkeiten der Versöhnung formuliert werden. Es sieht so aus, als solle der Historiosoph in diesem Sinne Ratschläge für die Gestaltung einer sozialen Praxis geben, in der Einheit an die Stelle von Entzweiung tritt.

Die Vision einer solchen Theorieperspektive, von der aus Einheit rückblickend erkennbar und vorausblickend antizipierbar ist, und welche den geschichtlichen Prozesses durch alle Zeit als einen verständlich machen soll, fasst er folgendermaßen zusammen:

„So wird der Mangel der Vergangenheit den Vorzug der Zukunft bilden; das privative Bild der verflossenen Zeiten wird selbst das affirmative Bild der zukünftigen sein und so erst werden wir zu der notwendigen Erkenntnis gelangen, dass die Vergangenheit und die Zukunft gemeinschaftlich, sich durchaus bedingend, den explizierten Organismus der Weltgeschichte bilden." (23)

Doch vermittelt diese Vision eher eine Vorstellung vom Ziel des historiosophischen Programms als dass sie einen Schritt in seiner argumentativen Stützung bilden kann. Dafür ist an dieser Stelle nötig, die These bzw. das von Cieszkowski so bezeichnete Prinzip der Erkennbarkeit der Zukunft innerhalb der angestrebten Explikation des ‚Organismus der Weltgeschichte' zu verorten. Cieszkowski zufolge führt dieses Prinzip, das den „Inbegriff" der Zukunft aufschließen soll, „in die Totalität des weltgeschichtlichen Prozesses" (ebd.). Mit ‚Inbegriff' muss hier gemeint sein, dass die Zukunft ebenso im willentlich synthetisierenden Handeln herausgehobener Individuen besteht wie das Vergangene gemäß der historiosophischen Interpretation und Aneignung. Als derart isomorphe Phasen sollen Vergangenheit und Zukunft zusammengenommen einen organischen Gesamtprozess bilden.

Zu den grundsätzlichen philosophischen Auffassungen Cieszkowskis zählt, dass als ‚Organismus' und speziell als organischer Prozess nur solches zu bezeichnen ist, das sich nach „spekulativ-vernünftigen Gesetzen" (23-24) als Ganzheit begreifen lässt. Dies bedeutet gemäß seiner Deutung der hegelschen Dialektik, die er wie bereits angemerkt für unhintergehbar hält und aus der er unter Betonung ihrer Autorität auch eine „apodiktische Einteilung der Geschichte" (24) ableitet, dass der Organismus der Geschichte eine trichotomische Periodeneinteilung verlangt.[18] Diese wiederum sieht eine *thetische*, eine *antithetische* und eine *synthetische* Periode als „Hauptformen des Weltgeistes" vor, die grundsätzlich auf einander folgen, „ohne deren Nebeneinandersein und wechselseitiges Eingreifen auszuschließen." (ebd.) Wie schon mit dem Leitprinzip des Synthetisierens kann man auch mit dieser Deutung der Dialektik Schwierigkeiten haben, insofern dies als getreue Anknüpfung an Grundbausteine der hegelschen Philosophie ausgegeben wird; zumal Cieszkowski selbst auch auf die hegelschen Kategorien der Allgemeinheit und der Besonderheit sowie die Schlussform Allgemeineres-Besonderes-Einzelheit Bezug nimmt, ohne jedoch die dialektische Methode und den Unterschied zwischen Deutungsarten zu erörtern.

Noch bevor Cieszkowski seine Datierung dieser Perioden vorstellt und nach dem jeweils leitenden Prinzip näher begründet, merkt er an, dass er den aus seiner Sicht aktuellen Standpunkt am Übergang zur dritten, der synthetischen Periode sieht, der die Antike als thetische und die christlich-germanische Welt als antithetische vorausging (vgl. 24). Daraus ergibt sich in Abgrenzung zur hegelschen Epocheneinteilung, dass

---

18 Vgl. dazu auch Gescinska/Lopez (2010, 113 ff.); zu Hegels Organismusbegriff siehe Wolff (1984); zum Verhältnis von Organismus und Methode in Hegels praktischer Philosophie vgl. Mohseni (2015, S. 85 ff.).

„die drei ersten Hauptperioden Hegels für uns nur drei Momente der ersten Hauptperiode überhaupt, welche die antike Welt ausmacht. Die vierte Periode Hegels ist also für uns die zweite, und dies ist die moderne Welt. Unsere dritte Hauptperiode endlich ist die zukünftige, deren eigene Bestimmung aus der einseitigen Entgegensetzung der beiden vorangegangenen zu erkennen ist." (ebd.)

Es führte an dieser Stelle zu weit, Cieszkowskis Rechtfertigung dieser Einteilung oder den Charakterisierungen der ersten zwei Perioden *en detail* nachzugehen. Im Wesentlichen läuft ihre Unterscheidung auf die Gegenüberstellung von Empfindung und Wissen hinaus; demnach ist die Antike durch den Vorrang der Unmittelbarkeit und Sinnlichkeit gekennzeichnet, durch „die Empfindung als Psychisches, das Schöne und die Kunst als Absolutes, in ihr das Herrschende" (26), und die christlich-germanische Welt durch die Verinnerlichung des Sittlichen und das „bewusste Forschen der Wahrheit" (28), bei dem jedoch ein dieser Periode interner Antagonismus zwischen Diesseits und Jenseits mitgeführt wird. Die Leitprinzipien dieser Perioden sind einander entgegengesetzt, wie ihre Beschreibung hinsichtlich unmittelbarer Empfindung und reflexiver Vermittlung verdeutlicht. Es ist die Figur Christi, die als Einführung des Elements der Innerlichkeit, der Reflexion und Subjektivität verstanden wird (vgl. 25), mit welcher der Periodenübergang vollzogen wird. Und es ist die fortwährende Orientierung der reellen wie ideellen Widersprüche, die Cieszkowski zufolge die christlich-germanische als anthitetische Periode kennzeichnen und welche gewissermaßen nach versöhnender Integration verlangen. Dieses Desiderat abzutragen fällt dem Willen als praktischem Prinzip der bevorstehenden Periode zu. Zusammenfassend beschreibt Cieszkowski dies wie folgt:

„Was also die Empfindung vorgefühlt und das Wissen erkannt hat, das bleibt dem absoluten Willen zu realisieren übrig; und dies ist mit einem Worte die neue Richtung der Zukunft. Die Idee der Schönheit und Wahrheit im praktischen Leben, in der bereits bewussten Welt der Objektivität zu realisieren, alle einseitige und sich einzeln offenbarende Elemente des Lebens der Menschheit organisch zu fassen und zur lebendigen Mitwirkung zu bringen, endlich die Idee des absoluten Guten und der absoluten Teleologie auf unserer Welt zu verwirklichen, – dies ist die große Aufgabe der Zukunft." (29-30)

Fasst man die hier gegebene Bestimmung als Zielbestimmung des begriffsgemäßen Entwicklungsprozesses der Menschheit auf, lässt sich die praktische Versöhnung der empfindungsbasierten Orientierung am Guten und der vernunftbasierten Orientierung auf die Wahrheit als eine Variante dieser Bestimmung benennen. Was die Zukunft diesbezüglich zu leisten habe, sei gerade die praktische Integration dieser Orientierungen in der Verwirklichung der Idee des absolut Guten und der absoluten Teleologie. Cieszkowski zufolge bedarf es zur Lösung dieser Aufgabe grundlegender Veränderungen der physischen und anthropologischen Begebenheiten, wie sie nur eine große Völkerwanderung ermögliche und deren Dynamik er – in verwickelten und sehr andeutungsreichen Formulierungen – als Reaktion auf eine frühere Völkerwanderung, als Sieg zivilisierter Völker und damit des Geistes, und schließlich als Revanche des Weltgeistes beschreibt (vgl. 30). Auch hier sind die

Details für den vorliegenden Zweck entbehrlich, so lange nur die Andeutung registriert wurde, die Cieszkowski hinsichtlich einer wahren Umwälzung der Verhältnisse macht.

Für die Grundlegung des historiosophischen Programms ist entscheidend, dass Cieszkowski zum Abschluss der Erörterung zur Erkennbarkeit der Zukunft abermals Verwunderung darüber bekundet, dass nicht einmal Hegel auf die hier vorgeschlagene Erörterung der Weltgeschichte als Organismus und die als dialektisch erzwungen aufgefasste Einteilung in drei Perioden gesehen hat.[19] Doch betont Cieszkowski die Nähe, die zwischen Hegels Geschichtsphilosophie und dem historiosophischen Standpunkt besteht, woraus sich „eine Garantie für dessen [sc. den historiosophischen Standpunkt] Begriff- und Zeitgemäßheit" (32) ableiten lässt, da er zwar Modifikationen in der philosophischen Auseinandersetzung mit weltgeschichtlichen Prozessen vorsieht, aber nach Cieszkowskis Verständnis keinen Bruch mit dem einen relevanten Vorläuferprojekt bedeutet. Vielmehr habe dieses, also Hegels Geschichtsphilosophie in Verbindung mit der dialektischen Methode, an der Cieszkowski vor allem die Auflösung von Antagonismen betont, den Grundstein für ein Geschichtsverständnis gelegt, das in der zukünftigen Entwicklung eine Versöhnung des Gegensätzlichen sieht und damit am Leitbild der spekulativen Dreiteilung festhält. Zusammenfassend beschreibt er dies folgendermaßen:

> „So haben sich also nacheinander die Einseitigkeiten der antiken und modernen Welt in der Geschichte manifestiert und folglich der dritten synthetischen Periode, welche der Zukunft angehört, die Lösung der nur erst aufgestellten Gegensätze überlassen. – Auf diese Weite fügen wir den Inhalt der Weltgeschichte selbst unter die wahre spekulative Trichotomie, ohne weder der Vergangenheit noch der Zukunft Abbruch zu tun, indem wir der letzen ein so weites und so reicher, aber doch voraus zu bestimmendes Feld eröffnen. So genügen wir gleichfalls beiden entgegengesetzten Forderungen, nämlich die Totalität der Weltgeschichte einerseits ideell zu umschließen, ohne andererseits die Möglichkeit der künftigen Fortbildung abzuschließen." (32-33)

Hegel habe sich, wie Cieszkowski meint, zwar ebenfalls um die ‚ideelle Umschließung' der ‚Totalität der Weltgeschichte' bemüht, dabei aber die hier als gleichrangige Adäquatheitsbedingungen behandelte Forderung, die Fortsetzung des Fortschritts zuzulassen, vernachlässigt. Entscheidend dafür sei, dass Hegel die Erkennbarkeit der Zukunft nicht mit hinreichendem Nachdruck erwogen habe und damit die Zukunft nicht als integrierende Phase der Weltgeschichte konzipieren konnte (vgl. 31-32). Aus Cieszkowskis Sicht stößt die Überzeugungskraft der hegelschen Geschichtsphilosophie an eine Grenze, insofern sie zukünftige Entwicklungen keinen eigenständigen Raum für die Entfaltung historischer Bedeutsamkeit lässt.[20] Die Rede von be-

---

19 Im Wortlaut: „In der Abhandlung über das Verhältnis der Naturphilosophie zur Philosophie überhaupt (Hegel sämtl. Werke Bd. I. S. 311-315) ist der Gegensatz der antiken und modernen Welt absolut aufgestellt, und es fehlte nur das Prinzip der Erkennbarkeit der Zukunft, d.h. die Auffassung der Zukunft als eines integrierenden Gliedes der Totalität, um zu der Aufstellung und spekulativen Durchführung des Organismus der Weltgeschichte zu gelangen." (31-32)
20 Zur Haltbarkeit dieser Hegelkritik siehe nochmals Stepelevich (1987), Eidam (1996) und Bouton (2008).

reits vollzogenen Abschlüssen und bereits markierten Höhepunkten, die im Rahmen der hegelschen Geschichtsphilosophie anzutreffen ist, lässt sich für die Historiosophie nicht übernehmen. In ihr ist vielmehr – darin liegt die ‚Notwendigkeit der Erkennbarkeit der Zukunft' – die integrierende Gestalt der zukünftigen Entwicklung, die im Lichte der dreiteiligen Periodenfolge identifizierbar ist, das komplementäre dritte Stück der Weltgeschichte in ihrem dialektischen Gesamtzusammenhang.

An dieser Stelle beschließen wir die Rekonstruktion von Cieszkowskis Einführung und Erörterung der These zur Erkennbarkeit der Zukunft. Ein kurzer Kommentar zur Überzeugungskraft dieser These und der Pointe ihrer Einführung wird im nächsten Abschnitt geliefert.

IV.

Ist die Zukunft erkennbar? Cieszkowski beantwortet diese Frage affirmativ und begreift die dieser Antwort zugrunde liegende Einsicht als zentrale Weichenstellung in der Überwindung einer unnötigen Beschränkung einer im hegelschen Geiste verfassten Theorie des Organismus der Weltgeschichte. Ist die Zukunft überhaupt als Phase des Weltlaufs anerkannt, so kann sie, wie er weiter räsonniert, als vormalige Widersprüche integrierender und synthetisierender Teil jene organische Totalität vervollständigen.

Dieser Gedankengang etabliert wohl, welchen Stellenwert die Erkennbarkeit der Zukunft innerhalb einer Konzeptualisierung der Menschheitsgeschichte als ganzer *hätte*, welche Aussagen sich also unter Bedingung dieser als greifbar präsentierten Möglichkeit treffen ließen. Folgt daraus aber, dass die Zukunft erkennbar *ist*? Dies wiederum hängt davon ab, was unter „erkennen" verstanden wird. Cieszkowskis Ausführungen sind hierzu zwei Zugriffe zu entnehmen: dem *ersten* zufolge ist das Erkennen der Zukunft von einem theoretischen Standpunkt aus in das Projekt einer dialektisch verfahrenden Philosophie der Geschichte zu integrieren. Im Sinne einer therapeutischen Verbesserung der hegelschen Geschichtsphilosophie sei die grundlegende Methode von Hegels Systemphilosophie auf den Bereich der Geschichte insgesamt auszuweiten, womit sich die Zukunft, da sie unter die Totalität des welthistorischen Organismus fällt, ebenfalls als erkennbar zu erweisen hat. Ein *zweiter* Zugriff ergibt sich, wenn unter erkennen nicht ein ausschließlich epistemischer, auf Wahrheit und Korrespondenz zielender, nämlich ein theoretischer Akt, sondern ein aktives Gestalten der aus dem Bisherigen als Synthesis zu bestimmenden Entwicklung verstanden wird. Damit wird, anstatt von Gefühl und Denken vom Willen angeleitet, das Erkennen zum genuin praktischen Modus der Auflösung von Gegensätzen deklariert.

Wer nun diese Fassung der These zur Erkennbarkeit der Zukunft diskutieren will, darf eben nicht einen theoretischen Maßstab anlegen, nach dem die als gegeben angenommene Leistungsfähigkeit kognitiver Mittel auf die Komplexität des gewählten Gegenstandes bezogen wird. Vielmehr hat man es mit einer Vision zu tun, die Grundlegung des historiosophischen Programms und zugleich normative

Forderung bezüglich der willentlich zu realisierenden zukünftigen Entwicklung sein soll. Im Kern fußt diese Forderung auf der hier nicht näher behandelten Diagnose Cieszkowskis, der zufolge die zwei zurückliegenden Perioden der Geschichte je einseitig und einander widersprechend, zum einen auf Empfindung und Schönheit, zum anderen auf Denken und Wahrheit ausgerichtet, fortan im Modus der *Praxis* zur Realisierung des Guten in der Geschichte zu bringen sind.

Im letzten Abschnitt der *Prolegomena* rekapituliert Cieszkowski dies wie folgt:

„Alles bisher Gesagte lässt sich sonach in der folgenden Darstellung der Hauptstadien des Geistes formulieren:

1) Das Stadium der Schönheit, wo das Innere (der Begriff) dem Äußeren (der Objektivität) entspricht, aber nur als das Besondere, als das unmittelbare Dieses, als Partikularität, äußeres Ding etc.

2) Das Stadium der Wahrheit, wo umgekehrt die Objektivität dem Begriff entspricht, – wo nicht mehr das Äußerliche das Rezeptakel dieser Vereinigung ist, sondern das Allgemeine selbst, – nicht mehr Dieses, – das Ding u. s. w., sondern alles Wirkliche, das Wesen, die Idee.

3) Das Stadium der Güte in ihrer höchsten Bedeutung, keineswegs als bloß dem Wahren entgegengesetzt, sondern als höchste Identität des Begriffes mit der Objektivität, welche

   a) nicht mehr bloß äußerlich im Diesen als Besonderheit, nicht mehr

   b) bloß innerlich in Allem als Allgemeinheit, sondern

   c) innerlich und äußerlich als konkrete Einzelnheit erscheint, welches Einzelne schlechthin das Wirkende seiner selbst ist." (134-136)

In dieser Form, samt der vielfältigen Bezugnahme auf Kategorien der hegelschen Philosophie, soll die Historiosophie den Organismus der Weltgeschichte in trichotomischer Struktur explizieren. Der kategoriale Rahmen dient hier, wie es im intellektuellen Kontext der nachhegelschen Philosophie verzeihlich erscheint, als argumentative Stützung, wobei insbesondere der dritte Schritt eine praktische Vision beinhaltet, die eigens und ausführlicher zu rekonstruieren wäre. Jedenfalls soll sie keine Prognose sein, sondern vielmehr Anleitung für die Bestimmung dessen bieten, was vor dem Hintergrund zurückliegender Entwicklungen der künftigen sozialen Praxis als Auftrag mitzugeben ist.

Ist einer Historiosophie dieses Zuschnitts eine Chance zu geben? Allzu leicht könnte hier eine abschlägige Antwort fallen, wenn die dieser Lehre zugrunde liegenden Letztbegründungsansprüche der Systemphilosophie Hegels verabschiedet werden, wenn das logisch-metaphysische Vokabular und die methodischen Grundsätze verworfen werden, die Cieszkowski für alternativlos hielt, und wenn die bisweilen gezwungen wirkenden Vereinheitlichungen mannigfaltiger Entwicklungen zu monothematischen Perioden als inadäquat erachtet werden. Eine derart begründete Ablehnung würde Cieszkowskis Entwurf nicht in origineller Hinsicht treffen, da diese genannten Merkmale jede spekulativ fundierte Geschichtsphilosophie auszeichnen. Eine genuine Würdigung, oder eben Ablehnung, müsste sich demgegenüber der Forderung einer auf Vermittlung und Versöhnung ausgerichteten Praxis stellen. Da mögen Herleitung und argumentative Einbettung dieses Postulats strittig bleiben, sein Gehalt jedoch an Diskussionswürdigkeit nicht verlieren.

Literatur

Andrzejewski, B. „Der Pragmatismus und Praktizismus in Polen. Versuch einer Charakteristik der polnischen Philosophie des 19. Jahrhunderts." *Zeitschrift für Philosophische Forschung* 29/3(1975): 453-61.

Berki, R. N. „On the Nature and Origins of Marx's Concept of Labor."*Political Theory* 7/1 (1979): 35-56.

Bouton, C. „L'histoire de l'avenir. Cieszkowskilecteur de Hegel." *Revue Germanique Internationale* 8(2008): 77-92.

Cieszkowski, A. von. *Prolegomena zur Historiosophie* (1838). Mit einer Einleitung von R. Bubner und einem Anhang von J. Garewicz (Ausgabe von 1981), Hamburg.

Eidam, H. „Die vergessene Zukunft. Anmerkungen zur Hegel-Rezeption in August von Cieszkowskis ‚Prolegomena zur Historiosophie' (1838)." *Hegel-Studien* 31(1996): 63-97.

Gescinska, A.A./S. Lopez „Freedom as praxis: a comparative analysis of August Cieszkowski and NikolajBerdjaev." *Studies in East European Thought* 62(2010): 109-23.

Hegel, G.W.F. *Vorlesungen über die Philosophie der Weltgeschichte. Band I: Die Vernunft in der Geschichte*. 6. Auflage, hrsg. v. J. Hoffmeister, Hamburg1994.

Hepner, B.P. „History and the Future: The Vision of August von Cieszkowski."*The Review of Politics* 15/3(1953): 328-49.

Kubat, D. „Marx and Cieszkowski,"*American Slavic and East European Review* 20/1 (1961): 114-7.

Lauth, R. „Einflüsse slawischer Denker auf die Genesis der Marxschen Weltanschauung." *Orientalia Christiana Periodica*31/3-4(1955): 399-450.

Liebich, A. *Between Ideology and Utopia. The Politics and Philosophy of August Cieszkowski*. Dordrecht 1979.

Marx, K./F. Engels. *Der Briefwechsel*, Bd. 4, München 1985.

Mohseni, A. *Abstrakte Freiheit. Zum Begriff des Eigentums bei Hegel*. Hamburg 2015.

Opitz, H. „Die Praxis als zentrale Kategorie der materialistischen Gesellschaftstheorie. Eine Studie zur Genesis des Marxschen Praxisbegriffs." *Deutsche Zeitschrift für Philosophie* 14/4(1966): 450-68.

Quante, M. „After Hegel: the actualization of philosophy in practice." In: D. Moyar (Hrsg.), *The Routledge Companion to Nineteenth Century Philosophy*, London & New York 2010, S. 197-237.

Stepelevich, L.S. „August von Cieszkowski: From Theory to Praxis,"*History and Theory* 13/1 (1974): 39-52.

Stepelevich, L.S. „Making Hegel Into a Better Hegelian: August von Cieszkowski." *Journal of the History of Philosophy* 25/2(1987): 263-73.

Wolff, M. „Hegels staatstheoretischer Organizismus." *Hegel-Studien* 19 (1984): 147-77.

HANS-CHRISTOPH SCHMIDT AM BUSCH

Reform oder Revolution?
Fourier, die Saint-Simonisten und die Radikalisierung der deutschen Philosophie

Ideen und Bewegungen, die wir als sozialistisch ansehen, verzeichneten Ende der 1820er Jahre in Paris eine sprunghafte Zunahme an Zuspruch, und in den darauffolgenden Jahrzehnten übten sie einen prägenden Einfluss auf das öffentliche Leben der Stadt aus. Das theoretische und gesellschaftliche Interesse am Sozialismus verdankte sich politischen Enttäuschungen und wirtschaftlichen Erschütterungen. In politischer Hinsicht befand sich Frankreich in einer Epoche der Restauration, in der diejenigen gesellschaftlichen Kräfte, die bis 1789 einflussreich waren, rehabilitiert wurden – etwa der Adel oder die katholische Kirche.[1] In wirtschaftlicher Hinsicht wurde das Land von einer weltweiten Krise getroffen, die 1825 ausbrach und in Europa erst im Verlauf der 1850er Jahre überwunden werden konnte.[2] In dieser Situation wuchs die Zahl derer, die in sozialistischen Gesellschaftsformen eine attraktive Alternative zu den bestehenden Verhältnissen sahen.

Zu den einflussreichsten sozialistischen Denkern dieser Zeit gehörten Charles Fourier und die Saint-Simonisten. Diese Feststellung mag überraschen, fand der Sozialtheoretiker Fourier doch zunächst so gut wie keine Beachtung. Weder mit seinem frühen Hauptwerk, der 1808 veröffentlichten *Theorie der vier Bewegungen*, noch mit seinem *Traité de l'association domestique-agricole* aus dem Jahre 1822 erreichte Fourier eine größere Leserschaft, und von seinen wenigen Rezensenten wurde ihm vorgeworfen, schwer verständliche und in Teilen obskure Abhandlungen verfasst zu haben.[3] Bekannt, ja berühmt wurde der Autodidakt Fourier erst Ende der 1820er Jahre, als er die Grundzüge seines Denkens in einer vergleichsweise leicht verständlichen Schrift präsentierte[4] und in Paris zahlreiche Anhänger gewann, die seine Ideen in Vorträgen und Zeitungen propagierten. Im Verlauf der 1830er Jahre stieg dann die von seinen Schülern gegründete École sociétaire zum Zentrum des fourieristischen Denkens auf, und in den darauffolgenden Jahren entstanden in vielen Ländern politische oder soziale Bewegungen, die sich auf Fourier beriefen. Auch nach seinem Tod im Jahre 1837 war Charles Fourier also als Sozialtheoretiker eine Figur des öffentlichen Lebens.

---

1 Vgl. die überblicksartige Darstellung dieser Epoche in Haupt (2000).
2 Vgl. Roubini & Mihm (2011), 36 f.
3 Vgl. Beecher (1986), 116-127 und Fourier (2006), 19 f.
4 Diese Schrift aus dem Jahre 1829 trägt den Titel *Le nouveau monde industriel et sociétaire*. Sie liegt in Auszügen in deutscher Sprache vor. Vgl. Fourier (2012), 57-109.

Die saint-simonistische Bewegung war unter den sozialistischen die erste, die in Paris eine größere Anhängerschaft gewann. Ihre Gründungsväter verstanden sich als Schüler des 1825 verstorbenen Sozialphilosophen Claude-Henri de Rouvroy, Comte de Saint-Simon. In der Tat griffen sie Ideen aus dem Spätwerk Saint-Simons auf,[5] konzipierten mit ihnen aber eine eigenständige Theorie, die gegenüber dem Denken Saint-Simons auch signifikante Unterschiede aufweist.[6] Ihre Überlegungen entwickelten die Saint-Simonisten in einer Reihe von Vorträgen, die sie Ende der 1820er und zu Beginn der 1830er Jahre vor einer wachsenden Zahl von Zuhörern in ihrem Sitzungssaal der Pariser Rue Taitbout hielten.[7] Aus diesen *séances* ist das saint-simonistische Hauptwerk, *Doctrine de Saint-Simon. Exposition*, hervorgegangen, das vermutlich von Amand Bazard und Barthélemy Prosper Enfantin verfasst worden ist.[8]

Am Vorabend der Julirevolution bildeten die mehrheitlich in Paris lebenden Saint-Simonisten eine Gemeinschaft mit eigentümlichen Kommunikationsformen.[9] Allerdings sollte dieses soziale Experiment nicht von Dauer sein. Für die Auflösung der saint-simonistischen Gemeinschaft, die bereits Ende 1831 einsetzte und sich dann rapide vollzog, war eine Vielzahl von Ereignissen und Gegebenheiten verantwortlich: die Spaltung der Bewegung aufgrund von internen Auseinandersetzungen, welche unter anderem die gesellschaftliche Stellung der Frau und das Verhältnis des Saint-Simonismus zur Religion betrafen; staatliche Repressionsmaßnahmen; aber auch die Konkurrenz anderer sozialistischer Schulen, insbesondere der fourieristischen, der sich einige Saint-Simonisten anschlossen.[10]

Welchen Einfluss hat das Denken Fouriers und der Saint-Simonisten auf die Entwicklung der deutschen Philosophie gehabt? Dieser Frage werde ich in dem vorliegenden Beitrag nachgehen. Zwar ist allgemein bekannt, dass die Sozialtheorien, die Fourier und die Saint-Simonisten konzipiert haben, in den 1830er und 1840er Jahren von zahlreichen Hegel-Schülern und Hegelianern rezipiert worden sind; unter welcher Zielsetzung diese Rezeption stand und auf welche Theorieelemente sie sich bezog, sind jedoch Fragen, die meines Wissens noch nicht hinreichend untersucht worden sind. Ich werde deshalb meine Erörterung der deutschen Rezeption der Theorien Fouriers und der Saint-Simonisten auf diese Punkte zuschneiden.

In dem vorliegenden Beitrag werde ich zunächst die Grundzüge der Fourier'schen und der saint-simonistischen Theorie analysieren (1) und eine Unterscheidung zwischen zwei Rezeptionsarten treffen, die unterschiedlichen Haltungen entspringen: einer reformorientierten und einer revolutionären (2). Wie ich dann zeigen

---

5 Das Denken der Saint-Simonisten wurde vor allem durch Saint-Simons letztes Werk, die 1825 veröffentlichte Schrift *Nouveau Christianisme*, beeinflusst. Vgl. hierzu Siep (2007).
6 Vgl. hierzu vor allem Musso (1999).
7 An einigen dieser Sitzungen nahm auch Heinrich Heine teil. Vgl. zu Heines Verhältnis zum Saint-Simonismus Sammons (1979), 159-168 und Pinkard (2007).
8 Vgl. Salomon-Delatour (1962), 16.
9 Vgl. hierzu vor allem Thamer (1980) und (2007).
10 Der bekannteste von ihnen war Jules Lechevalier.

werde, ist das Fourier'sche und saint-simonistische Denken in Deutschland in den 1830er Jahren zunächst unter einer reformorientierten Perspektive rezipiert worden, die ihren Maßstab an der Hegel'schen Philosophie und einer ihr entsprechenden sozialen Welt hatte; an die Stelle dieser Art von Rezeption trat dann zu Beginn der 1840er Jahre eine andere, die eine revolutionäre Orientierung hatte und ein grundlegendes Element der Fourier'schen Sozialphilosophie zum Ausgangspunkt eines theoretischen Neuanfangs und einer gesellschaftlichen Umgestaltung machte. Damit hat Fouriers Sozialphilosophie einen eigenständigen und wichtigen Beitrag zur Radikalisierung der nachhegelschen deutschen Philosophie geleistet, der von der Forschung bisher nicht erfasst worden ist. Diese Einschätzung belegen Friedrich Engels, Moses Heß und Karl Marx mit ihren Schriften und Äußerungen aus jener Zeit (3-4).

1.

Den Ausgangspunkt von Fouriers Überlegungen bildet eine grundsätzliche Gesellschafts-, Wissenschafts- und Philosophiekritik. Fourier glaubt, dass die institutionelle Struktur der europäischen Gesellschaften seiner Zeit die Ursache von politischer Instabilität und wirtschaftlichem „Elend"[11] sei und den Erfordernissen des „sozialen Wohlergehens" (49) der Menschen zuwiderlaufe. Darüber hinaus ist er der Auffassung, dass diese Struktur als soziales Wirksamwerden von moralphilosophischen, ökonomischen und politischen Theorien zu verstehen sei, die im Zeitalter der Aufklärung entstanden sind.[12] Unbeschadet ihrer Verschiedenheiten weisen diese Theorien im Urteil Fouriers zwei basale Mängel auf: Zum einen fehlt ihnen eine angemessene Theorie des Menschen, zum anderen genügen sie nicht den Anforderungen einer mathematisch „exakten" (46) Disziplin und sind deshalb als „unsichere Wissenschaften" (39) einzustufen. Aufgrund dieser Defizite hält Fourier die fraglichen Theorien für ungeeignet, die Bedingungen des menschlichen Wohlergehens zu spezifizieren. Seines Erachtens ist es deshalb kein Zufall, dass institutionelle Strukturen, die nach Maßgabe jener Theorien konzipiert sind, in politischer und sozioökonomischer Hinsicht problematisch sind.

Aus dieser Einschätzung leitet Fourier das Erfordernis der Ausarbeitung „einer neuen Wissenschaft" (39) ab. Nach seiner Auffassung muss diese Wissenschaft denjenigen Kriterien genügen, die den Maßstab seiner oben skizzierten Kritik bilden: Sie muss eine angemessene Theorie des Menschen enthalten und den Anforderungen einer exakten Wissenschaft genügen. Wie Fourier betont, kann eine solche Wissenschaft nur einer geistigen Haltung der „absoluten Abweichung" entspringen, die durch den Willen geprägt ist, „sich von den unsicheren Wissenschaf-

---
11 Fourier (2012), 39. – Textstellen aus diesem Band werden im Folgenden unter Angabe der Seitenzahlen im Haupttext zitiert.
12 Vgl. ebd. S. 37-52.

ten in jeder Hinsicht fernzuhalten" (41). Genau diese Haltung beansprucht er als Theoretiker einzunehmen.[13]

In *anthropologischer* Hinsicht ist für Fourier das Studium dessen entscheidend, was er die menschlichen Passionen nennt. In der Tat vertritt Fourier den Standpunkt, dass Menschen rein passionelle Wesen sind. Um Missverständnissen vorzubeugen, sei betont, dass Fouriers Begriff der menschlichen Passion einen sehr großen Umfang hat und nicht nur das beinhaltet, was üblicherweise mit „Leidenschaft" bezeichnet wird.[14] Wie er in seinem frühen Hauptwerk, der 1808 veröffentlichten *Theorie der vier Bewegungen*, darlegt, sind es zwölf Passionen, welche seines Erachtens „die Haupttriebfedern der (menschlichen) Seele" (53) bilden. Neben den fünf Passionen der Sinne zählt Fourier hierzu die Passionen der Freundschaft, des Ehrgeizes, der Liebe und der Familie sowie diejenigen Passionen, die er (mithilfe von Neologismen) *la cabaliste*, *la papillonne* und *la composite* nennt und die sich, folgt man seinen Ausführungen, jeweils in einem Streben nach Prestige, nach Abwechslung und nach sozialer Zugehörigkeit erfüllen.[15]

Fourier ist der Auffassung, dass es Gesetzmäßigkeiten der „Anziehung" und „Abstoßung" zwischen den verschiedenen menschlichen Passionen gibt.[16] Offenbar[17] glaubt er, dass eine Passion A eine andere Passion B „anzieht", wenn die Befriedigung dieser Passion B sich positiv auf die Möglichkeiten der Befriedigung der Passion A auswirkt; demgegenüber „stößt" eine Passion A eine andere Passion B „ab", wenn die Befriedigung dieser Passion B sich negativ auf die Möglichkeiten der Befriedigung der Passion A auswirkt. Wie seinen Ausführungen zu entnehmen ist, vertritt Fourier darüber hinaus die Ansicht, dass die fraglichen (positiven oder negativen) Auswirkungen jeweils eine bestimmte Größe haben.

Die Gesetzmäßigkeiten, die zwischen den menschlichen Passionen bestehen, sind nach Fouriers Überzeugung für den Menschen erkennbar, und zwar sowohl in qualitativer als auch in quantitativer Hinsicht. Das heißt: Es ist für den Anthropologen möglich anzugeben, welche der verschiedenen Passionen einander anziehen oder abstoßen und wie groß die fragliche Anziehung oder Abstoßung gegebenenfalls ist. Weil das so ist, kann ein Anthropologe nicht nur qualitativ richtige, son-

---

13 In dieser „Haltung" artikuliert sich ein Vertrauen in die Leistungsstärke der „exakten" Wissenschaften, das im 19. Jahrhundert verbreitet war. Eine ähnliche Einstellung wie die von Fourier empfohlene manifestiert sich auch in der Moralphilosophie Jeremy Benthams, der Soziologie Auguste Comtes und der Ökonomik Hermann Heinrich Gossens.

14 Wie ich hier nur andeuten kann, ist Fouriers Begriff der Passion auch von demjenigen Begriff der Leidenschaft verschieden, den Albert O. Hirschman im Zuge seiner Unterscheidung zwischen Leidenschaften und Interessen entwickelt. Vgl. Hirschman (1987).

15 Vgl. Fourier (2012), 57–109.

16 Heinrich Heine, der mit den Grundzügen der Fourier'schen Theorie der Passionen vertraut war, spricht in diesem Zusammenhang von einem „geregelten und numerirten Schematismus der Leidenschaften, wie wir ihn bey Fourier finden" (Heine (1990), 118). Vgl. zu Heines Haltung gegenüber Fourier und seiner Lehre auch meine Überlegungen in Schmidt am Busch (2014).

17 Angesichts seines Anspruchs, eine exakte Sozialwissenschaft zu begründen, ist es erstaunlich, dass Fourier nicht präzise angibt, wann eine Passion A eine andere Passion B anzieht und wann sie sie abstößt.

dern auch quantitativ exakte Aussagen über diejenigen Beziehungen treffen, welche die menschlichen Passionen zueinander unterhalten. Aus diesem Grunde hält Fourier die Ausarbeitung einer mathematisch exakten Wissenschaft vom Menschen für möglich.[18] In ihr sieht er ein Pendant zu der von „Leibniz und Newton" ausgearbeiteten „Theorie der materiellen Bewegung" (37).

Natürlich ist sich Fourier darüber im Klaren, dass menschliche Passionen auf unterschiedliche Weisen befriedigt werden können und dass die Art der Befriedigung einer Passion die Anziehung oder Abstoßung derselben durch andere Passionen beeinflussen kann. Diesen Umständen trägt er auch terminologisch Rechnung, nämlich mit der Unterscheidung zwischen dem „Wesen" („nature") und der „Richtung" („marche")[19] von Passionen. Allerdings sieht Fourier in dem Umstand, dass ein und dieselbe Passion grundsätzlich verschiedene „Richtungen" der Befriedigung einschlagen kann, kein Hindernis für die Ausarbeitung einer Anthropologie, die in dem oben genannten Sinne eine exakte Wissenschaft ist.[20] Eine solche Theorie des Menschen bildet in Fouriers Verständnis das grundlegende Element der neuen Wissenschaft, die er in seinen Schriften zu entwickeln sucht.

In *sozialphilosophischer* Hinsicht ist für Fourier die Überzeugung leitend, dass eine menschliche Gesellschaft so eingerichtet werden kann, dass die Passionen ihrer Mitglieder vollständig und auf harmonische Art und Weise befriedigt werden.[21] Diesen Standpunkt begründet Fourier mithilfe von theologisch-metaphysischen Argumenten: Weil sie den Menschen von Gott gegeben worden seien, sind die menschlichen Passionen gut; deshalb müsse es der Wille Gottes sein, dass die menschlichen Passionen befriedigt (und nicht unterdrückt) werden; folglich müsse es eine soziale Ordnung geben können, in der die menschlichen Passionen vollständig und harmonisch befriedigt werden.[22]

Mit seiner Theorie der „Assoziation" beansprucht Fourier zu zeigen, wie eine solche Gesellschaft beschaffen sein muss. Ohne auf die Details dieser Theorie einzugehen, lässt sich sagen, dass eine Assoziation für Fourier ein sozialer Raum ist, in dem die Menschen durch organisierte produktive, konsumtive und sexuelle Tätigkeiten ihre menschlichen Passionen restlos befriedigen. Fouriers Berechnungen derjenigen Tätigkeitskomplexe („Serien" oder „Gruppen von Passionen")[23], die eine optimale Befriedigung der Passionen sicherstellen, beruhen auf seiner oben

---

18 Diesen Standpunkt betont Fourier auch in seiner Auseinandersetzung mit Robert Owen und dessen Anhängern. Vgl. Fourier (1980), 70-77.
19 Vgl. Fourier (2012), 44.
20 Allerdings führt Fourier für diese Auffassung keine Gründe an.
21 Hier ist zu beachten, dass Fouriers Konzeption der Harmonie das Vorkommen von Rivalitäten und Wetteifer einschließt. Dieser Umstand ergibt sich aus seiner oben genannten Auffassung, dass *la cabaliste* eine der Haupttriebfedern der menschlichen Seele ist.
22 Ähnliche Überlegungen finden sich bei Hermann Heinrich Gossen, einem der Begründer der Mikroökonomie. In der Tat hatte Gossen den Anspruch, mit den Mitteln einer exakten Sozialwissenschaft (nämlich der von ihm begründeten Mikroökonomie) „die Gesetze" der göttlichen „Schöpfung" zu explizieren und den Menschen so den Weg „zu einem vollendeten Paradiese" zu weisen. Vgl. hierzu Kurz (2009).
23 Vgl. Fourier (2012), 57-109.

genannten Unterscheidung zwischen dem Wesen und der Richtung der menschlichen Passionen. Fourier glaubt, dass sich die Passionen der Assoziierten unter Beibehaltung ihres Wesens und durch Anpassung ihrer Richtung so aufeinander beziehen lassen, dass sie restlos befriedigt werden können.

Mehr noch: Fourier ist der Überzeugung, dass die gesellschaftliche Arbeit so organisiert werden kann, dass jede Arbeit spezifische menschliche Passionen befriedigt und deshalb von der sie verrichtenden Person im Vollzug bejaht und genossen wird. Es ist ja denkbar, dass eine soziale Ordnung sämtliche menschliche Passionen ihrer Mitglieder befriedigt, zu diesem Zweck aber die Verrichtung von Arbeiten erforderlich macht, die ihrerseits keine Passionen befriedigen und als Belastungen oder Entbehrungen wahrgenommen werden. Folgt man Fourier, dann ist es möglich, die gesellschaftliche Arbeit so zu strukturieren, dass sie von den Arbeitenden restlos als Mittel der Befriedigung von menschlichen Passionen genossen wird.

Mit der von ihm konzipierten „neuen Wissenschaft" verfolgt Fourier nicht nur ein anthropologisches und sozialphilosophisches Anliegen. Vielmehr geht es ihm darum, die Grundzüge einer Theorie zu entwerfen, mit der „das allgemeine System der Natur" umfassend und adäquat beschrieben werden kann. Fourier glaubt, dass dieses System oder – wie wir sagen würden – die natürliche, mentale und soziale Welt durch fünf Arten von Bewegung konstituiert wird, die er als „materielle", „aromale", „organische", „tierische" und „soziale" oder „passionelle Bewegung" bezeichnet.[24] Dementsprechend ist er der Überzeugung, dass sich das allgemeine System der Natur auf der Grundlage einer Analyse dieser Bewegungsarten adäquat beschreiben lässt. Allerdings hat sich Fourier in seinen Schriften hauptsächlich mit der „passionellen" oder „sozialen Bewegung" befasst und seine Überlegungen zu den anderen Arten von Bewegungen zum Teil nur thesenartig vorgestellt.

Im Rahmen seiner Gesellschafts-, Wissenschafts- und Philosophiekritik – so sei abschließend bemerkt – entwickelt Fourier auch Überlegungen, die von den Grundannahmen der von ihm konzipierten „neuen Wissenschaft" systematisch *unabhängig* sind. Um hierfür nur einige Beispiel zu nennen: Fourier glaubt, dass freie Märkte ungeeignet sind, Vollbeschäftigung herzustellen und die materiellen Existenzgrundlagen der Menschen zu sichern; diese Einschätzung begründet er mit umfangreichen Überlegungen über die motivationalen Voraussetzungen und sozialen Auswirkungen des Handels und der Spekulation.[25] Angesichts dieser Diagnose plädiert Fourier für die Institutionalisierung eines „Rechts auf Arbeit" (199-205), das den Mitgliedern von Marktgesellschaften einen rechtlichen Anspruch auf eine existenzsichernde Beschäftigung gibt. Fouriers Rechtfertigung dieser Forderung stützt sich explizit auf freiheits- und naturrechtstheoretische Argumente und nicht auf Annahmen zur optimalen Befriedigung der menschlichen Passionen. Folglich

---

24 In der „Vorbemerkung" der *Theorie der vier Bewegungen* äußert Fourier die Auffassung, dass sich „das allgemeine System der Natur" auf der Grundlage einer Analyse der materiellen, organischen, tierischen und sozialen oder passionellen Bewegung adäquat beschreiben lässt. Vgl. Fourier (2012), 37 f. Seit 1814 glaubte er jedoch, dass zu diesem Zweck auch eine Analyse der von ihm so genannten aromalen Bewegung erforderlich sei. Vgl. hierzu auch Beecher (1986), 138.
25 Vgl. Fourier (2012), 155-188.

enthält seine Theorie Elemente, die ohne Bezugnahme auf die „neue Wissenschaft", die er zu etablieren beansprucht, eingeführt und begründet werden.

*

Für die Saint-Simonisten sind die westeuropäischen Gesellschaften ihrer Zeit Orte der „Ausbeutung des Menschen durch den Menschen"[26]. Die materielle Armut vieler Menschen, die sie wie Fourier beklagen, ist für sie die Folge dieses Umstands. In sozialtheoretischer Hinsicht ist herauszustellen, dass die Saint-Simonisten die von ihnen konstatierte Ausbeutung als eine klassenförmige verstehen. Wie aus der im Folgenden zitierten Passage ihres Hauptwerks, *Doctrine de Saint-Simon. Exposition*, hervorgeht, ist es der Besitz an Produktionsmitteln, der aus saint-simonistischer Sicht eine Bestimmung von gesellschaftlichen Klassen ermöglicht.

> „Heute wird die ganze Masse der Arbeiter von denen ausgebeutet, deren Eigentum sie nutzbar machen. Die Leiter der Industrie in ihren Beziehungen zu den Eigentümern unterliegen selbst dieser Ausbeutung, allerdings in unvergleichlich schwächerem Maße; sie nehmen ihrerseits an den Vorrechten der Ausbeutung teil, die mit ihrem ganzen Gewicht auf die Arbeiterklasse fällt, d.h. auf die ungeheure Mehrheit der Arbeiter." (106)

Dass die Ausbeutung eine klassenförmige sei, machen die Saint-Simonisten an dem Umstand fest, dass soziale Mobilität in den westeuropäischen Gesellschaften ihrer Zeit nur in Ausnahmefällen konstatiert werden könne. In der Regel sei es die soziale Herkunft des Einzelnen, die dessen Klassenzugehörigkeit bestimme. Diese „Erblichkeit" sozialer Positionen ist für die Saint-Simonisten aber ein Umstand, welcher dem Geist und der politischen Verfasstheit der westlichen Gesellschaften ihrer Zeit widerspricht:

> „Das sittliche Dogma, welches erklärt, daß kein Mensch auf Grund seiner *Geburt* als unfähig angesehen werden sollte, ist seit langem in die Gemüter eingedrungen, und die gegenwärtigen politischen Verfassungen haben es ausdrücklich anerkannt. Daher müßte heute nun zwischen den verschiedenen Gesellschaftsklassen ein ständiger Austausch unter den einzelnen Familien und Individuen stattfinden und als Folge dieses Kreislaufs die Ausbeutung des Menschen durch den Menschen, wenn sie weiter existiert, wenigstens nicht ständig auf denselben Klassen lasten. Tatsächlich aber findet dieser Austausch nicht statt, und, von einigen Ausnahmen abgesehen, *vererben* sich Vorteile und Nachteile jeder sozialen Stellung. Die Nationalökonomen stellten diese Tatsache in einer Beziehung fest, als *Erblichkeit des Elends*, als sie in der Gesellschaft die Existenz einer Klasse von *Proletariern* erkannten." (106 f.)

---

[26] Salomon-Delatour (1962), 103-111. – Ich zitiere die saint-simonistische *Doctrine de Saint-Simon. Exposition* in der deutschen Übersetzung, die in Salomon-Delatour (1962) vorliegt. Zitate aus diesem Buch werden im Folgenden durch die Angabe der entsprechenden Seitenzahlen im Haupttext kenntlich gemacht.

Die Saint-Simonisten halten die Errichtung einer Gesellschaft für möglich, in der es keine „Ausbeutung des Menschen durch den Menschen" gibt. Zu diesem Zweck ist es ihres Erachtens notwendig, die gesellschaftliche Güterverteilung sowie Fragen des Erbrechts anders zu regeln als in den von ihnen kritisierten Gesellschaften.

Hinsichtlich der Verteilung der gesellschaftlichen Güter befürworten die Saint-Simonisten folgende Grundsätze: „Jedem nach seiner Fähigkeit, jeder Fähigkeit nach ihren Werken." (92)[27] Wie ist diese Äußerung zu verstehen? Folgt man der *Doctrine de Saint-Simon*, dann gibt „Jedem nach seiner Fähigkeit" an, wie die Verteilung von Produktionsmitteln sowie von gesellschaftlichen und politischen Positionen idealerweise geregelt ist. Nach diesem Grundsatz gibt es im vorliegenden Zusammenhang nur ein Kriterium: die Fähigkeit der Empfänger von Produktionsmitteln, diese sachgemäß zu nutzen, bzw. die Eignung von Inhabern gesellschaftlicher oder politischer Positionen, diese gemäß ihren Bestimmungen auszuüben. Andere Faktoren (etwa die soziale Herkunft der Menschen) seien demgegenüber bei der Verteilung von Produktionsmitteln und gesellschaftlichen oder politischen Positionen zu vernachlässigen. „Jeder Fähigkeit nach ihren Werken" gibt an, wie die Verteilung von konsumtiven Gütern nach Ansicht der Saint-Simonisten zu regeln ist. Hier sollten die „Werke" bzw. die gesellschaftlich relevanten Leistungen, die der Einzelne erbringt, den Ausschlag geben. Folgt man der *Doctrine de Saint-Simon*, dann dürfen andere Faktoren bei der Verteilung von Konsumgütern keine Rolle spielen.

Darüber hinaus plädieren die Saint-Simonisten für die Abschaffung des Erbrechts. Eine Gesellschaft, in der es keine Ausbeutung gibt, kennt ihres Erachtens weder „durch Geburt bestehende Privilegien"[28] noch Arten des Erbens, die auf anderen Prinzipien (etwa der freien Verfügung der Menschen über ihren Besitz) beruhen. Dieser Standpunkt ist folgerichtig, denn das Erbrecht ermöglicht etwas, was die saint-simonistischen Verteilungsgrundsätze gerade ausschließen: einen Erwerb von konsumtiven und produktiven Gütern, der unabhängig von Fähigkeiten und Leistungen ist. Aus ihrer Befürwortung von „Jedem nach seiner Fähigkeit, jeder Fähigkeit nach ihren Werken" musste für die Saint-Simonisten also ohne Weiteres eine Ablehnung des Erbrechts folgen.

Die Befolgung der oben explizierten Verteilungsgrundsätze sowie die Abschaffung des Erbrechts sind aus saint-simonistischer Sicht sowohl notwendig als auch hinreichend bezüglich der Errichtung einer Gesellschaft, in der es keine „Ausbeutung des Menschen durch den Menschen" gibt. Folglich bilden diese Grundsätze sowie die Forderung, das Erbrecht zu beseitigen, die Kernelemente dessen, was als die saint-simonistische *Gerechtigkeitstheorie* anzusehen ist.

---

27 „À chacun selon sa capacité; à chaque capacité selon ses oeuvres" – dieses Credo bildete eine Kopfzeile der ersten Seite der Tageszeitung „Le Globe", nachdem diese Anfang 1831 von den Saint-Simonisten übernommen worden war. Vgl. zur Geschichte des „Globe" auch Waszek (1989).

28 „Tous les privilèges de la naissance, sans exceptions, seront abolis" – auch diese Wendung war im Kopf der ersten Seite des saint-simonistischen „Globe" zu lesen.

Darüber hinaus vertreten die Saint-Simonisten eine geschichtliche Theorie sozialer Versöhnung. Eine Gesellschaft, die versöhnt ist, zeichnet sich nach saint-simonistischer Vorstellung nicht nur durch die Befolgung der Grundsätze „Jedem nach seiner Fähigkeit, jeder Fähigkeit nach ihren Werken" sowie das Fehlen erbrechtlicher Befugnisse aus, sondern ist auch auf eine spezifische Art und Weise „organisch" (77) verfasst. Ohne auf dieses Theorieelement im Einzelnen einzugehen, lässt sich feststellen, dass eine Gesellschaft im Urteil der Saint-Simonisten organisch verfasst ist, wenn sie folgende Bedingungen erfüllt: Es gibt genau bestimmte Zwecke der gesellschaftlichen Kooperation sowie genau bestimmte Mittel und Wege, um diese Zwecke zu erreichen; diese Zwecke, Mittel und Wege sind allen Gesellschaftsmitgliedern bekannt und werden von ihnen mit Begeisterung befürwortet; und „alle Anstrengungen" der Menschen sind auf die Erreichung der gesellschaftlichen Zwecke unter Nutzung der fraglichen Mittel und Wege ausgerichtet. Sind diese Bedingungen erfüllt, dann sind die Beziehungen der Gesellschaftsmitglieder zueinander durch „Gedankengemeinschaft", „gemeinsames Wirken" und „Planung", mit einem Wort: durch „Harmonie" (36) gekennzeichnet.[29]

Die Saint-Simonisten hatten die Erwartung, dass eine solche Art von Gesellschaft sich weltweit etablieren und die geschichtliche Entwicklung der Menschheit zum Abschluss bringen würde. Das damit gegebene „nouveau régime sociale" (33) bezeichnen die Saint-Simonisten als „association" bzw. als „association universelle". Während Fourier der Auffassung ist, dass eine harmonische Gesellschaft aus einer Vielzahl von Assoziationen besteht (durch die spezifische konsumtive, produktive und sexuelle Passionen befriedigt werden), verwenden die Saint-Simonisten den Ausdruck „association" also zur Bezeichnung eines gesamtgesellschaftlichen, ja globalen Zusammenschlusses.[30] Wie Fourier sind sie aber der Überzeugung, dass sich die menschliche Natur nur in einem assoziativen gesellschaftlichen Zustand adäquat entfalten könne. Aus diesem Grund sehen sie in der „association universelle" die „Bestimmung" (77) des Menschen und seiner geschichtlichen Entwicklung.

2.

In den 1830er und 1840er Jahren wurde die zeitgenössische französische Sozialphilosophie in Deutschland stark rezipiert. Angesichts seiner Popularität zur Zeit der Julirevolution ist es keine Überraschung, dass zunächst der Saint-Simonismus im Fokus vieler deutscher Intellektueller stand. Demgegenüber setzte die Rezeption

---

29 Die saint-simonistische Theorie gesellschaftlicher Organizität ist vielfach kritisiert worden. Für Friedrich August von Hayek, Georg G. Iggers und Jacob L. Talmon ist sie Ausdruck eines totalitären Denkens. Vgl. von Hayek (2011), 44-53, Iggers (1958) und Talmon (1961). Mit dieser Kritik habe ich mich an anderer Stelle auseinandergesetzt. Vgl. Schmidt am Busch (2007), 86-91.
30 Dieser Befund verdeutlicht, dass es zu Lebzeiten Fouriers und der Saint-Simonisten keine etablierte, allgemein anerkannte Theorie der Assoziation gab. Vgl. zu diesem Thema auch Bluhm (2010).

von Fouriers Schriften erst im Verlauf der 1830er Jahre ein, erstreckte sich dann aber bis in die 1840er Jahre – in denen der Saint-Simonismus nur noch vereinzelt thematisiert wurde.

Interesse am Saint-Simonismus und an Fouriers Sozialphilosophie zeigten in Deutschland vor allem Intellektuelle, die durch Hegel beeinflusst waren und an den Auseinandersetzungen um seine Philosophie, die nach seinem Tod an Tragweite und Intensität gewannen, teilnahmen. Dieser Zusammenhang lässt sich mühelos belegen: So rezensiert Friedrich Wilhelm Carové, ein Mitarbeiter Hegels, bereits 1830 die *Doctrine de Saint-Simon*, und nur ein Jahr später publiziert er die Abhandlung *Der Saint-Simonismus und die neuere französische Philosophie*, in der er das saint-simonistische Hauptwerk in Auszügen in deutscher Übersetzung präsentiert und kommentiert. Auch mit Fouriers Leben und Denken beschäftigt sich Carové eingehend.[31] Eduard Gans, einer der bedeutendsten Weggefährten Hegels, setzt sich mit dem Saint-Simonismus in seinen Vorlesungen sowie in seiner Schrift *Rückblicke auf Personen und Zustände* (1836) auseinander.[32] Sebastian R. Schneider und Friedrich Tappehorn, die sich ausdrücklich zu Hegels politischer Philosophie bekennen, gehören zu den ersten Deutschen, die Fouriers Denken gründlich untersuchen.[33] August von Cieszkowski, der in den 1830er Jahren in Berlin studiert und Vorlesungen von Gans besucht, stellt in seiner Abhandlung *Prolegomena zur Historiosophie* (1838) detaillierte Überlegungen zur gesellschaftlichen Relevanz der Fourier'schen Sozialphilosophie an.[34] Moses Heß, dessen Denken sich in Auseinandersetzung mit der Hegel'schen Philosophie entwickelt, ist einer der besten Kenner der französischen Sozialphilosophie dieser Zeit. Und Friedrich Engels setzt sich nicht nur eingehend mit dem Saint-Simonismus, Fourier und dessen Schule auseinander, sondern tritt sogar als Übersetzer von Fouriers „Pamphlet gegen das goldene Kalb der Händler" hervor.[35]

Das Interesse dieser Intellektuellen – wie auch anderer Personen aus Hegels Umfeld[36] – am Saint-Simonismus und am Fourier'schen Denken entsprang einem Unbehagen an Hegels politischer Philosophie. Bekanntlich hatte Hegel in den Grundlinien der *Philosophie des Rechts* den Standpunkt entwickelt, dass die soziale und politische Welt, die sich in der Folge der Französischen Revolution ausgebildet hatte, eine institutionelle Grundstruktur aufweise, die „vernünftig" sei und den berechtigten Interessen der Menschen als Privatpersonen und Staatsbürger gerecht werde.[37] Diese Welt sei deshalb ein Gefüge, mit dem die Menschen sich identifizie-

---

31 Vgl. Carové (1838), 175-183.
32 Vgl. Gans (1995), 91-102 und Gans (2005), 58-63.
33 Ihre Schriften über Fourier und den Fourierismus erschienen im Jahre 1834. Vgl. Schneider (1834) und Tappehorn (1834).
34 Vgl. von Cieszkowski (1981), 146-149.
35 Dieser Text ist in dem von Martin Burckhardt zusammengestellten „Fourier-Lesebuch" enthalten. Vgl. Fourier (2006), 51-91.
36 Auch Heinrich Heine gehört diesem geistigen Kontext an. Siehe oben, Anmerkungen 7 und 16.
37 Vgl. Honneth (2011), Pippin (2008), Quante (2011), Siep (1992) und (2010) und Vieweg (2011).

ren können, bzw. ein Ort sozialer Versöhnung.³⁸ Was diesen Standpunkt fragwürdig machte, war der offensichtliche Umstand, dass im Zuge der beginnenden Industrialisierung viele Menschen in unwürdigen Verhältnissen lebten,³⁹ die es ihnen unmöglich machten, die institutionelle Grundstruktur derjenigen Gesellschaften, deren Bürger sie waren, als Ausdruck ihrer berechtigten Interessen als Privatpersonen und Staatsbürger zu verstehen. Angesichts dieser Gegebenheiten musste die Kernthese der *Grundlinien* – dass die geschichtlich ausgebildete Welt „vernünftig" und ein Ort der gesellschaftlichen Versöhnung sei – als problematisch angesehen werden.

In dieser real- und geistesgeschichtlichen Situation wurden die Theorien Fouriers und der Saint-Simonisten von zahlreichen deutschen Intellektuellen als Ressourcen wahrgenommen, mit denen Probleme der Hegel'schen Philosophie sowie der sozialen und politischen Welt möglicherweise behoben werden konnten.⁴⁰ Unter dieser Perspektive wurden sowohl die sozialtheoretischen Analysen als auch die gesellschaftspolitischen Vorschläge der Saint-Simonisten und Fouriers rezipiert. Wie aus meinen weiteren Überlegungen hervorgeht, ist es angemessen und hilfreich, in diesem Zusammenhang zwischen zwei Arten der Rezeption zu unterscheiden, die sich anhand der folgenden beiden Standpunkte beschreiben lassen:

1. Hegels politische Philosophie ist grundsätzlich und in weiten Teilen richtig; dementsprechend ist die geschichtlich ausgebildete Welt weitgehend vernünftig verfasst. Allerdings weisen sowohl Hegels Philosophie als auch die soziale und politische Welt regional begrenzte Defizite auf – etwa im Bereich der Konzeptualisierung und Verfasstheit der „bürgerlichen Gesellschaft". Die Behebung dieser Defizite ist ein vorrangiges Ziel des philosophischen Denkens und der politischen Praxis. Hinsichtlich der Erreichung dieses Ziels sind *einzelne* Überlegungen der Saint-Simonisten oder Fouriers von großem Wert.

2. Hegels Philosophie ist grundsätzlich problematisch, denn die geschichtlich ausgebildete Welt ist ein Ort der Entfremdung. Es bedarf deshalb eines theoretischen Neuanfangs sowie einer radikalen Umgestaltung der sozialen und politischen Welt. Die Erfüllung dieser Erfordernisse ist ein vorrangiges Ziel des philosophischen Denkens der politischen Praxis. Hinsichtlich der Erreichung dieses Ziels sind einige *grundlegende* Überlegungen, die Charles Fourier entwickelt hat, von großem Wert.

Der zuerst beschriebene Standpunkt ist in doppelter Hinsicht *reformorientiert*: bezüglich der Hegel'schen Philosophie sowie der geschichtlich ausgebildeten Welt; der zuletzt beschriebene Standpunkt ist in genau diesen Hinsichten *revolutionär*.

---

38 Diesen Aspekt der Hegel'schen Philosophie haben Michael Hardimon und Frederick Neuhouser betont. Vgl. Hardimon (1994) und Neuhouser (2000).
39 Vgl. hierzu nun auch Hunt (2012), 106-158.
40 Vgl. Toews (1980), Breckman (1999) und Moggach (2011).

Während jener Standpunkt zu Beginn der 1830er Jahr vielfach vertreten wurde, war dieser Standpunkt nur knapp zehn Jahre später dominant. Zu den Repräsentanten jenes Standpunkts zählten Friedrich Wilhelm Carové, Eduard Gans, Sebastian R. Schneider und Friedrich Tappehorn,[41] zu den Vertretern jenes Standpunktes Friedrich Engels, Moses Heß und Karl Marx.

Diese beiden Standpunkte werde ich im Folgenden behandeln. Ich werde zeigen, welche Elemente der Fourier'schen und saint-simonistischen Sozialphilosophie in Deutschland rezipiert wurden, und erläutern, warum diese Rezeption einen erheblichen Einfluss auf die Radikalisierung der nachhegelschen Philosophie ausgeübt hat.

3.

Friedrich Wilhelm Carové ist einer der Begründer des reformorientierten Standpunkts. Das ist seinen Schriften aus den 1830er Jahren zu entnehmen. In ihnen macht Carové deutlich, dass er Hegels politische Philosophie grundsätzlich befürwortet und der Auffassung ist, dass die gesellschaftlichen Institutionen, die sich in „der neuesten Zeit"[42] etabliert haben, ein hohes Maß an „Vernünftigkeit"[43] aufweisen. Zugleich aber ist er der Überzeugung, dass eben diese Institutionen „vielfach zu egoistischer Vereinzelung und Zersplitterung, eben dadurch aber gerade auch zu vielfachem Elend und verzweifelnder Selbstvernichtung hingeführt"[44] (182) haben – ein Problem, das von Hegel unterschätzt worden sei und mit den Mitteln seiner Philosophie allein nicht gelöst werden könne.[45] Wenngleich er die philosophischen Grundlagen ihrer Theorien scharf kritisiert,[46] glaubt Carové, dass Fourier und die Saint-Simonisten die Relevanz des oben genannten Problems deutlicher als Hegel gesehen hätten. Darüber hinaus hält er ihre Forderung nach Stärkung der assoziativen Elemente des gesellschaftlichen und insbesondere des wirtschaftlichen Lebens für richtig und wichtig[47] – wobei er Fouriers Überlegungen in dieser Hinsicht

---

41 Vgl. zu Gans Bienenstock (2011), Pinkard (2007) und Waszek (1988). Die Positionen von Carové und Schneider werde ich im Folgenden erörtern. Zu Tappehorns Rezeption der französischen Sozialphilosophie liegt meines Wissens keine Forschungsliteratur vor.
42 Carové (1830), 921.
43 Ebd., 922.
44 Carové (1838), 182.
45 Das schließt nicht aus, dass Carové *einzelne* Maßnahmen, die im vorliegenden Zusammenhang von Hegel befürwortet werden, als richtig erachtet. So sieht er z.B. in der „Organisirung von Colonisation" ein Mittel der Bekämpfung von Armut. Vgl. Carové (1830), 921. Hegel selbst thematisiert diesen Punkt in den *Grundlinien der Philosophie des Rechts*. Vgl. Hegel (1970), § 247 f.
46 Carové (1838), 203 f.
47 So erachtet er als Verdienst der saint-simonistischen Bewegung, „daß sie in allen Sphären des Lebens nicht nur die besonderen Berechtigungen und Unterschiede anerkennt, sondern auch auf ihre Vereinigung zu einem organischen Ganzen hinarbeitet" (Carové (1830), 921), und ganz in diesem Sinne würdigt er Fouriers „Forderung der Gemeinsamung" und dessen „Bemühen", „dieses Princip in die ganze Oekonomie des menschlichen Dasein einzuführen" (Carové (1838), 182).

denen der Saint-Simonisten vorzieht.[48] Was nun erbracht werden müsse, sei der Nachweis, dass diese Elemente in die Hegel'sche Philosophie sowie die soziale und politische Welt integriert werden können. Es ist offensichtlich, dass Carové hierin eine der vordringlichen Aufgaben seiner Zeit sieht.

Was Carové mit diesen Überlegungen etabliert, ist ein philosophisches Forschungs- und politisches Reformprojekt. Während er selbst zu der Ausführung dieses Vorhabens keine nennenswerten Beiträge mehr leistet, sind es andere Intellektuelle, die in diesem Zusammenhang innovative Vorschläge unterbreiten. Unter ihnen ist Sebastian R. Schneider, der 1834 ein Buch mit einem programmatischen Titel veröffentlicht: „Das Problem der Zeit und dessen Lösung durch die Association".

In dieser Abhandlung versucht Schneider im Wesentlichen Folgendes zu zeigen: Die im Zuge der Französischen Revolution und der industriellen Revolution entstandenen Wirtschaftsordnungen sind die Ursache einer weitreichenden Entsolidarisierung und Verelendung; wenngleich sie in ihren Grundannahmen richtig ist, stellt Hegels Philosophie keine Konzepte für eine Lösung dieser Probleme zur Verfügung; Fouriers Theorie der Assoziation ist demgegenüber geeignet, „das Problem der Zeit" zu lösen, und sie lässt sich in Hegels Theorie des modernen Gemeinwesens integrieren. Wie begründet Schneider diese Thesen?

Schneiders Kritik an der Wirtschaftsordnung in Deutschland bezieht sich auf die seines Erachtens dort „fast durchgängig eingeführte gleiche Erbfolge und Gewerbefreiheit". Hierzu stellt er fest: „Jene [die gleiche Erbfolge; SaB] veranla[ßt]e [nämlich] die Entstehung einer Menge von imaginären Kapitalien, d.h. solcher, die nie wirklich zur Förderung eines industriellen Interesses in Umlauf gesetzt worden sind, wodurch die Verzinsenden nothwendig beim Eintritt schwieriger Umstände hart getroffen w[e]rden, und die letztere [die Gewerbefreiheit] ha[t] durch Herbeiführung einer unbegränzten Concurrenz die ohne Kapital producirende Klasse auf den allergeringsten Tagelohn zurückgewiesen und einen Zustand der Wohlfeilheit herbeigeführt, der nur den Reicheren zu Gute komm[t], unsäglich schwer aber auf den Uebrigen laste[t]. [...] Mit einem Wort: Die Verarmung wächst unübersehbar fort, mit ihr, Sittenverwilderung oder thierische Verdumpfung, und der Bedrängte sieht, statt nach einer gesegneten Zukunft, in eine wüste Zeit hinaus."[49]

Schneider teilt die Grundannahmen von Hegels politischer Philosophie; „unter den Neuern", so lesen wir in seiner Abhandlung, „dürfte Hegel das Beste über den Staat gesagt haben."[50] Wie Hegel ist er der Überzeugung, dass eine moderne Wirtschaftsordnung den Einzelnen als eigentumsfähiges Rechtssubjekt schützen müsse, zugleich aber institutionelle Vorkehrungen zu treffen habe, welche unter den Bürgern die Ausbildung solidarischer Beziehungen fördern und das Entstehen materieller Not verhindern. Staaten, welche die zuletzt genannte Aufgabe vernachlässi-

---

48 Carové (1838), 182.
49 Schneider (1834), 14 und 16.
50 Ebd., 68.

gen, könnten weder in wirtschaftlicher noch in politischer Hinsicht stabil sein, sondern würden durch Elend und Protest zerrüttet werden; auch in diesem – in den *Grundlinien* ausführlich erörterten Punkt[51] – stimmt Schneider mit Hegel überein.

Angesichts seiner oben skizzierten Gesellschaftskritik hat die Frage, wie sich in einer modernen Gesellschaft Solidarität befördern und Armut vereiteln lassen, für Schneider eine besondere Dringlichkeit. Schneider glaubt, dass Hegel auf diese Frage keine überzeugende Antwort gegeben habe. Zwar hatte Hegel behauptet, dass eine in der Tradition der Kameralistik stehende „Policey" sowie staatlich geschützte „Korporationen" in der modernen „bürgerlichen Gesellschaft" ein hinreichendes Maß an „Sittlichkeit" und allgemeinem Wohlstand stiften können[52] – aber gerade diese Institutionen waren ja durch die von Schneider kritisierten erbrechtlichen und wirtschaftspolitischen Maßnahmen (Einführung einer gleichen Erbfolge und von Gewerbefreiheit) massiv unter Druck geraten. Angesichts dieser Umstände fragt sich Schneider, ob andere als die von Hegel befürworteten Institutionen in modernen Gesellschaften zur Ausbildung solidarischer Beziehungen und zur Verbesserung der materiellen Lebensbedingungen der am schlechtesten Gestellten beitragen können.

Schneiders Antwort auf diese Frage wird bereits im Titel seines oben genannten Buches angekündigt. In der Tat ist Schneider der Auffassung, dass eine nach Maßgabe von Fouriers Theorie eingerichtete Assoziation genau diejenigen Funktionen erfüllen würde, die Hegel seines Erachtens zu Unrecht der Polizei und den Kooperationen zugeschrieben hatte: Sie würde unter den Bürgern die Ausbildung kooperativer und vertrauensvoller Beziehungen fördern und das Entstehen materieller Not verhindern. Hierzu ist die Assoziation in Schneiders Urteil aus verschiedenen Gründen geeignet. Zum einen leiste sie unter den Assoziierten eine spezifische Art der Versittlichung: Das einzelne Mitglied einer Assoziation, das gemäß seinen Fähigkeiten und Neigungen und unter der Perspektive einer dauerhaften Beschäftigung arbeiten kann, entwickele nämlich ein Interesse nicht nur an seinem künftigen Wohlergehen, sondern auch an dem Wohl seiner Angehörigen und Mitassoziierten. Zum anderen zeichne sich die Assoziation durch eine hohe Produktivität aus, ein Umstand, den Schneider unter anderem darauf zurückführt, dass die Assoziierten ihre Arbeit im Vollzug bejahen und Rechtsstreitigkeiten unter ihnen minimal sein würden. Aus den genannten Gründen sieht Schneider in der Fourier'schen Assoziation eine institutionelle „Lösung" des größten Problems seiner Zeit: der sozialen Frage.

Schneider glaubt, dass Assoziationen, die nach Maßgabe von Fouriers Überlegungen strukturiert sind, mit dem staatlich garantierten Schutz des Einzelnen als eigentumsfähiges Rechtssubjekt kompatibel sind.[53] Aus diesem Grunde könnten

---

51 Vgl. Hegel (1970), §§ 230-256.
52 Ebd.
53 Schneider – so ist zu beachten – begründet diese Einschätzung unter Bezugnahme auf die Theorie „Fouriers und seiner Anhänger" (Schneider (1834), 32), wie sie sich in Plänen für die Errichtung

sie im Rahmen der bestehenden rechtlichen Verhältnisse etabliert werden. Darüber hinaus weiß Schneider, dass die rechtliche Anerkennung des Einzelnen als eigentumsfähiges Individuum ein Kernelement dessen ist, was Hegel als ein vernünftiges modernes Gemeinwesen ansieht. Es ist folgerichtig, dass er aus seiner oben genannten Kompatibilitätsthese den Schluss zieht, dass Fouriers Theorie der Assoziation grundsätzlich in Hegels politische Philosophie integriert werden könne.

Wie diese Überlegungen zeigen, ist Schneider ein Vertreter des von uns so genannten reformorientierten Standpunkts. Es ist deshalb keine Überraschung, dass er sich ausdrücklich von den Grundlagen der Fourier'schen Sozialphilosophie distanziert: Fouriers Bewegungslehre, seine anthropologische Grundannahme, dass Menschen rein passionelle Wesen sind, sowie seine sozialtheoretische Überzeugung, dass sämtliche menschliche Passionen durch geeignete soziale Arrangements harmonisch befriedigt werden können, gelten ihm als Ausdruck „oberflächlicher französischer Philosophistik"[54]. Andererseits ist Schneider der Auffassung, dass sich Fourier mit seiner Kritik an marktregulierten Wirtschaftsordnungen, seiner Analyse der Bedürfnisse[55] der Mitglieder moderner Gesellschaften sowie seiner Theorie der Erfüllung jener Bedürfnisse durch ‚assoziative' Institutionen große Verdienste erworben habe. Diese Theorieelemente sind es, die Fourier in Schneiders Urteil zu einem bedeutenden Denker machen.

*

Knapp zehn Jahre später war der Geist der Zeit ein anderer. Angesichts wirtschaftlicher Krisen, die sich verschärften, und sozialer Konflikte, die Gesellschaften erschütterten, war es schwierig, wenn nicht unmöglich, an der Kernthese von Hegels politischer Philosophie festzuhalten: dass die geschichtlich ausgebildete Welt eine vernünftige Grundstruktur aufweise bzw. ein Ort der sozialen Versöhnung sei. Für viele Intellektuelle war das Gegenteil der Fall: Die Gesellschaften, in denen sie lebten, galten ihnen aus strukturellen Gründen als Stätten der Entfremdung. Diesen Denkern konnte es folglich nicht darum gehen, regional begrenzte Probleme

---

einer sogenannten Versuchsassoziation in Condé-sur-Vesgres artikuliert. Gegen Ende seines Lebens war es Fourier ein Anliegen, die Attraktivität seiner Vorstellungen zur Neuorganisation der gesellschaftlichen Arbeit in Gestalt einer Versuchsassoziation unter Beweis zu stellen. Eine Möglichkeit hierzu bot sich ihm – dank der Unterstützung seiner Schüler – in den 1830er Jahren in Condé-sur-Vesgres. Hinsichtlich der o.g. Auffassung Schneiders ist im vorliegenden Zusammenhang zu beachten, dass der Theoretiker Fourier zwischen Gesellschaften, in denen vollständige Harmonie anzutreffen ist, und Vorstufen derselben (wie der genannten Versuchsassoziation) unterschied. Während in Gesellschaften dieses Typs der rechtliche Schutz des Einzelnen als eigentumsfähiges Individuum unstrittig war, ist es meines Erachtens zweifelhaft, (1.) ob Fourier glaubte, dass auch in restlos harmonischen Gesellschaften der Einzelne in dieser Hinsicht anerkannt sein würde, und (2.) ob ein solcher Schutz mit den Grundannahmen der Fourier'schen Sozialphilosophie überhaupt kompatibel ist. Vgl. hierzu auch Beecher (1986), 170-175.

54 Schneider (1834), 17.
55 Im vorliegenden Zusammenhang ist daran zu erinnern, dass Fouriers Begriff der Passion auch Bedürfnisse sozialer Wertschätzung und Zugehörigkeit einschließt. Siehe oben, S. 220.

der Hegel'schen Philosophie und der sozialen und politischen Welt mithilfe von saint-simonistischen oder Fourier'schen Überlegungen zu beheben; vielmehr waren sie zu der Überzeugung gelangt, dass ein theoretischer Neuanfang und eine radikale gesellschaftliche Umgestaltung erforderlich seien. Zu den wichtigsten Vertretern dieses revolutionären Standpunkts zählten Friedrich Engels, Moses Heß und Karl Marx.[56] Warum die Fourier'sche Sozialphilosophie für sie eine wichtige Ressource bildete, soll nun erörtert werden.

In einem im November 1843 publizierten Zeitungsartikel, „Fortschritte der Sozialreform auf dem Kontinent", setzt sich Friedrich Engels mit der Fourier'schen Theorie auseinander. Wie Engels betont, findet man in Fouriers Schriften „mehr wirklichen Wert" als in denen der anderen französischen Sozialphilosophen des 19. Jahrhunderts – etwa der Saint-Simonisten, deren Theorie Engels abschätzig als „Sozialpoesie" bezeichnet.[57] Was Fouriers Werk demgegenüber auszeichne, seien „wissenschaftliche Forschung, kühles, vorurteilsfreies, systematisches Denken, kurzum Sozialphilosophie"[58]. Engels fährt fort:

> „Fourier war es, der zum ersten Male das große Axiom der Sozialphilosophie aufstellte: Da jedes Individuum eine Neigung oder Vorliebe für eine ganz bestimmte Art von Arbeit habe, müsse die Summe der Neigungen aller Individuen im großen und ganzen eine ausreichende Kraft darstellen, um die Bedürfnisse aller zu befriedigen. Aus diesem Prinzip folgt: Wenn jeder einzelne seiner persönlichen Neigung entsprechend tun und lassen darf, was er möchte, werden doch die Bedürfnisse aller befriedigt werden, und zwar ohne die gewaltsamen Mittel, die das gegenwärtige Gesellschaftssystem anwendet. Diese Behauptung schien kühn zu sein, und doch ist sie in der Art, wie Fourier sie aufstellt, ganz unanfechtbar, ja fast selbstverständlich – das Ei des Kolumbus. Fourier weist nach, daß jeder mit der Neigung für irgendeine Art von Arbeit geboren wird [...] und daß daher keine Notwendigkeit besteht, Menschen zur Tätigkeit zu zwingen, wie im gegenwärtig bestehenden Gesellschaftszustand, sondern nur die, ihren natürlichen Tätigkeitsdrang in die richtige Bahn zu lenken. Er beweist ferner, daß Arbeit und Vergnügen identisch sind, und zeigt die Vernunftwidrigkeit der gegenwärtigen Gesellschaftsordnung, die beide voneinander trennt, aus der Arbeit eine Plackerei und das Vergnügen für die Mehrheit der Arbeiter unerreichbar macht; weiter zeigt er, wie bei vernünftigen Vorkehrungen die Arbeit zu dem gemacht werden kann, was sie eigentlich sein soll, nämlich zu einem Vergnügen, wobei jeder seinen eigenen Neigungen folgen darf."[59]

An dieser Stelle sind drei Punkte bemerkenswert:

---

56 Ich verwende den Ausdruck „revolutionärer Standpunkt" in dem oben erläuterten Sinne. Vgl. zum neuzeitlichen und modernen Revolutionsverständnis nun auch Scheier (2013).
57 An dieser Stelle ist daran zu erinnern, dass die saint-simonistische Bewegung sich bereits in den frühen 1830er Jahren aufgelöst hat. Siehe oben, S. 218. Deshalb konnte Friedrich Wilhelm Carové im November 1836 einen „Rückblick auf den St.-Simonismus" werfen. Vgl. Carové (1838), 161-170.
58 Engels (1985), 483.
59 Ebd.

1. Engels bezieht sich zustimmend auf Fouriers These, dass es eine Gesellschaft geben können „müsse", in der „die Bedürfnisse aller" Menschen harmonisch befriedigt werden. (Zwar spricht Engels im vorliegenden Zusammenhang von *den* Bedürfnissen aller und nicht von *sämtlichen* Bedürfnissen aller; klarerweise ist aber Letzteres das von ihm Gemeinte.[60])

2. Engels bezieht sich zustimmend auf Fouriers These, dass in einer solchen Gesellschaft jeder Mensch nur solche Arbeiten verrichtet, die seinen „Neigungen" entsprechen, ihm „Vergnügen" bereiten und frei von „Zwang" sind.

3. Engels bezieht sich zustimmend auf Fouriers These, dass eine solche Gesellschaft auf Planung beruhe. Es bedarf „vernünftige[r] Vorkehrungen", damit die Bedürfnisse der Menschen harmonisch befriedigt werden und die Arbeit so beschaffen ist, dass sie den „Neigungen" der Arbeitenden entspricht, ihnen „Vergnügen" bereitet und frei von „Zwang" ist.

Sieht man davon ab, dass Fouriers Begriff „Passion" umfassender ist als Engels' Begriff „Bedürfnis" – Engels scheint im vorliegenden Zusammenhang im Wesentlichen an konsumtive Bedürfnisse zu denken –, dann lässt sich Folgendes feststellen: Engels übernimmt Fouriers sozialtheoretische Grundannahme, dass sich durch gesellschaftliche Planung eine vollständig harmonische soziale Ordnung herstellen lasse, in der die Menschen ohne Zwang nur solche Arbeiten verrichten, die ihren Neigungen entsprechen und ihnen Vergnügen bereiten.

Eine ähnliche Auffassung äußert Moses Heß. Im Jahre 1843 publiziert er einen Aufsatz mit dem Titel „Sozialismus und Kommunismus", in dem er die Thesen vertritt, dass Fourier den französischen Geist auf „de[n] absoluten Standpunkt" erhoben und „dem Kommunismus" einen „großen Dienst" erwiesen hat. Diese Thesen begründet Heß mit folgenden Überlegungen:

> „Der sehr populäre Einwurf, der dem Kommunismus bisher namentlich vom französischen Geiste gemacht wurde, daß nämlich der Zustand der Gemeinschaft, in welcher die absoluteste Freiheit aller Menschen und jeder Tätigkeit herrschen soll, ohne daß ein äußeres Gesetz, eine Regierung irgendwelcher Art diese Freiheit vor der Willkür schütze – daß ein solcher sozialer Zustand ein ‚idealer' sei und keine Menschen, sondern ‚Engel' voraussetze, dieser sehr verständige Einwurf ist hier beseitigt. Fourier und Hegel haben erkannt, daß es nur eine menschliche Natur wie überhaupt nur ein Prinzip des Lebens gibt, nicht aber ein gutes und ein böses, Engel und Teufel, tugendhafte und lasterhafte Menschen – und indem Fourier mit dieser höheren Lebensanschauung an die sozialen Zustände herantrat und es auf dieselben anwandte, fand er, daß jede Neigung gut ist, wenn sie nur nicht durch äußere Hindernisse gehemmt oder umgekehrt durch Reaktion krankhaft gereizt wird, sondern vollkommen frei hervortreten und ihre Tätigkeit applizieren kann."[61]

---

60 Das macht Engels auch an anderer Stelle deutlich. Vgl. Engels (1985a).
61 Heß (1961), 201f.

Und er ergänzt: „Zu irgend einer Tätigkeit, ja zu sehr verschiedenartiger Tätigkeit hat jeder Mensch Lust – und aus der Mannigfaltigkeit der freien menschlichen Neigungen und Tätigkeiten besteht der freie, nicht tote, gemachte, sondern lebendige, ewig junge Organismus der freien menschlichen Gesellschaft, der freien menschlichen Beschäftigungen, die hier aufhören, eine ‚Arbeit' zu sein, die hier vielmehr mit dem ‚Genuß' durchaus identisch sind."[62]

Folgt man diesen Ausführungen, dann besteht das Verdienst Fouriers darin, Folgendes gezeigt zu haben: Eine menschliche Gesellschaft kann in dem Sinne harmonisch eingerichtet sein, dass sie restlos aus Tätigkeiten besteht, zu deren Ausführung die Menschen eine „Neigung" haben. In einer solchen Gesellschaft ist die Arbeit für die sie verrichtenden Personen ein „Genuss". Um eine solche Gesellschaft einzurichten, ist es notwendig (und hinreichend), die Neigungen der Menschen und die ihnen entsprechenden Tätigkeiten durch „Organisation"[63] auf eine bestimmte Art und Weise zueinander in Beziehung zu setzen – nämlich so, dass die Neigungen der Menschen „nicht durch äußere Hindernisse gehemmt oder umgekehrt durch Reaktion krankhaft gereizt" werden.

Wie diese Überlegungen deutlich machen, gelangt Moses Heß bezüglich des Gehalts und der Relevanz der Fourier'schen Theorie zu einer ähnlichen Einschätzung wie Friedrich Engels. Gleich Engels ist er der Auffassung, dass Fourier gezeigt habe, warum und wie es möglich sei, eine Gesellschaft so einzurichten, dass sie vollständig aus Tätigkeiten besteht, die ohne Zwang bzw. „frei" verrichtet werden, den „Neigungen" der Menschen entsprechen und ihnen „Genuss" bereiten. (Anders als Engels thematisiert Heß zwar nicht ausdrücklich die Frage, ob in einer solchen Gesellschaft *sämtliche* Neigungen oder Bedürfnisse der Menschen befriedigt werden können; allerdings suggerieren seine Ausführungen, dass er dieser Auffassung ist.)[64]

Wodurch ist die Fourier-Rezeption von Engels und Heß charakterisiert? Im Gegensatz zu Carové und Schneider, die die Grundannahmen der Fourier'schen Sozi-

---

62 Heß (1961), 206f.
63 Ebd., 277.
64 Moses Heß' Verständnis der Fourier'schen Theorie scheint durch seine Lektüre des Werkes *Der Socialismus und Communismus des heutigen Frankreichs* von Lorenz von Stein geprägt worden zu sein. In der Tat war Heß' Aufsatz „Sozialismus und Kommunismus" (aus dem die im Haupttext zitierten Stellen entnommen sind) eine Rezension dieses Buches, das 1842 veröffentlicht wurde. In *Der Socialismus und Communismus des heutigen Frankreichs* präsentiert Stein Fouriers Theorie als Versuch einer Beantwortung der folgenden beiden Fragen: (1.) Wie lässt sich die Produktivität der gesellschaftlichen Arbeit so steigern, dass alle konsumtiven Bedürfnisse der Gesellschaftsmitglieder befriedigt werden können? (2.) Wie lässt sich die gesellschaftliche Arbeit so einrichten, dass sie ein Genuss ist und gerne ausgeführt wird? Folgt man von Stein, dann behauptet Fourier im vorliegenden Zusammenhang im Wesentlichen Folgendes: Um die Produktivität der gesellschaftlichen Arbeit so zu steigern, dass alle konsumtiven Bedürfnisse befriedigt werden können, ist es notwendig und hinreichend, dass die gesellschaftliche Arbeit so eingerichtet wird, dass sie ein Genuss ist und gerne ausgeführt wird. Die gesellschaftliche Arbeit kann so eingerichtet werden, dass diese Bedingung erfüllt ist. Denn es ist der „Wille Gottes" (273), dass die Menschen ein harmonisches und glückliches Leben führen. Vgl. Stein (1842), insbesondere 268-282.

alphilosophie zurückweisen, sind Engels und Heß der Überzeugung, dass die Menschheit Fourier eine grundlegende Erkenntnis („das Ei des Kolumbus") verdanke: die Einsicht, warum und auf welche Art und Weise Gesellschaften Orte vollständiger Harmonie sein können. Dass dieses Theorieelement Engels und Heß faszinierte, ist nicht überraschend, da es von ihnen als Ausgangspunkt eines theoretischen Neuanfangs und als Leitfaden eines gesellschaftlichen Umbaus verwendet werden konnte. Es ist deshalb keine Übertreibung zu behaupten, dass Fouriers Sozialphilosophie den Theoretikern Engels und Heß eine grundlegende gedankliche Ressource bereitstellte[65] und damit an der Radikalisierung der nachhegelschen Philosophie entscheidend beteiligt war.

4.

Und Marx? Es ist unstrittig, dass er bereits zu Beginn der 1840er Jahre der Überzeugung war, dass die Hegel'sche Philosophie grundsätzlich problematisch und die soziale und politische Welt ein Ort der Entfremdung sei; ferner, dass er von der Möglichkeit eines theoretischen Neuanfangs und einer radikalen gesellschaftlichen Umgestaltung überzeugt war.[66] Doch war er auch der Auffassung, dass Fouriers Sozialphilosophie im Hinblick auf die Erreichung der entsprechenden Ziele eine wichtige, ja entscheidende Ressource bildete? Vordergründig spricht wenig dafür, dass es sich so verhielt – hat sich Marx, anders als Engels und Heß, in seinen Schriften aus dieser Zeit doch gar nicht näher mit Fourier auseinandergesetzt. Wie ich an anderer Stelle gezeigt habe,[67] gibt es dennoch gute Gründe für die Annahmen, dass Marx in jenen Jahren – als er die *Ökonomisch-philosophischen Manuskripte* verfasste – von der Gültigkeit der Fourier'schen These überzeugt war, nach der sich durch gesellschaftliche Planung eine vollständig harmonische soziale Ordnung etablieren lasse, und dass diese Überzeugung für den Theoretiker Marx systematisch relevant war.

In den Jahren 1843 und 1844 entwickelt Marx – ohne Bezugnahme auf Fourier – den anthropologischen Standpunkt, dass Menschen wesentlich „Gemeinwesen" bzw. „Gattungswesen" seien und dass ihr Wesen sich in einer spezifischen Kooperation adäquat realisiere. Ohne auf die Einzelheiten dieser Konzeption einzugehen,[68] lässt sich sagen, dass es sich bei der fraglichen Kooperation um einen Produktions- und Konsumtionszusammenhang handelt, der unter anderem die folgenden Merkmale aufweist:

---

65 Dieser Punkt ist angesichts der gegenwärtigen Forschung hervorzuheben. In seiner vielbeachteten Engels-Biographie geht Tristram Hunt davon aus, dass Engels bereits in den 1840er Jahren „Fourier [...] geringschätzig als ‚utopische[n] Sozialisten'" (Hunt (2012), 99) angesehen hat; diese Einschätzung belegt er mit Engels' Schrift *Die Entwicklung des Sozialismus von der Utopie zur Wissenschaft* aus dem Jahre 1875. Im Lichte unserer Untersuchung ist demgegenüber festzustellen, dass zumindest der junge Engels Fourier nicht Geringschätzung, sondern Hochachtung entgegenbrachte.
66 Vgl. hierzu nun auch Hegelich (2013).
67 Vgl. Schmidt am Busch (2013).
68 Vgl. hierzu Brudney (1998), (2009) und (2013), Quante (2009) und Schmidt am Busch (2011).

1. Die Menschen verrichten nur Arbeiten, deren Ausübung sie als „eine individuelle Lebensäußerung ge[nießen]".

2. Die Menschen produzieren füreinander Güter, und zwar im Lichte ihrer konsumtiven Bedürfnisse und mit der letzten Absicht, einen Beitrag zur Befriedigung derselben zu leisten. (Die Befriedigung der konsumtiven Bedürfnisse anderer Gesellschaftsmitglieder ist für sie also kein Mittel der Befriedigung eigener konsumtiver Bedürfnisse.)

3. Die Menschen unterhalten zueinander harmonische gesellschaftliche Beziehungen, weil sie ihre Arbeit als „individuelle Lebensäußerung" genießen und ihre konsumtiven Bedürfnisse gemäß ihren Absichten befriedigen.

Wie Marx ausdrücklich feststellt, sind rechtliche Arrangements nach seiner Auffassung ungeeignet, die produktiven, distributiven und konsumtiven Tätigkeiten in einer das menschliche „Gemeinwesen" realisierenden Gesellschaft zu koordinieren.[69] Im Gegenteil bewirkt „das Recht"[70] in Marx' Urteil eine Entfremdung der Menschen von ihrem menschlichen Wesen. Seines Erachtens bedarf es hinsichtlich der Realisierung des menschlichen Wesens einer Koordinierung der menschlichen Tätigkeiten durch gesellschaftliche Planung.[71] Damit musste sich für Marx die Frage stellen, ob gesellschaftliche Planung das leisten kann, was sie gemäß dem oben skizzierten Profil seiner Theorie leisten können muss.

Angesichts dieses Befundes ist zu erwarten, dass Marx sich eingehend mit der Frage auseinandersetzt, ob die gesellschaftliche Arbeit so eingerichtet werden kann, dass sie planmäßig ist und aus Tätigkeiten besteht, welche die Menschen als „individuelle Lebensäußerung genießen" und letztlich zur Befriedigung ihrer konsumtiven Bedürfnisse ausführen – denn nur in diesem Fall würde die Arbeit ja der Realisierung des menschlichen „Gemeinwesens" bzw. „Gattungswesens" dienen. Erstaunlicherweise untersucht Marx diese Frage aber gar nicht; ja, er stellt sie nicht einmal – und zwar weder in den *Manuskripten* noch in einer anderen Schrift aus dieser Zeit. Was er damit unthematisiert lässt, ist nichts anderes als die Frage, ob es möglich ist, dass die Menschen ihr menschliches Wesen adäquat realisieren können oder nicht.

Wie ist dieser Umstand zu erklären? Im vorliegenden Zusammenhang ist zunächst zu bemerken, dass Marx die von mir genannte Frage beantwortet haben *muss*. Wie seiner Kritik an den kommunistischen Autoren seiner Zeit zu entnehmen ist, war es nämlich eines seiner zentralen Anliegen, eine Sozialkritik zu entwickeln, die

---

69 Diesen Standpunkt hat Marx in seiner Schrift *Zur Judenfrage* ausgearbeitet. Vgl. Marx (1985a).
70 Marx (1985d), 369.
71 Das ist Marx' Theorie der Vergegenständlichung des menschlichen „Gemeinwesens bzw. Gattungswesens" zu entnehmen. Vgl. Marx (1985), 510-522. Vgl. zu diesem grundlegenden Marx'schen Theorieelement vor allem Lange (1980) und Quante (2009).

nicht auf utopischen Annahmen oder Entwürfen beruht.[72] Folglich musste Marx der Überzeugung sein, dass die gesellschaftliche Arbeit so eingerichtet werden kann, dass sie den oben genannten Erfordernissen entspricht.

Nach meiner Einschätzung teilte Marx diese Überzeugung in der Tat. Mehr noch: Er ging *wie selbstverständlich* davon aus, dass die gesellschaftliche Arbeit so eingerichtet werden kann, dass sie planmäßig ist und aus Tätigkeiten besteht, welche die Menschen als „individuelle Lebensäußerung genießen" und letztlich zur Befriedigung ihrer konsumtiven Bedürfnisse ausführen. Deshalb sah er keine Notwendigkeit, für diesen Standpunkt eine Begründung vorzulegen.

Wie aber ist es zu erklären, dass Marx dieser Auffassung war? In diesem Zusammenhang ist zunächst zu berücksichtigen, dass Marx aus begrifflichen Gründen der Überzeugung war, dass Dinge und Lebewesen das, was ihnen wesentlich ist, realisieren können müssen. In diesem Sinne war Marx (ohne dies explizit zu machen) Aristoteliker und Hegelianer.[73] Allerdings lässt sich mit dieser allgemeinen essentialistischen Überzeugung nicht zufriedenstellend erklären, warum Marx wie selbstverständlich der Auffassung war, dass die gesellschaftliche Arbeit so eingerichtet werden kann, dass sie planmäßig ist und aus Tätigkeiten besteht, welche die Menschen im Vollzug genießen und zur Befriedigung ihrer konsumtiven Bedürfnisse ausführen. Denn nach Marx' eigener Einschätzung ist dies ja während der gesamten menschlichen Geschichte nicht der Fall gewesen. Um diese Auffassung vertreten zu können, ohne sich ähnlichen Einwänden auszusetzen wie die von ihm kritisierten utopischen Kommunisten, musste Marx also der Meinung sein, es gebe überzeugende *sozialtheoretische* Argumente dafür, dass die gesellschaftliche Arbeit gemäß den Erfordernissen des menschlichen „Gemeinwesens" bzw. „Gattungswesens" eingerichtet werden kann.

Nach meiner Einschätzung war Marx in der Tat dieser Meinung. Dieser Umstand ist meines Erachtens darauf zurückzuführen, dass Marx glaubte, Charles Fourier habe bereits den Nachweis erbracht, dass die gesellschaftliche Arbeit planmäßig so eingerichtet werden könne, dass sie von den Arbeitenden als „individuelle Lebensäußerung" genossen wird und letztlich der Befriedigung ihrer konsumtiven Bedürfnisse dient. Aus diesem Grunde sah er im vorliegenden Zusammenhang keinen Diskussionsbedarf. Trifft diese Einschätzung zu, dann bildet Fouriers Theorie für Marx eine nicht hinterfragte Grundlage seiner eigenen Anthropologie und Sozialphilosophie. Wollte man ein Wort von Jürgen Habermas auf den vorliegenden Zusammenhang zuschneiden, dann könnte man sagen, dass Karl Marx Charles Fourier als sozialtheoretische „Rückendeckung" in Anspruch nahm.[74]

---

72 Das geht etwa aus Marx' scharfer Kritik an Étienne Cabet hervor. Vgl. hierzu Marx' Ausführungen in Hundt (2010), Bd. 2, 1302-1304.
73 Vgl. zu Marx' Aristotelismus auch Pike (1999).
74 In *Theorie des kommunikativen Handelns* behauptet Jürgen Habermas, „ohne metaphysische Rückendeckung" zu philosophieren. Vgl. Habermas (1988), Bd. 1, 198.

Für diese Einschätzung sprechen unter anderem die folgenden Umstände:

1. Marx hat mit Engels und Heß zu dieser Zeit eng zusammengearbeitet, und er war mit ihren Arbeiten über Fourier gründlich vertraut.[75] In den *Ökonomisch-philosophischen Manuskripten* bezeichnet er ihre wirtschafts- und sozialwissenschaftlichen Studien – neben denen Wilhelm Weitlings – als die einzigen „originalen deutschen Arbeiten"[76] auf diesen Gebieten, und an mehreren Stellen der *Manuskripte* bezieht sich Marx zustimmend auf diejenige Aufsatzsammlung Heß', zu der die Arbeit „Sozialismus und Kommunismus" gehört.[77] Darüber hinaus hatte Engels den Eindruck, dass es zwischen Marx und ihm zu jener Zeit keine intellektuellen Differenzen gebe. In einem Rückblick auf die „Geschichte des Bundes der Kommunisten" stellt er fest: „Als ich Marx im Sommer 1844 in Paris besuchte, stellte sich unsere vollständige Übereinstimmung auf allen theoretischen Gebieten heraus."[78] Angesichts dieser Umstände und Äußerungen ist es unwahrscheinlich, dass Marx Fouriers Sozialphilosophie wesentlich anders beurteilt hat als Engels oder Heß.

2. In einem Brief an Arnold Ruge, den er im September 1843 verfasst, stellt Marx fest, dass das in den „socialistische[n] Lehren [...] von Fourier" und Anderen entwickelte „socialistische Princip [...] *die Realität des wahren menschlichen Lebens* betrifft"[79]. Bemerkenswerterweise kritisiert Marx nicht den Inhalt dieser Lehren, sondern lediglich die Umstände, dass die französischen Sozialisten die Religion und Theologie keiner Kritik unterzogen und ihren Standpunkt nicht im Ausgang einer gründlichen Kritik an den bestehenden Verhältnissen entwickelt hätten.[80] Offenbar war Marx also der Auffassung, dass der Fourier'sche Sozialismus im Wesentlichen eine angemessene Explikation der „Realität des wahren menschlichen Lebens" leiste.[81]

---

75 Ernst Michael Lange hat zu Recht darauf hingewiesen, dass die Schriften Moses Heß' aus dieser Zeit einen erheblichen Einfluss auf die Entstehung der Marx'schen Anthropologie und Sozialkritik gehabt hätten. Vgl. Lange (1980), 96-105. Allerdings berücksichtigt Lange nicht, dass Heß' Überlegungen ihrerseits sehr stark durch Fourier beeinflusst worden sind. Meine vorliegende Untersuchung ist mit Langes Überlegungen kompatibel und stellt diese in einen größeren Kontext. Vgl. zum Verhältnis von Heß und Marx auch Bensussan (2004).
76 Marx (1985b), 468.
77 Vgl. Marx (1985b), 468 und 540.
78 Engels (1985b), 212.
79 Zitiert nach: Hundt (2010), Bd. 2, 1303 (meine Hervorhebung; SaB).
80 Vgl. Hundt (2010), Bd. 2, 1302-1304.
81 Diese Behauptung bedarf einer Präzisierung. In *einem* Punkt hielt Marx Fouriers Theorie bezüglich der Explikation der „Realität des wahren menschlichen Lebens" nämlich für unangemessen. Wie Engels und Heß glaubte Marx, dass Fourier die Auffassung vertrete, dass eine vollständig harmonische soziale Ordnung mit der Institution des Privateigentums kompatibel sei. (Vgl. hierzu aber unsere obige Anmerkung 53) Diese Auffassung hielt Marx – wie Engels und Heß – für falsch. (Vgl. Engels (1985), 483f., Heß (1961), 202 und Marx (1985b), 534.) Deshalb erwähnt Marx in dem oben genannten Brief an Ruge neben Fourier Pierre-Joseph Proudhon, der die Institution des Privateigentums in der 1840 erschienenen Schrift *Qu'est-ce que la propriété?* in scharfer Form kritisiert hatte.

Diese – und einige weitere – Befunde rechtfertigen die Einschätzung, dass auch Marx zu dieser Zeit von der Gültigkeit der Fourier'schen These überzeugt war, nach der sich durch gesellschaftliche Planung eine vollständig harmonische soziale Ordnung etablieren lasse, und dass diese Überzeugung für den Theoretiker Marx systematisch relevant war. Mit diesen Annahmen lässt sich verständlich machen, warum Marx keine Notwendigkeit sah, die im Rahmen seiner Anthropologie und Sozialkritik sehr wichtige Frage zu erörtern, ob es möglich ist, die gesellschaftliche Arbeit so einzurichten, dass sie den Erfordernissen der Verwirklichung des menschlichen „Gemeinwesens" bzw. „Gattungswesens" entspricht. Marx ging einfach – mit Engels und Heß – davon aus, dass Fourier gezeigt habe, warum und wie dies möglich sei. Trifft diese Einschätzung zu, dann ist auch der junge Marx als Vertreter des revolutionären Standpunkts anzusehen. Fouriers Sozialphilosophie bildete nicht nur für Engels und Heß, sondern auch für ihn, den Autor der *Ökonomisch-philosophischen Manuskripte*, eine entscheidende theoretische Ressource.

5.

Wir haben gesehen, dass die Theorien, die Fourier und die Saint-Simonisten konzipiert haben, von den frühen 1830er Jahren an in Deutschland rezipiert worden sind und die Entwicklung der nachhegelschen Philosophie erheblich beeinflusst haben. Diese Rezeption war zunächst reformorientiert, und zwar sowohl bezüglich der Hegel'schen Philosophie als auch der geschichtlich ausgebildeten Wirklichkeit, und stand unter der Zielsetzung, regional begrenzte Defizite in diesen Bereichen mithilfe von Fourier'schen oder saint-simonistischen Überlegungen zu beheben. An die Stelle dieser Rezeptionen, zu deren Repräsentanten Friedrich Wilhelm Carové, Eduard Gans, Sebastian R. Schneider und Friedrich Tappehorn gehörten, trat dann in den 1840er Jahren eine andere, die eine revolutionäre Orientierung hatte und Fouriers Theorie sozialer Harmonie zum Ausgangspunkt eines theoretischen Neuanfangs und einer gesellschaftlichen Umgestaltung machte. Zu den Protagonisten dieser Fourier-Rezeption zählten Friedrich Engels, Moses Heß und der junge Marx.

Dass Fouriers Sozialphilosophie auf diesem Wege einen eigenständigen und wichtigen Beitrag zur Radikalisierung der nachhegelschen Philosophie geleistet hat, ist überraschend, wenn nicht verblüffend. Bekanntlich sah es die sich radikalisierende deutsche Philosophie als eine ihrer Hauptaufgaben an, die Religion und die Theologie einer sozialphilosophischen Kritik zu unterziehen; Marx selbst bringt dieses Anliegen in dem oben genannten Schreiben an Arnold Ruge mit der Forderung zum Ausdruck, die „Religion [...] zum Gegenstande unserer Kritik zu machen"[82]. Nun begründet Fourier die Möglichkeit, eine vollständig harmonische Gesellschaft zu errichten, aber theologisch, nämlich mit dem Argument, dass es der

---

82 Hundt (2010), Bd. 2, 1303.

Wille Gottes sei, dass die Menschen ihre Passionen befriedigen.[83] Es ist deshalb bemerkenswert, dass Engels, Heß und Marx Fouriers Theorie sozialer Harmonie übernehmen und nicht einmal versuchen, ihr eine eigenständige, nicht-theologische Begründung zu geben. Möglicherweise haben sie auf diesem Wege ein Theorieelement rezipiert, das nach Maßgabe ihrer sozialphilosophischen Zielsetzungen problematisch ist.

Im Lichte der Ergebnisse unserer Untersuchungen stellen sich weiterführende Fragen: Stand auch der ‚reife' Marx unter dem Einfluss Fouriers? Das heißt: Hat er – eventuell stillschweigend – an Fouriers Theorie sozialer Harmonie festgehalten? Wenn ja: Hat er dieser Theorie eine nicht-theologische Begründung gegeben? Dass diese Fragen nicht aus der Luft gegriffen sind, lässt sich an Marx' Hauptwerk, *Das Kapital*, festmachen.[84] Allerdings ist die Frage, ob Fouriers Einfluss sich auch auf diese Schrift erstreckte, nur im Rahmen einer Erörterung der grundbegrifflichen Beziehung zwischen dem jungen und dem reifen Marx zu beantworten. Sie erfordert deshalb eine eigenständige und sorgfältige Untersuchung.[85]

Literatur

Beecher, J. (1986): *Charles Fourier. The Visionary and His World*, Berkeley, Los Angeles, London.
Bensussan, G. (2004): *Moses Hess. La philosophie, le socialisme (1836-1845)*, mit einem Nachwort von F. Fischbach, Hildesheim, Zürich, New York.
Bienenstock, M. (2011): „Between Hegel and Marx: Eduard Gans on the Social Question", in: Moggach (2011), 164-178.
Bluhm, H. (2010): „Bewegungen, Assoziationen und Partei – Elemente einer Theorie kollektiver Akteure bei Karl Marx", in: *Marx-Engels-Jahrbuch 2010*, Berlin, 7-27.
Breckman, W. (1999): *Marx, The Young Hegelians, And The Origins of Radical Social Theory*, Cambridge.

---

83 Siehe oben, S. 221. Dieser Aspekt der Fourier'schen Theorie ist zeitgenössischen Lesern – wie etwa Lorenz von Stein – nicht verborgen geblieben. Siehe oben, Anmerkung 64.
84 Vgl. z.B. die folgende Stelle dieses Werkes: „Der religiöse Widerschein der wirklichen Welt kann überhaupt nur verschwinden, sobald die Verhältnisse des praktischen Werkeltagslebens den Menschen tagtäglich durchsichtig vernünftige Beziehungen zueinander und zur Natur darstellen. Die Gestalt des gesellschaftlichen Lebensprozesses, d.h. des materiellen Produktionsprozesses, streift nur ihren mystischen Nebelschleier ab, sobald sie als Produkt frei vergesellschafteter Menschen unter deren bewusster planmäßiger Kontrolle steht." (Marx (1998), 94)
85 Dem vorliegenden Beitrag liegen Untersuchungen zugrunde, die ich in dem Forschungsprojekt „Soziale Ideen und Idealismus", das von der *Deutschen Forschungsgemeinschaft* und der *Agence Nationale de la Recherche* gefördert wurde, durchgeführt habe. Ich danke allen Kolleginnen und Kollegen, die an diesem Projekt beteiligt waren, für ihre Unterstützung meiner Arbeit. Frühere Fassungen meines Aufsatzes habe ich in Vorträgen zur Diskussion gestellt, die ich im Rahmen der Tagungen *Freedom and Community in Karl Marx* (University of Sussex, April 2011), *Re-Thinking Marx: Philosophy, Critique, Praxis* (Humboldt-Universität zu Berlin, Mai 2011) und *Religion, Recht und Staat im Junghegelianismus* (Universität Münster, März 2012) gehalten habe. Bei jeder dieser Gelegenheiten erhielt ich wertvolle Hinweise zu meiner Arbeit, für die ich den Teilnehmerinnen und Teilnehmern der Veranstaltungen danke. Amir Mosehni und Michael Quante danke ich für ihre freundliche Einladung, einen Aufsatz zu dem vorliegenden Band beizutragen.

Brudney, D. (1998): *Marx's Attempt to Leave Philosophy*, Cambridge (Mass.).
Brudney, D. (2009): „Marx' neuer Mensch", in: H.-C. Schmidt am Busch & C. F. Zurn (2009), 145-180.
Brudney, D. (2013): „Two Types of Civic Friendship", in: *Ethical Theory and Moral Practice*, 61, 4, 2013, 729-743.
Carové, F. W. (1830): Rezension der „Doctrine de Saint-Simon. Exposition", in: Jahrbücher für wissenschaftliche Kritik, Nr. 115.
Carové, F. W. (1831): *Der Saint-Simonismus und die neuere französische Philosophie*, Leipzig.
Carové, F. W. (1838): *Mittheilungen aus & ueber Frankreich*, Leipzig.
Cieszkowski, A. v. (1981): *Prolegomena zur Historiosophie*, eingeleitet von R. Bubner, mit einem Nachwort von J. Garewicz, Hamburg.
Engels, F. (1985): „Fortschritte der Sozialreform auf dem Kontinent", in: *Marx Engels Werke* (MEW), Bd. 1, Berlin (Ost), 480-496.
Engels, F. (1985a): *Grundsätze des Kommunismus*, in: MEW, Bd. 4, Berlin (Ost), 361-380.
Engels, F. (1985b): „Zur Geschichte des Bundes der Kommunisten", in: MEW, Bd. 21, Berlin (Ost), 206-224.
Fourier, C. (2006): *Der Philosoph der Kleinanzeige. Ein Fourier-Lesebuch*, ausgewählt und kommentiert von M. Burckhardt, Berlin.
Fourier, C. (2012): *Über das weltweite soziale Chaos. Ausgewählte Schriften zur Philosophie und Gesellschaftstheorie*, herausgegeben und eingeleitet von H.-C. Schmidt am Busch, Berlin.
Gans, E. (1995): *Rückblicke auf Personen und Zustände*, herausgegeben und eingeleitet von N. Waszek, Stuttgart-Bad Cannstatt.
Gans, E. (2005): *Naturrecht und Universalgeschichte. Vorlesungen nach G.W.F. Hegel*, herausgegeben und eingeleitet von J. Braun, Tübingen.
Habermas, J. (1988): *Theorie des kommunikativen Handelns*, 2 Bde., Frankfurt am Main.
Hardimon, M. O. (1994): *Hegel's Social Philosophy. The Project of Reconciliation*, Cambridge.
Haupt, H.-G. (2000): „Von der Französischen Revolution bis zum Ende der Julimonarchie", in: E. Hinrichs (Hg.), *Kleine Geschichte Frankreichs*, Stuttgart, 283-296.
Hegel, G. W. F. (1970): *Grundlinien der Philosophie des Rechts*, in: Werke, Bd. 7, hg. v. E. Moldenhauer und K. M. Michel, Frankfurt am Main.
Hegelich, S. (2013): *Herrschaft – Staat – Mitbestimmung*, Wiesbaden.
Heß, M. (1961): *Philosophische und sozialistische Schriften 1837-1850. Eine Auswahl*, herausgegeben und eingeleitet von A. Cornu und W. Mönke, Berlin.
Heine, H. (1990): *Historisch-kritische Gesamtausgabe*, Bd. 14.1, München.
Hirschman, A. O. (1987): *Leidenschaften und Interessen. Politische Begründungen des Kapitalismus vor seinem Sieg*, Frankfurt am Main.
Honneth, A. (2011): *Das Recht der Freiheit. Grundriß einer demokratischen Sittlichkeit*, Berlin.
Hundt, M. (2010): *Der Redaktionsbriefwechsel der Hallischen, Deutschen und Deutsch-Französischen Jahrbücher (1837-1844)*, 2 Bde., Berlin.
Hunt, T. (2012): *Friedrich Engels. Der Mann, der den Marxismus erfand*, Berlin.
Iggers, G. G. (1958): *The Cult of Authority. The Political Philosophy of the Saint-Simonians. A Chapter in the Intellectual History of Totalitarianism*, Den Haag.
Kurz, H. D. (2009): „Wer war Hermann Heinrich Gossen (1810-1858), Namensgeber eines der Preise des Vereins für Socialpolitik?" In: Schmollers Jahrbuch 129, 1-28.
Lange, E. M. (1980): *Das Prinzip Arbeit. Drei metakritische Kapitel über die Grundbegriffe, Struktur und Darstellung der ‚Kritik der Politischen Ökonomie' von Karl Marx*, Frankfurt am Main, Berlin, Wien.
Marx, K. (1985): *Ökonomisch-philosophische Manuskripte* (1844), in: MEW, Bd. 40, Berlin (Ost), 465-588.
Marx, K. (1985a): *Zur Judenfrage*, in: MEW, Bd. 1, Berlin (Ost), 347-377.

Marx, K. (1998): *Das Kapital. Kritik der politischen Ökonomie*, Bd. 1, Berlin.
Marx, K. (2009): *Ökonomisch-philosophische Manuskripte*, herausgegeben und kommentiert von M. Quante, Frankfurt am Main.
Moggach, D. (Hg.) (2011): *Politics, Religion, and Art. Hegelian Debates*, Evanston.
Musso, P. (1999): *Saint-Simon et le saint-simonisme*, Paris.
Neuhouser, F. (2000): *Foundations of Hegel's Social Theory. Actualizing Freedom*, Cambridge (Mass.), London.
Pike, J. (1999): *From Aristotle to Marx. Aristotelianism in Marxist Social Ontology*. Brookfield.
Pinkard T. (2007): „Introduction", in: Heinrich Heine, *On the History of Religion and Philosophy in Germany and other writings*, hg. v. T. Pinkard, Cambridge, VII-XXXII.
Pinkard T. (2007a): „Eduard Gans, Heinrich Heine und Hegels Philosophie der Geschichte", in: H.-C. Schmidt am Busch, L. Siep, H.-U. Thamer & N. Waszek (Hg.), *Hegelianismus und Saint-Simonismus*, Paderborn, 131-158.
Pippin, R. B. (2008): *Hegel's Practical philosophy. Rational Agency as Ethical Life*, Cambridge.
Quante, M. (2009): *Karl Marx, Ökonomisch-philosophische Manuskripte. Kommentar*, in: Marx (2009), 209-341.
Roubini, N., Mihm, S. (2011): *Das Ende der Weltwirtschaft und ihre Zukunft. Crisis Economics*, München, 2011.
Salomon-Delatour, G. (1962): „Einführung" in: Ders. (Hg.), *Die Lehre Saint-Simons*, Neuwied, 9-31.
Sammons, J. L. (1979): *Heinrich Heine. A Modern Biography*. Princeton.
Scheier, C.-A. (2013): „Zur Logik der Revolution", in: C. Frey, T. Kubetzky, K. Latzel, H. Mehrkens & C. F. Weber (Hg.), *Sinngeschichten. Kulturgeschichtliche Beiträge für Ute Daniel*, Köln, Weimar, Wien, 178-189.
Schmidt am Busch, H.-C. (2007): *Religiöse Hingabe oder soziale Freiheit. Die saint-simonistische Theorie und die Hegelsche Sozialphilosophie*, Hamburg.
Schmidt am Busch, H.-C. (2011): *„Anerkennung" als Prinzip der Kritischen Theorie*, Berlin, New York.
Schmidt am Busch, H.-C. (2013): „,The Egg of Columbus'? How Fourier's Social Theory Exerted a Significant (and Problematic) Influence on the Formation of Marx's Anthropology and Social Critique", in: *British Journal for the History of Philosophy*, 21, 6, 2013, 1154-1174.
Schmidt am Busch, H.-C. (2014): „Ist Charles Fourier ein ‚Wohlthäter des Menschengeschlechts'? Zu einem Urteil Heinrich Heines – und den Möglichkeiten seiner Begründung", in: N. O. Eke, K. Füllner, F. Vidal (Hg.), *„Zuckererbsen für Jedermann". Literatur und Utopie. Heine und Bloch heute*, Bielefeld.
Schmidt am Busch, H.-C. & Zurn, C. F. (Hg.) (2009): *Anerkennung*, Berlin.
Schneider, S. R. (1834), *Das Problem der Zeit und dessen Lösung durch die Association*, Gotha.
Siep, L. (1992): *Praktische Philosophie im Deutschen Idealismus*, Frankfurt am Main.
Siep, L. (2007): „Religion und Politik bei Hegel und Saint-Simon", in: H.-C. Schmidt am Busch, L. Siep, H.-U. Thamer & N. Waszek (Hg.), *Hegelianismus und Saint-Simonismus*, Paderborn, 91-104.
Siep, L. (2010): *Aktualität und Grenzen der praktischen Philosophie Hegels. Aufsätze 1997-2009*, München.
Talmon, J. L. (1961): Die *Geschichte der totalitären Demokratie*, übers. v. E. B. Kleinhaus, Köln und Opladen.
Tappehorn, F. (1834): *Die vollkommene Association, als Vermittlerin der Einheit des Vernunftstaates und der Lehre Jesu. Ein Beitrag zur Lösung aller großen Fragen dieser Zeit*, Augsburg.

Thamer, H.-U. (1980): *Zunftideal und Zukunftsstaat. Zur Ideen- und Sozialgeschichte des Frühsozialismus in Frankreich und Deutschland*, unveröffentlichte Habilitationsschrift, Erlangen.

Thamer, H.-U. (2007): „Symbole, Handlungs- und Kommunikationsformen der Saint-Simonisten", in: H.-C. Schmidt am Busch, L. Siep, H.-U. Thamer, N. Waszek (Hg.), *Hegelianismus und Saint-Simonismus*, Paderborn, 53-76.

Toews, J. E. (1980): *Hegelianism. The Path Toward Dialectical Humanism, 1805-1841*, Cambridge.

Vieweg, K. (2011): *Das Denken der Freiheit. Hegels Grundlinien der Philosophie des Rechts*, München.

von Hayek, F. A. (2011): *Der Weg zur Knechtschaft*, München.

von Stein, L. (1959): *Die industrielle Gesellschaft, der Sozialismus und Kommunismus Frankreichs von 1830 bis 1848*, 3 Bände, Darmstadt.

Waszek, N. (1988): „Eduard Gans und die Armut: von Hegel und Saint-Simon zu frühgewerkschaftlichen Forderungen", in: *Hegel-Jahrbuch*, 355-363.

Waszek, N. (1989): „Weltgeschichte und Zeitgeschehen. Hegels Lektüre des ‚Globe'", in: H. C. Lucas, G. Planty-Bonjour (Hg.), *Logik und Geschichte in Hegels System*, Stuttgart-Bad Cannstatt, 33-56.

MICHAEL QUANTE

Max Stirners Kreuzzug gegen die Heiligen, oder: Die Selbstaufhebung des Antiperfektionismus

> Stirner came up with the kind of ethics that treats other individuals who are actually in front of us as free humans, without the mediation by any higher being such as family, community, ethnicity, state or society.
>
> *Kojin Karatani*

> Das *Jenseits außer Uns* ist allerdings weggefegt, und das große Unternehmen der Aufklärer vollbracht; allein das *Jenseits in Uns* ist ein neuer Himmel geworden und ruft Uns zu erneutem Himmelsstürmen auf.
>
> *Max Stirner*

Einleitung

Schaut man auf die gegenwärtige Praktische, vor allem die von John Rawls Gerechtigkeitskonzeption inspirierte Politische Philosophie, die sich ihrem Selbstverständnis nach zum liberalen Lager zählt, gewinnt man schnell den Eindruck, in ihr gehe das Gespenst des Paternalismus um, welches sich durch alle Konzeptionen der Praktischen Philosophie, die sich zum Lager des Perfektionismus rechnen, unaufhaltsam in unser Leben drängt und die Autonomie der Menschen untergräbt. Egal ob staatliche, rechtliche oder religiöse Bevormundung: Vorstellungen des für Menschen Zuträglichen oder gar Konzeptionen des guten Lebens werden argwöhnisch unter Paternalismusverdacht gestellt. Manchmal ersetzt die bloße Äußerung dieses Verdachts schon das begründende Argument und erspart so die kritische Auseinandersetzung mit dem Detail.[1] Die unter dem Stichwort des Paternalismus identifizierte Gefährdung personaler Autonomie durch Recht, Religion oder Staat beeindruckt auch Vertreter solcher Konzeptionen, die eher dem perfektionistischen Lager zuzurechnen sind, weil sie sich von der Annahme leiten lassen, dass Praktische (und speziell Politische) Philosophie ohne Bezugnahme auf anthropologische Prämissen oder geteilte Vorstellungen des guten Lebens nicht betrieben werden kann.[2] Es verwundert also nicht, dass die Vermeidung paternalistischer Interventionen auch im Kontext perfektionistischer Konzeptionen ein zentrales Anliegen darstellt oder sogar als eine der Gelingensbedingungen für die eigene Theoriebil-

---

1 Vgl. hierzu Düber (2014) sowie die Beiträge in Kühler und Nossek (2014).
2 Siehe Jaeggi (2014) als typisches Beispiel für diese Grundeinstellung.

dung fungiert. Angesichts des hohen Stellenwerts personaler Autonomie in unseren westlichen Gesellschaften überrascht es daher auch nicht weiter, dass die Beweislasten eindeutig zuungunsten derjenigen verteilt sind, deren Konzeption unter Paternalismusverdacht gerät: Wer im Namen personaler Autonomie der ungewollten Gefährdung oder gar der intendierten Beschränkung unserer Selbstbeschränkung im Namen eines guten Lebens bezichtigt wird, hat den Nachweis zu erbringen, dass sich aus seiner Konzeption keine solchen Konsequenzen ergeben. Die Frage, wessen Selbstbestimmung und welche Autonomie hier eigentlich gefährdet sein sollen, kommt dabei kaum in den Blick. Vor dem Hintergrund der geteilten evaluativen Vorstellungen ist die Diskurslage eindeutig.

Genauso eindeutig war die Gemengelage auch in einer philosophischen Debatte, die sich vor mehr als 150 Jahren im Kontext des Linkshegelianismus abgespielt hat.[3] Autoren, die sich dem liberalen oder sozialistischen Lager zurechneten, traten im Namen der religiösen oder politischen Selbstbestimmung auf und strebten die Emanzipation von religiöser sowie staatlicher Bevormundung an. Es ist daher nicht schwer zu erahnen, wie tief der Stachel eindrang, den Max Stirner mit seinem 1844 erschienenen Buch *Der Einzige und sein Eigenthum* gesetzt hat, ging es ihm doch um den Nachweis, dass alle (damals) aktuellen Konzeptionen des Liberalismus perfektionistische Elemente enthielten und damit Formen des Paternalismus implizierten. Seiner Analyse zufolge befinden sie sich ausnahmslos – die Religionskritiker Bauer und Feuerbach genauso wie die sozialistischen Denker Heß und Proudhon – noch im Banne des perfektionistischen Denkens, oder, wie Stirner es formuliert: „Unsere Atheisten sind fromme Leute" (203).[4]

Die Auseinandersetzung mit Stirners Attacke, die sich zum größten Teil im Jahre 1845 abgespielt hat, ist dabei die zweite Etappe einer Kontroverse innerhalb der linkshegelianischen Bewegung, in der es um die richtigen evaluativen Konzeptionen und deren philosophische Begründung ging.[5] Als erste Etappe dieser Debatte innerhalb des liberalen oder sozialistischen Lagers lässt sich der Streit um Bruno Bauers *Die Judenfrage* verstehen, an dem sich unter anderem Karl Grün und Karl

---

3 Ich verwende in diesem Beitrag den Terminus „Linkshegelianer" in einem theoretisch und philosophiehistorisch ganz anspruchslosen Sinn. Gemeint sind damit alle von Max Stirner attackierten Autoren unabhängig davon, ob Sie Hegelschüler waren oder nicht, und unabhängig davon, ob sie sich als bürgerliche oder als sozialistische Denker begriffen haben; zur Einordnung Max Stirners in die nachhegelsche Debatte vgl. Quante (2010) sowie zu seiner Einordnung in die philosophischen Strömungen des 19. Jahrhunderts Quante und Schweikard (2010).

4 Ich zitiere im Folgenden Stirners *Der Einzige und sein Eigenthum* direkt im Text unter Angabe der Seitenzahl nach der von Ahlrich Meyer im Reclam-Verlag herausgegebenen Ausgabe aus dem Jahr 1972.

5 Im zweiten und dritten Abschnitt werden die zentralen Beiträge dieser Auseinandersetzung nach der als Band 24 der *Stirneriana* zusammengestellten Textsammlung mit der Sigle RS zitiert, weil die Texte dort am leichtesten in ihren Zusammenhang eingeordnet werden können. In den Fällen, in denen diese Texte zugleich in anderen Ausgaben leicht zugänglich sind, verweise ich auf diese. Vgl. zur Rezeption von Stirners Hauptwerk auch die von Kurt W. Fleming herausgegebene Zusammenstellung, die als Band 20 der *Stirneriana* erschienen ist.

Marx beteiligt hatten.⁶ Als dritte Etappe dieser Diskussion kann man dann die sehr umfangreiche Auseinandersetzung mit Stirner begreifen, die sich in der von Friedrich Engels und Karl Marx 1845 und 1846 verfassten *Deutschen Ideologie* findet.⁷ Da dieser Text damals unveröffentlicht blieb und somit keine Intervention in diese Debatte darstellt, spielt er im Folgenden keine Rolle.

Dieser Beitrag verfolgt ein doppeltes Ziel: Zum einen wird eine systematisch interessierte Lesart der Argumente von Max Stirner und von den Entgegnungen der durch ihn attackierten Autoren entfaltet, die zeigen soll, dass und auf welche Weise sich Stirners Werk als Beitrag zur Praktischen Philosophie verstehen lässt. Zum anderen sollen bei diesem Durchgang diejenigen Argumente, Einwände und Begründungsstrategien sichtbar gemacht werden, von denen die gegenwärtige Praktische Philosophie lernen kann.

Dazu werde ich im Folgenden zuerst Stirners Argumente, die er in *Der Einzige und sein Eigenthum* in Auseinandersetzung mit zentralen Positionen des Linkshegelianismus entwickelt, präsentieren, soweit sie sich als antipaternalistische Begründungsmuster verstehen lassen (I.). Danach stelle ich die wichtigsten der zeitgenössischen Entgegnungen (II.) sowie Stirners Erwiderungen auf diese Kritik (III.) dar, um abschließend zu fragen, welche systematisch relevanten Einsichten die gegenwärtige Praktische Philosophie aus dieser Debatte, die vor mehr als anderthalb Jahrhunderten geführt worden ist, gewinnen kann.

I. Die Haupteinwände Stirners

Die Grundfigur von Stirners Kritik an aller Philosophie (und Theologie) besteht in der Annahme, dass jede philosophische Konstruktion mit allgemeinen Begriffen arbeiten muss, die auf das konkrete einzelne Individuum nicht vollständig zutreffen können. Dabei vertritt er einen Nominalismus, dem Begriffe als Konstrukte gelten, denen in der Realität nichts entspricht, sodass er in der Konsequenz bezüglich der Referenzgegenstände auf einen haeccitismus festgelegt ist. Dass Stirner diese philosophische Extremposition einnimmt, zeigt sich beispielsweise an seiner Aussage: „Jude, nichts als Jude, vermag er nicht zu sein, schon weil er *dieser* Jude ist" (139).⁸ Dadurch kann jede Annahme einer Essenz des Menschen (qua Selbst-

---

6 Vgl. dazu ausführlich Quante (2013). Stirner (vgl. 192-199) verweist selbst auf die Auseinandersetzung von Karl Marx mit Bruno Bauer und stellt sie zutreffend als Übergang von der politisch zur anthropologisch fundierten Emanzipation dar. In die zweite Etappe dieser Auseinandersetzung fällt dann auch die Weiterführung seiner Kritik an Bauer, die Karl Marx in der 1845 gemeinsam mit Friedrich Engels verfassten Schrift *Die heilige Familie* veröffentlicht (das Bauer und die Judenfrage behandelnde sechste Kapitel ist dabei von Marx alleine verfasst worden). Da Max Stirner in dieser Schrift keine Rolle spielt, gehe ich auf diesen Text hier nicht weiter ein.
7 Vgl. Friedrich Engels und Karl Marx (1958), Teil III. Sankt Max.
8 In diesem Sinne ist auch Stirners Aussage zu verstehen: „Ich aber bin keine Idee, sondern mehr als Idee, d.h. unaussprechlich" (400); allerdings ist diese Formulierung nicht ganz präzise, denn die Wendung „mehr als Idee" ließe sich auch so deuten, dass es sich um eine begrifflich zwar fassbare, aber eben nicht vollständig erfassbare Entität handelt. Die Radikalität der Stirnerschen Argumenta-

bewusstsein, qua Gattung, qua Geist) eine paternalistische Bevormundung erzeugen. Sie erlaubt entweder indirekt eine auf essentialistischen Prämissen oder direkt eine auf moralischen Prämissen gegründete Fremdbestimmung des Einzelnen im Namen von allgemeinen essentialistischen oder moralischen Prinzipien. Auch das geschichtsphilosophische Fortschrittsdenken ermöglicht zwangsläufig die Entmündigung des einzelnen, konkreten Subjekts zugunsten des Fortschritts der Gattung oder der zukünftigen Gesellschaft.

Diese Kritik Stirners macht ihn zu einem Vorläufer des Existenzialismus, der die These vertritt, dass individuelle Autonomie nur möglich ist, wenn die Existenz der Essenz vorausgeht und sämtliche normative Setzungen ausschließlich durch die individuelle Entscheidung (den Entwurf) legitimiert werden können. Zum Abschluss des ersten Teils seines Buches bringt er dies so auf den Punkt:

> „Ich Meinesteils gehe von einer Voraussetzung aus, indem Ich *Mich* voraussetze; aber meine Voraussetzung ringt nicht nach ihrer Vollendung, wie der ‚nach seiner Vollendung ringende Mensch', sondern dient Mir nur dazu, sie zu genießen und zu verzehren. Ich zehre gerade an meiner Voraussetzung allein und bin nur, indem Ich sie verzehre. Darum aber ist jene Voraussetzung gar keine; denn da Ich der Einzige bin, so weiß Ich nichts von der Zweiheit eines voraussetzenden und vorausgesetzten Ich's (eines ‚unvollkommenen' und ‚vollkommenen' Ich's oder Menschen), sondern, daß Ich Mich verzehre, heißt nur, daß Ich bin. Ich setze Mich nicht voraus, weil Ich mich jeden Augenblick überhaupt erst setze oder schaffe, und nur dadurch Ich bin, daß Ich nicht vorausgesetzt, sondern gesetzt bin, und wiederum nur in dem Moment gesetzt, wo ich Mich setze, d. h. Ich bin Schöpfer und Geschöpf in Einem." (167)[9]

Diese radikal-existentialistische Fundierung der individuellen Freiheit in einem nach dem Modell der Fichteschen Tathandlung konzipierten Entwurf dient Stirner als Grundlage für die Zurückweisung jeder Art von Vorgaben essentialistischer, moralischer oder auch sozialer Art. Der implizite Anspruch, den er dabei als Adäquatheitsbedingung an die Theoriebildung stellt, fordert, dass schon die Möglichkeit einer paternalistischen Bevormundung prinzipiell ausgeschlossen werden muss.[10] In scharfer Kritik an der politisch-emanzipatorischen und der sozialisti-

---

tion ergibt sich jedoch gerade daraus, dass dieses nicht Aussprechbare ausschließlich ins Zentrum gestellt und gegen jeden allgemeinen, d.h. begrifflichen Zugriff abgeschottet wird. Gegen diese stärkere – und von Stirner zumeist auch in Anspruch genommene – Variante haben vor allem Bruno Bauer und Ludwig Feuerbach den Vorwurf einer philosophischen Hypostasierung erhoben.

9 Ganz analog charakterisiert Sartre die Kernidee seiner eigenen Konzeption: „Der atheistische Existentialismus, für den ich stehe, ist zusammenhängender. Er erklärt, dass, wenn Gott nicht existiert, es mindestens ein Wesen gibt, bei dem die Existenz der Essenz vorausgeht, ein Wesen, das existiert, bevor es durch irgendeinen Begriff definiert werden kann, und dass dieses Wesen der Mensch oder, wie Heidegger sagt, die menschliche Wirklichkeit ist. Was bedeutet hier, dass die Existenz der Essenz vorausgeht? Es bedeutet, dass der Mensch zuerst existiert, sich begegnet, in der Welt auftaucht und sich danach definiert." (Sartre 1969, S. 11)

10 Diese prinzipielle Immunisierung muss dabei auf der Ebene der theoretischen Grundlagen erfolgen; eine moralische Zurückweisung paternalistischer Bevormundungen in Form kategorischer moralischer Normen oder einer abwägenden moralischen Erörterung kommt für Stirner nicht in Frage, da eine solche Argumentation selbst wieder moralphilosophische Voraussetzungen in An-

schen Kritik bringt Stirner diese atomistische, a-soziale Grundausrichtung eindeutig zum Ausdruck. Hatten erstere, z. B. im Streit um die Emanzipation der Juden, die Frage so gestellt: „Wie könnt Ihr wahrhaft gesellschaftlich leben, so lange auch nur Eine Ausschließlichkeit zwischen Euch noch besteht?"", fragt Stirner „umgekehrt: Wie könnt ihr wahrhaft einzig sein, so lange auch nur Ein Zusammenhang zwischen Euch noch besteht?" (148)

Im Folgenden möchte ich die Konzeption Stirners anhand dreier Hauptlinien seiner antipaternalistischen Kritik darstellen: der essentialistisch basierten, der moralisch basierten und der geschichtsphilosophisch basierten Bevormundung des Menschen. Dabei geht es ihm nicht nur um einen in solchen Konzeptionen de facto legitimierten Paternalismus, sondern er verfolgt das Ziel, die bloße Möglichkeit einer solchen Bevormundung auszuschließen.

1. Stirners Kritik an essentialistischer Bevormundung

Die Kritik an essentialistischen Elementen ist das dominante und am differenziertesten ausgearbeitete Moment der antipaternalistischen Strategie Stirners. Die grundlegende Prämisse dieser Kritik, und damit den *ersten* Schritt seiner antiessentialistischen Strategie, stellt seine Ablehnung jedweder perfektionistischer Voraussetzungen dar:

> „Ein Mensch ist zu nichts ‚berufen' und hat keine ‚Aufgabe', keine ‚Bestimmung', so wenig als eine Pflanze oder ein Tier einen ‚Beruf' hat." (366)

Im *zweiten* Schritt attackiert Stirner zwei zu seiner Zeit prominente perfektionistische Konzeptionen: Mit Blick auf die anthropologische Version des Perfektionismus, die Ludwig Feuerbach wirkungsmächtig vorgelegt hatte, weist Stirner den Vorschlag zurück, aus dem Menschsein essentialistische Vorgaben abzuleiten. Unter Anspielung auf die Auseinandersetzung um die Judenfrage schreibt er:

> „Ich sage: Du bist zwar mehr als Jude, mehr als Christ usw., aber Du bist auch mehr als Mensch". (139)

Und unter Anspielung auf Feuerbachs religionskritische Grundoperation formuliert Stirner dann seinen antipaternalistischen Protest:

> „Dem Satze: ‚Gott ist Mensch geworden' folgt nun der andere: ‚Der Mensch ist Ich geworden'. Dies ist *das menschliche Ich*. Wir aber kehren's um und sagen: Ich habe Mich nicht finden können, solange Ich Mich als Menschen suchte. Nun sich aber zeigt, daß der Mensch darnach trachtet, Ich zu werden und in Mir eine Leibhaftigkeit zu gewinnen, merke Ich wohl, daß doch Alles auf Mich ankommt, und der Mensch ohne Mich verloren ist. Ich mag aber nicht zum Schrein dieses Allerheiligsten Mich

---

schlag bringen muss, die einen Paternalismus im Prinzip legitimieren könnten (und sei es nur in dem kategorischen Verbot, sich auf paternalistische Regelungen einzulassen).

hingeben und werde hinfort nicht fragen, ob Ich in Meiner Betätigung Mensch oder Unmensch sei: es bleibe mir dieser *Geist* vom Halse!" (152)

Die soziale Spielart des Perfektionismus, von Stirner unter dem Titel „der soziale Liberalismus" (127) diskutiert, wird von ihm so charakterisiert:

„Die Gesellschaft, von der Wir alles haben, ist eine neue Herrin, ein neuer Spuk, ein neues ‚höchstes Wesen', das Uns ‚in Dienst und Pflicht' nimmt!" (135)

Auch die damit verbundene Bevormundung weist Stirner unter Hinweis auf den rein instrumentellen Charakter sozialer Institutionen strikt zurück:

„Daß die Gesellschaft gar kein Ich, das geben, verleihen oder gewähren könnte, sondern ein Instrument oder Mittel, aus dem Wir Nutzen ziehen mögen, daß wir keine gesellschaftlichen Pflichten, sondern lediglich Interessen haben, zu deren Verfolgung Uns die Gesellschaft dienen müsse, daß wir der Gesellschaft kein Opfer schuldig sind, sondern, opfern Wir etwas, es Uns opfern: daran denken die Sozialen nicht, weil sie – als Liberale – im religiösen Prinzip gefangen sitzen und eifrig trachten nach einer, wie es der Staat bisher war, – heiligen Gesellschaft!" (135)

Im *dritten* Schritt richtet Stirner seine antiessentialistische Kritik auf zwei für die Lebensform des Menschen fundamentale Merkmale, die Quelle paternalistischer Bevormundung werden könnten: die biografische Verfasstheit des personalen Lebens und die allgemeine Vernunft. Mit Bezug auf erstere (und mit erneuter Bekundung seiner generellen antiperfektionistischen Strategie) schreibt er, dass „Ich Mich jeden Augenblick überhaupt est setze oder schaffe" (167); noch fundamentaler als diese auf die temporale Verfasstheit menschlicher Subjektivität abzielende Kritik ist Stirners Ablehnung der Vernunft als allgemeinem Standard, den er unter anderem bei Hegel als bevormundendes Prinzip identifiziert:

„Der gehorsame Diener ist der freie Mensch! Welch eine Härte der Widersinnigkeit! Dennoch ist dies der Sinn der Bourgeoisie, und ihr Dichter Goethe, wie ihr Philosoph Hegel haben die Abhängigkeit des Subjekts vom Objekte, den Gehorsam gegen die objektive Welt usw. zu verherrlichen gewußt. Wer nur der Sache dient, ‚sich ihr ganz hingibt', der hat die wahre Freiheit. Und die Sache war bei den Denkenden die – *Vernunft*, sie, die gleich Staat und Kirche – allgemeine Gesetze gibt und durch den *Gedanken der Menschheit* den einzelnen Menschen in Bande schlägt". (114)

Könnte man diese Bemerkung noch unter Hinweis darauf, dass Stirner hier einen philosophisch sehr anspruchsvollen Vernunftbegriff ablehnt, entschärfen, so wird die Radikalität seiner Kritik an späterer Stelle unmissverständlich klar:

„Gegen die Gedanken soll keine egoistische Gewalt auftreten, keine Polizeigewalt u. dergl. So glauben die Denkgläubigen. Aber das Denken und seine Gedanken sind *Mir* nicht heilig und Ich wehre Mich gegen sie *meiner Haut*. Das mag ein unvernünftiges Wehren sein; bin Ich aber der Vernunft verpflichtet, so muß Ich, wie Abraham, ihr das Liebste opfern." (165)

Die Frage, ob diese Ablehnung solch fundamentaler Aspekte der menschlichen Lebensform eine konsistente Position darstellen kann, hat schon Stirners zeitgenössische Kritiker beschäftigt. Bevor wir jedoch im nächsten Teil dieses Beitrags zu deren Reaktionen kommen, muss die Darstellung der antipaternalistischen Strategie Stirners um zwei Aspekte erweitert werden. Denn nicht nur die einem Essentialismus eingeschriebenen perfektionistischen Präsuppositionen können zur Legitimierung von Bevormundung herangezogen werden, sondern auch moral- oder geschichtsphilosophische Konzeptionen.

2. Stirners Kritik an moralischer oder geschichtsphilosophischer Bevormundung

Dass Stirner sich nicht nur gegen bestimmte moralische oder positive Rechte wendet, sondern die Vorstellung allgemeiner Geltung insgesamt zurückweisen will, lässt sich seinen Ausführungen unschwer entnehmen:

> „Gegen *das* Recht kann man nicht mehr, wie gegen *ein* Recht, mit der Behauptung auftreten, es sei ‚ein Unrecht'. Man kann nur noch sagen, es sei Unsinn, eine Illusion. Nennete man's Unrecht, so müßte man ein *anderes Recht* dagegenstellen und an diesem es messen. Verwirft man hingegen das Recht als solches, das Recht an und für sich, ganz und gar, so verwirft man auch den Begriff des Unrechts, und löst den ganzen Rechtsbegriff (wozu der Unrechtsbegriff gehört) auf." (111 f.)

Auch die Denkfigur einer Emanzipation durch politische Reformen oder gar Umwälzungen lehnt Stirner aufgrund der ihnen innewohnenden Potentiale von Bevormundung und dem Hinweis darauf, dass sie zwar im Namen universaler Ansprüche geführt werden, zugleich aber immer nur Ausdruck partieller Interessen sein können, ab:

> „Nicht der *einzelne Mensch* – und dieser allein ist *der* Mensch – wurde frei, sondern der *Bürger*, der citoyen, der *politische* Mensch, der eben deshalb nicht *der* Mensch, sondern ein Exemplar der Menschengattung, und spezieller ein Exemplar der Bürgergattung, ein *freier Bürger* ist.
> In der Revolution handelte nicht der *Einzelne* weltgeschichtlich, sondern ein *Volk*: die *Nation*, die souveräne wollte alles bewirken. Ein eingebildetes Ich, eine Idee, wie die Nation ist, tritt handelnd auf, d.h. die Einzelnen geben sich zu Werkzeugen dieser Idee her und handeln als ‚Bürger'." (121)

Mit dieser letzteren Bemerkung wiederholt Stirner nicht nur den Vorwurf der Hypostasierung der Gesellschaft, der schon bei seiner Kritik an den Sozialisten relevant war, sondern lehnt auch die hinter diesen Konzeptionen stehende Vorstellung eines geschichtlichen Fortschritts ab. Die Basis dieser ablehnenden Haltung ist Stirners Zurückweisung jeder Form teleologischen Denkens, die er schon im Rahmen seiner antiessentialistischen Strategie auf die Formel gebracht hatte: „meine Voraussetzung ringt nicht nach ihrer Vollendung" (167). In seinen Augen ist es der Unterschied ums Ganze, ob ich meine Existenz auf ein zu erreichendes Ziel hin entwerfe oder in seiner Faktizität zur Grundlage wähle:

"Genug, es ist ein mächtiger Unterschied, ob ich Mich zum Ausgangs- oder zum Zielpunkte mache." (368)

Dem kann man sicher nicht widersprechen. Stirner hat sich, in seinem konsequenten Bemühen, jede Möglichkeit der Bevormundung schon in der Grundlage der Theoriebildung zu vereiteln, dazu genötigt gesehen, jede Form teleologischer Argumentation zurückzuweisen. In diesem Sinne gilt in seiner Konzeption die starke modalontologische These: „Möglichkeit und Wirklichkeit fallen immer zusammen". (369) Seine unmittelbar gegen Bruno Bauers Konzeption radikaler Kritik gerichtete Bemerkung lässt sich somit auch als Fazit seiner antipaternalistischen Fundamentalkritik verwenden:

„Ich aber sage, nur die Gedankenlosigkeit rettet Mich wirklich vor den Gedanken. Nicht das Denken, sondern meine Gedankenlosigkeit oder Ich, der Undenkbare, Unbegreifliche befreie mich aus der Besessenheit." (164)

Diese Gedankengänge Stirners waren derart radikal, dass die Zensoren ein kurzfristig ausgesprochenes Verbot von *Der Einzige und sein Eigenthum* bald wieder zurücknahmen, weil sie zu der Einschätzung gelangten, eine solche Position könne letztlich nur dazu führen, die Lächerlichkeit der gesamten linkshegelianischen Kritik zu demonstrieren und die Haltlosigkeit ihrer philosophischen Konzeptionen zu offenbaren. Deshalb konnte Stirners Buch erscheinen; und es liegt auf der Hand, dass die von ihm kritisierten Autoren seiner Generalattacke etwas entgegensetzen mussten. Diesen Reaktionen wende ich mich nun zu.

II. Die Reaktionen der Kritisierten

Szeliga, Feuerbach, Heß und Bauer haben zeitnah zum Erscheinen von Stirners *Der Einzige und sein Eigenthum* auf die darin formulierte Fundamentalkritik reagiert. Im Folgenden beschränke ich mich darauf, die für die Fragestellung meines Beitrags relevanten Punkte ihrer jeweiligen Entgegnungen zu benennen, ohne sie in den größeren Zusammenhang ihres Denkens einzuordnen.[11]

1. Szeliga

Unter dem Pseudonym Szeliga griff Franz Zychlin von Zychlinski, zum damaligen Zeitpunkt ein Anhänger von Bruno Bauers Konzept der reinen Kritik, in die Debatte ein, bevor Bruno Bauer selbst zu den Angriffen Stirners Stellung bezog.

Obwohl bestenfalls ein Autor aus der dritten Liga, sind die Ausführungen, die Szeliga unter dem Titel „Der Einzige und sein Eigenthum" im März 1845 im zwei-

---

11 Mit Ausnahme der kritischen Antwort von Szeliga wäre dies, wenn es um die angemessene Rekonstruktion der Positionen von Bruno Bauer, Ludwig Feuerbach oder Moses Heß ginge, ansonsten unerlässlich.

ten Band der Norddeutschen Blätter, einer Monatsschrift für Kritik, Literatur und Unterhaltung, veröffentlicht hat, aus drei Gründen systematisch aufschlussreich.

Erstens stellt er die Kernidee der Bauerschen Methode als einer „sich in keinen Begriff, keine Kategorie festfahrenden Kritik" (RS 19) heraus und beschreibt deren Verfahren, als „reine Kritik" (RS 3), die ausschließlich die Prämissen und Präsuppositionen der jeweils kritisierten Position in Anspruch nimmt.

Zweitens, und systematisch bedeutsam, stellt Szeliga den Präsentismus der Selbstbewusstseinskonzeption Stirners in der folgenden Skizze des Grundgedankens klar heraus:

„Denn ich bin der Einzige. Ich setze Mich nicht voraus, weil Ich Mich jeden Augenblick erst setze oder schaffe, und nur dadurch Ich bin, daß Ich nicht vorausgesetzt, sondern gesetzt bin, und wiederum nur in dem Moment gesetzt, wo Ich Mich setze. D.h. Ich bin Schöpfer und Geschöpf in Einem. Ich bin nicht das absolute, sondern endliche vergängliche Ich, das leibhaftige Ich. Ich mache Mich." (RS 12 f.)

Diese in der Tat von Stirner eingenommene Position kritisiert Szeliga durch den – im Text in Klammern angefügten – Kommentar: „Als Leibhaftiger sicher nicht!" (RS 13), womit er darauf hinweist, dass schon die leibliche Verfasstheit einer menschlichen Person diesem radikalen Präsentismus Grenzen setzt.[12]

Der dritte Einwand Szeligas zielt auf einen performativen Widerspruch Stirners ab, wenn er fortfährt:

„Dieß sagt der Einzige und vergißt dabei, daß er es am Schluß einer Abhandlung sagt, welche ausdrücklich beweist, daß er es nur *jetzt* erst am Schlusse des Mittelalters, bei Gelegenheit der *zweiten* Selbstfindung und nachdem vorher das Alterthum die Riesenarbeit der *ersten* Selbstfindung vollbracht hatte, sagen kann; er vergißt also, daß die Geschichte selbst aus ihm spricht, daß er also Selbst, er, der Einzige, nothwendigerweise nicht eine, sondern *die* Weltgeschichte sein muß, und keine andere Weltgeschichte neben sich dulden kann." (RS 13)

Selbst wenn man Szeliga nicht zugestehen muss, dass Stirner seinerseits auf eine philosophische Deutung der Weltgeschichte festgelegt ist, kann man dieser Aussage doch zwei systematisch bedeutsame Argumente entnehmen: Zum einen den Hinweis, dass ein rein punktuelles Ich von sich nicht als ein Lernendes, nicht als Subjekt einer Bildungs- oder auch Emanzipationsgeschichte sprechen darf (dies setzte genau die biografische Verfasstheit menschlicher Personen voraus, die Stirner zu Recht als mögliche Quelle perfektionistischer Rechtfertigung paternalistischer Bevormundung identifiziert hatte). Und zum anderen den Hinweis, dass jedes Subjekt historisch situiert und damit eben keine reine oder völlig unbeschriebene Tafel ist. Indem Stirner, so kann man Szeliga hier verstehen, seine Konzeption in Form einer Theorie ausarbeitet und auf vielfältige Weise als individuelle und historische

---
12 Für eine radikal antipaternalistische Autonomiekonzeption ist dies ein relevanter Befund, weil er zeigt, dass man in einer solchen Konzeption nicht nur die zeitliche Verfasstheit menschlicher Personen in die Dezision des Augenblicks auflösen, sondern auch die Leiblichkeit menschlicher Personen zur äußeren Natur erklären muss.

Lerngeschichte erzählt, widerspricht er in seinem Tun dem, was er sagt. Damit ruft Szeliga in seiner Kritik Leiblichkeit, Historizität und biografische Verfasstheit menschlicher Personen als unverzichtbare Bestandteile jeder Konzeption von Selbstbestimmung auf, die für endliche Wesen, wie es Menschen nun einmal sind, eine lebendige Option im Sinne von William James sein soll.

2. Ludwig Feuerbach

In seinem Beitrag „Über das ‚Wesen des Christentums' in Beziehung auf den ‚Einzigen und sein Eigentum'" reagiert Feuerbach auf Stirners Kritik mit einem Text, der 1845 anonym im zweiten Band von Wiegands Vierteljahresschrift in Leipzig erschienen ist. Er akzeptiert darin ausdrücklich den von Stirner kritisierten essentialistischen Zug seiner Rede von Gattung:

> „Gib dem einzelnen Individuum nicht weniger, als ihm gebührt, aber auch nicht mehr. So nur befreist du dich von den Ketten des Christentums. Individuum sein heißt zwar allerdings ‚Egoist' seyn, es heißt aber auch zugleich, und zwar nolens volens, *Communist* seyn." (RS 48)[13]

Feuerbachs systematisch bedeutsamer Punkt ist, auf die philosophische Relevanz der Spezieszugehörigkeit des Menschen hinzuweisen; das ist mit der Rede vom Kommunismus an dieser Stelle primär gemeint. Dies allein ermögliche es, die religiösen, philosophischen und theologischen Abstraktionen, in denen der Mensch sich in selbstentfremdeter Form über sein Wesen Auskunft gibt, zugunsten einer empirisch basierten Anthropologie aufzulösen:

> „Und so kannst du denn auch den Standpunct des Christenthums, dessen Wesen sich in dem Satze erschöpft: Ich, dieses ausschließliche, unvergleichliche Individuum, bin, wenn auch nicht jetzt, doch meiner himmlischen Bestimmung nach, *Gott* – gleichgültig, wie Gott bestimmt wird: ob abstract als vollkommnes moralisches oder mystisch als phantastisch sinnliches Wesen – nur dadurch aufheben, daß du dieses unvergleichliche Individuum aus dem blauen Dunst seines supranaturalistischen Egoismus in die profane sinnliche Anschauung versetzest, welche Dir zwar seinen individuellen Unterschied, aber auch zugleich *unverkennbar, unverleugbar* seine Identität mit den andern Individuen, seine *Gemeinheit*, vergegenwärtigt" (RS 48).[14]

In einem zweiten Argumentationsschritt stellt Feuerbach dann heraus, dass es dabei allerdings auf die richtige philosophische Bestimmung des Verhältnisses von Einzelnem und Allgemeinem, von Individuum und Gattung ankommt:

> „Die Gattung bedeutet nämlich bei F. nicht ein Abstractum, sondern nur, dem einzelnen für sich selbst fixierten Ich gegenüber das Du, den Andern, überhaupt die außer mir existierenden menschlichen Individuen. Wenn es daher bei F. z.B. heißt, das Individuum ist beschränkt, die Gattung unbeschränkt, so heißt das nichts anders

---

13 Feuerbach (1982), S. 432 f.
14 Feuerbach (1982), S. 432.

als: die Schranken dieses Individuums sind nicht auch die Schranken der Andern, die Schranken der gegenwärtigen Menschen deswegen noch nicht die Schranken der zukünftigen Menschen" (RS 50).[15]

Abschließend dreht Feuerbach auf der Grundlage dieser Analyse den Spieß um und wirft Stirner vor, mit seiner hyperindividualistischen Konzeption des Einzigen seinerseits im Banne des Christentums gefangen zu bleiben:

„Was anders ist also dein ‚einzig, unvergleichliches', dein folglich geschlechtsloses Ich als ein unverdauter Rest des alten christlichen Supranaturalismus?" (RS 49)[16]

3. Moses Heß

Die Antwort von Moses Heß auf Stirners Attacke lässt ebenfalls nicht lange auf sich warten. In einem Aufsatz über die „letzten Philosophen", der 1845 im Leske Verlag in Darmstadt als separate Broschüre erscheint, spricht er vom „Cynismus der neulich von Stirner herausgegebenen Schrift", dessen reaktionärer Charakter – stärker noch als die Entwicklungen der Bauerschen Kritik – der Tatsache geschuldet sei, dass diese Argumentation sich nicht auf äußere Fakten beziehe, sondern allein im Inneren des sich als autonom behauptenden Subjekts zu bleiben versuche: Es ist „gerade die *innere*, vom Leben abgezogene Entwicklung dieser Philosophen, welche in diesen ‚Unsinn' auslaufen musste". (RS 27)[17]

Heß wendet gegen Stirner ein, dass er den Übergang von Philosophie zur Praxis nicht vollzogen habe, sondern „den Unterschied zwischen den einzelnen Menschen und der Menschengattung *theoretisch* aufzuheben" (RS 28) versuche.[18] Die Auflösung der Spannung zwischen Individuum und Gattung liege in der vernünftigen sozialen Organisation der Gesellschaft. Dagegen verwerfe Stirner als Philosoph „mit der *transcendenten* Humanität auch alle *wirkliche* Humanität." (RS 32)[19]

---

15 Ein Jahr später hat Feuerbach seine Stirnerkritik in einer stark erweiterten Form im ersten Band seiner damaligen *Sämtlichen Werke* noch einmal publiziert. Dort findet sich an der oben zitierten Stelle eine Ergänzung, die den Vorwurf, mit einem Abstraktum zu operieren, erneut zurückweist und dabei die Rede von Gattung aufklärt. Feuerbach schreibt: „Relativ, für mich als diesen Menschen, ist allerdings, und zwar notwendig, die Gattung nur ein abstractum, nur ein Gedanke, obwohl sie an sich selbst sinnliche Existenz hat. (…) Übrigens verstehe ich unter Gattung auch die Natur des Menschen; eine Bedeutung, die mit der andern aufs innigste zusammenhängt, denn die Natur des Menschen existiert ja nur in dem Gegensatz von Ich und Du, Mann und Weib". (1982, S. 435)
16 Feuerbach (1982), S. 433.
17 Heß (1961), S. 381.
18 Heß (1961), S. 381; dies verfehlt jedoch die Pointe Stirners, der auf spontane individuelle Aktion, nicht auf soziale Aktion setzt: „Ein Ruck tut Mir die Dienste des sorglichsten Denkens, ein Recken der Glieder schüttelt die Qual der Gedanken ab, ein Aufspringen schleudert den Alp der religiösen Welt von der Brust, ein aufjauchzendes Juchhe wirft jahrelange Lasten ab. Aber die ungeheure Bedeutung des gedankenlosen Jauchzens konnte in der langen Nach des Denkens und Glaubens nicht erkannt werden" (164). Es sind nicht zuletzt Aussagen wie diese, aufgrund derer Stirner immer wieder als Vorläufer und Wegbereiter des politischen Anarchismus verstanden wird.
19 Heß (1961), S. 385.

Heß hält also an dem Aspekt der durch die Geschichte hindurch und im Sozialen zu realisierenden Wesensverwirklichung des Menschen als Gattungswesen unbeirrt fest. Die Gefahr einer paternalistischen Unterjochung sei dabei, zumindest im Rahmen des Sozialismus, nicht gegeben. In kritischer Abgrenzung zu Feuerbach und im impliziten Anschluss an Stirners Feuerbachkritik, leugnet Heß diese Gefahr,

> „da der Gattungsmensch doch nur wirklich ist in einer Gesellschaft, in welcher alle Menschen sich ausbilden und auswirken oder sich bethätigen können." (RS 31)[20]

Stirners Unvermögen, die Möglichkeit der Versöhnung von Individuum und Gattung einzusehen, führt er auf dessen Verharren in der Philosophie zurück. Heß dagegen hält dieses Problem für eine praktisch zu lösende Frage. Der Widerspruch zwischen Individuum und Gattung

> „wird nur vom Sozialismus gelöst, der mit der Verwirklichung und Negation der Philosophie Ernst macht, der die Philosophie, wie den Staat bei Seite liegen läßt." (RS 31)[21]

Die Kritik Stirners gilt ihm dagegen als Ausdruck einer philosophischen Verzerrung, die es aufzuheben gilt. Außerdem, so muss man Heß verstehen, führt der Standpunkt Stirners zu einer ethisch inakzeptablen Position, die man als Zynismus bezeichnen kann. Sein Hinweis, Stirner verwerfe in seiner Radikalität nicht nur alle transzendente, sondern eben auch alle „wirkliche" Humanität, lässt sich zumindest in diesem Sinne deuten, dass damit auch die dem Menschen in seiner Endlichkeit möglichen Verwirklichungspotentiale verschüttet und die in der sozialen Welt bereits erreichten Verwirklichungen zerstört werden. Damit bezieht Heß trotz der Kritik Stirners weiterhin ungebrochen einen ethischen Standpunkt; eine detaillierte Verteidigung seiner ethischen Position gegen Stirners Einwände legt er dabei jedoch nicht vor.

4. Bruno Bauer

Bruno Bauer reagiert ebenfalls 1845 in Wiegands Vierteljahresschrift – allerdings im dritten Band. In seinem Beitrag „Charakteristik Ludwig Feuerbachs" nutzt er die Gelegenheit, sowohl seine eigene Kritik an Feuerbach weiter zu entwickeln, als auch zur Kritik Stirners an Feuerbach, sowie zu Feuerbachs Entgegnung auf Stirner Stellung zu nehmen. Bauers Diagnose ist, dass Feuerbach den Behauptungen Stirners nichts anderes gegenüberstellt als Behauptungen. Aus Sicht seiner kritischen Position haben daher beide „Unrecht" (RS 59), da ihre eigene Position jeweils dogmatisch ist und unbegründete bzw. mit Gründen bestreitbare Prämissen in Anspruch nehmen muss.

---

20 Heß (1961), S. 384.
21 Heß (1961), S. 384.

Bauer zufolge versuchen Feuerbach und Stirner gleichermaßen, das Verhältnis von Individuum und Gattung, von Einzelnem und Allgemeinem, in fixen Kategorien zu bestimmen. Diese übernehmen dabei die Rolle einer Substanz, welche die Freiheit des Selbstbewusstseins einschränkt.

Während Feuerbach die Gattung und den Menschen verehre, was von Stirner zurecht als Substanzdenken und Fremdbestimmung kritisiert werde, gelte auch von dem Einzigen, dass er die „Substanz, fortgeführt zu ihrer abstraktesten Abstractheit" (RS 55) sei. Diese philosophische Konstruktion Stirners mache es ihm, trotz redlichen Bemühens, unmöglich, das Substanzdenken zu überwinden:

> „Der Einzige bemüht sich wirklich, die Substanz von Grund aus zu vernichten. Daß er nicht weiß, dass dies einem Dogmatiker unmöglich ist, – das ist sein Fehler" (RS 57).

Dennoch habe Stirner ein Ziel, die Konzeption absoluter individueller Selbstbestimmung, vor Augen, welches Feuerbach nicht einmal verstehen kann: „Feuerbach kann also gar nicht so weit denken und dahin folgen, wo der Einzige hinwill". (RS 57)[22] Ungeachtet dieser Differenz sind beide Philosophen und bilden, so Bauer, eine Antithese:

> „Während Stirner das punktuelle Ich, das zum Aeußersten gebrachte ‚Denken', das ein Attribut der Substanz, auf das Schild gehoben hat, bringt Feuerbach das andere, ‚die Ausdehnung' und restauriert diese in der ‚Sinnlichkeit'." (RS 58)

Diese Kritik nimmt zum einen den Vorwurf auf, dass Stirners antiphilosophische Haltung selbst auf einer philosophischen Konstruktion beruht und damit eine Form des Substanzdenkens ist.[23] Zum anderen teilt Bauer jedoch mit Stirner – und gegen Feuerbach oder die Sozialisten Hess und Marx – das Ziel, eine radikal individualistische Konzeption von Selbstbestimmung zu entwickeln. Die Überlegenheit seiner eigenen Position sieht er darin, dass er auf alle fixen Kategorien oder als Fundament vorausgesetzten Prinzipien verzichtet, um diese Konzeption ausschließlich in der Form radikaler Kritik durchzuführen.[24] Anders als Stirner, der in seinem Bemühen, schon die bloße Möglichkeit des Paternalismus auf der fundamentalen Ebene der Theoriebildung zu vereiteln, eigene substantielle Prämissen in Anspruch nehmen müsse, glaubt Bruno Bauer, dabei im Sinne einer immanenten Kritik oder auch einer negativen Dialektik verfahren zu können, in der lediglich die von der

---

22 Bruno Bauer ist sich bewusst, dass er in diesem Punkt mit Stirner einig ist; seine Kritik bleibt daher bei aller systematischen Prägnanz im Ton gemildert.
23 Neben Feuerbach und Heß verfolgt auch Marx in seiner Auseinandersetzung mit Stirner in der *Deutschen Ideologie* in weiten Teilen diese Argumentationsstrategie.
24 Auch Stirner bemüht sich, seine Gegenposition zu Bruno Bauers Programm einer kritischen Kritik nicht zu scharf abzugrenzen: „Ich bin kein Gegner der Kritik, d.h. Ich bin kein Dogmatiker; und fühle mich von dem Zahne des Kritikers, womit er mich als Dogmatiker zerfleischt, nicht getroffen" (163). Bauers Antwort auf diese Selbsteinschätzung Stirners lautet, dass letzterer in seiner Konzeption des Einzigen eben doch eine dogmatische Hypostasierung vornehme, sodass Stirners Position in einen Selbstwiderspruch münde.

kritisierten Position angeführten Kategorien und Prinzipien in Anschlag gebracht werden. Der Punkt Stirners, dass Bauer damit sowohl allgemeine Rationalitätsstandards als auch Vorstellungen personaler Autonomie, d.h. eine Konzeption biografischer Einheit, die über den bloßen Augenblick hinausweist, in Anspruch nehmen muss, bleibt dabei in Geltung. Bauer hat dies selbst gesehen, betont jedoch mit Blick auf die biografische Einheit menschlicher Personen die Zukunftsoffenheit:

> „Der wahre Mensch weiß nur, was er geworden ist, nicht was er werden wird, – er verlangt auch nicht danach" (RS 65).[25]

Mit Bezug auf die in seinen Augen für jede Form von Autonomie unverzichtbaren Rationalitätsstandards wendet Bauer sich gegen Feuerbach und Stirner gleichermaßen:

> „ Er [Feuerbach; MQ] stimmt hierin mit dem Einzigen überein; denn die Einzigkeit, die dieser aufgestellt, ist auch nur die Flucht vor der Wissenschaft und die Liebe zu etwas Festem und Bestimmtem. Feuerbach und der Einzige haben sich deshalb in ihrer gegenseitigen Kritik auch nur gezankt. ,O wie falsch!' ,Ja.' ,Nein.', – den Zeugnissen der Ohnmacht und der Schwäche, – damit widerlegen sich beide, denn damit zieht sich Jeder in seinen Egoismus, in seine Behäbigkeit zurück." (RS 65)

III. Stirners Replik

In seiner Replik, die im gleichen Band der Wiegandschen Vierteljahresschrift wie die soeben vorgestellte Kritik Bruno Bauers erschien, geht Stirner auf die Kritiken von Feuerbach, Heß und Szeliga ein; eine Antwort auf Bauers Kritik unterblieb dagegen aufgrund der Publikationsabfolge.

Diese Entgegnungen sind hier nicht im Detail ihrer Argumentation sondern deshalb interessant, weil sie dokumentieren, dass Stirner hinter aller unter den Linkshegelianern üblichen Rhetorik ein klares Bewusstsein von den beiden zentralen Streitpunkten hatte, um die es in der damaligen Debatte letztlich ging. Unter dem Stichwort des „Einzigen" diskutiert er den Wert der Gattung, unter dem Stichwort des „Egoisten" das individuelle Verhältnis eines autonomen Subjekts zu Werten und Normen. Stirners Kritik an seinen Kritikern läuft dabei in der Konsequenz stets auf den Befund hinaus, diese gingen von etwas aus, was als absolut wertvoll, interessant oder normativ bindend ausgewiesen werde. Solchermaßen ist es in seiner Werthaftigkeit nicht durch die Zustimmung oder Identifikation des Einzelnen konstituiert und stellt deshalb eine potentiell fremdbestimmende Größe dar:

> „Alles Verhalten zu einem absolut Interessanten oder zu einem an und für sich Wertvollen ist religiöses Verhalten oder schlechtweg Religion. Das Interessante kann nur

---

25 Der Kontext dieses Zitats erlaubt allerdings nicht eindeutig zu entscheiden, ob Bauer hier nur Stirners Position beschreiben oder auch seine eigene Konzeption zum Ausdruck bringen will.

durch dein Interesse interessant, das Werthvolle nur durch dein Wertbeilegen werthvoll sein, wogegen das trotz Dir Interessante ein Uninteressantes, das trotz Dir Werthvolle ein Unwürdiges ist." (RS 80)[26]

Gegen den von der Gegenseite durchgehend erhobenen Vorwurf, der Einzige verharre auf dem Standpunkt der Philosophie, betont Stirner – hier in der Rolle des Rezensenten – seinen dezisionistischen Ausbruch aus der Theorie:

„Stirner hat (S. 197)[27] für eben diese Unbedenklichkeit Ausdrücke gebraucht, wie ‚Ruck, Aufspringen, aufjauchzendes Juchhe' und sagt: ‚Die ungeheure Bedeutung des gedankenlosen Jauchzens konnte in der langen Nacht des Denkens und Glaubens nicht erkannt werden'. Er hat damit nichts Geringeres bezeichnet, als erstlich den verborgenen, egoistischen Grund aller und jeder Kritik eines Heiligen, selbst der blindesten und besessensten, für's zweite aber die einfache Form der egoistischen Kritik, die er mittels seiner Denkkraft (einer blossen Virtuosität) durchzuführen den Versuch machte: er bemühte sich zu zeigen, wie ein Unbedenklicher vom Denken ‚Gebrauch machen' könne, indem er die Bedenken von sich, dem Einzigen, aus kritisiert." (RS 84)

Im Gegensatz zu Autoren wie Hegel oder dem späten Wittgenstein, die mit der philosophischen Therapie die Position einer zweiten Naivität oder einer vermittelten Unmittelbarkeit beziehen, scheint Stirner den Versuch unternehmen zu wollen, aus der Philosophie herauszuspringen und – gleichsam unbefleckt – in den Common Sense als erste Naivität zurückzukehren.[28] Aus Sicht des Common Sense müssen die dann formulierten Aussagen als trivial, aus Sicht der Philosophie dagegen als unreflektierte und verständnislose Äußerungen erscheinen; und Stirner ist sich dieses Problems auch durchaus bewusst:

„Das Jauchzen und Juchhe lässt sich leicht lächerlich machen, wenn man die Masse und Größe der tiefen Bedenken ihm entgegenhält, die doch wahrlich nicht mit so geringer Mühe zu überwinden seien." (RS 84 f.)

Für solchermaßen philosophisch besorgte Denker, so Stirner, muss eine philosophische Aufhebung, eine philosophische Naivität gefunden werden:

„Du, der Du das Bedürfnis des Denkens hast, kannst Dir die Bedenken nicht bloss wegjauchzen; Du musst sie auch wegdenken. Aber aus eben diesem Bedürfnisse ist gerade Stirners egoistisches Denken entsprungen, und ein Anfang, wenn auch noch

---

26 Vgl. auch die analoge Stelle, in welcher Stirner (als Rezensent) die Terminologie von Stirner (als Autor des Buches *Der Einzige und sein Eigenthum*) erläutert: „Diess absolut Interessante, welches ohne den Interessenten interessant sein soll, welches also, statt Sache eines Einzigen zu sein, sich vielmehr erst ‚Gefässe seiner Ehre', oder Menschen, welche seine ‚Rüstzeuge und Werkzeuge' sein sollen, sucht, nennt Stirner schlechtweg ‚das Heilige'." (RS 81)
27 Stirner verweist an dieser Stelle auf die Passagen, die oben bereits zitiert worden sind (vgl. Anm. 11); die Seitenangabe der Erstausgabe entspricht dabei der Seite 164 der in diesem Beitrag verwendeten Ausgabe.
28 Vgl. zu Hegels spekulativem Denken als therapeutischer Philosophie Quante (2011), Kapitel 3 sowie – mit Bezug auf die Konzeptionen von Ludwig Wittgenstein und John McDowell – Quante (2011), Kapitel 2.

ein sehr unbeholfener, von ihm gemacht worden, dem Interesse des Denkens durch den unbedenklichen Egoismus zu entsprechen, sein Buch sollte darthun, dass das rohe Juchhe nöthigenfalls auch die Potenz hat, ein kritisches Juchhe, eine egoistische Kritik zu werden". (RS 85)

Damit vereint Stirner wesentliche Züge von Ludwig Feuerbachs und Bruno Bauers Konzeptionen; er übernimmt die therapeutischen Momente des ersteren und kombiniert sie mit den metaphilosophischen Reflexionen des Letzteren. Anders als bei Hegel, dessen Überlegungen zur bürgerlichen Gesellschaft Stirner hier – ohne ihn zu nennen – nahe kommt, soll der Egoismus aber kein regionales Prinzip sein, denn sonst entstünde wieder etwas, das dem individuellen Selbstbestimmungsstreben eine äußerliche Grenze setzen und damit zur Quelle von Fremdbestimmung werden könnte.[29]

Bei der Verteidigung seiner Konzeption des Egoismus stellt Stirner mehrfach heraus, in keiner Weise die Sinn- und normativen Gehalte der von ihm kritisierten Positionen nihilistisch leugnen zu wollen. Er lässt die begriffliche Möglichkeit eines solchen radikal amoralistischen Egoisten zwar offen, ist in der Sache aber eindeutig:

„Und wenn nun Einer – Wir lassen es dahingestellt, ob so Einer nachweisbar ist – kein ‚menschliches' Interesse an den Menschen fände, wenn er sie als Menschen nicht zu schätzen wüsste, wäre er da nicht ein um ein Interesse ärmerer Egoist, statt, wie die Feinde des Egoismus sagen, ein Ausbund von Egoist zu sein? Wer einen Menschen liebt, ist um die Liebe reicher, als ein Anderer, der keinen liebt; aber ein Gegensatz von Egoismus und Nicht-Egoismus ist darin keineswegs vorhanden, da beide nur ihrem Interesse folgen". (RS 91)

Wonach Stirner sucht, ist eine Konzeption, welche die Werthaftigkeit von etwas an die autonome Identifikation des individuellen Subjekts bindet, also vermeidet, wie Stirner es nennt, heilige Werte oder Normen aufzustellen. Auch damit liegt er der Sache nach ganz nahe bei dem Vermittlungsversuch, den Hegel in seiner Rechtsphilosophie entfaltet hat.[30] Anders als Hegels Willenstheorie ist Stirners Konzeption aber nicht gegen die Lesart gefeit, Werte und Normen spurlos in die rein individuelle und beliebige Dezision des Augenblicks zu versenken.

Ausblick: Von Stirner lernen? Erträge einer fast vergessenen Debatte

Geert-Lueke Lueken hat vorgeschlagen, Stirner als rein negativ ausgerichteten Kritiker zu verstehen: „Stirners Philosophie ist, so wie ich sie lese, weniger politische Philosophie oder Geschichtsphilosophie, sondern eher Sprachkritik und Metaphysikkritik, Kritik an den großen Erzählungen und Rechtfertigungsdiskursen."[31] Wir

---

29 In Hegels Rechtsphilosophie wird der im System der Bedürfnisse zu Recht sich Geltung verschaffende Egoismus zwar nicht einfach negiert, aber doch im Namen übergeordneter normativer Gesichtspunkte in seiner Geltungs- und Handlungssphäre eingeschränkt.
30 Vgl. dazu Quante (2011), Teil IV.
31 Lueken (2008a), Seite 39.

haben im ersten und dritten Teil dieses Beitrags gesehen, dass Stirner in der Tat sprachphilosophische Einsichten kritisch einsetzt, um Kritik an den offen oder versteckt paternalistischen Prämissen und Implikationen seiner Gegner anzubringen. Bis hierhin ist Lueken zuzustimmen; seine weitergehende Einschätzung jedoch, Stirner belasse es bei dieser rein negativen Haltung, ist zumindest irreführend formuliert. Wenn die hier vorgelegte Deutung plausibel ist, verfährt Stirner zwar in der Tat negativ-kritisch, aber er verfolgt dabei doch mit philosophischen Mitteln ein evaluatives Ziel: den Aufweis einer konsequent antiperfektionistischen Konzeption personaler Autonomie, die keinerlei Paternalismuspotential mehr in sich birgt. Weder seine negativ-kritische Argumentationsstrategie noch die Tatsache, dass Stirner seine eigene evaluative Position nur als negative Konzeption umreißen kann, darf dazu verleiten zu übersehen, dass er mit seiner Argumentation ein eigenes Ziel verfolgt.

Lueken hat seinen eigenen Deutungsvorschlag noch um den Hinweis verstärkt, dass sich Stirners Kritik „im Modus der Ironie, der Verstellung" vollziehe, Stirner selbst „ein Philoph mit Maske" sei.[32] Unbestreitbar gehört es zu den für viele linkshegelianische Beiträge typischen Merkmalen, Ironie als Stilmittel einzusetzen. Ob man hieraus aber den Schluss ziehen kann, dass Stirner seine eigenen Argumente niemals ernsthaft vorbringt, scheint mir mehr als zweifelhaft. Eine solche Lesart erklärt den sprachkritischen Philosophen zu einem universalen Skeptiker und die antiperfektionistische Liberale zu einer Ironikerin.[33] Die Attraktivität einer solchen Lesart liegt auf der Hand, lässt sich so doch dort, wo die Argumente Stirners als systematisch schwach oder unplausibel erscheinen müssten, immer sagen, dies sei nur eine ironische Destruktion ohne eigenständiges konstruktives Beweisziel. Es bedürfte aufwändiger literaturwissenschaftlicher Analysen, um zu belegen, dass Stirners Texte durchgängig auf diese ironische Weise funktionieren. Zudem wäre so zugleich der Nachweis erbracht, dass Stirner keine ernst zu nehmende Position innerhalb der Philosophie bezieht, sondern diese als Ganze gleichsam von außen unterläuft. Damit wären nicht nur die vielen legitimiert, die Max Stirners Werk aus der Philosophie verbannt haben, sondern es würde auch die Chance vertan, aus seinem Beitrag für die gegenwärtige Philosophie zu lernen.

Es ist daher, zumindest war dies eines meiner Beweisziele, attraktiver, Stirner innerhalb der Praktischen Philosophie ernst zu nehmen und ihn als den Autor zu verstehen, der „das seit Mitte des 17. Jh. praktisch (‚Besitzindividualismus') und theoretisch (Theorie des Gesellschaftsvertrags von Hobbes bis Rousseau, des individuellen Nutzens bei Bentham, dem Utilitarismus etc.) sich durchsetzende Prinzip des liberalen Individualismus [Fußnote gestrichen; MQ] nur radikalisiert und auf eine fast absurde Spitze getrieben" hat.[34]

---

32 Lueken (2008a), S. 39.
33 Geert-Lueke Lueken (2008b, S. 116) stellt ausdrücklich einen Bezug zu der von Richard Rorty skizzierten Figur der Ironikerin her, um diese Lesart als aktuelle und systematisch bedeutsame Position zu charakterisieren.
34 Goldschmidt (2013), S. 230 f.; zurückzuweisen ist allerdings sowohl Goldschmidts Herabsetzung („nur") der philosophischen Leistung Stirners als auch die Abschwächung seiner eigenen Interpretation, indem er von einer eben nur „fast" absurden Konzeption spricht.

Gerade die konsequente Radikalität seines Antiperfektionismus, die in eine absurde Konzeption münden muss, ist aus systematischen Gründen doppelt interessant: Zum einen lässt sie sichtbar werden, welche Bestandteile einer Konzeption personaler Autonomie, die den Paternalismus prinzipiell vermeiden können will, aufzugeben wären. Und zum anderen zeigt die Absurdität der Stirnerschen Position, welchen philosophischen Preis man dafür zu zahlen hätte. Zu der negativen Lektion gehört es, den Preis einer verabsolutierten Konzeption personaler Autonomie klar zu erkennen. Teil der positiven, über Stirner und die von ihm vollzogene absurde Selbstaufhebung des Antiperfektionismus hinausgehenden Lektion ist es, unerschrocken an dem Gedanken festzuhalten, dass wir den Anspruch auf Selbstbestimmung nicht gegen die Vorstellung eines guten menschlichen Lebens ausspielen dürfen. Die Grenze des Denkens von Max Stirner liegt darin, zu letzterem keinen konstruktiven Beitrag mehr geleistet zu haben. Seine Größe und bleibende Aktualität aber ist darin zu sehen, dass er es nicht bei den seichten antiperfektionistischen Argumenten belassen hat, mit denen sich die heutige liberale Philosophie als Antwort auf die Herausforderung, Autonomie für endliche Wesen zu denken, allzu schnell und allzu gerne beruhigt.

Literatur

Andolfi, Ferruccio, „Stirners Einfluss auf und Kritik an Ludwig Feuerbach", in *Der Einzige. Jahrbuch der Max Stirner Gesellschaft* 1 (2008), S. 41-56.

Bauer, Bruno, *Die Judenfrage*, Braunschweig: Verlag von Friedrich Otto 1843.

–, „Charakteristik Ludwig Feuerbachs. *Feuerbach und der Einzige*", in *Recensenten Stirners*, Stirneriana 24 (2003), S. 55-68.

***Düber, Dominik, XXX (Inauguraldissertation), Münster 2014.

Engels, Friedrich und Marx, Karl, *Die heilige Familie oder Kritik der kritischen Kritik. Gegen Bruno Bauer & Consorten*, Frankfurt am Main: Literarische Anstalt (J. Rütten) 1845.

–, *Die deutsche Ideologie*, Berlin: Dietz 1958 (= MEW Band 3).

Feuerbach, Ludwig, „Über das ‚Wesen des Christenthums' in Beziehung auf den ‚Einzigen und sein Eigenthum',in *Recensenten Stirners*, Stirneriana 24 (2003), S. 45-54.

–, Gesammelte Werke, Band 9, hg. von Werner Schuffenhauer, zweite, durchgesehene Auflage, Berlin: Akademie 1982.

Fleming, Kurt W., „Max Stirner's *Der Einzige und sein Eigentum* im Spiegel der zeitgenössischen deutschen Kritik", in *Stirneriana* 20, hg. von Kurt W. Fleming 2001.

Goldschmidt, Werner, „'Kommunismus' – ein falsch verstandener Begriff? Überlegungen zur Dialektik von Individualität und Kollektivität bei Marx", in *Umstürzende Gedanken – Radikale Theorie im Vorfeld der 1848er Revolution*, hg. von Lars Lambrecht, Frankfurt am Main: Peter Lang 2013, S. 227-257.

Heß, Moses, „Die letzten Philosophen", in *Recensenten Stirners*, Stirneriana 24 (2003), S. 27-43.

–, *Philosophische und sozialistische Schriften 1837-1850*, hg. von August Cornu und Wolfgang Mönke, Berlin: Akademie 1961.

Jaeggi, Rahel, *Kritik von Lebensformen*, Frankfurt am Main: Suhrkamp 2013.

Kühler, Michael und Nossek, Alexa (Hrsg.), *Paternalismus und Konsequentialismus*, Münster: Mentis 2014.

Lueken, Geert-Lueke, „Die Verstellung des Herrn Schmidt", in *Der Einzige. Jahrbuch der Max Stirner Gesellschaft* 1 (2008a), S. 25-40.

–, „Sprachkritik und Ironie. Verwandte Figuren bei Stirner und Rorty", in *Der Einzige. Jahrbuch der Max Stirner Gesellschaft* 1 (2008b), S. 99-117.

Pagel, Ulrich, „Die Enttäuschte Aufklärung. Max Stirners ‚Einziger' Als Versuch Der Argumentativen Überwindung von Bruno Bauers ‚Reiner Kritik'", in *Bruno Bauer (1809-1882) Ein ‚Partisan des Weltgeistes'?*, hg. von Klaus-Michael Kodalle und Tilman Reitz, Würzburg: Königshausen & Neumann 2010, S. 199-210.

Quante, Michael, „After Hegel. The Realization of Philosophy through Action", in *Routledge Companion to 19th Century Philosophy*, hg. von Dean Moyar, London: Routledge 2010, S. 197-237.

–, *Die Wirklichkeit des Geistes*, Frankfurt am Main: Suhrkamp 2011.

–, „Bruno Bauer, Karl Grün und Karl Marx zur Emanzipation der Juden", in *Kunst–Religion–Politik*, hg. von Alain P. Olivier und Elisabeth Weisser-Lohmann, München: Fink Verlag 2013, S. 321-336.

Quante, Michael und Schweikard, David, „Weltdeutungen und Ideologien", in *Entstehung der Moderne. 1700 bis 1914* (= WBG Weltgeschichte, Band V), hg. von Walter Demel und Hans-Ulrich Thamer, Darmstadt: Wissenschaftliche Buchgesellschaft 2010, S. 209-263.

Sartre, Jean-Paul, *Drei Essays*, Frankfurt am Main: Ullstein 1969.

Stepelevich, Lawrence S. , „Max Stirner Contra Bruno Bauer", in *Bruno Bauer (1809-1882) Ein ‚Partisan des Weltgeistes'?*, hg. von Klaus-Michael Kodalle und Tilman Reitz, Würzburg: Königshausen & Neumann 2010, S. 229-237.

Stirner, Max, *Der Einzige und sein Eigentum*, Stuttgart: Reclam 1972.

–, „Recensenten Stirners", in *Recensenten Stirners*, Stirneriana 24 (2003), S. 71-106.

Szeliga, „Der Einzige und sein Eigenthum. Von Max Stirner", in *Recensenten Stirners*, Stirneriana 24 (2003), S. 3-25.

Wolf, Jean-Claude, „Stirner Zitiert Bauer", in *Bruno Bauer (1809-1882) Ein ‚Partisan des Weltgeistes'?*, hg. von Klaus-Michael Kodalle und Tilman Reitz, Würzburg: Königshausen & Neumann 2010, S. 211-227.